Reclam
Bibliothek

PHILOSOPHIE
GESCHICHTE · KULTURGESCHICHTE

NODO FIRMO

IAMES HARRINGTON.

James Harrington

OCEANA
1656

1991

Reclam-Verlag Leipzig

Aus dem Englischen übertragen von Klaus Udo Szudra

Herausgegeben und mit einem Anhang versehen von Hermann Klenner und Klaus Udo Szudra

ISBN 3-379-00700-5

© Reclam-Verlag Leipzig 1991

Reclam-Bibliothek Band 1403
1. Auflage
Umschlaggestaltung: Friederike Pondelik unter Verwendung einer Abbildung aus der Ausgabe John Tolands, James Harrington, Oceana and Other Works with an Account of his Life. Reprint Aalen 1980
Printed in Germany
Dresdner Druck- und Verlagshaus GmbH
Gesetzt aus Garamond-Antiqua

Inhalt

OCEANA

*Tantalus a labris sitiens fugientia
captat Flumina: quid rides? mutato
nomine, de te Fabula narratur.*
                              Horaz[1]

Gewidmet
Seiner Exzellenz
dem
Lordprotektor
von England,
Schottland und Irland[2]

von
James Harrington

An den Leser

Mein Herr!

Vielleicht mißfällt Euch diese Schrift, gibt es doch davon bereits genug, ja mehr als genug; andererseits mögt Ihr bedenken, daß ich hier bloß einen rohen Entwurf vorlege, denn ich habe nicht einmal zwei Jahre daran gewendet und meine Aufzeichnungen nie zur Gänze oder selbst nur zur Hälfte beisammen gesehen. Und jetzt, da sie ans Licht treten sollen, sind sie auf drei verschiedene Druckerpressen verteilt worden, so daß ich, weil ich ja nicht überall zugleich sein konnte, bei nicht einer von ihnen nach dem Rechten geschaut habe, wodurch sich die Unzulänglichkeiten meiner Hervorbringung auf so fatale Weise verschlimmert haben, daß ich ganz fassungslos bin über mein Werk, welches nach Verbesserung der nachstehenden Druckfehler zwar noch immer nicht vollkommen, ohne dieselbe jedoch unbegreifbar sein wird. Deshalb ersuche ich Euch, bevor Ihr Eure Zeit damit vertut, gleich mit dem Lesen anzufangen, daß Ihr die Fehler entsprechend den folgenden Korrekturhinweisen verbessern mögt, woraufhin ich Euch verspreche, daß ich Euch, wenn schon nicht auf einem glatten Wege, so doch zu einem höchst ertragreichen Steinbruch führen werde, denn obgleich meine Darlegungen voller Ungereimtheiten stecken mögen, ist die Grundidee des Modells von zwingender Schlüssigkeit.

Einleitung oder Anordnung des Werkes

Der Panegyriker preist Oceana wie folgt:

„O du herrlichstes und glückseligstes aller Länder: Oceana! Wie gebührend hat die Natur dich mit allem Überfluß des Himmels und der Erde ausgestattet, hat sie deinen stets fruchtbaren Schoß weder mit Eis bedeckt noch unter einem sengenden Gestirn verdorren lassen, so daß Ceres und Bacchus sich auf immer hier die Hand zum Bunde reichen. Deine Wälder beherbergen keine reißenden Bestien, und keine Schlangen lauern in deinen immergrünen Fluren, sondern sie bieten vielmehr zahllosen Herden Heimstatt und Nahrung, die dir, ihrer Schäferin, ihr pralles Euter oder ihr Goldenes Vließ entgegenstrecken. Deiner Nächte Flügel, in denen stets noch ein paar weiße Federn schimmern, umhüllen dich nicht mit dem Schrecken der Finsternis, und deine Tage gleichen jenem Leben, das uns so wünschenswert bedünkt: sie währen am längsten."

Diese Ergießung des Plinius scheint sich jedoch, wie Bertius bemerkt,[3] nicht nur auf das eigentliche Oceana, sondern auch auf Marpesia und Panopea zu beziehen, die jetzt Teile dieses Gemeinwesens sind[4].

Was nun das Volk in jedem dieser Länder angeht, so ist das von Oceana bei all seiner Sanftmut gleichwohl das wehrhafteste auf der ganzen Welt.

„Staaten, die nach Größe streben", sagt Verulamius,[5] „mögen wohl achthaben, daß sich ihre Fürsten und Herren nicht allzu rasch vermehren, denn das führt dazu, daß der gemeine Untertan zum bloßen Bauern und gewöhnlichen Handlanger herabsinkt, der allen Mut verliert und folglich nur noch der Knecht eines Herrn ist. Wie man nämlich bei Waldpflanzungen beobachten kann, daß man kein sauberes Unterholz, sondern nur Gestrüpp und Dickicht erhält, wenn man die jungen Stämme zu dicht nebeneinander setzt, so ergeht es auch Ländern, in denen es der Herren zu viele gibt: Die gemeinen Leute werden den Kopf hängenlassen, und es kommt dahin, daß schließlich kaum jeder hundertste Schädel noch für den Helm taugt, was namentlich für die Fußtruppen gilt, die das Herzstück jedes Heeres sind, und so wird es zwar viele Einwohner, aber nur wenig Kampfkraft geben. Was ich hier sage, hat sich nirgends deutlicher erwiesen als beim Vergleich von Oceana und Frankreich: Von beiden war Oceana, obgleich es weit weniger Land und Leute besitzt, dennoch überlegen, weil das mittlere Volk von Oceana tüchtige Soldaten abgibt, was für die Bauern in Frankreich nicht zutrifft."

Mit diesen Worten bringt Verulamius (wie schon Machiavelli[6] vor ihm) nachdrücklich eine Saite zum Klingen, die er allerdings nicht bis in die letzten Feinheiten gestimmt hat, nämlich das Gleichgewicht der Herrschaftsgewalt oder des Eigentums. Das zeigt sich noch deutlicher bei seiner Lobpreisung jener „weitblickenden und bewunderungswürdigen Vorkehrung des Königs Panurgus von Oceana, den Landwirtschaften und Bauernhöfen einen bestimmten Umfang zuzumessen, d. h. jeden Untertan ein solches Stück Land bewirtschaften zu lassen, das ihm ein behagliches Auskommen und keine knechtische Existenz versprach, wodurch der Pflug in den Händen des Eigentümers verblieb, statt von bloßen Tagelöhnern geführt zu werden. Und auf solche Art und Weise", sagt er, „wird fürwahr jener Zustand des alten Italien erreicht, von dem Vergil[7] berichtet: *terra potens armis atque ubere glebae.*"

Aber der Ackerbau, der tüchtige Soldaten hervorbringt, dient zugleich dem Wohl des Gemeinwesens, was der Autor bei seiner Lobpreisung des Panurgus ebensowenig in Rechnung gestellt hat wie dieser, als er sich solches Lob verdiente. Wenn nämlich der Eigentümer des Pfluges auch das Schwert übergeben bekommt, so wird er es gebrauchen, um sein Eigentum zu schützen, was der Grund dafür ist, daß die Menschen von Oceana mit Rücksicht auf ihr Eigentum stets frei gewesen sind und der Geist dieser Nation immer eine gewisse Ähnlichkeit mit dem des alten Italien gehabt hat, das ganz im Banne der republikanischen Staatsform stand und in welchem Rom bald das größte Gewicht auf dessen Bauernstand legte und sich seine Konsuln von hinter dem Pfluge holte. Denn wo es Parlamente gibt, die damals in jenem Reich die Regierung ausübten, da sind Menschen von ländlicher Lebensart noch stets mit den bedeutendsten Angelegenheiten betraut worden und hat das Volk immer Abscheu vor höfischem Treiben empfunden. Der Ehrgeiz mit seinem Hang zur Flatterhaftigkeit und Schmeichelei stand im Geruch einer Eigenschaft, die besser in eine Livree zu passen schien, und das Bauerntum oder die ländliche Lebensweise, mochten sie auch aus groberem Garn gewebt sein, galten noch allemal als das brauchbarste Material für ein Gemeinwesen – *agricolarum democratica respublica optima,* heißt es bei Aristoteles[8] –, denn ein solches Gemeinwesen ist der standhafteste Verteidiger seiner Freiheit und gegen Neuerungen und Aufruhr am wenigsten anfällig. Deshalb war dieses Volk, ehe die Grundfesten seines Staates (wie noch zu zeigen sein wird) zerstört wurden, gegen etwaige Erschütterungen oder Umsturzversuche am wirksamsten gefeit, während in solchen Gemeinwesen wie Athen, die in einem höheren Maße dem Einfluß des Stadtlebens unterlagen, selten oder niemals Ruhe herrschte, sondern sich bestenfalls zeigte, daß sie der eigenen Sache schadeten, indem sie sie übertrieben. Aus diesem Grunde standen die städtischen Bevölkerungsschichten Roms, die sich aus der *turba forensis*[9] zusammensetzten – ehemalige Sklaven, die freigelassen worden waren –, im Ansehen weit unter den Bauern. Zwar scheinen die Dinge in Venedig anders zu liegen, insofern die Herren (wie alle genannt werden, die ein Anrecht auf die Regierung dieses Staates besitzen) dort ausnahmslos der städtischen Lebensform frönen, doch andererseits sind die *turba forensis,* die Schreiber, *cittadini,* sowie die gesamte übrige Einwohnerschaft davon gänzlich ausgeschlossen. Sonst würde es in einem Gemeinwesen, das lediglich aus einer einzigen Stadt besteht, zweifellos hoch hergehen, weil jeder seinem Ehrgeiz dann die Zügel schießen ließe; wo es aber ein ganzes Land umfaßt, verheißt der Pflug in den Händen des Eigentümers diesem den Aufstieg zu höheren Würden und leistet jenem reinen und standhaften Geist eines Ge-

11

meinwesens Vorschub, wie er in Oceana am Wirken ist. Marpesia, der nördliche Teil besagten Eilands, ist die trockene Amme eines vielköpfigen und zähen Volkes, bei welchem die jungen Stämme anfangs gleichwohl zu dicht gestanden hatten, so daß seine Tapferkeit mit seiner Zähigkeit nicht Schritt hielt, wenn man von seinen Fürsten absieht, die das Land weitgehend nach Art der Polen regierten, obwohl der König bei ihnen nicht wählbar war, bis das Volk seine Freiheit erhielt, indem das Joch der Fürsten durch das Gemeinwesen Oceana zerbrochen wurde, das nun seinerseits als dankbare Gegenleistung dort auf einen unerschöpflichen Vorrat von Hilfstruppen zurückgreifen kann. Panopea, die nachsichtige Mutter eines trägen und kleinmütigen Volkes, ist eine benachbarte Insel, die von Oceana schon vor langer Zeit mit Waffengewalt unterworfen wurde. Indes, mag es nun an dem guten Boden oder dem widrigen Klima liegen, es geht mit den Bewohnern auch weiterhin abwärts, und da, wie man sieht, dort weder Aussicht auf die Bereitstellung kriegstauglicher Männer noch auch überhaupt eine Notwendigkeit hierfür besteht, hätte es wohl im Interesse von Oceana gelegen, diesen Landesteil, der nicht nur reich an fruchtbarem Land, sondern auch voller für den Handel geeigneter Häfen ist, einer solchen Bestimmung zuzuführen, die seinem Staatssäkkel den meisten Vorteil brächte. Meines Erachtens hätte das (wäre es rechtzeitig bedacht worden) am besten dadurch bewerkstelligt werden können, daß man ihn mit Juden besiedelt hätte, und zwar unter Zubilligung ihrer eigenen Riten und Gesetze, denn in diesem Falle wären sie auf der Stelle sowie in genügender Anzahl aus allen Teilen der Welt herbeigeströmt. Obgleich die Juden sich jetzt völlig auf den Handel verlegt haben, waren sie doch einstmals in dem Land Kanaan samt und sonders im Akkerbau tätig und haben erst seit ihrer Vertreibung von dort kein eigenes Land mehr bewirtschaftet, und es gibt keinen Grund, daran zu zweifeln, daß sie, wenn sie über fruchtbaren Boden und obendrein noch über ordentliche Häfen verfügten, in beiderlei Hinsicht tüchtige Arbeit leisten würden. Ein gut besiedeltes Panopea könnte runde vier Millionen Pachteinkünfte erbringen, abgesehen von dem mindestens noch einmal so großen Gewinn, den ein Volk von solchem Fleiß aus der Landwirtschaft und dem Handel erzielen würde. Deshalb wäre die dauerhafte Verpachtung von Panopea an die Juden und ihre Erben gegen Bezahlung einer landeseigenen Armee zu ihrem Schutze für die Zeit von sieben Jahren und gegen Entrichtung von jährlich zwei Millionen Staatsabgaben von diesem Zeitpunkt an – zuzüglich der Aufwendungen für die Unterhaltung der landeseigenen Armee – nicht nur für sie selbst, sondern auch für dieses Gemeinwesen ein Geschäft gewesen, wie es sich gewinnträchtiger beiden nicht wieder bieten wird. Die Juden auf andere Weise in ein Gemeinwesen aufzunehmen hieße dessen Kraft lähmen, denn im Unterschied zu allen anderen Völkern bürgern sie sich niemals ein, sondern füllen den Platz eines Gliedes aus, das für den Körper unnütz und zwecklos ist, während sie die Nahrung einsaugen, die ein natürliches und nützliches Glied funktionstüchtig erhalten würde.

Wäre man dergestalt mit Panopea verfahren, hätte es im Verein mit den Hilfstruppen Marpesias einen Tornister von unschätzbarem Werte abgegeben. Die Insellage dieser Länder (deren Vorteilhaftigkeit für die republikanische Staatsform das Beispiel Venedigs zeigt) scheint durch die göttliche Vorsehung nachgerade wie für ein Gemeinwesen geschaffen zu sein. Und dennoch kann jenes in Anbetracht der räumlichen Enge und des Mangels an angemessenem Waffenschutz nicht mehr sein als ein auf seine Erhaltung bedachtes Gemeinwesen, wohingegen dieses, das der gleichen Staatsform anhängt, ein Gemeinwesen ist, das ein gedeihliches Wachstum verspricht und auf einem Fundament ruht, wie es seit dem Anfang der Welt bis in unsere Tage ein zweites von solcher Festigkeit nimmer gegeben hat:

> *Illam arcta capiens Neptunus compede stringit:*
> *Hanc autem glaucis captus complectitur ulnis.*

Das Meer zwingt dem Wachsen von Venedig sein Gesetz auf, doch das Wachsen von Oceana weist das Meer in die Schranken.

Diese in der Vergangenheit getrennten und verfeindeten Königreiche wurden später durch den Marpesierkönig Morpheus, dem durch rechtmäßige Erbfolge die Krone von Oceana zugefallen war, nicht nur unter einem gemeinsamen Herrscher vereinigt, sondern fielen hernach wie durch einen Zauberbann in jenen tiefen Schlaf, aus dem erst die Trompete des Bürgerkrieges sie gerissen hat, wodurch schließlich die Ereignisse ausgelöst wurden, die der Anlaß der vorliegenden Abhandlung gewesen sind, welche sich in vier Teile gliedert:

1. Vorbemerkungen oder Die Grundsätze staatlicher Regierung
2. Der Rat der Gesetzgeber oder Die Kunst der Errichtung eines Gemeinwesens
3. Das Modell des Gemeinwesens Oceana als Ergebnis solcher Kunst
4. Schlußbetrachtung mit Ausblicken auf die Wirkungen einer derartigen Staatsform

Vorbemerkungen oder Die Grundsätze staatlicher Regierung

Giannotti[10], der vorzüglichste Chronist der Republik Venedig, teilt die verschiedenen Regierungen insgesamt in zwei Etappen oder Perioden ein. Die eine endete mit der Freiheit Roms, die sozusagen das Ergebnis oder das Wirken jener Weisheit des Altertums war, die Gott selbst den Menschen in der Staatsform des Reiches Israel geoffenbart hatte und die alsdann gemäß dem von ihm gewiesenen Wege durch die Griechen und Römer aufgegriffen und einhellig übernommen wurde. Die andere begann mit der Waffengewalt Cäsars, die das Ende der Freiheit bedeutete und den Übergang von der antiken zur modernen Weisheit bildete. Eingeleitet wurde sie durch den Vormarsch der Hunnen, Goten, Wandalen, Lombarden und Sachsen, die nach der Zerschlagung des römischen Imperiums das ganze Gesicht der Erde mit jenen üblen Methoden der Staatsführung verunstaltet haben, welche in diesen westlichen Teilen heutigentags sogar noch weit schlimmer geworden sind, mit Ausnahme von Venedig, das auf Grund seiner uneinnehmbaren Lage dem Zugriff der Barbaren entging und sich unverwandt von der Weisheit des Altertums hat leiten lassen, so daß es eine Stufe der Vollkommenheit erreicht hat, die sogar sein Vorbild noch übertrifft.

Nach Lage der Dinge galt die staatliche Regierung bis in diese beiden Etappen (um sie *de jure* oder im Sinne der Weisheit des Altertums zu definieren) als eine Kunst, mit deren Hilfe eine bürgerliche Gesellschaft von Menschen auf der Grundlage gemeinsamer Rechte und Interessen zustande gebracht und aufrechterhalten wird, oder (um mit Aristoteles und Livius zu sprechen) als Herrschaftsgewalt von Gesetzen und nicht von Menschen.[11]

De facto oder im Sinne moderner Weisheit definiert, ist das Regieren eine Kunst, mit deren Hilfe irgendein einzelner Mensch oder eine kleine Menschengruppe eine Stadt oder eine Nation unterwirft und nach seinen oder ihren privaten Interessen darüber gebietet, so daß man sagen kann, da die Gesetze in diesem Falle nach den Interessen eines einzelnen Menschen oder einiger weniger Familien gemacht werden, daß wir es hier mit der Herrschaftsgewalt von Menschen und nicht von Gesetzen zu tun haben.

Die erstgenannte Art ist diejenige, die Machiavelli (dessen Bücher nicht genügend zur Kenntnis genommen werden) als einziger Politiker wiederherzustellen getrachtet hat, während Leviathan (der seine Bücher den Universitäten aufdrängen möchte) ihren Untergang erstrebt. Denn er sagt,[12] es sei „ein weiterer Irrtum, den Aristoteles in seiner ‚Politik‘ begeht, daß in einem wohlgeordneten Staat nicht Menschen, sondern die Gesetze herrschen sollten. Welcher Mensch, der seine natürlichen Sinne beisammen hat, selbst wenn er weder lesen noch schreiben kann, hält sich nicht von denjenigen für beherrscht, die er fürchtet und denen er zutraut, daß sie ihn töten oder ihm schaden können, falls er nicht gehorcht? Oder wer glaubt, das Gesetz könne ihm schaden, das nur beschriebenes Papier ist ohne die Hände und Schwerter von Menschen?"

Ich gebe zu, daß *magistratus est lex armata*[13]; der Richter auf seinem Richterstuhl ist dasselbe für das Gesetz, was der Kanonier auf dem Geschützstand für seine Kanone ist. Freilich würde ich mich nicht entblöden, mit einem Mann von Verstand auf diese Weise zu argumentieren. Eine ganze Armee, auch wenn sie weder lesen noch schreiben kann, hat vor einem Geschützstand, von dem sie weiß, daß er bloß aus Erde oder Stein besteht, ebensowenig Angst wie vor einer Kanone, welche ohne eine Hand, die sie abfeuert, ja doch nur kaltes Eisen ist. Deshalb fürchtet sich eine ganze Armee im Grunde nur vor einem einzigen Menschen. Aber von dieser oder noch schlimmerer Art sind die Schlüsse (wie ich noch an etlichen Stellen zeigen werde, die mir auf meinem Wege begegnen), welche Leviathan in seiner gesamten Politik zieht, wie wenn er beispielsweise von Aristoteles und Cicero, von den Griechen und Römern sagt[14], die in Volksstaaten lebten, sie hätten „diese Rechte nicht aus den Grundsätzen der Natur hergeleitet, sondern aus der Praxis ihrer eigenen Gemeinwesen in ihre Bücher übertragen, ähnlich wie Grammatiker die Regeln der Sprache am Beispiel von Dichtern beschreiben". Genausogut könnte jemand dem berühmten Harvey[15] vorwerfen, er hätte sich bei der Beschreibung des Blutkreislaufes nicht an die Grundsätze der Natur, sondern an die Anatomie dieses oder jenes Körpers gehalten!

Um jedoch in diesem einleitenden Exkurs fortzufahren, will ich ihn entsprechend den beiden Definitionen der staatlichen Regierung im Hinblick auf die von Giannotti unterschiedenen zwei Etappen ebenfalls in zwei Abschnitte gliedern, wobei der erste den Grundsätzen des Regierens im allgemeinen, wie sie von den Klassikern der Antike überliefert sind, und der zweite den früheren Regierungen von Oceana und damit der neuzeitlichen Weisheit gewidmet sein soll.

Regierungsgewalt kann nach dem Verständnis der Klassiker und ihres gelehrten Schülers Machiavelli, des einzigen politischen Kopfes späterer Jahrhunderte, auf dreierlei Art ausgeübt werden[16]: durch einen einzelnen Menschen, durch eine Elite oder durch das ganze Volk, was mit gelehrteren Wörtern als Monarchie, Aristokratie und Demokratie bezeichnet wird. Diese sind in ihren Augen allesamt von Übel, weil sie zur Entartung neigen. Wenn sich nämlich die Regierenden nicht, wie sie sollten, von der Vernunft, sondern von der Leidenschaft leiten lassen, so handeln sie nicht recht. Wie also Vernunft und Leidenschaft verschiedene Dinge sind, so ist auch eine vernunftgeleitete und eine durch Leidenschaft verderbte Regierung nicht dieselbe, wenn auch nicht zwangsläufig stets eine andere – ähnlich wie ein lebendiger und ein toter Körper zwar nicht dasselbe sind, aber auch nicht gleichbedeutend mit einem anderen Geschöpf sein müssen –, obwohl der Niedergang der einen über kurz oder lang zur Entstehung einer anderen führt. Die Entartung der Monarchie nennt man Tyrannei, die der Aristokratie Oligarchie und die der Demokratie Anarchie. Jedoch haben Gesetzgeber, denen diese drei Regierungsformen als bestenfalls untauglich erschienen, eine andere ersonnen, die in einer Mischung aus allen dreien besteht und allein Gutes verspricht. So lehren es die Klassiker.

Aber Leviathan ist überzeugt[17], daß sie allesamt irren und es außer den drei genannten keine weitere Regierungsform geben könne und daß ihr faulender Leib nicht zum Himmel stinke, weil die Namen ihrer Entartungen nur der menschlichen Phantasie entsprungen seien. Wir werden dies besser beurteilen können, wenn wir uns vor Augen geführt haben, von welcher Art der *senatus populusque Romanus*[18] gewesen ist.

Um jedoch auf meinem eigenen Wege zu bleiben und zugleich den Klassikern zu folgen, so wirken die Grundsätze staatlicher Regierung zwiefach, indem sie nämlich zum einen die inneren oder geistigen und zum anderen die äußeren oder leiblichen Güter betreffen. Geistige Güter sind naturgegebene oder erworbene Tugenden wie Weisheit, Klugheit, Mut usw. Leibliche Güter sind

Reichtum. Es gibt auch wertvolle körperliche Eigenschaften wie Gesundheit, Schönheit oder Kraft, aber sie fallen in unserem Zusammenhang nicht ins Gewicht, denn wenn ein einzelner oder eine Armee einen Sieg erringt oder zu Macht gelangt, verdanken sie das eher ihrer Disziplin, ihren Waffen und ihrem Mut als ihrer angeborenen Gesundheit, Schönheit oder Kraft, und entsprechend mag ein unterworfenes Volk von Natur aus viel kräftiger, schöner und gesünder sein, ohne daß es ihm etwas nützt. Die Grundsätze des Regierens richten sich somit auf die geistigen oder die leiblichen Güter. Die geistigen Güter bewirken Ansehen, die leiblichen Macht oder Herrschaftsgewalt. Darum hat Leviathan unrecht, obwohl er den „Reichtum" zutreffend als „Macht" bezeichnet, wenn er sagt[19], daß „wer klug ist oder im Ruf der Klugheit steht, Macht besitzt". Denn die Gelehrsamkeit oder die Klugheit eines Menschen verleiht nicht mehr Macht als die Gelehrsamkeit oder Klugheit eines Buches oder Autors, sondern vielmehr Ansehen. Ein gelehrter Schriftsteller kann Ansehen genießen, ohne Macht zu besitzen, und ein unwissender Beamter kann Macht besitzen, ohne darüber hinaus die geringste Achtung oder Autorität zu genießen. Livius ist des Unterschiedes zwischen beiden eingedenk, wenn er von Evander sagt: *regebat magis auctoritate quam imperio* – er herrschte eher durch sein Ansehen als durch seine Macht.[20]

Beginnen wir mit dem Reichtum, weil die Menschen sich zu ihm besonders hingezogen fühlen, und zwar nicht aus freien Stücken, sondern aus Zwang und barer Notdurft, denn in demselben Maße, wie jemand, den es nach Brot verlangt, sich demjenigen zum Diener macht, der ihn speist, so hat auch jemand, der ein ganzes Volk ernährt, dieses in seiner Gewalt.

Gewalt ist von zweierlei Art, indem sie sich nämlich auf das eigene Land und Staatsgebiet oder auf fremde Länder und Provinzen erstreckt.

Inländische Gewalt beruht auf Machtbesitz.

Macht ist Eigentum an Grund und Boden oder privatem Vermögen, d. h. an Ländereien oder Geld und Gütern.

Die Ländereien oder die einzelnen Teile eines Territoriums befinden sich in einem bestimmten Verhältnis im Besitz des Eigentümers oder der Eigentümer beziehungsweise des oder der Grundherrn, und aus dem Verhältnis oder dem Gleichgewicht des Machtbesitzes oder des Grundeigentums ergibt sich (außer in einer Stadt, die wenig oder gar kein Land umfaßt und deren Einnahmen dem Handel entstammen) zugleich das Wesen der jeweiligen Gewalt.

Ist ein einzelner Mensch der alleinige Grundherr eines Territoriums oder besitzt er ein solches Übergewicht gegenüber dem Volk, daß ihm dreiviertel desselben gehören, dann ist er ein *grand signor,* wie man den türkischen Sultan in Anbetracht seines Eigentums nennt, und seine Gewalt ist absolute Monarchie.

Wenn die Minderheit oder ein Adelsstand oder auch ein Adelsstand gemeinsam mit der Geistlichkeit Grundherren sind oder in dem gleichen Verhältnis das Volk überwiegen, entsteht das gotische Gleichgewicht (von dem im zweiten Abschnitt dieses Exkurses noch des längeren die Rede sein soll), und die Gewalt ist gemischte Monarchie, wie in Spanien, Polen und bis jüngst in Oceana.

Und wenn das Volk in seiner Gesamtheit Grundherr ist oder die Ländereien so unter sich aufgeteilt hat, daß kein einzelner oder keine Gruppe von Menschen in ähnlichem Umfang wie die Minderheit oder die Aristokratie vorherrscht, so ist die Gewalt (immer unter der Voraussetzung, daß kein Zwang geübt wird) ein Gemeinwesen.

Wird in einem dieser drei Fälle Zwang geübt, dann muß er entweder das Fundament der Regierung oder umgekehrt die Regierung dem Fundament anpassen; falls er nämlich die Regierung nicht im Sinne des Gleichgewichts stützt, wirkt er nicht natürlich, sondern gewaltsam. Das heißt: Wenn der Zwang im Belieben eines Fürsten steht, ist er Tyrannei, steht er im Belieben der Minderheit, ist er Oligarchie, und steht er in des Volkes Macht, ist er Anarchie. Da das Gleichgewicht nicht mehr gewahrt bleibt, sind solche Auswüchse nur von kurzem Bestand, weil sie dem Wesen des Gleichgewichts zuwiderlaufen, das, wenn es nicht selber zerstört wird, das zerstört, was ihm im Wege steht.

Allerdings gibt es gewisse andere Auswüchse, die, da sie im Gleichgewicht wurzeln, von längerem Bestand und größerer Schrecknis sind: Erstens dort, wo ein Adelsstand die Hälfte oder annähernd die Hälfte des Eigentums besitzt und das Volk die andere Hälfte. In solchem Falle bleibt ohne Veränderung des Gleichgewichts nichts übrig, als daß einer den anderen auffressen muß, so wie es in Athen das Volk mit dem Adel und in Rom der Adel mit dem Volk getan hat. Zweitens dann, wenn ein Fürst etwa die Hälfte der Macht besitzt und das Volk die andere – wie im Falle der römischen Kaiser, die sich teils auf ihre militärischen Kolonien und teils auf den Senat und das Volk stützten –, so daß die Regierung zu einem bloßen Tauziehen zwischen den Fürsten und dem Volk wird. Von etwa dieser Art sind auch bestimmte Regierungen unserer Tage, von denen man sagt, daß sie im Chaos gründen. In diesem Falle liefe die Festigung des Gleichgewichts auf die zwangsläufige Verlängerung des Übels hinaus, während man in den drei anderen Fällen die Regierungsgewalt dem Untergang preisgibt, wenn man es nicht festigt. Deshalb wird in der Türkei, wo von Gesetzes wegen niemand außer dem *grand signor* Land besitzen darf, das Gleichgewicht durch das Gesetz festgeschrieben, so daß die Gewalt dort auf sicherem Grunde ruht. Auch in Oceana erwies sich der Thron, obwohl die Könige des öfteren gestürzt wurden, so lange als unerschütterlich, bis das Überschreibungsstatut dessen Säulen morsch werden ließ, indem es dem Adel die Möglichkeit zur Veräußerung seiner Güter eröffnete. *Si terra recedat, Ionium Aegaeo frangat mare*[21]. Solange Sparta sich an die von Lykurg verfügte Landverteilung hielt, war es unantastbar, doch als es davon abwich, konnte es sich nicht länger behaupten. Ein derartiges Gesetz, das die gleichmäßige Verteilung der Ländereien festlegt, heißt Ackergesetz, und es wurde erstmals von Gott selbst eingeführt, der das Land Kanaan durch Losentscheid unter seinem Volk aufteilte. Auf Grund seiner Wirkungsweise sind überall dort, wo es in Kraft gewesen ist, die Regierungen unverändert bestehen geblieben, sofern dem nicht eine anderweitige Übereinkunft entgegenwirkte wie in jenem einzig dastehenden Beispiel des Volkes Israel, das sich inmitten seiner Freiheit durchaus einen König erwählen wollte. Ohne ein Ackergesetz ist jedoch keiner Regierung eine lange Lebensdauer beschieden, mag sie nun monarchisch, aristokratisch oder demokratisch geartet sein.

Was die Macht in Gestalt von privatem Vermögen oder Geld anbetrifft, so mag sie von Zeit zu Zeit einen Melius oder Manlius[22] auf den Plan rufen, was für ein Gemeinwesen, das nicht mit einer gewissen diktatorischen Gewalt ausgestattet ist, zwar gefährlich werden kann, aber bisher selten oder niemals zum Erfolg geführt hat, weil das Eigentum, wenn es Herrschaftsgewalt hervorrufen soll, notwendigerweise einer bestimmten Absicherung oder Stütze bedarf, die allein im Grund und Boden liegen kann, ohne die es gewissermaßen in der Luft schweben würde.

Allerdings kann in solchen Staaten wie Holland und Genua, die hauptsächlich vom Handel leben und wenig oder gar kein Land besitzen, das Gleichgewicht der finanziellen Reichtümer demjenigen des Landbesitzes in den genannten Fällen ebenbürtig sein.

Doch Leviathan – obwohl er nach der Antike zu schielen scheint, indem er sich an seinen tollen Lehrmeister Karneades[23] hält – schwingt statt dessen das öffentliche Schwert, auf das er Art und Wesen allen Regierens zurückführt, wenn er beispielsweise behauptet,[24] daß „die Auffassung, wonach jeder Monarch seine Macht durch Vertrag, also bedingt, erhalte, von der fehlenden Einsicht in jene simple Wahrheit herrührt, daß Verträge, die ja nichts als leere Wörter sind, nur die Macht besitzen, jemanden zu zwingen, zu mäßigen, zu zügeln oder zu schützen, die das öffentliche Schwert ihnen verleiht". Wie er von dem Gesetz gesagt hat, es stehe ohne dieses Schwert nur auf dem Papier, ebenso hätte er auch bedenken können, daß dieses Schwert ohne eine Hand, die es führt, nichts als kaltes Eisen ist. Die Hand, die es führt, ist die Miliz einer Nation, und die Miliz einer Nation ist eine Armee, die entweder im Felde steht oder nötigenfalls zum Kampf gewappnet ist. Aber eine Armee ist ein Tier mit einem großen Magen und will gefüttert sein. Also hält sie sich an die vorhandenen Weiden, und diese wiederum unterliegen dem Gleichgewicht des Eigentums, ohne welches das öffentliche Schwert bloß ein Name oder eine leere Drohung ist. Was Leviathan im Hinblick auf Waffen und Verträge ausführt, bedarf deshalb einer verdeutlichenden Richtigstellung: Wer dieses Tier – ähnlich wie der Türke seine Timarioten – zu sättigen vermag, kann sehr wohl über denjenigen lachen, der annimmt, daß er seine Macht durch Vertrag erhalten hat, oder sich solch läppischem Tand verpflichtet wähnt, da Verträge unter diesen Umständen nur Schall und Rauch sind. Wenn aber die Weiden dieses Tieres dem Adel gehören, der sie mit seinen Pächtern und Lehnsleuten vollgestopft hat, so weiß der Ochse, wo die Futterkrippe seines Herrn steht,[25] und ein König kann unter solchen Bedingungen unmöglich anders regieren als durch Vertrag, oder wenn er ihn bricht, so werden sich dessen Worte für ihn in Hiebe verkehren.

„Ist aber", sagt er,[26] „eine Versammlung von Menschen zum Souverän ernannt worden, so denkt niemand daran, daß bei ihrer Einsetzung ein solcher Vertrag geschlossen wurde." Was aber war dann die durch Publicola[27] eingeführte Vorkehrung, das Volk anzurufen, oder diejenige, wodurch das Volk seine Tribunen erhielt? „Pah", sagt er,[28] „niemand ist so dumm, als daß er meinte, das Volk von Rom hätte mit den Römern einen Vertrag über die Ausübung der Souveränität unter ganz bestimmten Bedingungen geschlossen, bei deren Nichterfüllung die Römer das römische Volk absetzen konnten." Diese Feststellung ist in mehrfacher Hinsicht bemerkenswert, denn sie geht davon aus, daß die römische Republik aus einer einzigen Versammlung bestanden habe, während sie in Wahrheit aus dem Senat *und* dem Volk bestand; daß sie nicht auf vertraglicher Grundlage beruht habe, während jedes durch sie erlassene Gesetz einen Vertrag zwischen ihnen darstellte; daß nur diese eine Versammlung zum Souverän ernannt worden sei, während das

Volk von Anbeginn der alleinige Souverän war, was übrigens auch an dem altertümlichen Stil seiner Gesetze und Verträge abzulesen ist: *censuere patres, jussit populus;*[29] daß die Ernennung eines Rates zum Souverän an keine Bedingungen geknüpft werden könne, während doch die Dezemvirn, ein zum Souverän ernannter Rat, dies nur unter ganz bestimmten Bedingungen wurden; daß sämtliche Bedingungen oder Verträge zur Einsetzung eines Souveräns nach dessen Einsetzung hinfällig seien, woraus zwangsläufig zu folgern ist, daß die Dezemvirn vom Augenblick ihrer Einsetzung bis in alle Ewigkeit die rechtmäßige Regierung Roms bildeten und deren Absetzung durch die römische Republik unrechtmäßig gewesen sein muß, wie auch, daß Cicero, wenn er etwas anderes aus seiner Republik berichtete,[30] etwas berichtet hat, was wider die Natur war. Doch wir wollen uns jetzt an andere Autoren halten, um etwas mehr über dieses Gleichgewicht zu erfahren.

Aristoteles äußert sich hierzu gleich an mehreren Stellen. So sagt er[31]: „Unmäßiger Reichtum, d. h. wenn ein einzelner Mensch oder die Minderheit größere Besitzungen auf sich vereinigt, als es die Ausgewogenheit oder das System des Gemeinwesens verträgt, bietet Anlaß zum Aufruhr, der meistenteils in der Monarchie endet, so daß etliche Staaten, wie Argos und Athen, dem Scherbengericht angehangen haben. Besser wäre es aber, das Wuchern von vornherein zu verhindern, als nach Abhilfe für ein solches Übel zu suchen, wenn es übermächtig geworden ist."

Machiavelli hat dies nicht recht beachtet und deshalb ziemlich bedenkliche Schlüsse daraus gezogen. Da er nämlich nicht gebührend berücksichtigt, daß, wenn die Ordnung in einem Gemeinwesen durch den Adel gestört wird, dies seiner Übermächtigkeit zuzuschreiben ist, spricht er davon, daß der Adel und Volksregierungen einander feindlich gesinnt sind, und will uns glauben machen, die Menschen dort seien so aufgebracht gegen den Adel, daß sie einen vornehmen Herrn, der ihnen in den Weg kommt, auf der Stelle töten. Von einem Bürgerkriege abgesehen, läßt sich diese Behauptung durch kein einziges Beispiel belegen; vielmehr zeigt sich, daß selbst in der Schweiz die vornehmen Stände nicht nur ihres Lebens sicher sind, sondern in Ehren gehalten werden.

Doch was ich über das Gleichgewicht darlegte, bietet, obwohl Machiavelli sich dessen nicht bewußt ist, den eigentlichen Schlüssel zu seiner Deutung und wird durch sein Urteil an vielen Stellen bestätigt, etwa wenn er den Standpunkt vertritt,[32] daß „derjenige, der sich dort, wo es eine Vielzahl vornehmer Herren gibt, zur Errichtung eines Gemeinwesens anschickt, ein Ding der Unmöglichkeit unternimmt, falls er sie nicht vorher ausrottet, ebenso wie jener, der dort, wo das Volk gleich stark ist, auf die Einführung einer Monarchie sinnt, nie zum Ziel gelangen wird, ohne zunächst dessen aufsässigste und ehrgeizigste Vertreter ausgesondert und sie – wenn schon nicht dem Namen, so doch wenigstens der Wirkung nach – dadurch zu vornehmen Herren oder zu Adligen gemacht zu haben, daß er ihnen solche Reichtümer in Gestalt von Ländereien, Schlössern und finanziellen Gütern übereignet, die ihnen Macht über die übrigen verleihen und diese in ihre Abhängigkeit geraten lassen, so daß es dazu kommt, daß in demselben Maße, wie ihr Ehrgeiz sich auf den Fürsten stützt, auch der Fürst seine Macht auf sie stützen kann."

Wie ich folglich an dieser Stelle mit Machiavelli übereinstimme, daß ein übermächtiger Adels- und Herrenstand für eine Volksregierung Unheil und Verderben bedeutet, so werde ich an einer anderen Stelle zeigen, daß ein nicht übermächtiger Adels- und Herrenstand der wahre Lebensnerv und Kraftquell einer solchen Regierung ist.

Nach allem Gesagten sollte es scheinen, daß wir den Streit um das öffentliche Schwert oder das Recht der Miliz nunmehr beiseite legen können, das – wie die Regierung auch immer beschaffen sein oder sich wandeln mag – von dem Übergewicht an Herrschaftsgewalt nicht zu trennen ist und überall dort, wo das Gesetz oder der Brauch etwas anderes vorschreiben – wie in der römischen Republik *(consules sine lege curiata rem militarem attin-*

gere non potuerunt)[33], in der das Volk zwar das Schwert in Händen hielt, aber der Adel allmählich das Übergewicht gewann –, nichts anderes bewirkt als Zerstörung, denn wie ein Bauwerk einstürzen muß, das auf schwankendem Grunde ruht, muß auch das Gesetz fallen, das gegen die Vernunft verstößt, und eine Miliz, die dem Gleichgewicht der Herrschaftsgewalt nicht entspricht. Soviel über die Ausgewogenheit von inländischer oder heimischer Gewalt, die in Machtbesitz besteht.

Das Gleichgewicht der sich auf fremde Länder oder Provinzen erstreckenden Gewalt ist dagegen anders geartet. Man könnte wohl ebensogut behaupten, daß jemand, der einen redlichen und ehrlichen Kauf getätigt hat, unrecht handelt, wenn er sich Pächter hält, wie daß ein Staat dies tut, der sich auf rechtmäßige Weise entwickelt und vergrößert hat, indem er sich Provinzen hält. Wie man auf rechtmäßigem Wege in den Besitz einer Provinz gelangt, ist jedoch jetzt nicht mein Thema. Hier will ich nur darlegen, wie oder unter welchen Bedingungen des Gleichgewichts er behauptet werden kann, wobei ich zunächst zeigen möchte, unter welchen Bedingungen dies nicht möglich ist. Es wurde bereits gesagt, daß die nationale oder unabhängige Gewalt, welcher Art sie auch sei, von denen ausgeübt werden muß, die in der betreffenden Nation das gebührende Maß von Macht besitzen; deshalb darf die Gewalt in einem auswärtigen oder abhängigen Herrschaftsgebiet nicht von denen ausgehen, die dort die entsprechende Macht besitzen, weil das für die staatliche Regierung bedeuten würde, an Stelle provinzieller Abhängigkeit einen Zustand nationaler Unabhängigkeit herbeizuführen. In der absoluten Monarchie, wie sie bei den Türken besteht, werden die Menschen sowohl innerhalb als auch außerhalb des Landes stets nur als Pächter auf Lebenszeit oder für eine ihnen zugemessene Frist geduldet, weil dort die Regierung des Landes mit derjenigen der Provinzen völlig identisch ist. Doch in Staaten, die dem Bürger oder Untertan Machtbesitz in Gestalt von Grund und Boden gestatten, verfügen die Reichsten über die meiste Gewalt im Lande, während in den Provinzen die Reichsten, selbst wenn sie als Untertanen des betreffenden Landes geboren wurden oder als dessen vormalige Bürger dorthin übergesiedelt waren, am wenigsten an der auswärtigen Regierungsgewalt beteiligt werden, da ja Menschen ähnlich wie Blumen oder Wurzeln, die man verpflanzt hat, nach der Erde geraten, in der sie wachsen. Darum wählte die römische Republik, als sie sich Kolonien zulegte und mit ihren Bürgern besiedelte, die innerhalb der Grenzen Italiens lagen, den glücklichsten Weg zur Einverleibung des Landes, denn hätte sie solche Kolonien jenseits der Grenzen Italiens errichtet, so hätte das ihr die Bürger entfremdet und den Keim zur Freiheit im Ausland gelegt, was zu einer für sie mißlichen oder bedrohlichen und feindlichen Entwicklung hätte führen können. Deshalb war sie stets darauf bedacht, sich selbst und ihre Stärke nicht dergestalt zu zersplittern, bis sie unter das Joch ihrer Kaiser geriet, die einen entgegengesetzten Weg einschlugen, indem sie das Volk hinaustrieben, das sie auswärts weniger fürchteten als daheim.

Die Mamelucken (die, bis mir jemand das Gegenteil beweist, in meinen Augen ein Gemeinwesen in Form einer Armee bildeten, in welcher der gemeine Soldat das Volk, der vorgesetzte Offizier den Senat und der General den Fürsten verkörperte) waren Fremdlinge vom Stamme der Tscherkassen, die in Ägypten herrschten; deshalb gingen sie niemals das Wagnis ein, sich dort als Herren anzusiedeln, weil solche Herrschaft naturgemäß dem nationalen Interesse Vorschub geleistet und zur Abwerfung des fremdländischen Jochs in dieser Provinz geführt hätte.

Das gleiche läßt sich in gewisser Hinsicht von Venedig sagen, dessen Regierungsform für gewöhnlich mißverstanden wird, denn es bezieht zwar das auswärtige Volk nicht in die Regierung ein, hat es jedoch nicht immer davon ausgeschlossen. Dieses Gemeinwesen, dessen Bestimmungen dank der ausgeklügelten Rotation des Senats demokratischer und volksfreundlicher sind als irgendwo sonst, schloß nämlich bei seiner Errichtung zunächst das gesamte Volk in die Regierungsgewalt ein; wer jetzt dort lebt, ohne daran teilzuhaben, hat entweder seither freiwillig darauf verzichtet oder ist durch Waffengewalt unterworfen worden. Deshalb wird der auswärtige Untertan Venedigs in der für ihn zuständigen Provinz regiert, und da das Gleichgewicht der Herrschaftsgewalt nicht von hier, sondern von den Provinzen aus bestimmt wird, sind die Venezianer – genauso wie einstmals die Mamelucken, die es nicht wagten, das Gleichgewicht ihrer Herrschaft in ihren Provinzen anzutasten, um nicht das nationale Interesse das fremdländische überwuchern zu lassen – um dieses Gleichgewichts willen nicht gesonnen, ihre auswärtigen Untertanen an der eigenen Regierungsgewalt zu beteiligen, damit nicht das fremde Interesse das nationale – also das der dreitausend gegenwärtig Regierenden – überwuchern könne und ihre Republik dadurch, daß sie sich über sämtliche dazugehörigen Gebiete erstreckt, nicht ebenjenes Vorteils ihrer Lage verlustig gehen möge, von dem sie zum großen Teil zehrt. Und genauso regiert auch der Spanier in Indien, der die Bewohner seines eigenen Landes dorthin schickt und den Kreolen, obwohl sie von den Spaniern abstammen, die Mitwirkung an der Regierung jener Provinz verwehrt.

Wenn aber ein Fürst oder ein Staat dergestalt über ein fremdes Gebiet herrschen kann, so ergibt sich vielleicht die Frage, weshalb dies dann auf ähnliche Art und Weise nicht auch im eigenen Land möglich sein soll. Darauf antworte ich, daß er zwar ein fremdes Gebiet durch sein eigenes, nicht aber das eigene durch ein fremdes beherrschen kann, und nachdem ich voranstehend gezeigt habe, wo sich im Hinblick auf fremde Gebiete kein Gleichgewicht einstellt, läßt meine Antwort vielleicht schon erkennen, worin diese ausgleichende Kraft recht eigentlich besteht: nämlich in der Übermacht des eigenen Gebietes über ein fremdes; denn wie das Gleichgewicht in einem Land durch die Verteilung des Eigentums in einem bestimmten Verhältnis entsteht, so erweist sich auch ein Land einem anderen dadurch überlegen, daß es Vorteile verschiedener Art geltend macht. Beispielsweise war die römische Republik ihren Provinzen überlegen, weil sie die Kraft ihrer wohlgeordneten

Regierung einer weniger straffen oder ihre leistungsfähige Miliz einer an Mut und Disziplin vergleichsweise minderwertigen entgegensetzen konnte. Genauso waren die kampferprobten Mamelucken auch den sanftmütigen Ägyptern überlegen. Und das Gleichgewicht einer gegebenen Lage wirkt wahre Wunder, sehen wir doch, daß der König von Dänemark, der gewiß nicht zu den mächtigsten Potentaten zählt, am Sund von den Größten Zoll zu erheben imstande ist, und ähnlich wie dieser König durch den Vorteil des Landes das Meer tributpflichtig zu machen vermag, kann auch Venedig durch den Vorteil des Meeres, in dessen Armen es unüberwindbar ist, das Land zwingen, seinen Golf zu füttern. Was die indischen Kolonien betrifft, so sind sie noch Säuglinge, die ohne die dargebotene Brust ihrer Mutterstädte nicht lebensfähig sind und ihrer wohl auch noch bedürfen werden, wenn sie längst das Mannesalter erreicht haben, weshalb ich mich über Fürsten verwundern muß, denen es offenbar Vergnügen bereitet, sich auf solche Weise aussaugen zu lassen. Soviel zu den Grundsätzen der Macht in ihrer äußeren und auf materiellen Gütern beruhenden Form, mag sie nun im Lande selbst oder in dessen Provinzen, daheim oder auswärts geübt werden.

Ich komme jetzt zu den Grundsätzen des Ansehens, die im Innern wirken und auf den geistigen Gütern beruhen. Wenn der Gesetzgeber diese in seiner Regierung mit den äußeren Gütern zu vereinigen versteht, so kommt er dem Werk Gottes am nächsten, dessen Reich ja Himmel *und* Erde umschließt, was schon Plato, obzwar mit anderen Worten, gesagt hat, bei dem es heißt,[34] daß „die Welt glücklich würde, wären die Fürsten Philosophen und die Philosophen Fürsten", und Salomo so ausdrückt: *Dies ist ein Unglück, das ich sah unter der Sonne, das vom Gewaltigen ausgeht.*[35] *– Enimvero neque nobilem, neque ingenuum, nec libertinum quidem armis praeponere regia utilitas est.*[36] *– Ein Tor sitzt in großer Würde, und Reiche* – solche, die entweder reich sind an Tugend und Weisheit, d. h. an geistigen Gütern, oder an denen des äußeren Vermögens, deren Maßstab der Sinn für das nationale Interesse ist – *müssen in Niedrigkeit sitzen. Ich sah*

Knechte auf Rossen und Fürsten zu Fuß gehen wie Knechte.[37]
Das sind bittere Klagen, daß die Grundsätze von Macht und Autorität, die geistigen und die materiellen Güter sich nicht vereinigen und gemeinsam nach dem Kranz oder der Krone der Herrschaft greifen! Deshalb laßt uns, wenn wir nur etwas Frömmigkeit und Einsicht in uns tragen, aus diesem Sumpf des privaten Interesses emporsteigen, um unseren Sinn der Tugend zuzuwenden, und bei der Beseitigung dieses Unglücks unter der Sonne Hand anlegen – dieses Unglücks, angesichts dessen keine Regierung gut sein kann, die ihm nicht wehrt, und jede Regierung vollkommen ist, die sich dagegen gewappnet hat. Salomo sagt uns auch, daß die Ursache des Übels beim Herrscher liegt: bei jenen Grundsätzen der Macht, die, indem sie sich an irdischem Tand orientieren, die himmlischen Schätze der Tugend und deren Einfluß auf die Regierung ausschließen, der auf Autorität beruht. Wir haben die Erde durchwandert, um das Richtmaß der Macht herauszufinden; um jedoch dasjenige der Autorität zu ermitteln, müssen wir, wie ich schon sagte, uns näher zum Himmel hinaufbegeben oder zu dem Bilde Gottes, das die Seele des Menschen ist.

Die menschliche Seele (deren Leben oder Bewegung ein ständiges Sinnen oder Grübeln ist) ist die Herrin zweier mächtiger Widersacher, zum einen der Vernunft und zum anderen der Leidenschaft, die in einem unablässigen Streit miteinander liegen, und je nachdem, ob sich ihr Wille von beiden oder nur einem davon lenken läßt, entscheidet sich auch das Glück oder das Elend, das dem Menschen in seinem sterblichen Leben zuteil wird.

Denn wie alles, was die Leidenschaft dem Sinn eines Menschen eingibt, sobald es durch seinen Willen zur Tat wird, ihn in Schlechtigkeit und Sünde verstrickt, genauso erwirbt dem Menschen alles, was die Vernunft ihm rät, Tugend und Seelenfreiheit, wenn es durch seinen Willen zur Tat führt.

Und wie des weiteren die sündigen Handlungen eines Menschen diesem selbst Reue und Scham eintragen, während sie andere mit Verachtung und Mitleid erfül-

len, so auch bescheren solche Handlungen, die tugendhaft sind, ihm selber Ehre und in anderer Leute Augen
Autorität.

Nun ist aber die Regierung nichts anderes als die Seele
eines Landes oder einer Stadt. Deshalb muß das, was bei
der Beratschlagung über ein Gemeinwesen der Vernunft
entsprang, an seinem dadurch ausgelösten Ergebnis gemessen tugendhaft sein, und in Anbetracht dessen, daß
die Seele einer Stadt oder eines Landes die souveräne
Gewalt darstellt, muß deren Tugend Gesetz sein. Doch
die Regierung, deren Gesetz Tugend und deren Tugend
Gesetz ist, ist gleichbedeutend mit jener, deren Macht
Autorität und deren Autorität Macht ist.

Wenn hinwiederum die Freiheit eines Menschen in der
Herrschaft seiner Vernunft besteht, deren Fehlen ihn
der Knechtschaft seiner Leidenschaften ausliefern
würde, dann besteht die Freiheit eines Gemeinwesens
in der Herrschaft seiner Gesetze, deren Fehlen es den
Gelüsten von Tyrannen preisgäbe, und dies sind meines
Erachtens auch die Grundsätze, von denen Aristoteles
und Livius[38] (die Leviathan fälschlich bezichtigt,[39] wider
die Natur geschrieben zu haben) ihre Behauptung herleiten, daß in einem Gemeinwesen die Gesetze und
nicht die Menschen herrschen. Aber davon will Leviathan nichts wissen. Denn, so sagt er,[40] „die Freiheit, von
der in der Geschichtsschreibung und Philosophie der alten Griechen und Römer sowie in den Schriften und
Darlegungen derer, die aus ihnen ihre gesamte politische Bildung geschöpft haben, so häufig und ehrerbietig
die Rede ist, ist nicht die Freiheit einzelner Menschen,
sondern die Freiheit des Gemeinwesens". Ebensogut
hätte er sagen können, die Güter einzelner Menschen in
einem Gemeinwesen seien nicht deren Reichtum, sondern der Reichtum des Gemeinwesens, denn die Gleichheit der Güter bewirkt Gleichheit der Macht, und
Gleichheit der Macht bedeutet nicht nur die Freiheit des
Gemeinwesens, sondern jedes Menschen darin. Aber natürlich würde niemand so respektlos mit den großen Autoren umspringen und so entschieden gegen das gesamte klassische Altertum Front machen, ohne wenig-

stens den Zipfel einer gewissen Wahrheit vorweisen zu
können. Und was ist das nun? Man höre: „Noch heute
steht an den Türmen der Stadt Lucca in großen Lettern
das Wort LIBERTAS geschrieben, und doch kann niemand daraus ableiten, daß ein einzelner Mensch dort
mehr Freiheit oder Schutz genießt, dem Gemeinwesen
zu dienen, als in Konstantinopel. Ob ein Gemeinwesen
monarchisch ist oder demokratisch – die Freiheit ist dieselbe." So hat der Berg denn gekreißt und uns ein Mäus-
chen in Gestalt einer Scheinweisheit geboren![41] Denn es
macht ja wohl einen ziemlichen Unterschied, ob man
sagt, daß ein Bürger von Lucca nicht mehr Freiheit oder
Schutz *von* den Gesetzen Luccas zu erwarten hat als ein
Türke von denjenigen Konstantinopels, oder ob man
sagt, daß einem Bürger von Lucca nicht mehr Freiheit
oder Schutz *durch* die Gesetze Luccas zuteil wird als dem
Türken durch diejenigen Konstantinopels. Das erste läßt
sich von allen Gemeinwesen gleichermaßen sagen, das
andere kaum von zweien, geschweige denn von den beiden genannten, da ja bekanntlich der größte Pascha sowohl hinsichtlich seines Kopfes als auch seines Landes
ein dem Willen seines Herrn ausgelieferter Pächter und
der geringste Landbesitzer von Lucca in beiderlei Betracht ein freier Mann ist, der allein der Herrschaft des
Gesetzes unterliegt, das wiederum von allen Privatpersonen nur zu dem einzigen Zweck abgefaßt wurde (sonst
könnten sie sich dafür bedanken!), die Freiheit aller Privatpersonen zu schützen, die auf diese Weise zur Freiheit des Gemeinwesens wird.
Da wir aber sehen, daß die Urheber der Gesetze in einem Gemeinwesen bloß Menschen sind, scheint die
Hauptfrage zu sein, wie es geschehen kann, daß ein Gemeinwesen ein Reich der Gesetze und nicht von Menschen wird, oder wie man so sicher sein darf, daß ein
Gemeinwesen in seinem Grundplan oder seinem Ergebnis auch tatsächlich der Vernunft entspricht, wenn man
bedenkt, daß diejenigen, die darüber beratschlagen und
beschließen, ja schließlich bloß Menschen sind. Und
„ebensooft, wie die Vernunft gegen den Menschen ist,
wird auch der Mensch gegen die Vernunft sein"[42].

Das klingt wie ein ernst zu nehmender Einwand, setzt uns aber nicht in Verlegenheit; denn wenn es zutrifft, daß Vernunft gleich Interesse ist, so gibt es ja immerhin verschiedene Interessen und demzufolge verschiedene Arten von Vernunft.

Erstens die private Vernunft, also das Interesse einer Privatperson.

Zweitens die Staatsvernunft, also das Interesse (oder die Verirrung, wie Salomo es nannte) des Herrschers oder der Herrschenden, d. h. des Fürsten, des Adels oder des Volkes.

Drittens gibt es jene Vernunft, die das Interesse aller Menschen oder des Ganzen ist.

„Wie wir nun sehen, daß selbst in solchen Naturkräften, die der Vernunft entbehren, ein Gesetz wirksam ist, das sie leitet und ihrer eigenen Vervollkommnung entgegenführt, so gibt es auch ein Gesetz, das diejenigen erfaßt, die als miteinander verbundene Teile einem und demselben Körper angehören – ein Gesetz, das einem jeden von ihnen gebietet, dem Wohl des anderen zu dienen, und alle verpflichtet, ihr wie auch immer geartetes Einzelwohl dem Wohl des Ganzen unterzuordnen, ähnlich wie Steine oder schwere Felsbrocken ihren gewohnten Platz oder Ruhepunkt aufgeben und sich aus ihrem Zentrum lösen, als wäre ihnen befohlen worden, das eigene Wohl, das sie um ihrer selbst willen wünschen, zurückzustellen und der Natur in ihrer augenblicklichen Bedrängnis gemeinsam zu Hilfe zu kommen."[43]

Es gibt ein gemeinsames Recht, Naturgesetz oder Gesamtinteresse, das höhersteht und von den Beteiligten auch so empfunden wird als das Recht oder das Interesse der Einzelteile.

„Obwohl man also gewiß sagen kann, daß die Kreaturen der Schöpfung natürlicherweise ihrem recht verstandenen Nutzen oder Vorteil folgen, sollte dies deshalb nicht verabsolutiert werden, da sich zeigt, daß darunter etliche sind, die – entweder aus Rücksicht auf ihre Artgenossen oder zumindest auf ihre Jungen – den eigenen Vorteil hintansetzen."[44]

Die Menschen müssen demnach entweder tieferstehen

als die übrige Schöpfung oder anerkennen, daß ihr gemeinsames Interesse auch ihr gemeinsames Recht ist. Und wenn Vernunft nichts anderes ist als Interesse und das Interesse der Gesamtheit das rechte Interesse, dann muß auch die Vernunft der Gesamtheit die rechte Vernunft sein. Daraus ist zwangsläufig zu schließen, daß, wenn das Interesse einer Volksregierung demjenigen der Gesamtheit am nächsten kommt, dann auch die Vernunft einer Volksregierung am ehesten der rechten Vernunft entspricht.

Doch man mag einwerfen, daß das Problem damit noch nicht gelöst sei; denn obwohl das Interesse einer Volksregierung die rechte Vernunft ist, wird des Menschen Einstellung zur Vernunft doch nicht so sehr davon bestimmt, ob sie an sich richtig oder falsch ist, sondern ob sie ihm selber nützt oder schadet, und solange man deshalb keine solche Ordnung für eine Regierung vorweisen kann, die, wie diejenige Gottes in der Natur, imstande ist, dieses oder jenes Geschöpf dazu zu veranlassen, seiner selbstsüchtigen Neigung zu widerstehen und sich das zu eigen zu machen, was im gemeinsamen Wohl oder Interesse liegt, wird all dies die Menschen unter einer Volksregierung nicht dazu bewegen können, sich nicht just das Bratenstück abzuschneiden, das ihnen am meisten ins Auge sticht, sondern sich an dem öffentlichen Tische manierlich aufzuführen und um des Anstands und des gemeinsamen Interesses willen von sich aus auf den besten Bissen zu verzichten. Daß sich aber eine derartige Ordnung schaffen läßt, die in allen Fällen – ungeachtet der in jedem Menschen wirkenden Eigensucht – dem gemeinsamen Recht oder Interesse den Vorrang einräumen kann, ja muß, und zwar auf die gleiche zuverlässige und einfache Weise, wissen sogar kleine Mädchen, da sie nichts anderes darstellt, als was sie bei verschiedenen Gelegenheiten selber zu tun gewöhnt sind. Nehmen wir an, zwei Mädchen hätten einen unzerschnittenen Kuchen in die Hand gedrückt bekommen, den sie so teilen sollen, daß jede ein gleich großes Stück davon erhält. „Teile du", sagt die eine zur anderen, „und ich wähle, oder ich will teilen, und du sollst wählen." Wenn sie sich nur in diesem einen Punkte einig werden, genügt das schon, denn diejenige, die ungleich teilt, zieht den kürzeren, weil die andere sich nun das größere Stück aussuchen wird; deshalb teilt sie gleich, und so kommen beide zu ihrem Recht. *Wie tief ist doch die Weisheit Gottes,*[45] und dennoch *hat er seine Macht aus dem Munde der jungen Kinder und Säuglinge kundgetan*[46]! Worüber bedeutende Philosophen sich vergeblich streiten, wird von zwei unwissenden Mädchen ans Licht gebracht: das ganze Geheimnis eines Gemeinwesens, das allein im Teilen und Wählen besteht. Überdies hat Gott (wenn seine Werke in der Natur richtig verstanden werden) den Menschen wenig Grund gelassen, sich darüber zu streiten, wer denn nun teilen und wer wählen solle, sondern sie auf immerdar in zwei Gruppen geschieden, deren eine das natürliche Recht des Teilens und deren andere das des Wählens hat. Zum Beispiel:

Ein Gemeinwesen ist nichts anderes als eine bürgerliche Gesellschaft von Menschen. Gesetzt, wir haben eine beliebige Zahl von Menschen, sagen wir: zwanzig, und lassen sie nun auf der Stelle ein Gemeinwesen begründen. Zwanzig Menschen, sofern sie nicht allesamt Schwachköpfe sind – ja vielleicht selbst dann nicht –, können nie und nimmer auf solche Weise zusammenkommen, ohne daß sich etwa ein Drittel von ihnen durch größere Klugheit oder zumindest geringeren Unverstand vor den übrigen hervortun wird. Diese Leute werden bereits nach kurzer Bekanntschaft ermittelt sein und (wie Hirsche mit dem größten Geweih) die Herde anführen, denn während die sechs im Gespräch und im Streit miteinander ihre höheren Fähigkeiten zu erkennen geben, entdecken die vierzehn übrigen Dinge, über die sie bisher nie nachgedacht hatten, oder durchschauen gewisse Zusammenhänge, die ihnen zuvor nicht klargewesen waren, so daß sie im Falle gemeinsamer Bedrängnis, Schwierigkeit oder Gefahr an ihren Lippen hängen werden wie Kinder an denen des Vaters und der so erworbene Einfluß der sechs, deren höhere Fähigkeiten den vierzehn anderen ersichtlich Halt und Stütze geben, zur *auctoritas patrum*, zur väterlichen Autorität wird. Diese kann deshalb nichts anderes sein als eine von Gott eigens zu diesem Zweck und Behuf über die gesamte Masse der Menschheit verstreute natürliche Aristokratie, und somit hat das Volk nicht nur eine natürliche, sondern eine ausdrücklich anbefohlene Verpflichtung, sich ihrer Leitung anzuvertrauen, genauso wie auch dem Volk Israel aufgetragen wird, *weise, verständige und erfahrene Leute unter seinen Stämmen herbeizuschaffen, damit sie ihm zu Häuptern gesetzt würden*[47]. Die sechs nun, die im gegebenen Falle für würdig befunden wurden, sind der Senat, und zwar nicht durch erbliches Recht oder nur wegen der Größe ihrer Güter, was auf solche Macht hinauslaufen würde, die das Volk zwingen oder verleiten könnte, sondern durch Erwählung auf Grund ihrer hervorragenden Fähigkeiten, was dazu führt, daß der Einfluß ihrer Tugend oder Autorität bei der Leitung des Volkes noch wächst. Deshalb ist es nicht das Amt des Senats, dem Volke zu befehlen, sondern ihm zu raten, und was Ratgebern frommt, ist zunächst die Angelegenheit zu erörtern, in der sie raten sollen, und alsdann in der Angelegenheit zu raten, die sie erörtert haben. Daher sind die Entscheidungen des Senats niemals Gesetze und werden auch nicht so genannt, sondern vielmehr *senatus consulta*[48], und es ist seine Pflicht, sie nach reiflichem Bedenken *ferre ad populum*, dem Volk jeweils vorzulegen. Somit ist der Senat nicht mehr als die Beratung des Gemeinwesens. Doch beraten heißt urteilen oder einen Unterschied zwischen Dingen machen, die zwar ähnlich, aber nicht gleich sind, oder diese oder jene Vernunft säuberlich gegeneinander abwägen – also teilen.

Wer aber soll nun wählen, nachdem der Senat geteilt hat? Man braucht nur die beiden Mädchen zu fragen, denn hätte diejenige, die geteilt hat, auch wählen dürfen, dann wäre die andere wenig schlechter daran gewesen, als hätte sie überhaupt nicht geteilt, sondern den ganzen Kuchen gleich für sich behalten, weil sie ja entsprechend teilen würde, wenn sie auch noch wählen dürfte. Falls also der Senat irgendeine Macht besitzt, die über das Teilen hinausreicht, so kann es in einem Gemeinwesen keine Gleichheit geben. Wo aber ein Gemeinwesen nur aus einem einzigen Rate besteht, gibt es niemanden, der wählen könnte, außer denen, die geteilt haben, und so wird ein solcher Rat unweigerlich in die eigene Tasche wirtschaften, d. h. parteiisch sein, da er in diesem Falle bei der Aufteilung des Kuchens unter sich ist.

Dem ist allein dadurch abzuhelfen, daß es noch einen anderen Rat gibt, der wählt. Die Weisheit der wenigen kann zwar die Gesamtheit erleuchten, aber das Interesse der wenigen bringt der Gesamtheit ebensowenig Gewinn wie einem Gemeinwesen. Deshalb dürfen sie in Anbetracht dessen, daß wir ja Interesse mit Vernunft gleichgesetzt haben, nicht auch noch wählen, weil sonst ihr Licht verlöschen würde, sondern genauso, wie der teilende Rat die Weisheit des Gemeinwesens verkörpert, sollte auch die Versammlung oder der Rat der Wählenden das Interesse des Gemeinwesens verkörpern. Wie die Weisheit des Gemeinwesens in der Aristokratie, so liegt das Interesse des Gemeinwesens bei dem gesamten Volke, und wo dieses – wie im Falle eines Gemeinwesens, das eine ganze Nation umfaßt – zu schwerfällig ist, um versammelt werden zu können, muß dieser Rat aus einer Vertretung bestehen, die die Gleichheit zu wahren vermag, und so verfaßt sein, daß er niemals einem anderen Interesse dienen kann als dem des ganzen Volkes. Wie das geschehen kann, werde ich später noch modellhaft darlegen, da es sich am besten am Beispiel demonstrieren läßt. Im vorliegenden Falle jedoch müssen die sechs Teilenden und die vierzehn Wählenden mit Notwendigkeit das Interesse der gesamten zwanzig in sich einschließen.

Teilen und Wählen bedeutet in der Sprache eines Gemeinwesens Beraten und Beschließen, und all das, was nach Beratung des Senats dem Volk vorgelegt und von diesem beschlossen wird, tritt in Kraft *auctoritate patrum et jussu populi*, durch die Autorität der Väter und die Macht des Volkes, die im Falle ihrer Übereinstimmung ein Gesetz schaffen.

Aber wenn das Gesetz geschaffen ist, so steht es, wie Leviathan sagt,[49] „ohne die Hände und Schwerter der Menschen dennoch bloß auf dem Papier". Darum muß es neben den beiden gesetzgebenden Körperschaften eines Gemeinwesens, nämlich dem Senat und dem Volk, notwendigerweise noch eine dritte geben, welche die geschaffenen Gesetze vollstreckt, und das ist die Obrigkeit, so daß demzufolge durch kunstvolle Verbindung dieser Körperschaften miteinander das aus dem vorschlagenden Senat, dem beschließenden Volk und der vollstreckenden Obrigkeit bestehende Gemeinwesen, in dem die Aristokratie über den Senat, die Demokratie über das Volk und die Monarchie über die Obrigkeit zur Wirkung gelangen kann, nunmehr komplett ist. Da es nun einmal kein andersgeartetes Gemeinwesen als dieses geben kann, und zwar weder in der Vorstellungskraft noch in der Wirklichkeit, nimmt es nicht wunder, wenn Machiavelli uns dartut,[50] daß die Klassiker der Antike dieses für das einzig gute hielten. Doch dünkt es mich seltsam, daß sie angenommen haben sollen, es könnte überhaupt noch ein anderes geben; denn selbst wenn es so etwas gibt wie eine reine Monarchie, so vermag ich dennoch nicht zu begreifen, daß es etwas wie eine reine Aristokratie oder eine reine Demokratie geben soll. Allerdings ist die Obrigkeit nach Zahl und Funktion in den einzelnen Gemeinwesen verschieden. Gleichwohl unterliegt sie einer Bedingung, die in allen die gleiche sein muß und ohne deren Gewährleistung das Gemeinwesen auseinanderfällt. Und diese besteht in nichts weniger als darin, daß die Obrigkeit in demselben Maße, wie ihre Hand die vollstreckende Gewalt des Gesetzes ist, dem Volk gegenüber auch mit ihrem Kopf dafür einstehen soll, daß ihre Vollstreckung dem Gesetz entspricht, woraus Leviathan erkennen mag, daß die Hand oder das Schwert dessen, der das Gesetz vollstreckt, ein Teil desselben ist und nicht etwa darübersteht.

Damit man sehe, ob ich diese Grundsätze eines Gemeinwesens in der rechten Weise aus der Natur übertragen habe, will ich nun das Urteil Gottes und der Welt anrufen: das Urteil Gottes, das uns in der Gestaltung des Reiches Israel überliefert ist, und das der Welt, wie wir es den weithin verbreiteten Zeugnissen antiker Staatsklug-

heit entnehmen können. Da jedoch die betreffenden
Gemeinwesen im Zusammenhang mit dem Rat der Gesetzgeber noch ausführlich behandelt werden sollen, will
ich sie hier nur kurz streifen. Ich beginne mit dem Reich
Israel.

Das Reich Israel setzte sich aus dem Senat, dem Volk
und der Obrigkeit zusammen.

Bei seiner ersten Teilung, die nach der Abstammung
vorgenommen wurde, wurde das Volk in zehn Geschlechtern, Sippen oder Familien erfaßt, deren Erstge-
borene ihrem Stamm jeweils als Fürsten vorstanden
(4 Mo 1). Allein der Stamm Levi, der zum Dienst am Altar ausersehen war, hatte keinen anderen Fürsten als den
Hohenpriester. Das zweite Mal wurde es unter räumlichen Gesichtspunkten durch die Zuweisung von Gebieten (Jos 13–42) oder die Verteilung des Landes von Kanaan mittels Losentscheid aufgegliedert, wobei alle den
Leviten zehntpflichtig blieben, so daß sich die Anzahl
der Stämme entsprechend ihrer räumlichen Aufgliede-
rung auf insgesamt lediglich zwölf belief.

Die Gemeinde des so geteilten Volkes wurde regelmäßig
durch Trompeten (4 Mo 10,7) zur Versammlung einberufen, die offenkundig von zweierlei Art war. Wurde
nämlich bloß mit einer Trompete geblasen, so versammelten sich die Stammesfürsten und die Ältesten
(4 Mo 10,4). Blies man dagegen mit zweien, so fand sich
das ganze Volk zur Gemeindeversammlung ein
(4 Mo 10,3), wie das Wort in der englischen Übersetzung lautet, während es im Griechischen *ecclesia* oder
Gotteskirche (Ri 20,2) und bei den Verfassern des Talmud *synagoga magna* heißt. Das Wort *ecclesia* wurde im Altertum richtig auch für Gemeindeversammlungen oder
Zusammenkünfte des Volkes von Athen, Sparta und
Ephesus gebraucht, in welchem Sinne es gleichermaßen
die Bibel (Apg 19,23) verwendet, obwohl die Übersetzer
es anders wiedergegeben haben, was ihnen in meinen
Augen freilich nicht zur Empfehlung gereicht, da uns
auf diese Weise ja eine gute Lehre verlorengegangen ist,
insofern die Apostel sich nämlich dieses Ausdrucks für
ihre geistlichen Versammlungen in der Absicht bedien-

ten, die auch aus ihren übrigen Festlegungen klar erkennbar ist, uns bewußtzumachen, daß sie eine demokratische oder vom Volk ausgehende Leitung der Kirche erstrebten.

Die Kirche oder die Versammlung des Volkes Israel trat in militärischer Ordnung (Ri 20,2) zusammen und hatte die Beschlußkraft des Gemeinwesens oder die Macht, alle Gesetze zu bestätigen, auch dann, wenn sie von Gott selbst, wie bei seiner Einsetzung zum König (2 Mo 19), vorgeschlagen worden waren. Und als es ihn als staatliche Obrigkeit verwirft oder absetzt und Saul erwählt (1 Sm 8,8), erweist sich deutlich, daß er dem Gesetzgeber einer Volksregierung kein solches Beispiel gibt, die Macht des Volkes zu verneinen oder zu umgehen, das einem Widerspruch gleichkäme, sondern obwohl er die Undankbarkeit des Volkes, die sich in diesem Begehren zeigt, zu Recht tadelt, befiehlt er Samuel, dem nächst ihm Höchsten im Staat, ihm zu gehorchen (denn wo des Volkes Stimme nichts gilt, gibt es auch kein Gemeinwesen), und tröstet ihn mit den Worten: *Sie haben nicht dich, sondern mich verworfen, daß ich nicht mehr König über sie sein soll.*[51]

Ihn zu verwerfen, daß er nicht mehr König über sie sein sollte, bedeutete aber, ihn als staatliche Obrigkeit abzusetzen. Die Macht, die das Volk besaß, sogar Gott selbst als staatliche Obrigkeit abzusetzen, läßt daher wenig Zweifel daran, daß es dann auch die Macht haben mußte, alle in der Bibel stehenden und von ihm anerkannten Gesetze zu verwerfen, die (wenn wir die verschiedenen Einzelvorschriften außer acht lassen) sich im allgemeinen (5 Mo 29) in zwei Hauptgruppen: nämlich in die durch den Bund mit dem Volk im Lande Moab und in die durch den Bund mit dem Volk am Horeb geschaffenen, gliedern, in welche beiden Gruppen meines Erachtens die Gesamtzahl der israelitischen Gesetze fällt. Wenn aber die von Gott vorgeschlagenen Gesetze Israels samt und sonders nicht anders als durch den Bund mit dem Volk in Kraft traten, dann wurde auch nur das zum Gesetz, was das Volk von Israel beschlossen hatte, und lag somit das letzte Wort in jenem Gemein-

wesen beim Volk. Auch hatte das Volk die Beschlußkraft
nicht nur in Gesetzesangelegenheiten, sondern zugleich
die Gewalt in einigen Fällen der Rechtsprechung
(Jos 7,16; Ri 20, 8–10) wie auch das Recht, Krieg anzufangen (Ri 20, 8–10; 1 Sm 7, 6–8), in Religionsdingen
zu entscheiden (1 Ch 13,2; 2 Ch 30,4) und seine Oberen
zu wählen, wie zum Beispiel den Richter oder Diktator
(Ri 11,11), den König (1 Sm 10,17), den Fürsten
(1 Mak 14), welche Funktion durch die *synagoga magna*
oder die Versammlung der Gemeinde Israel in durchaus
nicht immer einheitlicher Form wahrgenommen wurde,
denn manchmal geschah dies durch Stimmabgabe des
Volkes, *viva voce* (2 Mo 9, 3–5), manchmal nur durch
Auslosung (Jos 7; 1 Sm 10) und ansonsten durch Wahl-
entscheid oder durch eine Mischung von Auslosung und
Abstimmung wie in dem Falle von Eldad und Medad,
den ich noch im Zusammenhang mit dem Senat erörtern
werde.

Der Senat von Israel, den das Alte Testament die siebzig
Ältesten und das Neue den Sanhedrin nennt, welches
Wort für gewöhnlich mit „Rat" übersetzt wird, wurde
von Gott ernannt und bestand neben Mose aus siebzig
Ältesten (4 Mo 11), die nach einem Verfahren, das freilich mehr angedeutet (4 Mo 11) als beschrieben ist, am
Anfang vom Volk gewählt wurden. Da mir jedoch die
Bemerkung über Eldad und Medad sonst nicht verständlich ist, von denen es heißt, *sie waren auch aufgeschrieben,
jedoch nicht hinausgegangen zu der Stiftshütte,*[52] nehme ich mit
den Verfassern des Talmud an, daß Eldad und Medad
zwar das Votum der Stämme besaßen und demzufolge
als Mitbewerber für die Obrigkeit aufgeschrieben worden waren, aber bei der späteren Losziehung ausschie-
den und deshalb nicht zur Stiftshütte oder dem Ort der
Gottesweihe oder der Versammlungsstätte des Senats
gemeinsam mit den siebzig Männern hingingen, die das
Los zu Senatoren bestimmt hatte, denn die Versammlungsstätte des Sanhedrins befand sich zunächst im Vor-
hof der Stiftshütte und später in demjenigen des Tempels, weshalb sie nun auch als Steinkammer oder als
Pflaster bezeichnet wurde. Wenn dies das in Israel übli-

che Wahlverfahren war, so hat man es in Venedig unverändert übernommen, denn auch dort wird der Bewerber gewissermaßen insofern durch das Los bestimmt, als die Wähler ihrerseits durch dieses ermittelt worden sind, und jeder Beamte wird durch Abstimmung des Großen Rates oder der Volksversammlung gewählt. Nachdem jedoch der Sanhedrin von Israel sich dergestalt konstituiert hatte, saßen Mose beziehungsweise sein späterer Nachfolger als Vorsitzender oder Archont in dessen Mitte und der Sprecher oder Vater des Senats zu seiner Linken und alle übrigen in einem Halbkreis um sie herum, wobei ihnen am Ende der Bank ein Schreiber aufwartete.

Wenn man bedenkt, daß der Gesetzgeber von Israel unfehlbar war und es sich für Menschen nicht geziemte, die von Gott gebotenen Gesetze zu ändern, so unterscheidet sich dieser Senat – mit Ausnahme des Areopag von Athen, der gleichfalls wenig mehr als ein Obergericht war – in der Ausübung seiner Gewalt beträchtlich von allen anderen Senaten, denn meines Wissens gibt es kaum ein Beispiel, daß der Sanhedrin dem Volk Vorschläge unterbreitet hätte, was erst geschah, als die Kinder Israel aus der Gefangenschaft unter Esdras zurückkehrten, zu welchem Zeitpunkt ein neues Gesetz geschaffen wurde: nämlich eines für eine Art von Exkommunikation oder vielmehr Ausstoßung, das es in Israel vorher nicht gegeben hatte. Allerdings besagt das nicht, daß der Sanhedrin dieses Vorschlagsrecht gegenüber dem Volk, von dem er seit Esdras' Zeit häufiger Gebrauch machte, nicht schon immer gehabt hätte, sondern daß er angesichts der Fülle und Unfehlbarkeit der schon bestehenden Gesetze hierauf als etwas Unnötiges verzichtete. Deshalb war die Aufgabe dieses Rates eine vollstreckende, was für einen Senat sehr selten ist, und bestand in der Handhabung der bestehenden Gesetze (5 Mo 17,9–11), und in diesem Sinne wird der Rat selbst in der Bibel von·den Priestern und Leviten aufgefaßt, weshalb auch die Priester und Leviten, die ansonsten keinerlei Macht besaßen, in der Frühzeit dieses Gemeinwesens als die besten Kenner der Gesetze am häufigsten in den Sanhedrin gewählt wurden. Was die Gerichte anbelangt, die innerhalb jeder Stadt aus dreiundzwanzig Ältesten und in fast jedem Dorf aus drei Richtern bestanden und einen Teil der vollstreckenden Obrigkeit bildeten, die dem Sanhedrin unterstellt war, so werde ich mich ihnen bei passender Gelegenheit im Hauptteil der Abhandlung zuwenden; ich sehe jedoch in ihnen als jener von Mose auf den Rat Jethros, des Priesters von Midian (2 Mo 18), eines mutmaßlichen Heiden, eingeführten Neuerung dieses Gemeinwesens eine hinlängliche – weil von Gott selbst stammende und bestätigte – Vollmacht, aus der menschlichen Klugheit auch fernerhin Nutzen zu ziehen, wo immer ich feststelle, daß sie Zeugnis von sich gegeben hat, sei es in heidnischen Gemeinwesen oder woanders. Und dies gilt um so mehr, als wir – die wir doch immerhin die Heilige Schrift und in ihr das Urbild eines von derselben Hand geschaffenen Gemeinwesens besitzen, die auch die Welt erschaffen hat – für dieses Beispiel entweder völlig blind oder unempfänglich geblieben sind, während die Heiden es sämtlich für ihre Zwecke abgeschrieben haben, als hätten sie überhaupt keine andere Vorlage gehabt. Ich beschränke mich an dieser Stelle auf kurze Beispiele, da ich später noch ausführlich darauf eingehen werde:

Athen bestand aus dem vorschlagenden Senat der Bohne, der beschließenden und allzuoft uneinigen – und dadurch ins Verderben geratenden – Kirche oder Volksversammlung sowie des weiteren aus dem vollstreckenden Senat der Areopagiten, der neun Archonten, mit etlichen anderen Amtspersonen.

Sparta bestand aus dem vorschlagenden Senat, der lediglich beschließenden – und dadurch langlebigen – Kirche oder Volksgemeinde und den beiden Königen, dem Hof der Ephoren, mit etlichen weiteren Amtspersonen als vollstreckender Instanz.

Karthago bestand aus dem vorschlagenden und manchmal auch beschließenden Senat, dem beschließenden und manchmal auch uneinigen Volk, ob welchen Fehlers es von Aristoteles getadelt wurde, und hatte seine Suffeten und seine hundert Männer mit weiteren Amtspersonen als vollstreckende Instanz.

42

Rom bestand aus dem vorschlagenden Senat, dem beschließenden und allzuoft uneinigen – und deshalb zu den Stürmen Roms beitragenden – *concio* oder dem Volk sowie aus den Konsuln, Zensoren, Ädilen, Tribunen, Prätoren, Quästoren und weiteren vollstreckenden Amtspersonen.

Venedig besteht aus dem vorschlagenden und manchmal auch beschließenden Senat oder *pregati*, dem Großen Rat oder der Versammlung des Volkes mit gesetzgebender Beschlußkraft sowie dem Dogen, der Signoria, den Zensoren, den *dieci*, der *quarantia* und anderen vollstreckenden Amtspersonen.

In der Schweiz und in Holland ist das Gemeinwesen ähnlich aufgebaut, wenngleich das dortige Verfahren weniger leicht zu durchschauen ist, denn die betreffenden Kantone, Provinzen oder Städte entsenden als das Volk verkörpernde Souveräne ihre von ihnen selbst bevollmächtigten und beauftragten Abgeordneten (wodurch sie das Ergebnis ihrer Beschlüsse der eigenen Gewalt vorbehalten) in die Provinz- oder Generalversammlung oder den Senat, wo die Abgeordneten zwar verhandeln, aber keine andere Vollmacht zum Beschließen haben, als welche das Volk ihnen bereits übertragen hat oder im weiteren Verlauf der Verhandlungen noch überträgt. Und für die vollstreckende Gewalt haben sie in allen Kantonen, Provinzen oder Städten jeweils Beamte oder Richter zur Verfügung, abgesehen von solchen Fällen, die von allgemeinerem Interesse sind und den Staatenbund insgesamt angehen, wie wechselseitige Streitigkeiten zwischen Kantonen, Provinzen oder Städten oder auch zwischen Personen, die unterschiedlichen Kantonen, Provinzen oder Städten entstammen.

Wir wollen uns nun aber noch etwas genauer ansehen, wie die heidnischen Politiker nicht nur von der Natur, sondern sozusagen direkt von der Bibel abgeschrieben haben, denn wie es heißt, daß in dem Reich Israel Gott König gewesen ist, so heißt es bei Aristoteles,[53] daß jenes Gemeinwesen, in dem das Gesetz König ist, das Reich Gottes sei. Und wo durch die Begierden oder die Leidenschaften der Menschen eine Gewalt höhergestellt wird als diejenige des der Vernunft entsprungenen und von Gott gebotenen Gesetzes, da wird Gott – wie es in Israel geschah – in dem Sinne verworfen oder abgesetzt, daß er nicht mehr König über sie sein soll. Und dennoch besteht Leviathan darauf, daß durch die Lektüre dieser griechischen oder lateinischen (er hätte in diesem Zusammenhang ebensogut sagen können: hebräischen) Autoren „junge Leute und all die anderen, die nicht mit dem Gegengift einer gesunden Vernunft versehen sind, von den herrlichen Kriegstaten der Anführer ihrer Heere einen so starken und erhebenden Eindruck empfangen, daß sie diese günstige Meinung gleichzeitig auf alles übertragen, was sie sonst noch getan haben, und sich einbilden, ihr großer Wohlstand sei nicht dem Wetteifer einzelner Männer, sondern der Vorzüglichkeit ihrer demokratischen Regierungsweise zuzuschreiben gewesen, ohne die häufigen Unruhen und Bürgerkriege zu bedenken, die ein Ergebnis ihrer unvollkommenen Politik waren"[54].

Damit richtet sich die Kritik, die er hier an den heidnischen Autoren übt, genaugenommen gegen die Bibel, und wenn er unterstellt, daß all jene, die einer solchen Meinung anhängen, junge Leute oder Männer ohne das rechte Gegengift seien, so will er wohl den Eindruck erwecken, als nehme sich Machiavelli, der einzige Fürsprecher der antiken Weisheit, gegen seine gesunde Vernunft aus wie ein flaumbärtiger Jüngling, der eben erst seinen Livius gelesen hat. Und wie gesund seine Vernunft ist, zeigt sich darin, daß er den großen Wohlstand antiker Gemeinwesen durchaus gelten läßt, was aber seinen Argumenten den Boden entzieht, denn eine derartige Wirkung muß ja einen Grund haben, worüber er durch den Hinweis hinweggeht,[55] daß nichts anderes als der Wetteifer einzelner Männer hierfür verantwortlich gewesen sei – als wäre das Zustandekommen eines so edlen Wetteifers ohne genauso edle Tugend denkbar gewesen, so edle Tugend ohne die beste Bildung, die beste Bildung ohne die besten Gesetze oder die besten Gesetze anders als allein durch die Vorzüglichkeit ihrer Politik!

Daß aber einige dieser Gemeinwesen, weil sie in ihrer Politik weniger vollkommen waren als andere, häufiger zu Unruhen neigten, spricht zwar für die mangelnde Festigkeit des einen oder anderen Gemeinwesens im besonderen, nicht jedoch gegen die Vortrefflichkeit dieser Art von Politik im allgemeinen, denn wenn sie schon über einen größeren Wohlstand verfügten, ohne solche Vortrefflichkeit je erreicht zu haben, welcher Wohlstand wäre dann wohl denen beschieden, die sie erreichen würden?

Um diese Frage zu beantworten, will ich Leviathan, der die Monarchie für vollkommener hält als alle anderen Regierungsformen,[56] durch folgende drei Behauptungen zu deren gründlicherer Erörterung einladen:

Zum ersten: Die Vollkommenheit einer Regierung beruht auf einer derart ausgewogenen Konstruktion, daß niemand, der unter ihr lebt, sei es als einzelner oder als Teil einer Gruppe, ein Interesse haben oder, falls er ein Interesse daran hat, die Macht besitzen kann, sie durch Widersetzlichkeit zu erschüttern.

Zum zweiten: Die Monarchie, mag sie in ihrer Art auch noch so vollkommen sein, reicht an eine vollkommene Regierung dennoch nicht heran, sondern weist notwendigerweise einen bedenklichen Makel auf.

Zum dritten: Eine Volksregierung, die in ihrer Art vollkommen ist, erreicht den Idealzustand einer Regierung und trägt keinen Makel in sich.

Die erste Behauptung bedarf keines Beweises.

Was den Beweis der zweiten angeht, so existieren, wie bereits dargetan, nur zwei Arten von Monarchie, nämlich entweder durch Waffengewalt oder vermittels eines Adelsstandes. Eine andere Möglichkeit gibt es nicht, und sie ist auch nicht vorstellbar, denn wenn es in der Vorzeit als Königreiche bezeichnete Staaten gab – wie denjenigen der Goten in Spanien oder der Wandalen in Afrika –, wo der König ohne Mitwirkung eines Adels und allein kraft eines Volksrates regierte, so wird von den Autoren, die sie erwähnen, ausdrücklich vermerkt, daß die Könige nur Heerführer waren und das Volk ihnen nicht nur Gesetze gab, sondern sie nach Belieben absetzte, was unter derartigen Umständen vernünftigerweise auch gar nicht anders denkbar ist, so daß diese Staaten entweder keine Monarchien waren oder größere Mängel aufwiesen als jede andere.

Was aber eine Monarchie durch Waffengewalt anbelangt – wie die der Türken (die von allen jemals existierenden Vergleichsfällen in ihrer Art die vollkommenste ist) –, so ist es dem Geist oder der Macht des Menschen nicht gegeben, sie von jenem bedenklichen Makel zu kurieren, daß die Janitscharen häufig ein Interesse und stets die Macht haben, Aufruhr zu stiften und die Oberen, ja sogar den Fürsten selbst in Stücke zu zerreißen. Deshalb ist die türkische Monarchie alles andere als eine vollkommene Regierung.

Und was eine Monarchie mit einem Standesadel betrifft, wie sie noch unlängst in Oceana bestand (wo sie vor ihrem Niedergang gegenüber allen anderen Vergleichsfällen in dieser Form die vollkommenste war), so ist es der Macht oder dem Geist des Menschen nicht gegeben, sie von jenem bedenklichen Makel zu kurieren, daß der auf seine Vasallen und Pächter gestützte Adel häufig ein Interesse und stets die Macht hatte, Aufruhr zu stiften und – im Unterschied zu den Janitscharen, die ein derartiges Verhängnis nie heraufbeschwören, ohne ihm zugleich auch ein Ende zu machen – einen lange währenden Krieg mit riesigen Mengen vergossenen Blutes anzuzetteln, und dies sogar in Angelegenheiten, die – wie beim Streit zwischen der Roten und der Weißen Rose – das Volk überhaupt nicht betrafen, abgesehen davon, daß es von seinen Herren abhängig war. Ähnliches hat sich auch in Spanien, Frankreich, Deutschland und anderen gleichartigen Monarchien des öfteren zugetragen, und deshalb ist eine vom Adel gestützte Monarchie keine vollkommene Regierung.

Um nun zu dem Beweis für meine dritte Behauptung zu kommen, so gesteht Leviathan mir immerhin zu, daß es kein anderes Gemeinwesen gibt als entweder ein monarchisches oder ein demokratisches. Das bedeutet: Wenn keine Monarchie eine vollkommene Regierung ist, dann gibt es entweder keine vollkommene Regierung oder sie muß demokratisch sein, und für die im letzteren Sinne verfaßte habe ich nun freilich etwas mehr vorzubringen, als Leviathan zugunsten der Monarchie vorzubringen wußte oder jemals wissen wird, nämlich:

1. daß eine solche Regierung vom Anfang der Welt bis auf den heutigen Tag noch nie von irgendeinem Monarchen unterworfen worden ist, denn wenn in Griechenland das Gemeinwesen unter das Joch der makedonischen Könige geriet, so hatte es sich sein Grab vorher selbst geschaufelt;

2. daß eine solche Regierung häufig mächtigen Monarchen zum Ruhme gedient hat;

3. daß etwaige Widerstände gegen eine solche Regierung nicht auf deren grundsätzliche Unvollkommenheit, sondern auf Mängel ihrer jeweiligen Verfassungen zurückzuführen gewesen sind, die, wo immer dergleichen auftrat, gegen die Gleichheit verstoßen haben müssen;

4. daß einer solchen Regierung überall dort, wo sie eine annähernde Gleichheit erreicht hat, niemals Widerstand entgegengebracht worden ist – oder er mag mir zeigen, wo sich in Sparta oder in Venedig je Widerstand geregt hat;

5. daß eine solche auf vollkommene Gleichheit zielende Regierung in sich derart ausgewogen und gefestigt ist, daß kein lebender Mensch zu zeigen vermöchte, wie irgend jemand, sei es als einzelner oder als Teil einer Gruppe, dort das leiseste Interesse oder die geringste Macht gewinnen kann, um das Gemeinwesen durch Aufruhr zu erschüttern; deshalb ist nur ein mit gleichem Maß messendes Gemeinwesen ohne Makel und birgt das vollkommene Ideal einer Regierung in sich. Doch kehren wir zum Ausgangspunkt zurück.

Aus dem, was Vernunft und Erfahrung uns gelehrt haben, ist zu ersehen, daß – obwohl Gemeinwesen in der Regel aus dem vorschlagenden Senat, dem beschließenden Volk und der vollstreckenden Obrigkeit bestehende Staatsformen sind – manche durch irgendeinen Nachteil oder Mangel in der Gestaltung, Ausgewogenheit oder Leistungsfähigkeit dieser Instanzen dennoch weniger gut funktionieren als andere und demzufolge von unterschiedlicher Beschaffenheit sind.

Erstens lassen sie sich entweder in solche einteilen, die für sich existieren, wie Israel, Athen, Sparta usw., oder die einem Staatenbund angehören, wie die Achäer, Ätolier, Lykier, Schweizer und Holländer.

Zweitens kann man sie (mit Machiavelli)[57] entweder in solche einteilen, die, wie Sparta und Venedig, auf die Erhaltung ihrer bloßen Existenz oder, wie Athen und Rom, auf ihre Vergrößerung zielen, woraus sich für mich erklärt, daß die ersteren nicht mehr Bürger als für die Verteidigung notwendig hereinlassen und die letzteren so viele, wie es der Vergrößerung zuträglich ist.

Drittens kann man sie (was bisher noch niemand bemerkt hat) nach ihrer Gleichheit oder Ungleichheit unterscheiden, und dies ist der springende Punkt besonders im Hinblick auf Ruhe und Frieden im Lande. Denn wo die Gleichheit in einem Gemeinwesen nicht gewahrt ist, da wird dieses in Parteien gespalten, die in einem ständigen Zwist miteinander liegen, indem die eine Partei ihre Vorrechte oder Ungleichheit zu behaupten und die andere ihre Gleichbehandlung zu erreichen trachtet, was auch der Grund für den ständigen Kampf des römischen Volkes mit dem Adel oder dem Senat war. In einem auf Gleichheit beruhenden Gemeinwesen kann es nicht mehr Kämpfe geben, als daß sich bei gleichen Gewichten die eine der beiden Waagschalen nach unten neigen könnte, weshalb es in Venedig, dessen Verfassung im Unterschied zu allen anderen Gemeinwesen die weitestgehende Gleichheit vorsieht, denn auch noch nie zu einem Kampf zwischen dem Senat und dem Volk gekommen ist.

Die Gleichheit in einem Gemeinwesen beruht sowohl auf der rechten Verteilung der Gewichte oder seinem Fundament als auch auf seinem Überbau, d. h. auf seinem Ackergesetz und seiner Rotation.

Ein gleiches Ackergesetz ist ein immerwährendes Gesetz, das das Gleichgewicht der Herrschaftsgewalt vermittels einer solchen Verteilung erwirkt und wahrt, daß kein einzelner oder keine Gruppe von Menschen auf seiten der Minderheit oder der Aristokratie durch den Besitz von Ländereien die Übermacht über das ganze Volk gewinnen kann.

Wie das Ackergesetz dem Fundament, so entspricht die Rotation dem Überbau.

Gleiche Rotation ist ein gleichmäßiger Wechsel in der Regierung oder eine sinnvoll befristete und gleich lange Amtspausen vorsehende Nachfolge in der Obrigkeit, so daß nach und nach alle daran teilhaben können, indem sie durch freie Wahl oder Abstimmung des Volkes andere ablösen.

Dem steht die Verlängerung der Amtsdauer der Obrigkeit gegenüber, die das Rad der Rotation blockiert und damit das Leben oder die natürliche Bewegung eines Gemeinwesens stört.

Die Wahl oder die Abstimmung des Volkes ist dann am freiesten, wenn sie so geregelt oder durchgeführt wird, daß sie einen anderen weder begünstigen *(qui beneficium accepit libertatem vendidit)*[58] oder benachteiligen noch die Freiheit eines Menschen durch Furcht vor einem Feinde oder Rücksichtnahme auf einen Freund vermindern kann.

Deshalb sagt Cicero: *Grata populo est tabella qua frontes aperit hominum, mentes tegit, datque eam libertatem ut quod velint faciant;*[59] die Täfelchen oder Wahlkugeln des Volkes von Rom, das seine Stimme in geheimer Wahl durch Einwurf von Täfelchen oder kleinen Holzstücken in mit Nein oder Ja gekennzeichnete Urnen abgab, waren insofern eine willkommene Einrichtung für das Volk, als sie die klare Äußerung seines Willens nicht beeinträchtigten und damit seine Urteilsfreiheit erhöhten. Ich erspare mir hier eine ausführlichere Beschreibung dieses Wahlverfahrens, weil dasjenige von Venedig, das alle übrigen an Vollkommenheit übertrifft, in dem späteren Modell noch veranschaulicht wird.

Aus dem Gesagten ergibt sich, daß ein die Gleichheit wahrendes Gemeinwesen ein Staat ist, dem als Unterbau ein gleiches Ackergesetz zugrunde liegt und dessen Überbau oder drei obere Instanzen der beratende und vorschlagende Senat, das beschließende Volk und die vollstreckende Obrigkeit sind, die in gleichmäßiger Rotation durch Abstimmung des Volkes gewählt wird. Denn obwohl die Rotation auch ohne Abstimmung und die Abstimmung ohne Rotation erfolgen kann, schließt die Abstimmung nicht nur im Hinblick auf das nachfolgende Modell beides ein, sondern verspricht diese Koppelung auch ein Höchstmaß an Gleichheit, so daß ich, wenn ich im weiteren von Abstimmung spreche, unter dieser Bezeichnung die Rotation immer mitverstanden wissen möchte.

Nachdem ich die Grundsätze eines die Gleichheit wahrenden Gemeinwesens entwickelt habe, wäre es jetzt wohl naheliegend, ein Beispiel aus der Erfahrung zu zitieren, wenn ich eins finden könnte; aber falls dieses Werk überhaupt irgendeinen Wert hat, so liegt er darin, daß es das erste Beispiel für ein Gemeinwesen von vollkommener Gleichheit bietet. Denn obwohl Venedig ihm am nächsten kommt, ist dieses Gemeinwesen lediglich auf seinen Fortbestand bedacht, und wenn man die geringe Anzahl der Bürger bedenkt, die hereingelassen werden, und die Masse derer, die draußen bleiben müssen, so gibt es in einem derartigen Gemeinwesen keine Gleichheit nach außen, und obwohl das notwendigerweise für ein jedes gilt, das Provinzen unterhält, muß es dennoch nicht unbedingt solche Ausmaße erreichen. Trotzdem ist in Venedig, was die Lage im Innern und seine Leistungsfähigkeit angeht, die Gleichheit bei weitem besser gewährleistet als woanders, obwohl es die wahrhaft vollkommene Gleichheit meines Erachtens nicht erreicht hat, weil einerseits seine Gesetze in Ermangelung eines Ackergesetzes nicht so klar und von so grundlegender Wirksamkeit für den Unterbau sind und andererseits der Schwebezustand seines Überbaus durch das Mittel der Abstimmung oder Rotation insofern nicht genau austariert ist, als infolge der geringen Anzahl seiner Bürger die höheren Ämter immerfort zwischen wenigen Händen wechseln. Das gibt auch Giannotti[60] zu, wenn er sagt, daß ein Mann von Stande, sobald er erst einmal *savio di terra ferma* ist, selten umhinkommt, nun auch gleich noch mit einem der höchsten Staatsämter geschmückt zu werden, zu denen die Posten von *savi di mare, savi di terra ferma, savi grandi,* von Ratsherren, Mitgliedern des Dezemvirats oder des Rates der Diktatoren, *avvocatori* oder Zensoren gehören, für die keinerlei Befristung oder Unterbrechung vorgesehen ist. Selbst wenn so etwas wie diese Praxis in Venedig oder jene in Sparta, wo die Könige durch Erbfolge regierten und die Senatoren (obwohl sie vom Volke gewählt wurden) auf Lebenszeit im Amt blieben, keine Ungleichheit in einem Gemeinwesen hervorrufen sollte (was schwer vorstellbar ist), das allein seinen Fortbestand im Auge hat oder nur wenige Bürger zählt, so würde dies doch offenkundig eine sehr beträchtliche Ungleichheit in einem Gemeinwesen zur Folge haben, das auf Vergrößerung angelegt ist oder viele Bürger hat, die durch die Konzentration der Ämter in wenigen Händen in ihrer Rotation behindert würden.

Aber manche Leute sagen nun (und halten dies für einen gewichtigen Einwand): Es mag ein Gemeinwesen jede erdenkliche Gleichheit vorsehen – sobald alles fertig ist, werden ja doch zwei oder drei Männer darin das Sagen haben. Und das spricht trotz der angeblichen Zweckmäßigkeit einer Volksregierung augenscheinlich für die Unzulänglichkeit einer solchen Politik und für die Prärogative der Monarchie, zumal auch Volksregierungen – wie zum Beispiel in Rom – in schwierigen Zeiten Zuflucht zu diktatorischer Gewalt genommen haben.

Darauf erwidere ich: Wie die Wahrheit einem Funken ähnelt, dem Einwände gleichsam als Blasebalg dienen, so läßt auch dieser Einwand unser Gemeinwesen nur um so heller erstrahlen; denn die hohe Stellung, die jemandem durch Volksabstimmung in einem Gemeinwesen zuteil wird, kann ja, besonders wenn Demokratie und Gleichheit gewahrt sind, auf keinem anderen Wege erklommen werden als durch das jederzeitige Bekenntnis zur Tugend, und wo Menschen tugendhafter sind als andere, ist das Gemeinwesen töricht und ungerecht, wenn es ihnen nicht folglich auch mehr Ansehen zumißt, so daß dies sowohl der Tugend, indem sie die gebührende

Ermutigung erfährt, zum Vorteil gereicht als auch dem Gemeinwesen, dem ein gebührender Dienst erwiesen wird. Das sind die Philosophen, die Plato[34] zu Fürsten gemacht, jene Fürsten, die Salomo[35] auf den Thron gesetzt sehen wollte, und das Roß, das sie trägt, ist ihr Ansehen, nicht ihre Macht, oder wenn sie auf den Triumphwagen der Macht – wie den der diktatorischen Gewalt – gehoben werden, so leuchtet dessen Glanz, wie bei dem Wagen der Sonne, stets nur zeitweilig und vorübergehend oder in Abständen. Und wie ein Gemeinwesen ein Reich von Gesetzen und nicht von Menschen ist, so ist dieses auch das Herrschaftsgebiet der Tugend und nicht des einzelnen Menschen; wenn sie bei dem einen ausbleibt oder schwindet, tritt sie bei einem anderen hervor, der auf der Stelle zu seinem Nachfolger bestimmt wird.

> *Uno avulso non deficit alter,*
> *Aureus et simili frondescit virga metallo.*[61]

Und dies beseitigt jene *Eitelkeit unter der Sonne*[62] als einen Mißstand, der außer in einem Gemeinwesen, wo die Gleichheit gewahrt ist, mehr oder weniger von allen Gewaltigen unter dem Himmel ausgeht.

Dessen eingedenk, scheint dies der rechte Ort, ein Wort an jene Leute zu richten, die dem Adel aller Stände eine Furcht vor dem Volk oder dem Volk eine Furcht vor dem Adel aller Stände einreden möchten, als stünden sich beider Interessen feindlich gegenüber, während doch in Wahrheit genausogut eine Armee aus Soldaten ohne Offiziere oder aus Offizieren ohne Soldaten zu bestehen vermöchte wie ein Gemeinwesen (zumal wenn es zu Großem fähig sein soll) aus einem Volk ohne Adelsstand oder aus einem Adelsstand ohne Volk. Deshalb ist dies (obwohl es nicht immer so beabsichtigt ist, wie sich bei Machiavelli[63] zeigt, der sonst zu kritisieren wäre) ein verhängnisvoller Irrtum. Obschon es große Theologen, große Juristen, große Männer in allen gelehrten Berufen gibt, bedarf doch die Schaffung eines Gemeinwesens, dessen Regierung und schließlich dessen Heerführung eines gewissen Etwas, das unlöslich mit dem Genius eines Mannes von Stande zusammenzuhängen scheint. Der Gang der Weltgeschichte führt es uns ja vor Augen: Wer auch immer der Gründer eines Gemeinwesens war, er war zuallererst ein Mann von Stande. Mose empfing seine Erziehung von der Tochter Pharaos;[64] Theseus und Solon, beide edler Herkunft, wurden von den Athenern für würdig befunden, König zu sein; Lykurg war von königlichem Geblüt, Romulus und Numa waren Prinzen, Brutus und Publicola Patrizier; die Gracchen, die ihr Leben für das römische Volk und die Wiederherstellung seines Gemeinwesens opferten, waren die Söhne eines mit zwei Triumphen geschmückten Vaters sowie Cornelias, der Tochter Scipios, die es verschmäht hatte, dem König Ptolomäus die Hand zur Ehe zu reichen und Königin von Ägypten zu werden. Und auch der hochberühmte Olphaus Megaletor[65], der alleinige Gesetzgeber (wie noch zu sehen sein wird) des Gemeinwesens Oceana, kam aus einer vornehmen Familie, weshalb wir in diesem Falle auch keine Bedenken zu hegen brauchen, daß Leviathan behauptet, jegliche Staatskunst habe erst mit seinem Buch „De Cive" begonnen.[66] Alle, die in der staatlichen Regierung eines Gemeinwesens oder bei der Führung seiner Armeen zu irgendwelchem Ruhm gelangten, waren Männer von Stande, und das waren in jeglichem Betracht auch jene plebejischen Beamten, die von dem römischen Volk in den Magistrat gewählt wurden, indem sie aus ordentlichem Hause stammten und sich gleicher Tugenden erfreuten und nur deshalb von dieser Bezeichnung ausgeschlossen wurden, weil die Patrizier sie für sich selbst beanspruchten. Holland hat sich für seine Generäle und Kommandeure aus etlichen Ländern Fürsten und Männer von Stand ausgeborgt, weil es derselben daheim ermangelte, und die Schweiz verleiht im Falle eines solchen Mangels ihre Männer lieber an fremde Fürstenhäuser, als von ihnen selber jenen edelmütigen Gebrauch zu machen, der die Freiheit ihrer Menschen behaupten helfen würde. Denn wo es keinen Adelsstand gibt, um das Volk an die Leine zu nehmen, da läßt es sich treiben, vergißt die Welt und verliert das Interesse an der öffentlichen Freiheit, wie sogar das römische es getan hätte ohne seinen Adel; darum tut das Volk gut daran, den Adel in Friedenszeiten als das Licht seiner Augen und in Kriegszeiten als die Trophäe seiner Waffen hochzuhalten. Und wenn Cornelia es verschmähte, Königin von Ägypten zu werden, wenn ein römischer Konsul von seinem Tribunal auf den größten König herabschaute, so möge der Adel jenes Volk lieben und achten, das ihm in Anerkennung seiner Tugend den Thron in einem Gemeinwesen überläßt, der so viel höhersteht als alle Monarchenkronen.

Wenn aber die Gleichheit eines Gemeinwesens in der Gleichheit zuvörderst des Ackergesetzes und alsdann der Rotation besteht, so muß die Ungleichheit eines Gemeinwesens in dem Fehlen beziehungsweise der Ungleichheit des Ackergesetzes oder der Rotation oder auch beider bestehen.

Israel und Sparta, welche Gemeinwesen (zumal das Volk des einen, in der Person des Josephus, mit dem des anderen verwandt zu sein beansprucht) große Ähnlichkeiten aufweisen, waren jeweils gleich in ihrem Ackergesetz und ungleich in ihrer Rotation, besonders Israel, wo der Sanhedrin oder der Senat, der, wie aus den Worten Moses hervorgeht, am Anfang vom Volk gewählt wurde, es sich hernach vorbehielt, ohne irgendeine göttliche Weisung dessen Nachfolger durch Ernennung einzusetzen, was, nachdem sie eine Zeitlang staatlichen Funktionen gedient hatten – wie der Exkommunikation, der Gütergemeinschaft und anderen Bräuchen der Essäer, von denen viele zum Christentum übertraten –, später in die christliche Kirche übernommen wurde. Und die Wahl des Richters, *suffes,* oder Diktators erfolgte unregelmäßig sowohl im Hinblick auf den Zeitpunkt ihrer Durchführung, die Amtszeit als auch die Freistellung von dieser Funktion. So kann man es in dem Buch der Richter lesen, wo oftmals wiederholt wird, daß es in jenen Tagen keinen König, d. h. keinen Richter, in Israel gab, sowie im Ersten Buch Samuel, wo es heißt, daß Eli vierzig Jahre lang und Samuel auf Lebzeiten Richter über Israel war.[67] In Sparta war die Wahl des Senats durch Volksabstimmung, wiewohl sie auf Lebenszeit galt, bei weitem nicht so ungleich; aber das Erbrecht der Könige hat es trotz des Ackergesetzes zugrunde gerichtet.

In Athen und Rom gab es keine Gleichheit im Hinblick auf das Ackergesetz, da dieses in Athen nicht streng gehandhabt wurde und in Rom überhaupt nicht existierte oder, wenn es früher einmal galt, zumindest nie befolgt wurde. So waren bis in die Zeit des Tiberius Gracchus die Länder des Volkes fast völlig vom Adel geschluckt worden, der sie von seinen Pächtern und Dienstleuten besetzt hielt, und da die Abhilfe zu spät kam und zu überstürzt versucht wurde, ging dieses Gemeinwesen unter.

Auch in bezug auf die Rotation gab es keine Gleichheit, obzwar in einem anderen Sinne: In Athen bestand der Senat, der statt durch Abstimmung mittels Losentscheid gewählt und jährlich nicht nur teilweise, sondern in seiner Gesamtheit ausgewechselt wurde, nämlich nicht aus der natürlichen Aristokratie und hatte, weil er nicht lange genug amtierte, um seine Aufgaben recht zu verstehen oder gar zu meistern, auch keine ausreichende Autorität, um das Volk von seinen ständigen Aufsässigkeiten abzuhalten, die am Ende zum Untergang führten, wenngleich Nikias alles nur Menschenmögliche unternahm, um Abhilfe zu schaffen. Aber wie Athen durch die Unbesonnenheit des Volkes, so zerfiel Rom durch den Ehrgeiz seines Adels, weil es an einer gleichmäßigen Rotation fehlte, denn wäre das Volk auf diesem Wege in den Senat und beizeiten in den Magistrat gelangt (von denen der erstere stets und der letztere überwiegend von den Patriziern usurpiert wurde), so hätte es das Ackergesetz sowohl beibehalten als auch durchgesetzt, und damit wäre dieses Gemeinwesen nicht zu erschüttern gewesen.

Ob nun in einem Gemeinwesen Gleichheit waltet oder nicht, es muß – wie die Vernunft und alle Erfahrung gezeigt haben – sich dennoch stets in die drei Hauptinstanzen, nämlich die des beratenden und vorschlagenden Senats, des beschließenden Volkes und der vollstreckenden Obrigkeit, gliedern, weshalb ich mich gar nicht genug über Leviathan verwundern kann, der ohne Vernunft oder Beispiel durchaus darauf beharrt,[68] daß ein Gemeinwesen aus einer Einzelperson oder einer einzigen Versammlung besteht, und ich auch nicht jene „tausend Herren" hinreichend zu bedauern vermag, deren „sonst schwankenden Geist" er, nach seiner eigenen Behauptung, „zur willigen Unterwerfung", wie er sich auszudrücken beliebt,[69] „unter solch eine Regierung geneigt gemacht" hat.

Um jedoch diesen Teil des Exkurses nunmehr abzuschließen, der einen so vollständigen Abriß der Weisheit der Antike und damit der gesamten Kunst der Politik bieten soll, wie ich ihn in der Kürze der Zeit zu geben imstande bin:

Die zwei ersten Instanzen, also der Senat und das Volk, bilden die Legislative und sind somit jener Wissenschaft zuzuordnen, die von Politikern als *de legibus* oder als Wissenschaft von den Gesetzen bezeichnet wird, und die dritte Instanz ist die Exekutive, für die jener Zweig der nämlichen Wissenschaft zuständig ist, der *de judiciis* oder Aufbau und Verfahrensweise von Gerichten oder Rechtsbehörden heißt. Hierzu sind noch ein paar Bemerkungen vonnöten.

Und zwar, erstens, zu den Gesetzen: Diese sind entweder kirchlicher oder staatlicher Natur, insofern sie nämlich die Religion betreffen oder den Staat.

Kirchliche Gesetze oder solche, die die Religion betreffen, unterstehen nach der allgemeinen Gepflogenheit antiker Weisheit der Gewalt der Obrigkeit; nach dem üblichen Brauch neuzeitlicher Weisheit sind sie ihr seit dem Papsttum entrissen.

Wie jedoch eine Regierung ein Widerspruch sein muß, die nach Freiheit zu trachten vorgibt, aber die Freiheit des Gewissens, also die wichtigste Freiheit (weil für einen Menschen eine mit seinem Gewissen unvereinbare Religion überhaupt keine solche sein kann) unterdrückt, so muß auch jemand, der für private Gewissensfreiheit eintritt, aber die nationale Gewissensfreiheit ablehnt, widervernünftig sein.

Ein Gemeinwesen ist nichts anderes als das nationale

Gewissen. Und wenn die private Religion eines Menschen aus der Überzeugung seines Privatgewissens entsteht, dann muß aus der Überzeugung des nationalen Gewissens eine Nationalreligion erwachsen. Ob dieselbe vernünftig geregelt ist oder auch ob diese beiden miteinander bestehen können, läßt sich am besten aus dem Beispiel der antiken Gemeinwesen ersehen, die der Reihe nach betrachtet werden sollen.

In demjenigen von Israel lag die Leitung der nationalen Religion nicht in den Händen der Priester und Leviten, außer sie gehörten zufällig dem Sanhedrin oder Senat an, worauf sie aber ein Anrecht überhaupt nur durch ihre Wahl hatten. Es geschieht also um dieses ihres Amtes willen, daß dem Volk unter Androhung der Todesstrafe eingeschärft wird, *nach dem zu tun, was sie ihm sagen, und nach dem Spruch des Gesetzes zu handeln, das sie es lehren werden,*[70] denn in Israel waren das kirchliche und das staatliche Gesetz unterschiedslos ein und dasselbe, so daß der Sanhedrin mit der ihm anvertrauten Macht über das eine zugleich die Macht über beide hatte. Wie aber die nationale Religion der Gerichtsbarkeit des Sanhedrins unterstand, so oblag von demselben Zeitpunkt an und mit demselben Recht auch die Freiheit des Gewissens den Propheten und deren Jüngern. Demgemäß steht geschrieben: *Ich will ihnen einen Propheten erwecken ..., und wer meine Worte nicht hören wird, die er in meinem Namen redet, von dem will ich's fordern.*[71] Die Worte beziehen sich auf das Recht des Propheten, das allen Instanzen dieses Gemeinwesens übergeordnet war, weshalb Elia sich nicht nur weigerte, dem Könige zu gehorchen, sondern auch dessen Boten durch Feuer umbrachte.[72] Und während das Gesetz der nationalen Religion untersagte, woanders zu opfern als im Tempel, war ein Prophet sein eigener Tempel und durfte opfern, wo er wollte, wie Elia es auf dem Berg Karmel tat.[73] Nach diesem Recht hatten Johannes der Täufer und unser Heiland, für den es in noch speziellerem Maße galt, ihre Jünger und lehrten sie das Volk, und hier liegt auch der Ursprung unseres gegenwärtigen Rechts, uns *in Gemeinden zu sammeln.*[74] Somit entwickelte sich die christliche

Religion in Übereinstimmung mit den Geboten des Reiches Israel und nicht im Gegensatz zu ihnen. Auch wurde die Gewissensfreiheit von jener Regierung nicht angetastet, bis deren staatliche Freiheit unter der feingesponnenen Tyrannei von Herodes, Pilatus und Tiberius verlorenging.

Fahren wir fort. Die Athener schützten ihre Religion nach dem Zeugnis des Paulus mit peinlichstem Aberglauben.[75] Hätte jener gottlose Bursche Alkibiades sich nicht rechtzeitig aus dem Staube gemacht, so wäre ihm der Schädel kahlgeschoren worden, weil er ihren Merkuren den Bart abrasiert und ihre Götter dadurch vor ihnen lächerlich gemacht hatte. Sooft aber Paulus mit ihnen redete, hörten sie sich seine Neuigkeiten gern an, die ihn nur um so willkommener machten, und als er den Areopagiten Dionysius, also einen der Senatoren, bekehrte, trug das weder ihm selbst Nachteile noch Dionysius Unehre ein. Und was Rom anbetrifft: Wenn Cicero in seinem vorzüglichen Buche „De natura deorum" die nationale Religion dieses Gemeinwesens verunglimpfte,[76] so war er von der Konsulschaft nie weiter entfernt. Dagegen ist in der neuzeitlichen Weisheit eine niedrige und armselige Gesinnung am Werke, die nicht nur der staatlichen Regierung, sondern auch der Religion selbst zum Schaden gereicht, denn wenn man jemanden zwingen will, in Religionsangelegenheiten, die sich ja der eindeutigen Beweisbarkeit entziehen, *jurare in verba magistri,*[77] nichts anderes zu glauben, als was der allergnädigste Herr Bischof oder Gevatter Presbyter glauben, dann ist das eine Engherzigkeit, die das Schwert zu einer Zuchtrute in der Hand von Schulmeistern gemacht hat, so daß, obwohl die christliche unter allen Religionen die friedfertigste ist, es einen Religionskrieg überhaupt erst seit dem Christentum gibt. Dafür können wir uns beim Papst bedanken, denn da der Papst den Fürsten und Gemeinwesen keine Gewissensfreiheit gewährt, können diese ihren Untertanen auch nicht geben, was sie selber nicht haben, weshalb Fürsten wie Untertanen, sei es auf seine Anstiftung oder durch Uneinigkeit untereinander, jenen fluchwürdigen, auf Erden vordem gänzlich unbekannten

Brauch eingeführt haben, für die Religion in den Kampf zu ziehen und der Obrigkeit jegliches Recht über sie abzusprechen, so daß die Obrigkeit mit der Gewalt über die Religion auch der Freiheit des Gewissens verlustig geht, die in diesem Falle allen Schutzes beraubt ist. Wenn aber das Volk anders belehrt wird, gebietet ihm das eigene Interesse, auf der Hut zu sein und zwischen dem Kreischen eines Kiebitzes und dem Gurren einer Turteltaube wohl zu unterscheiden.

Kommen wir nun zu den staatlichen Gesetzen: Wenn diese anders beschaffen sind, als das Gleichgewicht es erheischt, so haben wir es in solchem Falle mit einer Regierung zu tun, die dringend der Erneuerung bedarf; deshalb sind Advokaten, die uns unter solchen Umständen raten, unsere Regierung ihren Gesetzen anzupassen, nicht mehr zu beachten als ein Schneider, der uns einreden möchte, wir sollten unseren Körper seinem Wams anpassen. Außerdem liegt in dem einleuchtenden Ansinnen, das Gesetz zu reformieren, eine gewisse Gefahr, es sei denn, die Regierung ist im Ursprung gut, so daß sie wie ein gesunder Baum (sofern man ihm nicht allzu übel mitspielt) keine faulen Früchte tragen kann. Ist aber der Baum krank, so kann man seine Früchte nimmer heilen, oder wenn aus einer schlechten Wurzel scheinbar gute Früchte wachsen, ist doppelte Vorsicht geboten, denn sie sind dann um so giftiger. Selbst die hervorragenden Gesetze des Augustus konnten offenbar nicht verhindern, daß die Eingeweide Roms von der Tyrannei des Tiberius und seiner Nachfolger auf so schändliche Weise zerfressen wurden. Die beste Regel für Gesetze im allgemeinen ist, daß ihrer wenige sein sollten. Wie Cicero bezeugt,[78] wurde Rom am trefflichsten unter denen der zwölf Tafeln regiert, und Tacitus sagt: *plurimae leges, corruptissima respublica*[79]. Man wird uns entgegenhalten, daß dort, wo der Gesetze wenige sind, gar manches willkürlicher Gewalt überlassen bleibe; dies ist aber viel häufiger der Fall, wenn es deren viele gibt, da nach der Meinung Justinians und der besten Rechtskenner die Gesetze dann genauso unerbittlich miteinander im Streite liegen werden wie die prozessierenden

Parteien. Solon verhängte nur ganz wenige Gesetze, Lykurg sogar noch weniger, und Gemeinwesen haben heutzutage von allen Staaten die wenigsten. Und um diesen Teil mit einem Wort *de judiciis* oder über den Aufbau oder die Verfahrensweise von Gerichten abzuschließen, so läßt sich dergleichen nicht ordentlich darstellen, ohne konkrete Beispiele anzuführen, da der Aufbau und die Verfahrensweise der Gerichte von Staat zu Staat verschieden, aber mit Abstand am besten in Venedig geregelt sind, wo man nicht so sehr auf die willkürliche Gewalt der Gerichte sieht als auf deren Aufbau, durch den jene willkürliche Gewalt, da sie völlig außerstande ist, den Rechtsgang aufzuhalten oder zu stören, dessen rascheste Abwicklung sowie die redlichsten Urteile der Gerechtigkeit bewirkt und bewirken muß, zu denen die menschliche Natur möglicherweise überhaupt in der Lage ist. Mit der Schilderung, wie das geschieht, will ich mich jedoch an dieser Stelle nicht aufhalten, weil dies noch ausführlich an der Rechtsprechung des Volkes von Oceana veranschaulicht werden soll. Soviel zur Weisheit der Antike, womit ich den ersten Abschnitt dieses einleitenden Exkurses beende.

Zweiter Teil der Vorbemerkungen

Im zweiten Teil werde ich versuchen, Aufstieg, Verbreitung und Niedergang der neuzeitlichen Weisheit zu zeigen.
Der Beginn dieser Art von Politik ist, wie schon dargetan wurde, mit dem Vormarsch der das Römische Reich überflutenden Goten, Wandalen, Hunnen und Lombarden anzusetzen. Da jedoch weder Gehalt noch Gestalt der neuzeitlichen Weisheit erkennen lassen, daß sie jemals den Wettbewerb oder den Kampf mit derjenigen der Antike hätte aufnehmen können, muß zwangsläufig etwas anderes im Spiel gewesen sein, wodurch es dazu

kam, daß diese geschwächt und jene gekräftigt und be-
günstigt wurde. Und das war das verabscheuungswür-
dige Regiment der römischen Kaiser, dessen Ursprung
bei jenem *felix scelus*[80], den Waffen Cäsars, lag, in welchem Sturm das Schiff der römischen Republik gezwungen ward, seine kostbare Fracht über Bord zu werfen,
die seither nie wieder aufgetaucht oder zu bewundern
gewesen ist als allein am Golf von Venedig.

In der Bibel heißt es: *Bekehre dich, Israel, denn du bist gefallen um deiner Schuld willen.* Dem entspricht auch das Wort
des Moralisten: *nemo nocetur nisi ex se*[81], und es wird
durch alle Tatsachen im Bereich der Politik vollauf bestätigt: in unserem Zusammenhang durch das Beispiel der
Römer, die durch die nachlässige Handhabung ihrer Ak-
kergesetze[82] dem Pfuhl des Wohllebens Tür und Tor öff-
neten und sich sowie ihre Nachfahren somit um das un-
schätzbare Gut der Freiheit brachten.

Nach ihren Ackergesetzen hätten nämlich ihre Länder-
reien eigentlich unter dem Volk aufgeteilt werden müssen, und zwar entweder ohne Angabe eines Siedlungsge-
bietes, in welchem Falle die Leute ihren Wohnsitz nicht
zu verlegen brauchten, oder mit Angabe und unter der
Bedingung der Besiedlung eines bestimmten Gebietes,
so daß sie ihren Wohnsitz ändern, also die Stadt verlassen und sich auf den ihnen zugewiesenen Ländereien
niederlassen mußten. Die Ländereien, die ihnen entweder auf die eine oder die andere Weise zugewiesen wurden oder hätten zugewiesen werden sollen, waren von
dreierlei Art: solche, die dem Feind abgenommen und
an das Volk verteilt wurden; solche, die dem Feind abgenommen worden waren und unter dem Vorwand, sie
sollten der öffentlichen Nutzung vorbehalten bleiben,
heimlich in den Besitz des Adels überwechselten; oder
solche, die zum Zwecke der Verteilung mit den öffentlichen Geldern gekauft worden waren. Von den in diesen
Fällen anwendbaren Gesetzen lösten diejenigen niemals
Streit aus, welche die Verteilung der dem Feinde abge-
nommenen oder mit den öffentlichen Geldern gekauften
Ländereien betrafen; sobald aber jene Gesetze auch nur
angerührt wurden, die auf die Enteignung des Adels von

seinem unrechtmäßigen Besitz und die Verteilung des gemeinsam durch das Schwert eroberten Landes unter das Volk zielten, kam es auf der Stelle zu einem Erdbeben, und sie konnten vom Volke niemals durchgesetzt werden, oder wenn ihm dies gelang, wurden sie dennoch vom Adel niemals befolgt, der seine Beute nicht nur festhielt, sondern dadurch unermeßlich reich wurde und das Volk mit der Zeit gänzlich um jene Anteile prellte, die ihm zugestanden worden waren. Damit war, was die Gracchen zu spät erkannten, das Gemeinwesen aus dem Gleichgewicht geraten. Sie taten aber nicht gut daran, das Volk (als es die geringste Macht hatte) zu dessen Wiederherstellung mit gewaltsamen Mitteln zu bewegen, da sich zeigte, daß dies nicht mehr erbringen konnte noch tatsächlich auf etwas anderes hinauslief, als dem Volke durch noch schlimmere Wirkungen vor Augen zu führen, daß Wahrheit war, was die Weisheit seiner Führer entdeckt hatte. Denn (ganz im Gegensatz zu den Geschehnissen in Oceana, wo das Volk, als die Gewichte sich zu seinen Gunsten verschoben, den Adel unterworfen hat) unterwarf in Rom der Adel unter der Führung Sullas das Volk und das Gemeinwesen, da Sulla ja als erster die Gewichte dadurch verschob und somit den Grundstock zu der folgenden Monarchie legte, daß er militärische Kolonien gründete, indem er die eroberten Ländereien – die diesmal nicht dem Feinde, sondern den Bürgern abgenommen worden waren – an die siebenundvierzig Legionen seiner Krieger verteilte, so daß es kein Wunder ist, wie er zum *dictator perpetuus*[83] aufsteigen oder die gleiche Macht auf andere seiner Nachfolger übergehen konnte.

Diese Militärkolonien, die spätere Kaiser (wie Augustus durch die Versorgung der Veteranen, wodurch er Brutus und Cassius übertrumpfte) in der Folgezeit beibehielten, um ihre Krieger seßhaft zu machen, wurden offenbar mit jenen Leuten besetzt, die man *milites beneficiarii* nennt, indem ihnen die Ländereien zum Lehen, d. h. auf Lebenszeit und unter der Bedingung gegeben wurden, im Kriegsfalle auf eigene Kosten ihre Pflicht zu tun oder zum Waffendienst bereitzustehen. Unter denselben Bedingungen sicherte Alexander Severus diese Lehen auch den Erben der derzeitigen Inhaber zu, und darauf stützte sich letztlich die Macht der römischen Kaiser. Aber da es sich für die Sicherheit des Fürsten als unbedingt nötig erwies, wurden den Lehnsleuten nach dem Vorbild Alexanders rund achttausend Mann hinzugefügt, die nicht von seiner Seite wichen und zu seinem ständigen Schutz da waren, wobei freilich diese sogenannte Prätorianergarde – völlig im Sinne des unheilbaren Gebrechens, an dem diese Art von Regierung, wie schon festgestellt, krankte – ihre Herren weit öfter abschlachtete als zu irgendeinem anderen Zeitpunkt der Geschichte. Insoweit gleicht die römische Monarchie so sehr dem, was heute in der Türkei geschieht – indem sie nämlich aus einem Feldlager und einer Pferdekoppel besteht: einem Feldlager in Gestalt ihrer Sipahis und Janitscharen, der ständigen Leibwache des Fürsten, sofern sie nicht gerade nach dessen Blut lechzt, und einer Pferdekoppel in Anbetracht dessen, daß das gesamte Land unter der Bedingung dauernder unentgeltlicher Dienstbereitschaft, wann immer sie für erforderlich erklärt wird, an Pächter in Form von Timaren (was dort soviel wie Lehen bedeuten soll) verteilt ist –, daß ich mir die Mühe einer Erläuterung dieser Regierungsform ersparen kann.

Aber der Ruhm Mohammeds und seiner Klugheit beruht vor allem darauf, daß, während die römische Monarchie (mit Ausnahme derjenigen Israels) die unvollkommenste war, die türkische die vollkommenste aller Zeiten ist. Das liegt daran, daß die römische (wie in Israel, wo es den Sanhedrin und die Gemeindeversammlung gab) eine mit dem Senat und dem Volk gemischte war und die türkische rein ist, und daß die eine rein war und die andere gemischt, geschah nicht dank der Weisheit der Gesetzgeber, sondern entsprach dem unterschiedlichen Temperament der Völker, da die Menschen in den östlichen Teilen außer den Israeliten (was ihrem Ackergesetz zuzuschreiben war) eigentlich kaum je einen anderen Zustand als den der Sklaverei kennengelernt hatten und diejenigen in den westlichen Breiten schon immer einen derartigen Freiheitsdrang in sich spürten, daß sie selbst in der allergrößten Bedrängnis den Hals nicht willig ins Joch legten, sondern von der Hoffnung aufrechterhalten wurden, sich wenigstens einen Teil ihrer Freiheit zu bewahren.

Deshalb sagt Suetonius[84] von Julius Cäsar: *comitia cum populo sortitus est,* er begnügte sich damit, die Hälfte der Staatsämter zu besetzen und die übrigen Beamten vom Volk wählen zu lassen. Und Maecenas wollte zwar nicht, daß Augustus dem Volk seine Freiheit gäbe, aber auch nicht, daß er sie ihm fortnähme, denn, so sagt er, *neque id existimare debes auctorem me tibi esse, ut tyrannidem in S. P. Q. R. in servitutem redactum teneas; quod neque dicere meum, neque facere tuum est.*[85] Entsprechend sah denn auch der Flug aus, den dieses Imperium, das weder ein Habicht noch ein Bussard war, vollführte, und da der Fürst ständig hin und her gerissen wurde zwischen der Befriedigung des habgierigen Militärs auf Kosten des Volkes einerseits und der Beschützung des Senats und des Volkes gegen das Militär andererseits, starb er, wie Machiavelli im einzelnen darlegt,[86] selten einen anderen Tod als durch eine der beiden Zwangsläufigkeiten aus diesem Dilemma. Aber die seit der Zeit des Augustus bestehenden Prätorianergarden, die die Tyrannei ihrer Anführer gegen andere und die eigene gegen sie so bestialisch in deren Blut ertränkten, wurden dann von Konstantin dem Großen (der erbost war, weil sie sich auf die Seite seines Widersachers Maxentius geschlagen hatten) aus der mächtigen Garnison gewiesen, die sie in Rom besetzt hielten, und über verschiedene Provinzen verstreut. Die Lehen der Krieger, die bislang auf Lebenszeit und mit der Verpflichtung zum Militärdienst gewährt worden waren, wurden durch den Fürsten fortan für erblich erklärt, so daß das gesamte Fundament, auf dem dieses Reich ursprünglich geruht hatte, jetzt beseitigt war, woraus deutlich zu ersehen ist, daß die Kaiser schon lange zuvor einen Weg gefunden haben müssen, um ihren Thron zu stützen, und das geschah dadurch, daß sie die Goten als Söldner anwarben, ein aus den nördlichen Teilen Deutschlands oder aus Schweden stammendes

Volk, das (durch seine Siege über Domitian) sich schon längst in eine so unmittelbare Nähe zu den römischen Gebieten vorgeschoben hatte, daß es sie zu bedrohen begann; denn die Kaiser, die sich ihrer für ihre Kriege bedienten (wie es heutzutage die Franzosen mit den Schweizern tun), gaben ihnen das zum sogenannten Solde, was sie als Tribut erhielten, wobei die Goten (wenn die Zahlungen ausblieben) oft anrückten, um sich auf eigene Faust schadlos zu halten, so daß sie zu Zeiten des Honorius Rom stürmten und plünderten und Italien in ihren Besitz brachten. Und das war der Übergang von der antiken zur neuzeitlichen Weisheit oder jene Brandung, die, gefolgt von überall in das Römische Reich einflutenden Wandalen, Hunnen, Lombarden, Franken und Sachsen, die Sprachen, die Bildung, die Weisheit, die Sitten, die Städte der Antike hinwegspülte und die Namen von Flüssen, Ländern, Meeren, Bergen und Menschen änderte: An die Stelle von Camillus, Cäsar und Pompejus waren Edmund, Richard und Geoffrey getreten.

Sehen wir uns nun das Fundament oder das Gleichgewicht an, auf dem diese neuen Politiker fußen: *feudum*, sagt der Jurist Calvinus[87], ist ein gotisches Wort mit verschiedenen Bedeutungen; man benutzt es nämlich entweder für Fehde oder für eine „Inbesitznahme eroberter Ländereien, die von dem Sieger an diejenigen von seinen Anführern und Soldaten, die sich in seinen Feldzügen hervorgetan hatten, unter der Bedingung verteilt wurden, daß sie ihn für alle Zeit als ihren Herrn anerkennen und sich selbst als seine Untertanen betrachten würden".

Hiervon gab es drei Arten oder Stufen: Die erste, der Hochadel, wurde mit den Titeln von Herzögen, Marquis und Grafen ausgezeichnet, und diese wurden mit den von den Italienern eroberten Städten, Schlössern und Dörfern belohnt, wobei ihre als *regalia* bezeichneten Lehen an der Königswürde teilhatten und ihnen das Recht verliehen, Geld zu prägen, Staatsbeamte zu ernennen, Zölle und Steuern zu erheben, Konfiskationen vorzunehmen und dergleichen mehr.

Lehen der zweiten Stufe waren solche, die mit Einverständnis des Königs von diesen Lehnsfürsten an Männer geringeren Ranges, ihre sogenannten Barone, unter der Bedingung übergeben wurden, daß sie nächst dem König im Kriege die Würden und Reichtümer ihrer Feudalherren verteidigen würden.

Die niedrigste Stufe bildeten solche Lehen, welche von Angehörigen der zweiten Gruppe an adlige oder nichtadlige Privatpersonen – sogenannte Hintersassen – mit denselben Pflichten abgetreten wurden, die sie selbst ihren Rangoberen schuldeten. Und das ist das gotische Gleichgewicht, auf dessen Grundlage alle heutigen Königreiche der Christenheit am Anfang errichtet wurden, was ich, wenn ich die Zeit hätte, an dieser Stelle mit Blick auf das deutsche Kaiserreich und die Königreiche von Frankreich, Spanien und Polen näher ausführen könnte; da jedoch das bereits Gesagte vollauf genügt, um die Grundsätze der neuzeitlichen Weisheit im allgemeinen ans Licht zu fördern, werde ich den restlichen Teil meines Exkurses, der sich spezielleren Fragen zuwendet, in drei Abschnitte gliedern:

Der erste behandelt den Aufbau der einstigen Monarchie Oceana, der zweite deren Verfall und der dritte die Entstehung des gegenwärtigen Gemeinwesens.

Der Aufbau der einstigen Monarchie Oceana ist im Zusammenhang mit den verschiedenen Völkern zu sehen, die das Land nacheinander unterworfen und beherrscht haben. Das waren erstens die Römer, zweitens die Teutonen, drittens die Skandier und viertens die Neustrier.

Die Herrschaft der Römer, die es als Provinz unterhielten, übergehe ich, weil ich die Regierung ihrer Provinzen an anderem Orte darstellen werde; hier sei nur daran erinnert, daß wir es entweder unmittelbar den Römern oder mittelbar den Teutonen verdanken, wenn wir nicht mehr nackt und mit scheckigen Tierfellen umherlaufen, lesen und schreiben gelernt und uns an edlen Künsten gebildet haben, denn daß die Teutonen diese Künste von niemand anderem hatten, läßt sich allein schon aus ihrer Sprache deutlich erkennen, die noch immer kein Wort für Lesen oder Schreiben aufweist, das nicht lateinischen Ursprungs ist. Überdies sind wir mit Hilfe der so erlernten Künste jener Religion teilhaftig geworden, die wir nun schon seit langem in uns tragen; deshalb, scheint mir, sollten wir den Römern eigentlich ein freundliches Gedenken bewahren, durch deren Beistand wir einst sozusagen von Tieren zu Menschen geworden sind und mit deren Unterstützung wir jetzt aus immer noch hinterwäldlerischen und ungebildeten Menschen (falls wir nicht selbst zu gut von uns denken) zu einem weisen und großen Volk werden könnten.

Nachdem die Römer Oceana als Provinz regiert hatten, führten die Teutonen als erste die bis vor kurzem bestehende Form der Monarchie ein; ihnen folgten die Skandier, auf die ich (weil ihre Herrschaft kurz war und sie zudem nur wenig an der Regierungsform änderten) nicht weiter eingehen will. Die Teutonen verhalfen jedoch dem gotischen Gleichgewicht zum Durchbruch, indem sie die ganze Nation in drei Arten von Lehen aufteilten: in Grafschaften, in königliche Thanschaften und in mittlere Thanschaften.

Wann das Königreich zum erstenmal in Herrschaftsgebiete aufgeteilt wurde, wird sich genauso schwer zeigen lassen, wie wann es erstmals regiert zu werden begann, denn es ist unmöglich, daß eine Regierung ohne irgendeine Art von Teilung hätte funktionieren können. Die bei den Teutonen übliche Teilung erfolgte in Grafschaften, deren jede ihren Vorsteher oder Oberaufseher hatte. Aus dem Titel des Grafschaftsvorstehers wurde mit der Zeit „Graf" und aus dem Oberaufseher „Sheriff".

Als Graf über eine Amtschaft oder eine Grafschaft wurde der Than des Königs oder der durch höchsten Erlaß oder durch Ritterschlag zu dessen Gefolgsmann erklärte Inhaber eines Kronlehns oder eines Lehens *in capite* bezeichnet, dessen Besitzungen, wie sein Name sagt, manchmal das ganze Gebiet, d. h. die gesamte Grafschaft, manchmal auch mehr oder weniger als diese eine Grafschaft umfaßten, deren übriger Teil dann bei der Krone verblieb. Mitunter stand ihm auch ein Drittel oder ein anderer gewohnheitsmäßiger Anteil der Gewinne bestimmter Städte, Marktflecken oder anderer Ortschaften innerhalb seiner Grafschaft zu. Um ein Beispiel für die Besitztümer von Grafen in vergangenen Zeiten zu geben, so hatte Ethelred das gesamte Königreich Mercia für sich und seine Erben, zu dem drei oder vier Grafschaften gehörten, und es gab andere, die kaum weniger hatten.

„Des Königs Than" war auch ein Ehrentitel, auf den Anspruch besaß, wer unmittelbar vom Könige für den Dienst in dessen Gefolge fünf Hufe Land erhalten hatte, d. h., wenn ein Bauer oder Landwirt es auf diesen Umfang gebracht hatte und er eine Kirche, eine Küche, ein Glockenhaus (also eine Vorhalle mit einer Glocke darin, um die Familie zum Essen zu rufen), einen Torvorbau mit einer Sitzgelegenheit (also eine Veranda) und irgendein besonderes Amt bei Hofe sein eigen nannte, dann war er des Königs Than. Doch der Umfang einer Hufe Landes, auch *caruca* oder Pflugacker geheißen, ist schwer zu deuten, weil er nicht genau bestimmt war; es wird freilich gemeinhin angenommen, daß darunter eine Fläche zu verstehen ist, die mit einem einzigen Pfluge beakkert werden kann und unter Einsatz aller Arten von Gerätschaften einen gleich großen Ertrag bringen würde.

Der mittlere Than war ein Lehnsmann ohne Ehrentitel; er wurde auch Hintersasse genannt, und seine Ländereien hießen Afterlehen, weil sie von einem Afterlehnsherrn und nicht unmittelbar vom König stammten.

Die so beschaffenen Besitztümer und deren Lehnspflichten zeigen, wie die Gewichte der teutonischen Monarchie verteilt waren. In dieser waren die Reichtümer der Grafen so riesig, daß, wenn man von dem Gewicht ihres Grundbesitzes auf ihre Macht schließt, sie nicht nur *reguli* oder kleine Könige genannt wurden, sondern dies auch tatsächlich waren, wobei ihre Rechtsgewalt von zweierlei Art war, indem sie diese nämlich entweder an ihrem Grafschaftsgericht oder am obersten Gericht des Königsreiches ausübten.

Befand sich das Gebiet einer Grafschaft im alleinigen Besitz eines Grafen, so hatte er selbst den Nutzen und

Vorteil von sämtlichen dort abgehaltenen Gerichtsverhandlungen und den aus dieser Rechtsprechung entstehenden Gewinnen. Besaß er dagegen nur einen Teil seiner Grafschaft, so führte er seine Rechtsprechung und seine Gerichtsverhandlungen (außer vielleicht in den ihm gehörenden Gebieten) zum Nutzen und Vorteil des Königs durch, d. h., er versah dann gemeinhin das Amt, das in Grafschaften ohne Grafen normalerweise die Sheriffs innehatten, weshalb sie auch *vice-comites* genannt wurden. In einer Grafschaft mit einem Grafen wurde das Gericht durch den Grafen und den Bischof der Diözese in der Art der bis heute bestehenden Sheriffsgerichte abgehalten, wodurch dem Land in gemeinsamer Verantwortung sowohl die kirchlichen als auch die weltlichen Gesetze gegeben wurden; in die Zuständigkeit dieses Gerichts fielen die Rechtshändel von Hintersassen oder solche im Zusammenhang mit Afterlehen, außerdem die Beglaubigung von Testamenten, die Verhängung und Vollstreckung von Urteilen und die Entscheidung in straf- und zivilrechtlichen Fällen.

Die königlichen Thane hatten in ihren Thanschaften die gleiche Rechtsgewalt wie die Grundherren auf ihren Gütern, wo ebenfalls Gericht gehalten wurde.

Neben diesen Sonderbefugnissen besaßen sowohl die Grafen als auch die Thane des Königs gemeinsam mit den Bischöfen, Äbten und Hintersassen oder mittleren Thanen noch eine öffentlichere Rechtsgewalt an dem obersten Gerichtshof oder dem Parlament (Weidenagamoots) des Königreiches. Sie bestand, erstens, in der Vollmacht, sich auf dem Wege der Beratung ein Urteil über neue Gesetze zu bilden und ihnen zuzustimmen; zweitens, in Staatsangelegenheiten Rat zu erteilen; drittens, in Klagesachen und Beschwerdefällen Recht zu sprechen. Ich kann es mir nicht versagen, das Dunkel, das über dieser Zeit liegt, in der von einem planvollen Aufbau dieses obersten Gerichtshofes kaum die Rede sein kann, dadurch aufzuhellen, daß ich ein Argument anfüge, das an Deutlichkeit wohl nichts zu wünschen übrigläßt, obwohl es einer erst jetzt erschienenen Schrift entnommen ist, deren Verfasser ungenannt bleibt.[88] „Es ist wohlbekannt", sagt dieser, „daß sehr viele Wahlflekken in allen Teilen des Reiches noch immer Abgeordnete in das Parlament entsenden, die jedoch schon vor langer Zeit verfallen und zugrunde gegangen waren, so daß ihnen seit der Eroberung ersichtlich keinerlei Bedeutung mehr zukam, und da erwiesenermaßen auch keiner der nachfolgenden Könige ihnen ein solches Privileg gewährt hat, müssen sie dieses Recht nach früherem Brauch aus der Zeit vor der Eroberung besessen haben, weshalb sie jetzt nicht mehr zeigen können, wo es ursprünglich herstammte."

Dieses Argument mache ich mir (obwohl es noch andere gäbe) als einen ausreichenden Beweis dessen zunutze, daß, erstens, das niedere Volk während der Zeit der Teutonen berechtigt war, im Parlament zu sitzen; daß, zweitens, hierzu die Wahl in seinen Wahlflecken und – falls die Abgeordneten der Amtschaften in eine so ferne Vergangenheit zurückreichen (was sie zweifellos tun) – in den Grafschaften vonnöten war; daß, drittens, falls es ein gutes Argument ist zu sagen, die Gemeinen seien während der Teutonenherrschaft ins Parlament gewählt worden, weil dies auch jetzt so geschehe und niemand zeigen könne, wann dieser Brauch begonnen habe, es dann nicht einzusehen ist, warum es ein schlechtes Argument sein soll zu sagen, daß die Gemeinen schon während der Teutonenherrschaft ein eigenes Haus bildeten, weil sie das auch jetzt tun, solange niemand zeigen kann, daß sie tatsächlich jemals in demselben Hause saßen wie die Lords. Um diesen Teil abzuschließen, gehe ich aus den genannten und anderen Gründen, die noch zur Sprache kommen sollen, deshalb davon aus, daß das Parlament der Teutonen aus dem Könige, den geistlichen und weltlichen Lords und den Gemeinen der Nation bestand, wovon auch der Stil verschiedener Parlamentserlässe, die, wie die Magna Charta[89], allein unter dem königlichen Namen laufen, mich nicht abbringen kann, da diese, wie der Wortlaut eines späteren Erlasses bezeugt, ja desungeachtet von dem König, den Peers und den Gemeinen des Landes in Kraft gesetzt wurden (vgl. 25 Edw. 3, cap. 1).

Die Monarchie der Teutonen hatte etwa zweihundertzwanzig Jahre lang in diesem Zustande verharrt, als Turbo, der Herzog von Neustria, seinen Anspruch auf die Krone eines ihrer kinderlos verstorbenen Könige erhob und mit Waffengewalt durchsetzte und, nachdem er das Königreich also in seinen Besitz gebracht hatte, wie ein Eroberer darüber verfügte, indem er die Besitzungen der Grafen, Thane, Bischöfe und Prälaten im ganzen Reich unter seinen Neustriern aufteilte. Seit damals wurde der Graf *comes, consul* und *dux* genannt (obwohl *consul* und *dux* später wieder aus dem Gebrauch kamen). Die Thane des Königs hießen fortan Barone und ihre Ländereien Baronien; der mittlere Than, der noch immer einem Afterlehnsherrn verpflichtet war, wurde auch weiterhin als Hintersasse bezeichnet.

Nach wie vor stand dem Grafen oder *comes* ein Drittel der in seiner Grafschaft anfallenden Prozeßgebühren zu. Sie wurden ihm von dem Sheriff oder *vice-comes* ausgezahlt, dem jetzt ein besonderes Amt im Auftrag des Königs zugewiesen war, abgesehen davon, daß solche Grafen, die selbständig über ihre Grafschaften verfügten, nun Pfalzgrafen waren und unter dem König insofern eine hoheitliche Rechtsgewalt innehatten, als sie selber ihre Sheriffs ernannten, Begnadigungen aussprachen und im eigenen Namen Rechtsurkunden ausstellten, wobei noch bis vor kurzem, als ein Statut dieses Vorrecht zum großen Teil aufhob, gewöhnliche Rechtsurkunden des Königs auf ihrem Herrschaftsgebiet keine Gültigkeit besaßen (vgl. 27 H. 8).

Bei den Baronen bildeten sich mit der Zeit drei Gruppen heraus, nämlich solche, die es auf Grund ihrer Güter und Lehnsbesitzungen waren, die sich auf eine Urkunde berufen konnten und die es durch königlichen Patentbrief wurden. Von Turbo bis zu Adoxus, also vom ersten bis zum siebten König nach der Eroberung, leiteten die Barone ihren Titel von ihren Besitztümern und Lehen her, die entweder geistlicher oder weltlicher Art waren, denn jetzt wurden nicht mehr nur die Ländereien der Thane, sondern auch die Besitztümer der Bischöfe sowie diejenigen von sechsundzwanzig Äbten und zwei Prioren zu Baronien erhoben, woraus sich erklärt, daß die geistlichen Lords, die in dem teutonischen Parlament das Stimmrecht als geistliche Lords besaßen, dieses in dem neustrischen Parlament als Barone behielten und zuvörderst im Dienste des Königs standen (was sie früher nicht getan hatten). Unter Baronie verstand man nunmehr jedes Besitztum eines Adligen, sei er ein Graf oder ein Baron, und als Barone galten alle Arten von Lords, geistliche wie weltliche, die das Recht auf einen Sitz im Parlament hatten, so daß die Zahl der so verstandenen Baronien schwankte, aber im allgemeinen zwischen etwa zweihundert und zweihundertfünfzig lag, wozu rund sechzigtausend *feuda militum* oder Ritterlehen gehörten, von denen etwa achtundzwanzigtausend auf die Geistlichkeit entfielen. Leider kann niemand sagen, was das Land eines Ritterlehens (das in manchen Urkunden mit vierzig Pfund, in anderen mit zehn Pfund im Jahr veranschlagt wird) wirklich wert war, denn auf diese Weise hätten wir zeigen können, wie die Gewichte in jenem Staate verteilt waren. Coke[90] (II Inst. S. 596) nennt jedoch als dessen wahrscheinlichste Größe zwölf Pflug Acker, aber auch diese Angabe ist äußerst unbestimmt, weil man mit einem einzigen Pfluge aus einem fruchtbaren Acker möglicherweise das Zehnfache herausholen konnte als aus einem kargen. Wie dem auch sei, in Anbetracht dessen, daß Bracton zufolge das ganze Königreich aus Grafschaften und Baronien bestanden haben soll und daß diese mit ihrem Bestand von sechzigtausend Ritterlehen sechzigtausend Männer für den Dienst des Königs bereitstellten (die die gesamte Miliz dieser Monarchie bildeten), läßt sich nicht annehmen, daß die Afterlehen oder Freigüter auf seiten des Volkes irgendeinen nennenswerten Teil ausmachten. Somit beruhten das Gleichgewicht und die Stabilität dieses Staates im Grunde auf sechzigtausend Ritterlehen, und da diese sich im Besitz der zweihundertfünfzig Lords befanden, war es ein Staat der wenigen oder des Adels, in dem das Volk sich zwar ebenfalls versammeln durfte, aber nicht mehr als eine bloß nominelle Gewalt haben konnte. Und da die Geistlichkeit, wie aus dem Parlamentsprotokoll hervorgeht, ein Drittel des gesamten Landes besaß, ist es widersinnig – wenn man bedenkt, daß in Frankreich die Geistlichkeit in erster Linie durch ihren Reichtum zu einem der Stände jenes Königreiches wurde – anzuerkennen, daß das Volk in diesem Reiche einen Stand gebildet habe, und dies der Geistlichkeit abzusprechen, die doch ein soviel größeres Gewicht besaß (vgl. 4 Rich. 2 No. 13), was ja überhaupt das entscheidende Kriterium für die Begriffsbestimmung eines Standes oder einer Rangordnung ist. Mithin bestand diese Monarchie aus dem Könige und den drei *ordines regni* oder Ständen: den geistlichen und weltlichen Lords und den Gemeinen. Sie bestand aus diesen, sage ich, im Hinblick auf ihr Gleichgewicht, wenn auch, was einige dieser Könige anbelangt, nicht im Hinblick auf deren Regierungspraxis.

Denn der Ehrgeiz Turbos und einiger seiner unmittelbaren Nachfolger, unumschränkt zu regieren, rebellierte gegen das Wesen dessen, worauf er sich eigentlich stützte, und eine Zeitlang kam ihm immerhin der Umstand hierbei entgegen, daß er nahezu das gesamte Reich unter seinen Neustriern aufgeteilt hatte. Doch die Neustrier – die, solange sie bloß fremde Schößlinge gewesen waren, sich gegen die einheimischen Pflanzen nicht anders schützen konnten, als in unmittelbarer Reichweite ihres Fürsten aufzuwachsen – hatten auf ihren riesigen Besitztümern kaum einigermaßen Wurzeln geschlagen, als sie auch schon infolge der unvermeidlichen Auswirkungen des inländischen Kräfteverhältnisses Keime zu treiben anfingen und sich das nationale Interesse der Barone zu eigen machten, wobei sie deren althergebrachte Rechte und Freiheiten so grimmig verteidigten, als hätten sie schon immer im Lande gelebt. Und da die Könige einerseits genauso eigensinnig auf ihrer absoluten Gewalt bestanden wie jene andererseits auf ihrer Unantastbarkeit, waren bestimmte Kriege das Ergebnis, die ihre Namen von den Baronen herleiteten.

Etwa um die Mitte der Regierungszeit von Adoxus begann das Feuer auszubrechen, und während die Vorgänger dieses Königs mehrfach gezwungen gewesen waren, Ratsversammlungen in der Art der Teutonen einzuberufen, zu denen sich jeweils nur solche Lords eingefunden hatten, die Barone auf Grund ihrer Güter und Lehnsbesitzungen waren, erkannte Adoxus, wohin solcher Machtbesitz führte, und berief erstmals nicht, wie es seit alters Brauch gewesen, diejenigen Barone ein, die einen angestammten und verbrieften Anspruch auf diese Würde hatten, sondern solche, die er durch Ernennungsurkunde eigens dazu gemacht hatte, so daß er in dem Bemühen, die Auswirkungen des Kräfteverhältnisses dadurch zu vermeiden, daß er den Staat notgedrungen wieder ins Lot brachte, zugleich der erste war, der ihn aus den Angeln hob. Denn nachdem die Barone zu seiner und seines Nachfolgers Regierungszeit ihre hergebrachten Ansprüche durchgesetzt hatten, gaben sie dem Parlament alle diesen entsprechenden Rechte und Privilegien wieder zurück, lediglich mit der Einschränkung, daß die Könige nunmehr einen Weg gefunden hatten, um sich gegen die Mächtigen zu behaupten, indem sie sich solcher selbstgeschaffenen Kreaturen bedienten, die allein von ihrer Gunst abhingen. So ist dieser Staat als ein wahres Meisterstück neuzeitlicher Weisheit entstanden, den man als die einzigartige Erfindung zum Himmel gepriesen hat, mit deren Hilfe sowohl die Souveränität eines Fürsten als auch die Freiheit des Volkes gewahrt werde, während er doch in Wirklichkeit nichts weiter gewesen ist als ein Ringkampf, in dem der jeweils Stärkere den Schwächeren niedergeworfen hat: der Adel den König oder der König den Adel – oder der König, wenn es einen Adel gab, den er auf seine Seite ziehen konnte, wie in Frankreich und Spanien, das Volk – oder das Volk, wenn es keinen Adel gab oder es diesen auf seine Seite ziehen konnte, wie in Holland und jüngst in Oceana, den König. Die Barone erlangten diese Stärke jedoch erst nach und nach, wie noch zu zeigen bleibt. Denn während die durch Urkunde ernannten Barone (wie die vierundsechzig Äbte und sechsunddreißig Priore, die so bezeichnet wurden) dies nur *pro tempore* waren, begann Dichotom, der zwölfte König nach der Eroberung, Barone durch Patentbrief zu schaffen sowie ihnen und ihren Erben zur Führung eines standesgemäßen Haushalts einen Ehrensold auszusetzen, so daß sie ihre Hände in der königlichen Börse hatten, ohne daß ihre Schultern den Thron stützten. Als das Haus der Peers schließlich voll war, war es, wie wir noch sehen werden, praktisch leer. Da der Thron jedoch im Augenblick noch andere Stützen besaß, schadeten sie diesem nicht so sehr wie dem König, denn die alteingesessenen Barone, die Dichotoms Freigebigkeit gegenüber solchen Geschöpfen so übelnahmen, daß sie ihn absetzten, drehten den Spieß um und hörten nicht mehr auf, ihre Könige – je nach ihren verschiedenen Interessen und jener Partei der Weißen und Roten, in die sie fortan gespalten waren – beliebig steigen- oder fallenzulassen, bis Panurgus, der achtzehnte König nach der Eroberung, mehr durch ihre Gunst als durch sein Recht zur Krone gelangte.

Dieser von Natur aus scharfsinnige König begann nun, als er zum einen die Größe ihrer Macht und zum anderen die Unbeständigkeit ihrer Gunst bedachte, einen weiteren Mangel an dieser Art von Regierung zu entdecken, auf den auch Machiavelli hinweist[91]: daß es nämlich nicht so schwierig ist, einen vom Adel gestützten Thron zu ersteigen, wie ihn sich warmzuhalten. Darum ging er in seinem heimlichen Argwohn, daß die Uneinigkeit der Adligen, so wie sie ihn ins Amt gebracht, ihn nun auch wieder hinauswerfen könnte, von ihnen unbemerkt Wege und gelangte an Ziele, die er selber genausowenig vorhergesehen hatte, indem er, um die eigene Stellung zu festigen, Wasser in ihren Wein mischte und jene Schleusen zu öffnen begann, die seither nicht nur den König, sondern auch den Thron hinweggeschwemmt haben; denn während der Adel den Thron nicht stürzt, ohne den er nicht existieren kann, sondern höchstens diesen oder jenen König, der ihm mißfällt, stürzt die Volksmacht mit dem König zugleich auch den mit ihr unvereinbaren Thron. Daß nun die Schwächung der Adelsmacht durch Panurgus die Ursache dafür war, daß sie in die Hände des Volkes überging, ist aus mehreren

Statuten zu ersehen, die während seiner Regierungszeit erlassen wurden, darunter aus dem Einwohner-, dem Vasallen- und dem Überschreibungsstatut.

Nach dem Einwohnerstatut mußten alle Bauernhöfe von zwanzig Acker Land aufwärts auf immer mit der dazugehörigen Bodenfläche bewirtschaftet und erhalten und durften, wie aus einem späteren Statut hervorgeht, unter keinen Umständen verringert werden. Da somit die Höfe erhalten blieben, mußten sie notwendigerweise auch bewohnt werden, und da die Fläche des bearbeiteten Landes erhalten blieb, führte das zwangsläufig dazu, daß der Bewohner kein Bettler oder Häusler war, sondern ein Mann von einigem Vermögen, der sich Freunde und Dienstboten leisten und den Schornstein rauchen lassen konnte. Das (so sagt der Historiker[92] jenes Fürsten) hatte große Auswirkungen auf die Macht und Kampfkraft im Königreich und brachte schließlich einen beträchtlichen Teil der Ländereien in die Verfügungsgewalt und den Besitz von Großbauern oder mittleren Bevölkerungsschichten, die, da sie nicht in dienenden und dürftigen Verhältnissen lebten, von ihren Herren weitgehend unabhängig waren, ein Leben in Freiheit und Wohlstand führten und eine erstklassige Fußtruppe abgaben, freilich eine, über welche die adligen Herren so wenig Macht besaßen, daß man sie als fortan entwaffnet ansehen kann.

Und wie sie demzufolge ihre Infanterie einbüßten, so verloren sie durch das Vasallenstatut auch noch ihre Kavallerie und deren Anführer, denn während die Adligen sich bislang mit jüngeren Söhnen aus gutem Hause, beherzten und kriegsgewandten Haudegen, zu umgeben pflegten, drohte ihnen jetzt Strafe, wenn sie sich auch weiterhin mit solch gefährlichem Troß blicken ließen, so daß sie sie lieber nicht mehr bei sich aufnahmen.

Jetzt hatte für die Adligen das ländliche Leben und die große Tafel, die nicht länger Männer speiste, die für sie zu sterben bereit waren, keinen Sinn mehr und wurde ihnen zuwider, so daß sie die Luft wechselten und von Fürsten zu Höflingen wurden, deren Einkünfte, die all die Rinder- und Hammelbraten niemals aufgezehrt hatten, sich nun als mager herausstellten. Die Folge waren Pachterhöhungen und schließlich Landverkäufe, deren Abwicklung im Rahmen des Überschreibungsstatuts durch die neue Erfindung der Veräußerung von Grundbesitz als Erblehn weitaus rascher und einfacher ermöglicht wurde als früher.

Zu dem schwindenden Einfluß des Adels kam, daß Coraunus, der jenem König folgte, durch die Auflösung der Klöster dem Erwerbsfleiß des Volkes ein riesiges Beutegut zuführte, wodurch sich die Gewichte des Gemeinwesens zu offensichtlich zugunsten des Volkes verschoben, als daß der weise Kronrat der Königin Parthenia dies hätte übersehen können, die ihre Regentschaft durch die ständigen Liebesspiele, die zwischen ihr und ihrem Volk stattfanden, in eine Art Romanze verwandelte und den Adel überhaupt keiner Beachtung würdigte. Und so erhob denn das Haus der Gemeinen nach und nach jenes Haupt, das sich seither immer hoheitsvoller und furchterregender vor den Fürsten aufgerichtet hat und sie alsbald vor solchen Versammlungen erblassen ließ. Jetzt fehlte nichts mehr, um den Thron zu stürzen, als daß das Volk, das seine eigene Kraft noch nicht zu erkennen vermochte, dieselbe zu spüren bekäme. Das geschah, als ein Fürst, der genauso starrköpfig im Streiten war, wie der Pulsschlag der Monarchie schwächer wurde, jenen unheilvollen Einflüsterungen seiner Geistlichkeit erlag, die sein äußerstes Verderben werden sollten. Da er nämlich auf ihre Logik mehr vertraute als auf die schlichte Philosophie seines Parlaments, kam es zu einem unheilbaren Bruch, denn das Haus der Peers, das allein in dieser Bresche gestanden hatte, sank jetzt kraftlos zwischen dem König und den Gemeinen zu Boden und ließ erkennen, daß Crassus tot und Isthmus geschlagen war.[93] Doch eine ihres Adels entblößte Monarchie hat als letzte Zuflucht auf Erden nur noch eine Armee. *Deshalb führte die Auflösung dieses Staates zum Krieg und nicht der Krieg zur Auflösung dieses Staates.*

Von dem Erfolg des Königs mit seinen Waffen brauchen wir weiter nichts zu berichten, als daß sie sich als genauso unwirksam erwiesen wie sein Adel. Aber ohne Adel oder ohne Armee kann es (wie schon gezeigt) nun einmal keine Monarchie geben. Was also kann natürlicherweise anderes aus dieser Asche erstehen als eine Volksregierung oder eine neue Monarchie, die von der siegreichen Armee errichtet wird?

Um eine Monarchie zu errichten, sei sie auch noch so neu, muß man – sofern man sie nicht der Art Leviathans entsprechend an der Geometrie „festmachen" kann, wie man das auf dem Lande nennt (denn worauf sonst läuft es hinaus, wenn einer sagt,[94] daß jeder übrige Mensch seinen Willen ohne einen einzigen anderen Beweggrund dem Willen dieses einen Menschen preisgeben muß?) – sie auf alten Grundsätzen aufbauen, d. h. auf einem Adelsstand oder einer Armee unter gebührender Berücksichtigung eines ausgewogenen Kräfteverhältnisses. *Aut viam inveniam aut faciam*,[94a] lautete ein Sprichwort Cäsars; und eine Monarchie kann keinen Bestand haben, wenn sie dieses Gleichgewicht nicht entweder vorfindet oder herstellt. Falls sie es vorfindet, ist das Werk bereits getan; wo aber ungleicher Besitz ist, da muß auch ungleiche Macht sein, und wo ungleiche Macht ist, kann es kein Gemeinwesen geben. Um das Gleichgewicht herzustellen, muß sie alle anderen Wurzeln der Macht auf ihrem Herrschaftsgebiet mit dem Schwert austilgen und auf diesem Boden ihre Armee ansiedeln. Eine Armee kann man im eigenen Lande oder in Provinzen ansiedeln. Im eigenen Land muß dies auf eine der vier folgenden Arten geschehen: nämlich entweder teilweise monarchisch, wie bei den römischen *beneficiarii*, oder gänzlich monarchisch, wie bei den türkischen Timarioten, oder aristokratisch, d. h. durch Grafen und Barone, wie die Neustrier von Turbo angesiedelt wurden, oder demokratisch, d. h. durch gleiche Lose, wie Josua es mit der israelitischen Armee im Land Kanaan tat. Bei jeder dieser Arten müssen nicht nur Enteignungen stattfinden, sondern auch einen ihrem Zweck entsprechenden Umfang erreichen.

Daß man, noch dazu vorsätzlich und kaltblütig, ein Volk enteignen könne, das nie gegen einen gekämpft hat, sondern dessen Waffen man selber getragen und mit zum Siege geführt hat, wäre mir als unvorstellbar für die menschliche Natur niemals in den Sinn gekommen, hätte nicht Machiavelli hierfür solche Beispiele wie Agathokles und Oliverotto da Fermo genannt.[95] Der erstere, der Oberbefehlshaber der Syrakusaner war, versammelte eines Tages den Senat und das Volk, als ob er mit ihnen etwas zu bereden hätte, und ließ dann auf ein Zeichen die Senatoren bis auf den letzten Mann und die reichsten Männer im Volke sämtlich in Stücke hauen, wodurch er zum König wurde. Das Vorgehen Oliverottos, der sich selber zum Fürsten von Fermo machte, war zwar in den Umständen etwas anders, aber im Wesen gleich. Dagegen vermochte Catilina, der es bei dem von ihm geplanten Unheil mit beiden an Entschlossenheit sehr wohl hätte aufnehmen können, dergleichen in Rom niemals zu erwirken. Das Haupt eines solchen Gemeinwesens wie Syrakus oder Fermo kann man leicht abschlagen, und es war der Kummer Neros, daß ein volkreiches Land wie Rom kein solches Haupt hatte.[96] Wenn Sulla oder Cäsar zu Fürsten wurden, geschah dies durch einen Bürgerkrieg, und dieser brachte reiche Beute, weil es einen ungeheuer vermögenden Adel zu enteignen gab, was auch für Oceana zutraf, als es dem Neustrier seine Erde in Form von Grafschaften und Baronien für die Ansiedlung seiner neuen Machthaber überließ. Wo ein Eroberer die Reichtümer eines Landes in wenigen Händen angehäuft findet, hat er leichtes Spiel und winken riesige Gewinne; wo aber das Volk den gleichen Anteil daran hat, bringt die Enteignung vieler wenig ein und ist nicht nur gefährlich, sondern nutzlos.

Bei einem ihrer Siege über die Volsker entdeckten die Römer einst unter den Gefangenen gewisse Tusculaner, die im Verhör zugaben, daß sie ihre Waffen auf Geheiß ihres Staates trugen, woraufhin der General Camillus nach Unterrichtung des Senats den Befehl erhielt, sich unverzüglich gegen Tusculum in Marsch zu setzen. Dort angekommen, fand er die tusculanischen Felder voll von Landleuten, die ihren Pflug nur eben kurz aus der Hand legten, um seine Armee mit allen gewünschten Quartieren und Lebensmitteln zu versorgen. Als er sich der Stadt näherte, sah er die Tore weit aufgetan, die Stadtoberhäupter kamen ihm in ihren Amtstrachten entgegen, um ihn zu begrüßen und willkommen zu heißen; drinnen waren alle Geschäfte in Betrieb und geöffnet, die Straßen hallten wider vom Lärm der lernenden Schulkinder, nirgends gab es Anzeichen von Krieg. Darauf befahl Camillus die Ratsherren zu sich und sagte ihnen, daß sie, obwohl er ihr Spiel durchschaue, dennoch am Ende die wirklichen Waffen gefunden hätten, mit denen die Römer am sichersten zu bezwingen seien, und er deshalb dem Senat nicht vorgreifen wolle, zu dem sie sich auf der Stelle begeben sollten, was sie dann auch taten; und als die römischen Senatoren ihren Diktator mit den übrigen Abgesandten gesenkten Blickes an der Tür stehen sahen, ließen sie sie als Freunde hereinrufen und nicht als Feinde. Dann sagte der Diktator: „Wenn wir gefehlt haben, so war unser Vergehen nicht so groß, wie es unsere Reue und eure Hochherzigkeit sind", worauf der Senat ihnen Frieden schenkte und die Tusculaner wenig später zu Bürgern Roms machte.

Aber selbst wenn wir den auf der Welt beispiellosen Fall annehmen, daß man das Hab und Gut eines volkreichen Landes, in dem nicht Besiegte, sondern Freunde wohnen, kalten Blutes in seinen Besitz bringen könnte, so muß doch immer noch die Armee auf eine der genannten Arten seßhaft gemacht werden. Sie wie in der absoluten Monarchie – also nach Art der Timaren durch Lehen auf Lebenszeit – anzusiedeln, würde selbst in einem so großen und fruchtbaren Lande wie Griechenland nur sechzehntausend Timarioten ergeben, denn das ist das Äußerste, was der Türke (der sich besser aufs Wirtschaften versteht als jeder andere) heutzutage herausholt. Und falls Oceana, das nur halb so fruchtbar und um ein Drittel kleiner ist, keine größere Streitmacht besäße, so bedürfte es bloß einer einzigen verlorenen Schlacht, und man könnte sicher sein, daß es sich nie wieder erheben würde, denn ebendarin besteht das Wesen der türkischen Monarchie (wie schon Machiavelli[97] sagte): Wer sie in zwei Schlachten bezwingt, hat ihre gesamte Miliz vernichtet, und da alle übrigen Sklaven sind, hat er sie ohne jedweden anderweitigen Widerstand fest im Griff. Deshalb ist die Errichtung einer absoluten Monarchie in Oceana oder irgendeinem anderen Land, das nicht größer ist, etwas völlig Unmögliches, weil sie mit Sicherheit schon dem allerersten Angreifer in die Hand fallen würde.

Siedelt man die Armee an getrennten Orten an, wie die römischen Kaiser es in ihren Vasallensiedlungen oder Militärkolonien taten, so muß das entweder auf Lebenszeit geschehen, was eine Armee von Oceaniern im eigenen Land (zumal wenn sie erblichen Grundbesitz haben) niemals hinnehmen wird, weil eine dergestalt angesiedelte Armee ja ebensogut enteignet werden kann wie das Volk – und auch die Mamelucken hätten sich mit einer solchen Behandlung in Ägypten niemals einverstanden gegeben, wäre dies für sie als Ausländer nicht eine absolute Bedingung ihrer Existenz gewesen, so daß sie sich mit der einheimischen Bevölkerung nicht zu vermischen wagten –, oder aber, wenn man sie auf erblicher Grundlage ansiedelt, ob nun aristokratisch wie die Neustrier oder demokratisch wie die Israeliten, so leistet das unfehlbar dem nationalen Interesse Vorschub und führt dann unter demokratischen Verhältnissen zu einem Gemeinwesen oder auf aristokratischem Wege zu einer gemischten Monarchie, die sich von allen anderen Formen als die einzige Art von Monarchie erweisen dürfte, für die unsere Nation oder jede andere, die nicht größer ist, jemals geeignet gewesen ist oder sein kann. Denn obgleich die Israeliten, bei denen das demokratische Gleichgewicht infolge ihres Ackergesetzes fest begründet war, trotzdem, wie wir wissen, Könige wählten, so geschah dies deshalb, weil ihr offen daliegendes Gebiet ständig überfallen wurde und sie wegen dieser ständigen Überfälle nichts unversucht lassen wollten, wovon sie sich in ihrer mangelnden Erfahrung Abhilfe versprachen; deshalb begingen sie mit der Wahl ihrer Könige (unter denen sie nichts gewannen, sondern im Gegenteil alles wieder verloren, was sie sich durch ihr Gemeinwesen geschaffen hatten, ihre Güter ebenso wie ihre Freiheiten) einen ebenso augenscheinlichen wie beispiellosen Fehler. Und wenn es (wie gezeigt) in Spanien ein Königreich der Goten und in Afrika eines der Wandalen gab, an dessen Spitze eine einzelne Person und ein Parlament standen (wobei das Parlament nur eine Ratsversammlung des Volkes ohne Mitwirkung eines Adels war), so wird von dieser Versammlung ausdrücklich gesagt, daß sie ihre Könige absetzte, sooft es ihr beliebte, was ja auch ganz unvermeidlich in einem Staatswesen eintreten muß, wo das Volk in Gestalt seiner eigenen Ratsversammlung nur solche Gesetze empfängt, die es selbst gemacht hat, und einer einzelnen Person, der ein Rat die Gesetze vorgibt, überhaupt nichts anderes übrigbleibt, wenn sie mehr sein will als ein untergeordneter Beamter, als Gewalt zu üben, und in diesem Falle handelt es sich dann nicht mehr um eine einzelne Person und ein Parlament, sondern um eine einzelne Person und eine Armee, und diese wiederum muß auf die dargestellte Art und Weise angesiedelt werden, ohne die sie nicht von Dauer sein kann.

Zwar sollte man wegen des grundlegenden Interessengegensatzes zwischen einer Nation und ihren Provinzen eine Provinzarmee unter keinen Umständen auf eigenem Grund und Boden ansiedeln, doch ist gleichwohl ein heimisches Gebiet vonnöten, das durch seine Stärke, seine Lage oder seine Regierungsform dem fremden überlegen ist, weil es dieses sonst nicht zu behaupten vermag. Daß eine Armee gegebenenfalls durch eine bloße Steuer auf lange Sicht unterhalten werden könne, ist eine pure Einbildung, die ebenso jeder Vernunft und Erfahrung entbehrt, als würde jemand meinen, man könnte sie ihren Unterhalt durch das Plündern von Obstgärten bestreiten lassen, denn eine bloße Steuer ist wie das Abernten von Pflaumenbäumen, deren Wurzeln auf anderer Leute Grundstück wachsen, die, da sie sich fortgesetzte Übergriffe gefallen lassen müssen, deren Urheber zu hassen beginnen. Und es ist eine Grundwahrheit, daß kein Fürst sicher sein kann, den sein Volk haßt. Auf eigenem Grund siedelndes Militär vernichtet Feinde und gewinnt Freunde; wird es dagegen durch eine bloße Steuer unterhalten, so haben seine Feinde kräftige Wurzeln und seine Freunde keine.

Um abzuschließen: Oceana oder jedes andere Land seiner Größenordnung braucht einen fähigen Adel, andernfalls ist es für die Monarchie untauglich. Wo nämlich Gleichheit der Güter besteht, da besteht auch Gleichheit der Macht, und wo Gleichheit der Macht besteht, da kann es keine Monarchie geben.

Damit kommen wir zur Entstehung des Gemeinwesens. Es ist schon gezeigt worden, wie Panurgus – indem er auf Mittel und Wege sann, um den Adel in die Knie zu zwingen und so dem Mangel abzuhelfen, von dem wir behauptet haben, daß er bei dieser Art von Verfassung unheilbar sei – es dahin kommen ließ, daß die Waage sich zugunsten des Volkes neigte und damit der Staat aus den Fugen geriet; wenn aber das Übergewicht beim Volke liegt, so nimmt (obwohl es dies noch nicht erkennen mag) in seinem Innern das Gemeinwesen bereits Gestalt an. *Cornua nota prius vitulo frontibas extant.*[98] Es braucht jetzt nichts mehr als Zeit (was langwierig und ungewiß ist) oder Kunst (was rascher und sicherer zum Ziele führen würde), um jene heimische Gegnerschaft – die, ohne sich dessen bewußt zu sein, ja bereits jeden Widerstand zu brechen vermag – zu solcher Reife zu bringen, daß sie der eigenen Kraft und Stärke vertraut.

Aber während diese Kunst Klugheit voraussetzt und solche Klugheit, wie sie der gegebene Anlaß verlangt, nichts weiter ist als das Geschick, einen solchen staatlichen Überbau zu errichten, daß er den bekannten Grundlagen auf natürliche Weise entspricht, kümmert das Volk sich überhaupt nicht um das Fundament, sondern spaltet und verzweigt sich – sei es durch gewisse Feindseligkeiten (von denen es durch den Kampf des einen gegen den anderen angesteckt worden ist) oder durch gewisse Unbesonnenheiten, die es dazu verleiten, einfach in die Luft zu bauen, ohne den Gang der Dinge oder deren Zweckmäßigkeit zu bedenken – vielmehr in endlose Parteien und Gruppen sowohl staatlicher als auch kirchlicher Art, was ich kurz darstellen will, wobei ich zunächst über das Volk im allgemeinen und danach über dessen Gruppierungen sprechen werde.

Ein Volk, das verderbt ist (sagt Machiavelli), ist für ein Gemeinwesen ungeeignet.[99] Allerdings macht er weder sich selbst noch mir klar, was unter einem verderbten Volk zu verstehen ist, und ich weiß mir auch keinen anderen Ausweg aus dem Labyrinth, als zu sagen, daß ein Volk, sobald das Gleichgewicht sich ändert, im Hinblick auf die bisherige Regierung mit Notwendigkeit verderbt sein muß; aber Verderbtheit bedeutet in diesem Sinne nicht mehr, als daß die Verderbtheit der einen Regierung (wie bei einem natürlichen Körper) zur Entstehung einer neuen führt. Wenn sich also die Gewichte zuungunsten der Monarchie verschieben, so ist in diesem Falle die Verderbtheit des Volkes gerade das, was es für ein Gemeinwesen geeignet macht. Aber während er, wenn er von Verderbtheit spricht, offensichtlich die Sitten meint, hat sie auch etwas mit dem Kräfteverhältnis zu tun. Denn dessen Verlagerung von der Monarchie zum Volke hin mindert den Wohlstand des Adels und sorgt dafür, indem sie das Volk reicher macht, daß das Interesse an der Regierung von einem mehr privaten nun in stärkerem Maße zu einem öffentlichen wird, und da dieses, wie gezeigt, der Redlichkeit und rechten Vernunft näherkommt, ist das Volk bei einer derartigen Veränderung so weit von jener Sittenverderbnis entfernt, die es für ein Gemeinwesen ungeeignet machen würde, daß es nunmehr dank seiner mit Notwendigkeit einsetzenden sittlichen Läuterung überhaupt keine andere Form der Regierung mehr hinnehmen wird. Wenn, zum anderen, sich das Schwergewicht vom Volk zur Oligarchie oder zur Monarchie hin verschiebt, wird das öffentliche Interesse einschließlich der darin beschlossenen Vernunft und Gerechtigkeit in stärkerem Maße zu einem privaten; Verschwendungssucht tritt an die Stelle von Mäßigkeit, Knechtschaft verdrängt die Freiheit, und dies bewirkt sowohl beim Adel als auch im Volke eine solche Verderbnis der Sitten, daß, wie der Autor am Beispiel Roms zur Zeit der Triumvirn ausführlicher dargelegt hat, für ein Gemeinwesen keinerlei Voraussetzungen mehr gegeben sind.

Da sich jedoch das Kräfteverhältnis in Oceana ganz entgegengesetzt zu demjenigen in Rom veränderte, wurde das Volk dadurch nicht sittlich verderbt, sondern im Gegenteil für ein Gemeinwesen tauglich gemacht. Denn die Meinungsverschiedenheiten in einem Volk, das sich seiner ausgleichenden Kraft nicht recht bewußt ist, oder die Spaltung in Parteien, wo es kein gemeinsames Band von genügender Stärke gibt, um es zu versöhnen oder zurückzuhalten, sind noch kein ausreichender Beweis für die Verderbtheit eines Volkes. Da allerdings daraus zwangsläufig Ärgernisse und Gefahren erwachsen, scheint es nicht unangebracht, uns einmal zu vergegenwärtigen, was für Parteien das eigentlich waren, und daraus zu ersehen, worin ihre Fehler bestanden.

Die Parteien, in die diese Nation gespalten wurde, waren entweder weltlicher oder geistlicher Art, und unter den weltlichen Parteien gab es insbesondere zwei, einerseits die Royalisten und andererseits die Republikaner, die beide – sei es aus Weisheit oder Unverstand, aus Interesse oder aus Gewissensgründen – ihre unterschiedliche Sache verfochten.

Was die Weisheit anbelangt, so muß entweder die der Antike derjenigen der Neuzeit (die wir, damit jeder selbst urteilen könne, voranstehend von Angesicht zu Angesicht einander gegenübergestellt haben) oder die der Royalisten der Weisheit der Republikaner unterlegen sein; und wenn wir im Hinblick auf das Interesse davon ausgehen, daß der Republikaner tatsächlich das öffentliche im Auge gehabt hat (denn sonst wäre er ein Heuchler und ein Mensch übelster Sorte), so muß das Interesse des Royalisten notwendigerweise privaterer Natur gewesen sein; darum erschöpft sich der ganze Streit in einer Gewissensfrage, und diese wird – gleichgültig, ob man nun das Recht von Königen, die Verbindlichkeit früherer Gesetze oder die des Lehnseides anführt – letztlich durch das Kräfteverhältnis entschieden.

Denn selbst wenn den Königen ihr Recht ebenso unmittelbar von Gottes Atem eingehaucht worden wäre wie dem Menschen sein Leben, so ist es dennoch nicht gegen Tod und Untergang gefeit. Daß aber der Untergang der jüngsten Monarchie etwas so Natürliches war wie der Tod eines Menschen, ist bereits gezeigt worden; deshalb bleibt es den Royalisten überlassen herauszufinden, wie nach Vernunft und Erfahrung eine Monarchie weiteren Bestand haben kann, sobald das Volk das Übergewicht besitzt, oder der Lehnseid wie auch alle anderen monarchischen Gesetze erheischen, wenn das Volk das Übergewicht besitzt, etwas Unmögliches und sind deshalb null und nichtig.

An die Adresse des Republikaners habe ich nicht mehr zu sagen, als daß er kein echter Republikaner ist, wenn er irgendeine Partei ausschließt, und ein Gemeinwesen dann niemals auf dessen natürlichem Grundsatz errichten wird, der Gerechtigkeit heißt; und der Royalist, der sich einem Gemeinwesen in Oceana widersetzt hat (wo die Gesetze so vieldeutig waren, daß man sich endlos über sie streiten konnte, ohne zu einer Einigung zu gelangen), kann gerechterweise weder aus diesem Grunde von seiner vollen und gleichrangigen Mitwirkung an der Regierung noch klugerweise deshalb ausgeschlossen werden, weil ein Gemeinwesen, das aus nur einer Partei besteht, fortwährend an seinem eigenen Untergang arbeitet. Darum auch haben die Römer nach ihrer Unterwerfung der Albaner diese mit den gleichen Rechten in das Gemeinwesen eingegliedert,[100] und abgesehen davon, daß die Royalisten Fleisch von unserem Fleische und uns näher im Blut sind, als die Albaner es den Römern waren, so sind wir ja schließlich Christen. Freilich gibt es keinen Grund, weshalb ein Gemeinwesen mehr Nachsicht für eine Partei aufbringen sollte, die in entschiedener Gegnerschaft verharrt, als Brutus für die eigenen Söhne.[101] Wenn es sie aber in dieser Gegnerschaft bestärkt, ist es seine Schuld, nicht ihre, und das geschieht, wenn es sie ausschließt. Menschen, die sich gleich großer Besitztümer und derselben Sicherheit ihrer Güter und Freiheiten erfreuen, haben auch denselben Grund wie wir selbst, sie zu verteidigen. Wenn wir sie aber niedertreten, kämpfen sie für Freiheit, auch wenn es für die Monarchie ist, und wir für die Tyrannei, ob-

wohl unter dem Namen eines Gemeinwesens; die natürliche Ordnung in einem Gemeinwesen ist nämlich,
wenn man es richtig gestaltet, frei von aller Zwietracht,
denn, mögen die Parteien, die es unter seinem Dach aufnimmt, aussehen, wie sie wollen, seine Ordnung ist so
beschaffen, daß niemand dagegen aufbegehren würde,
der es könnte, und niemand es könnte, der es wollte,
was teilweise bereits gezeigt worden ist und aus dem
nachfolgenden Modell noch umfassender zu ersehen
sein wird.

Die geistlichen Parteien sind verschiedenartiger, als es
hier dargestellt werden muß: Einige sind für eine nationale Religion und andere für Gewissensfreiheit, und
zwar jeweils mit solcher Feindseligkeit, als ob es beide
Dinge überhaupt nicht gäbe, wohingegen ich schon zur
Genüge dargetan habe, daß das eine nicht wirklich ohne
das andere existieren kann. Aber von allen sind noch immer diejenigen die schlimmsten, die mit der Behauptung, daß die Frommen herrschen müssen, das Gemeinwesen auf eine Partei einengen möchten, und zwar
sowohl aus den bereits genannten Gründen als auch deshalb, weil ihre Vorwände im Widerspruch zur Bibel stehen, wo den Gläubigen befohlen wird, sich den höheren
Mächten zu fügen und der Menschensatzung gehorsam
zu sein.[102] Und dafür, daß Menschen, die unter dem
Deckmantel der Frömmigkeit oder der Religion nach
staatlicher Gewalt getrachtet haben, diesem Stande noch
stets zur Unehre gereichten, ist die Welt voller Beispiele, von denen ich mich hier auf zwei beschränken
will, das eine aus dem alten und das andere aus dem
neuen Rom.

Im alten Rom fragte das Volk einmal die Patrizier oder
die Adligen, die sich mehr als alle anderen auf ihre
Frömmigkeit zugute hielten, warum sie denn sämtliche
oberen Ämter jenes Gemeinwesens auf sich zögen, worauf sie zur Begründung nichts weiter zu sagen hatten als
quod nemo plebeius auspicia haberet, daß die Obrigkeit eine
Art von Heiligkeit erfordere, die dem Volk nun einmal
nicht gegeben sei. *Plebs ad id maxima indignatione exarsit,
quod auspicari tanquam invisi diis immortalibus negarentur*

posse;[103] darauf wurde das Volk dermaßen erzürnt, daß es ihnen am liebsten an die Kehle gegangen wäre, hätten die Adligen nicht unverzüglich ihren anmaßenden Standpunkt aufgegeben, doch selbst, als sie dies getan, wählte das Volk noch lange danach ausschließlich Patrizier in die Obrigkeit.

Das Beispiel, das das neue Rom bei der Schaffung und Ausübung der Hierarchie gegeben hat (und das zu bekannt ist, um weiterer Erläuterung zu bedürfen), ist noch weitaus vermessener.

Dies ist der natürliche Gang der Dinge gewesen; und falls es Gott gefallen hätte oder gefallen sollte, irgend etwas einzuführen, das über den natürlichen Gang der Dinge hinausreicht, so würde er, wie er das immer getan, es durch ein Wunder unterstreichen; denn er verspricht uns ausdrücklich, als er die Herrschaft Christi auf Erden ankündigt, daß zu sehen sein werde, wie die Seelen derer, die um Jesu willen enthauptet wurden, lebendig werden und mit ihm regieren sollen, was ja bedeutet, daß man dies mit den Sinnen wahrnehmen wird, zumal es von den anderen Toten heißt, daß diese nicht wieder lebendig werden sollen, bis daß die tausend Jahre vollendet sind.[104] Und es ist nicht recht, wenn Menschen uns einreden wollen, daß etwas von unseren Sinnen nicht Wahrnehmbares existiere, von dem Gott uns gesagt hat, daß es erst existieren werde, wenn wir es mit den Sinnen wahrnehmen können.

Die Frömmigkeit eines Volkes zeigt sich im Hinblick auf die Regierung darin, daß es Obrigkeiten wählt, die Gott fürchten und die Habsucht verabscheuen, nicht jedoch darin, daß es sich in Anhänger dieser oder jener Partei oder Glaubensrichtung spaltet oder spalten läßt. Sie zeigt sich darin, daß es den bestmöglichen Gebrauch von seiner Klugheit und Religion macht und nicht auf Menschen, sondern nächst Gott auf seine eigenen Ordnungen vertraut. „Gebt uns gute Menschen, und sie werden uns gute Gesetze schaffen" ist die Maxime eines Demagogen und (wegen der Wandlung, die sich gemeinhin an Menschen beobachten läßt, sobald sie die Macht haben, den eigenen Willen durchzusetzen) eine höchst fehlerhafte dazu. Aber „Gebt uns gute Ordnungen, und sie werden uns gute Menschen schaffen" ist die Maxime eines Gesetzgebers und die unfehlbarste in der Politik.[105]

Doch diese Parteiungen sind (obwohl es etliche gute Menschen gibt, die sie mit Bekümmerung ansehen) ohne sonderlichen Belang: Zum ersten (was die staatliche Seite angeht) deshalb, weil der von dieser Nation geschaffene Staat die wohlverstandenen Interessen aller Menschen darin gleichermaßen zu befriedigen vermag und, zum zweiten (was die geistliche Seite angeht), weil die Religion – unter deren Fahne in einem zerrütteten Staat stets Unruhe gestiftet worden ist – in einem gesunden und intakten Staatswesen noch niemals ein anderes Gesicht gezeigt hat als das ihrer natürlichen Sanftmut und Friedsamkeit und es auch gar keinen Grund gibt, weshalb sie dies tun sollte. Somit sind die Verirrungen des Volkes denen zuzuschreiben, die es regieren. Wenn es sich über den Weg nicht sicher ist oder von ihm abkommt, dann deshalb, weil seine Führer es in die Irre geleitet haben, und die Führer eines Volkes sind zur Führerschaft nicht so sehr durch die eigene Tugend befähigt als vielmehr durch diejenige der Regierung.

Die Regierung von Oceana (wie sie zu der Zeit bestand, von der wir handeln) setzte sich aus nur einem einzigen Rat des Volkes unter Ausschluß des Königs und der Lords zusammen und wurde als Parlament bezeichnet, obwohl die Parlamente der Teutonen und Neustrier, wie gezeigt, aus König, Lords und Gemeinen bestanden hatten, so daß sich hinter dem alten Namen nunmehr etwas Neues verbarg, nämlich ein aus einer einzigen Versammlung bestehendes Parlament, das vom Volke gewählt und ohne alle Verträge, Bedingungen oder wie auch immer geartete Vorschriften mit der gesamten Regierungsgewalt ausgestattet war. Es war etwas so Neues, daß weder die antike noch die neuzeitliche Weisheit irgendeinen nachprüfbaren Vergleichsfall anzuführen vermag, und es gibt kaum etwas, das mich so seltsam anmutet, wie daß nicht wenigstens eines unter diesen

Ratsmitgliedern (für die es eine so vertraute Gewohnheit war, auf dem Gang ins Parlament die Bibel mitzuführen) auf den Einfall gekommen ist, auch das Parlament umgekehrt in die Bibel einzuführen, in der doch, wie dargestellt, das Urbild all dessen enthalten ist, wovon alle übrigen Gemeinwesen bloße Nachahmungen zu sein scheinen. Gewiß, wenn Leviathan[106] (für den es als ausgemacht gilt, daß ein demokratisches Gemeinwesen nur aus einem einzigen Rate besteht) seine Lehrmeinung auf diese spezielle Versammlung stützt, so hätte er gerechterweise eigentlich keinen Anstoß daran nehmen dürfen, daß Aristoteles und Cicero in ihren Schriften ebenfalls von ihren eigenen Gemeinwesen ausgegangen waren, oder wenn das Parlament sich dabei von ihm hat leiten lassen, so hätte solche Ehre wohl eher Mose gebührt. Jedenfalls ist mir unerfindlich, wer denn sonst als Vorbild heranzuziehen wäre, denn ich kann in der Geschichte nichts Vergleichbares entdecken außer der Athenischen Oligarchie mit ihren Dreißig Tyrannen und den römischen Dezemvirn.

Thukydides beschreibt uns die Oligarchie als einen Senat oder Rat von vierhundert Mitgliedern, der angeblich stellvertretend für einen aus fünftausend Personen bestehenden Rat des Volkes amtierte, ohne daß dieser freilich jemals zusammengerufen wurde.[107] Somit ist eine Oligarchie als ein alleiniger Rat definiert, der gleichzeitig berät und beschließt, also sowohl teilt als auch wählt, und wohin das führt, ist an dem Beispiel der beiden kleinen Mädchen bereits gezeigt worden und wird durch alle Erfahrungen eindeutig bestätigt. Deshalb werden die Dreißig, die die Spartaner nach ihrem Sieg über Athen dort einsetzten, von sämtlichen Autoren mit alleiniger Ausnahme Leviathans[108] als Tyrannen bezeichnet, der sie im Widerspruch zu aller Welt durchaus als eine Aristokratie aufgefaßt wissen will, ohne daß ich dafür einen Grund zu erkennen vermöchte, da diese keinerlei eigenes Gewicht besaßen und somit gerade jener Voraussetzung entbehrten, die für jedes Gemeinwesen, ob aristokratisch oder demokratisch, entscheidend ist, es sei denn, sie hätten ihn dadurch für sich eingenommen, daß sie nach Xenophons Zeugnis innerhalb von acht Monaten mehr Menschen umbrachten als die Spartaner binnen zehn Jahren und das Volk (um die Worte Sir Walter Raleighs zu gebrauchen) mit der niederträchtigsten und unerträglichsten Sklaverei drangsalierten.[109]

Von gleicher Art war die angemaßte Herrschaft der Dezemvirn in Rom. Möge darum die Gottesfurcht christliche Gesetzgeber lehren, zwischen Gut und Böse zu unterscheiden, indem sie das auf dem Berge gegebene Vorbild gegen diese abscheulichen Beispiele setzen, und das vor allem deshalb, weil alles, was nicht dem Wohl der Regierten dient, verkehrt ist, auch wenn es zum Wohle der Regierenden zu gereichen scheint. Wenn Gott ein Volk straft, pflegt er es mit schmerzhaften Geißelhieben zu tun. Das Reich dieser Oligarchen war nicht so gewalttätig wie kurz, und sie stürzten das Volk in das schlimmste Verderben. Ein Rat ohne Gegengewicht ist kein Gemeinwesen, sondern eine Oligarchie, und wenn sie nicht durch irgendeine äußere Gefahr zur Verteidigung ihrer Schlechtigkeit oder Macht genötigt wird, ist jede Oligarchie parteiisch. Wenn also – da ja die Verirrungen eines Volkes dessen Regierung anzulasten sind (welche Maxime in der Politik, die wohl hinlänglich für sich selbst spricht, auch von Machiavelli[110] bestätigt wird) – das Volk von Oceana sich in Parteien gespalten hat, so liegt der Grund auf der Hand. Wie aber ist dem abzuhelfen?

In Beantwortung dieser Frage kommen wir nunmehr auf die Armee zu sprechen, deren General jetzt der so überaus erfolgreiche Feldherr und unübertroffene Patriot Olphaus Megaletor war, den als einen ungleich größeren Meister in jener Kunst, von der ich in diesen Vorbemerkungen nur einen groben Abriß geliefert habe, so kummervolle Betrachtungen angesichts der Schritte und Maßnahmen des Parlaments überkamen, daß er in seiner Verzweiflung zu Büchern und allen möglichen anderen Zerstreuungen griff und dabei auf die folgende Stelle bei Machiavelli stieß: „Dreifach gepriesen sei das Volk, das zufällig jemanden in seiner Mitte hat, der imstande ist, ihm unverzüglich eine solche Regierung zu geben, die ihm ohne Abstriche seine Freiheiten sichern kann, sehen wir doch, daß Sparta, indem es die Gesetze Lykurgs achtete, etwa achthundert Jahre lang fortbestand, ohne von einer gefährlichen Erschütterung oder Entartung betroffen zu werden."[111] Wie es von Themistokles heißt,[112] er habe ob des durch Miltiades in der Schlacht von Marathon gewonnenen Ruhmes nicht schlafen können, so empfing auch der General bei diesen Worten einen derart neuen und tiefen Eindruck von dem viel größeren Ruhm Lykurgs, daß er – einerseits von dem Eifer für sein erhabenes Ziel gepackt, andererseits von der Not des Landes getrieben, das sich (gleichsam durch seinen Sieg zugrunde gerichtet) ihm zu Füßen zu werfen schien – von Stund an fast keine Ruhe mehr fand, bis das Zwiegespräch, das er in seinem Innern führte, ihn einen festen Entschluß fassen ließ. Er erkannte, daß die größten Vorteile eines Gemeinwesens, erstens, darin bestanden, den Gesetzgeber auf nur eine Person zu beschränken und, zweitens, auf der Stelle oder unverzüglich die Regierung zu bilden. Was das erstere betrifft, so steht für Machiavelli fest,[113] daß ein Gemeinwesen selten oder niemals wohlgeordnet oder gut eingerichtet sein wird, wenn es nicht das Werk eines einzigen Mannes gewesen ist, weshalb ein weiser Gesetzgeber und jemand, der sein ganzes Sinnen und Trachten nicht in den Dienst eines privaten, sondern des öffentlichen Interesses, nicht seiner Nachkommen, sondern seines Landes stellt, auch gerechterweise versuchen darf, die souveräne Gewalt in die Hand zu bekommen, und kein vernünftiger Mensch die in einem solchen Falle erforderlichen außergewöhnlichen Mittel verurteilen sollte, deren Zweck ja doch letztlich nichts anderes ist als die Bildung eines wohlverfaßten Gemeinwesens. Der Grund dafür ist leicht erklärbar: Solange nämlich die gewöhnlichen Mittel nicht versagen, ist dem Gemeinwesen kein Gesetzgeber vonnöten; wenn sie aber versagen, bleibt nur noch der Rückgriff auf außergewöhnliche. Und wie man von keinem vollendeten Buch oder Bauwerk weiß, dessen Autor oder Architekt nicht ein einzelner Mensch gewesen wäre, genauso gilt dies auch für die Schaffung eines Gemeinwesens. Und deshalb sollte man auf der Stelle damit beginnen, was große Vorteile bietet, denn ein in einem Zuge geschaffenes Gemeinwesen empfängt seine Sicherheiten sozusagen im selben Augenblick, in dem es sein Geld verleiht, vertraut nicht auf die Beteuerungen von Menschen, sondern begibt sich geradenwegs in das Reich der Gesetze und formt, wenn es erst einmal fest verankert ist, das Verhalten der Bürger nach seinem Bilde. Daraus entsprang jene Rechtschaffenheit, die in Sparta herrschte. Solche Verhaltensweisen hingegen, die tief in der Vergangenheit verwurzelt sind, lassen an dem zarten Bäumchen eines Gemeinwesens nach Herzenslust ihre Zweige sprießen, so daß es nicht gedeihen kann; daraus entsprangen die Gebrechen Roms und jene unaufhörlichen Heilungsversuche durch die Äxte der Konsuln und die Hämmer der Tribunen, an deren Ende nichts anderes stehen konnte als die Zerstörung jenes Gemeinwesens.

Der General, der sich hierüber sowie über die Notwendigkeit klargeworden war, einen anderen Weg einzuschlagen, als das Parlament ihn in Betracht ziehen würde, ordnete ein Treffen der Armee an, auf dem er dem Militär seinen Standpunkt, der sich im wesentlichen mit unseren Vorbemerkungen deckte, mit solchem Erfolg darlegte, daß das Parlament kurz darauf abgesetzt und er selbst, durch das allgemeine Stimmrecht der Armee gewählt, in dem großen Saal des Pantheon oder des Gerichtspalastes der Hauptstadt Emporium[114] zum Archonten oder alleinigen Gesetzgeber von Oceana ernannt wurde, auf dessen Bühne, um diesen Teil abzuschließen, nun eine handelnde Person stand, über deren Ruhm sich der Vorhang niemals senken wird.

Dem so ernannten Archonten wurden fünfzig ausgewählte Personen beigegeben, die, ebenfalls in der Art von Gesetzgebern, ihn dadurch unterstützen sollten, daß sie in den Stollen der antiken Weisheit schürften und deren verborgene Schätze von neuem ans Licht brächten, und sie bildeten einen Rat, dessen alleinige Leitung und Entscheidungsbefugnis bei ihm lag.

Der Rat der Gesetzgeber

Auf diesen Teil, der mehr als die Hälfte des Gesamtwerkes ausmacht, kann ich jetzt nur insofern eingehen, als ich ganz kurz zeigen will, worauf er abzielt.

Anläßlich der Eröffnung des gesetzgebenden Rates wies der Archont darauf hin, wie unsicher es sei, bei der Schaffung eines Gemeinwesens allein der Phantasie Raum zu geben, und daß jedes Mitglied des Rates sich unbedingt zunächst in den Schatzkammern der antiken Weisheit umtun müsse, ehe es sich einfallen lasse, irgendeinen anderen Vorschlag im Hinblick auf das zu schaffende Werk zu unterbreiten oder etwas zur Meinungsbildung des Rates über das Modell einer Regierung beizutragen. Darauf ließ er eine Urne bringen und jedes der Ratsmitglieder ein Los ziehen.

Durch die gezogenen Lose fiel das Gemeinwesen von Israel an Phosphorus de Auge, das von Athen an Navarchus de Paralo, Sparta an Laco de Scytale, Karthago an Mago de Syrtibus, das der Archäer, Ätolier und Lykier an Aratus de Isthmo, die Schweiz an Alpester de Fulmine, Holland und die Vereinigten Provinzen an Glaucus de Ulna, Rom an Dolabella de Enyo, Venedig an Lynceus de Stella.

Diese Staaten, in denen alle erdenklichen Vorzüge eines Gemeinwesens enthalten waren (so daß die Hinzufügung weiterer unzweckmäßig gewesen wäre), wurden den Ratsmitgliedern rechtzeitig vorgegeben, damit sie sich durch eigene Studien und diejenigen ihrer Freunde sachkundig machen könnten, um alsdann vor dem Rat der Gesetzgeber in der angegebenen Reihenfolge durch die genannten Personen untersucht und anschließend auf Beschluß des Rates in der Versammlung der Prytanen noch einmal zur Diskussion gestellt zu werden, denn von den zu ziehenden Losen waren rund zwölf mit dem Buchstaben P beschriftet worden, was diejenigen Ratsmitglieder, die sie gezogen hatten, zu Prytanen machte.

Die Prytanen waren ein Ausschuß oder Rat, der im großen Saal des Pantheon tagte und dem Vorschläge bezüglich der Gestaltung des Gemeinwesens zu unterbreiten jedermann das Recht hatte. Um ihn vor dem Gedränge zu schützen, wurde der Tisch, an dem er saß, durch ein Holzgitter abgeschirmt. An beiden Seiten des Tisches befand sich eine Kanzel: Zur Rechten für einen jeden, der etwas vorzuschlagen hatte, und zur Linken für jeden anderen, der ihm zu widersprechen wünschte, und sämtliche Parteien (denen durch Proklamation des Archonten Straffreiheit zugesichert worden war) wurden eingeladen, ihre eigenen Interessen zu vertreten und alles, was sie im Hinblick auf die künftige Regierung für wünschenswert halten mochten, vor den Rat der Prytanen zu bringen, der (im Schutz einer Leibwache von etwa zwei- oder dreihundert Mann, falls in der Hitze des Streits der Friede gebrochen würde) zur Leitung der Verhandlungen ermächtigt war und von Zeit zu Zeit die ihm geeignet erscheinenden Vorschläge oder Begebenheiten an den Rat der Gesetzgeber weiterzumelden hatte, der etwas zurückgezogener in dem Alma genannten Palast tagte.

Das führte dazu, daß das Volk (das weder ohne weiteres hinzugezogen noch von der Schaffung seines Gemeinwesens einfach ausgeschlossen werden konnte) allen Ernstes glaubte, dieses sei ganz sein eigenes Werk gewesen, als es schließlich Gestalt annahm.

Außerdem ließ dieser Rat nach Bekanntgabe des Modells noch mehrere Monate verstreichen, in denen er das Volk mit ihm vertraut machte, so daß fast alles, was in den an die Prytanen gerichteten und von diesen ausgewerteten Wortmeldungen für oder wider das bewußte Modell gesagt oder geschrieben wurde, in der nächsten Auflage dieses Werkes nachzulesen sein wird.

Somit hatte der Rat der Gesetzgeber die nötige Muße und gehörige Konzentration für sein großes Vorhaben, indem er von Zeit zu Zeit über die Stimmung im Volke unterrichtet wurde, ohne daß seine Arbeit im geringsten beeinträchtigt oder gestört worden wäre.

Nachdem also jedes Gemeinwesen in der festgelegten Abfolge und geziemenden Art und Weise – d. h., erstens durch das Volk, zweitens durch den Senat und

drittens durch die Obrigkeit – geprüft worden war,
wählte der Rat nach reiflicher Erwägung aus jedem dieser Gemeinwesen diejenigen Vorkehrungen oder Ordnungen aus, die sich bei der Prüfung als geeignet erwiesen hatten, und ließ sie von Zeit zu Zeit durch den
Schreiber oder Sekretär schriftlich niederlegen, so daß
am Ende nichts mehr zu tun blieb, als die so ausgewählten Ordnungen zusammenzustellen und sie sorgfältig zu
betrachten und zu untersuchen, damit klar ersichtlich
würde, ob sie sich miteinander vertrügen oder sie in Zukunft auf irgendeine Weise in Widerspruch oder in Kon-
flikt miteinander geraten könnten. Denn genauso wie
Ordnungen, die jetzt oder später miteinander in Kon-
flikt geraten, der sichere Untergang des Gemeinwesens
sind, so auch ergeben solche, die nach dem Ausweis aller diesbezüglichen Geschichtserfahrung einander nicht
im Wege stehen und für die Zukunft auch nichts dergleichen befürchten lassen, ein vollkommenes und (nach
aller Voraussicht, zu der die menschliche Weisheit imstande ist) ein unsterbliches Gemeinwesen.
Und von solcher Art war die Kunst, mit deren Hilfe unser Archont das Modell des Gemeinwesens Oceana gestaltet hat, indem er sich in dem Reich Israel und den
übrigen Gemeinwesen umtat und bei Mose ebenso Rat
holte wie bei Jethro.

Das Modell des Gemeinwesens Oceana

Da der Archont – der bislang einzige Gesetzgeber in der
Geschichte seit Mose und Lykurg, der ein ganzes Gemeinwesen auf einmal eingeführt oder errichtet hat –
ebenso wie diese mehr Wert darauf legte, es in die Wirklichkeit oder die Tat umzusetzen als in das geschriebene
Wort, so daß es zu einer gedrängteren und weniger an-
schaulichen Darstellung oder Verbreitung des Modells
in der Öffentlichkeit kam, als es zum Verständnis derer

erforderlich ist, die nicht Kenntnis von all den Verhandlungen des Rates der Gesetzgeber und der Prytanen haben, wo ja sämtliche Einwände und Zweifel dagegen geltend gemacht und ausgeräumt wurden, und weil ich das, was in dem veröffentlichten Grundriß ungesagt blieb, im Interesse einer vollständigeren und umfassenderen Beschreibung des Ganzen nachtragen möchte, werde ich das Gemeinwesen besser von der praktischen Seite her und unter dem Gesichtspunkt betrachten, wie es sich nun seit etlichen Jahren selbst darstellt (so wie auch Dikäarch seinen Bericht über Sparta erst etwa drei- oder vierhundert Jahre nach dessen Entstehung abgefaßt haben soll), wobei ich allerdings nicht versäumen werde, zur Begründung einer jeden Ordnung solche Erörterungen und Reden der Gesetzgeber in ihrer Versammlung ganz oder doch zumindest auszugsweise hinzuzufügen, die den besten Einblick in die Überlegungen der Regierung gewähren, sowie auch die einzelnen Mittel und Wege darzustellen, die bei der Schaffung oder der Errichtung des Bauwerkes angewendet wurden, das ja nicht recht verständlich wäre ohne wenigstens eine gewisse Vorstellung von der Maschinerie, die die mächtige Last in Bewegung gesetzt hat. Da ansonsten mit keiner Silbe von dem Rat der Gesetzgeber oder jenen Arbeitern die Rede ist, die jeden Stein zu diesem Bauwerk eigenhändig in den Stollen der antiken Weisheit abgetragen haben, steht der Beweis für den ersten Teil dieses Abschnittes auf ziemlich schwachen Füßen, weshalb ich hier – sowohl zur Veranschaulichung als auch zur Vermeidung häufiger Wiederholungen – drei bemerkenswerte Zeugnisse einflechten will.

Das erste stammt aus dem Reich Israel. *Mose gehorchte dem Wort seines Schwiegervaters* (Jethro) *und tat alles, was er sagte, und erwählte redliche Leute aus ganz Israel und machte sie zu Häuptern über das Volk,*[115] also zu Tribunen, wie sie im Latein der Vulgata genannt werden, oder zu Phylarchen, d. h. zu Stammesfürsten, die nach Grotius *sellis curulibus,* auf zwölf Thronen, saßen und über die zwölf Stämme Israels richteten, und nächst diesen erwählte er welche zu *Obersten über tausend, über hundert, über fünfzig und über zehn*

(2 Mo 18,24; 4 Mo 1,16; Mt), die die Treppe oder die Stufen dieses Gemeinwesens von dessen Grundstock oder Fundament bis zum Oberteil oder krönenden Abschluß in Gestalt des Sanhedrins und der Gemeindeversammlung bildeten, worüber wir bereits in den Vorbemerkungen gesprochen haben.

Das zweite stammt aus Sparta, wo Lykurg (um seine Maßnahmen in den Augen der Bürger eindrucksvoller erscheinen zu lassen) das Modell jenes Gemeinwesens dem Orakel des Apollo zu Delphos entnommen zu haben behauptete, dessen Wortlaut Plutarch in seiner Lebensbeschreibung dieses berühmten Gesetzgebers wie folgt wiedergibt: „Wenn du das Volk in Stämme (deren es sechs gab) und *obai* (wovon es in jedem Stamme fünf gab) geteilt hast, so sollst du den aus dreißig Ratsherren einschließlich der beiden Könige bestehenden Senat bilden, der, falls der Anlaß es erfordert, die Gemeinde des Volkes zwischen die Brücke und den Fluß Gnakion herbeizitieren und dem Volk, ohne ihm ein Mitspracherecht einzuräumen, seine Vorschläge darlegen und es dann wieder entlassen soll."[116]

Die *obai* waren Geschlechter, in die jeder Stamm gegliedert war, und in jedem Stamme gab es eine weitere Unterteilung, die, als *mora* bezeichnet, alle Männer in wehrfähigem Alter erfaßte und eine nochmalige Aufspaltung in Truppen und Kompanien vorsah, die unter ständiger strammer Zucht gehalten und von einem leitenden Offizier, dem sogenannten Polemarchen, befehligt wurden.

Das dritte Zeugnis entstammt dem römischen Gemeinwesen oder jenen Abschnitten seiner Geschichte, die im ersten und zweiten Buch des Livius enthalten sind,[117] wo das Volk entsprechend der von Romulus eingeführten Regelung am Anfang in dreißig *curiae* oder Gemeinden eingeteilt war, aus denen er den (mit jeweils drei Vertretern jeder *curia* zu besetzenden) Senat auswählte, der von seiner Regierungszeit bis zu derjenigen des Servius Tullius den Gemeinden oder Parochialversammlungen seine Vorschläge unterbreitete. Und bei diesen, die *comitia curiata* genannt wurden, lag auch die Wahl der Könige (*Quirites, regem create; ita patribus visum est;* weiterhin: *Tullium Hostilium regem populus jussit, patres auctores facti*), die Bestätigung ihrer Gesetze *(ut ab Romulo traditum, suffragium viritim eadem vi, eademque jure omnibus datum est)* und die letzte Berufung in Angelegenheiten der Rechtsprechung, wie aus dem Fall des Horatius ersichtlich ist, der seine Schwester tötete, bis dann in der Regierungszeit des Servius *non enim ut ab Romulo traditum caeteri servaverunt reges.* Da das Volk um einiges größer geworden war, ging der Hauptteil der Macht der *curiata* auf die von diesem Könige eingerichteten *centuriata comitia* über, die das Volk entsprechend dem Zensus oder der Schätzung seines Vermögens in sechs *classes* zu je etwa vierzig Zenturien und diese dann nochmals in Jüngere und Ältere einteilten, wobei die Jüngeren zum Einsatz auf dem Schlachtfeld und die Älteren zur Landesverteidigung vorgesehen und alle unter Waffen und ständiger strammer Zucht gehalten wurden und so auch bei militärischen ebenso wie bei zivilen Anlässen in Erscheinung traten. Wenn der Senat dem Volk Vorschläge unterbreitete, wurde jedoch lediglich die Kavallerie, die zwölf Zenturien stellte und die gesamte Infanterie an Reichtum weit übertraf, gemeinsam mit der ersten *classis* der Infanterie zur Wahl gerufen, und wenn diese nicht einverstanden war, auch noch die zweite *classis*, selten oder niemals aber eine der übrigen. Darum wurde das Volk, nachdem es die Könige verjagt hatte, diese Ungleichheit leid und ruhte nicht eher, als bis es das Wahlrecht nach Art der früheren *comitia curiata* für das gesamte Volk wiederhergestellt hatte. Dabei ging es jedoch einen anderen Weg, indem es sich nämlich der daraufhin eingerichteten *comitia tributa* bediente, eines Rates, wo das Volk in dringenden Fällen Gesetze ohne den Senat machte, die *plebiscita* genannt wurden. Dieser Rat war der Grund, weshalb Cicero[118] und andere große Geister so oft auf das Volk schimpften und sogar Livius dies zuweilen tut, wenn er zum Beispiel im Zusammenhang mit der Einrichtung desselben äußert: *hunc annum insignem maxime comitia tributa efficiunt; res major victoria suscecti certaminis quam usu, plus enim dignitatis comitiis ipsis detractum est, patri-*

bus ex concilio submovendis, quam virium aut plebi additum aut demptum patribus.[119] Um die Wahrheit zu sagen, es war eine Art von Anarchie, die dem Volk nicht hätte verziehen werden können, wäre es nicht andererseits durch den von dem Senat eingeschlagenen Kurs dazu genötigt worden, aus dem es ersehen mußte, daß das Gemeinwesen auf eine Oligarchie zusteuerte.

Die Art und Weise, wie die *comitia curiata, centuriata* oder *tributa* während der Zeit dieses Gemeinwesens zur Wahl gerufen wurden, war das Los: Die Kurie, Zenturie oder der Tribus mit dem ersten Los wurde als *principium* oder Prärogative bezeichnet und die anderen *curiae,* Zenturien oder Tribus mit dem zweiten, dritten, vierten Los etc. als *jure vocatae;* von dieser Zeit an kam nicht mehr die erste *classis,* wie unter Servius, als erste zur Wahl, sondern die Prärogative, sei es der *curia,* der Zenturie oder des Tribus, deren Votum *omen praerogativum* genannt wurde und seine Vorbildwirkung auf die restlichen Tribus selten verfehlte. Danach kamen in der Reihenfolge ihrer Lose die *jure vocatae.* Die Stimmabgabe erfolgte durch das Einwerfen von mit Ja oder Nein gekennzeichneten Holztäfelchen in bestimmte Urnen, die auf einem Podest standen, über das sie nacheinander hinwegmarschierten und das wegen seines ähnlichen Aussehens die Brücke hieß. Der Kandidat oder Bewerber, der in einer *curia,* einer Zenturie oder einem Tribus die meisten Stimmen auf sich vereinigte, galt als Gewinner der betreffenden *curia,* und wer die meisten *curiae,* Zenturien oder Tribus gewann, bildete die Obrigkeit.

Diese drei Belege vorausgeschickt, die noch häufig Gegenstand der Betrachtung sein werden, komme ich nun zu der zweiteiligen Beschreibung, erstens, der Errichtung und, zweitens, der Gestaltung des Gemeinwesens, wobei ich die Ordnungen als das eigentliche Rückgrat des Modells jeweils von dem übrigen Gang der Darstellung abheben will, der lediglich ihrer Erklärung oder Begründung dienen soll.

Bei der Errichtung oder dem Bau eines Gemeinwesens kann (geradeso wie auch im Bauhandwerk) der erste Arbeitsschritt nichts anderes sein, als daß die Materialien bereitgelegt und sortiert werden.

Das Baumaterial für ein Gemeinwesen ist das Volk. Und das Volk von Oceana wurde zunächst einmal durch Einteilung in bestimmte Gruppen hinsichtlich des Standes, des Lebensalters, der Vermögenslage und des Aufenthaltsortes oder Wohnsitzes gegliedert, wozu folgende Ordnungen ergingen:

> Die ERSTE teilt das Volk in freie Männer oder Bürger und in Knechte ein, soweit sie dies zu dem betreffenden Zeitpunkt waren; denn wenn sie die Freiheit erlangen, d. h. auf eigenen Beinen stehen, so sind sie freie Männer oder Bürger.

Diese Ordnung bedarf angesichts dessen, daß Knechtschaft mit Freiheit oder Regierungsbeteiligung in einem Gemeinwesen natürlicherweise unvereinbar ist, keines Beweises.

> Die ZWEITE ORDNUNG teilt die Bürger in Junge und Ältere ein (wobei die Achtzehn- bis Dreißigjährigen als Junge und die Jahrgänge ab dreißig und aufwärts als Ältere gelten) und sieht vor, daß die Jungen die marschierenden Truppen und die Älteren die stehenden Festungen dieser Nation bilden sollen.

Ein Gemeinwesen, dessen Waffen in den Händen von Knechten sind, sollte, wie Contarini es treffend von Venedig sagt,[120] möglichst *lontana dalla fede degli huomini*, außerhalb der Reichweite solcher Fäuste liegen; man denke nur an die Gefährdung Karthagos durch den Aufstand von Spendius und Matho. Doch obwohl eine Stadt (sofern eine Schwalbe schon einen Sommer macht) sich auf derartige Weise vielleicht schützen kann, wird sie dennoch niemals groß werden, denn wenn Karthago oder Venedig sich irgendwelchen Waffenruhm erwarb, so war dies bekanntlich allein das Verdienst seiner Anführer und nicht seiner Ordnungen; deshalb legten Israel, Sparta und Rom ihre Waffen in die Hände der vortrefflichsten Bürger, die (zumindest in Sparta und Rom) in Junge und Ältere eingeteilt wurden, die ersteren für das Schlachtfeld und die letzteren für die Landesverteidigung.

Die DRITTE ORDNUNG unterteilt die Bürger entsprechend dem Zensus oder der Schätzung ihres Vermögens in Berittene und Fußtruppen· Wer mehr als einhundert Pfund im Jahr an Ländereien, Gütern oder Geldern besitzt, hat sich in die Reiterei einzureihen, wer darunter liegt, in das Fußvolk. Wenn aber jemand sein väterliches Erbteil leichtsinnig vertan und ausgegeben hat, kann er in dem Gemeinwesen weder ein öffentliches Amt noch ein Wahlrecht ausüben.

Bürger sollen nicht nur ihr Gemeinwesen verteidigen, sondern dies auch im Einklang mit ihren Fähigkeiten tun. So wurden bei den Römern unter Servius Tullius (mit Rücksicht auf ihr Vermögen) die einen den Zenturien der Kavallerie und die anderen denen der Infanterie eingegliedert und entsprechend mit Waffen ausgerüstet, und auch in den übrigen Gemeinwesen kann dies nicht anders geregelt gewesen sein, obwohl es wegen der erheblich unklareren Quellenlage nicht so eindeutig beweisbar ist. Und daß in einem Gemeinwesen die nötige Prärogative in gewissem Umfange den Begüterten zuerkannt wird, liegt im Wesen des Erwerbsfleißes und seines Nutzens für die Allgemeinheit begründet. *Populus Romanus* (sagt Julius Exuperantius) *per classes divisus erat, et pro patrimonii facultate censebantur; ex iis, omnes quibus res erat, ad militiam ducebantur; diligenter enim pro victoria laborabant qui ex libertate bona patriam defendebant. Illi autem quibus nullae opes erant, caput suum, quod solum possidebant, censebantur et belli tempore in moenibus residebant; facile enim poterant existere proditores, quia egestas haud facile habetur sine damno. Hos igitur Marius, quibus non fuerat respublica committenda, duxit ad bellum,*[121] und sein Erfolg war dementsprechend. Es gibt in allem eine Mitte: Wie in einem Gemeinwesen übermäßiger Reichtum das Gleichgewicht aufhebt, so kann auch äußerste Armut es nicht stützen, und man darf es ihr unter gar keinen Umständen anvertrauen. Die Klausel in der Ordnung bezüglich des Verschwenders ist athenischen Ursprungs und sehr zu loben; denn wer nicht einmal mit seinem Erbteil auszukommen vermochte, macht ein Gemeinwesen bankrott, wenn er die öffentlichen Gelder in die Finger kriegt.

Die VIERTE ORDNUNG teilt das Volk entsprechend seinem Wohnsitz in Gemeinden, Hundertschaften und Stämme ein.

Solange nämlich das Volk nicht planvoll eingeteilt ist, kann man es auch nicht planvoll erfassen; die planvolle Erfassung des Volkes ist jedoch die Existenzbedingung eines Gemeinwesens. So erklärt sich die israelitische Einteilung in Häupter über tausend, über hundert, über fünfzig und über zehn sowie des gesamten Gemeinwesens in Stämme, die lakonische in *obai, morai* und Stämme, die römische in Tribus, Zenturien und *classes*, und etwas Ähnliches wie zum Beispiel auch die Grafschaften in der verflossenen Monarchie hierzulande[122] muß es mit Notwendigkeit in einem jeden Staatswesen geben. Da dies jedoch (mit Ausnahme des Ackergesetzes) die einzige Verordnung in Oceana war, die überhaupt irgendwelchen Aufwand erforderte oder Mühen verursachte, fühle ich mich zu der folgenden genaueren Beschreibung der Art und Weise gedrängt, wie sie durchgeführt wurde:

Tausend durch den Archonten und den Rat beauftragte und eingewiesene Inspektoren, die zu gleichen Teilen der Aufsicht zweier Generalinspektoren unterstanden, wurden über die durch den Fluß Hemisua abgetrennten nördlichen und südlichen Regionen des Landes verstreut, das rund zehntausend Gemeinden umfaßt, so daß davon auf jeden Inspektor etwa zehn entfielen. Denn in diesem Betracht war keine besondere Sorgfalt gefordert, sondern es galt nur zu ermitteln, wohin jemand zu verziehen und wo er ansässig zu sein wünschte, um einer geordneten Weiterführung des Werkes Vorschub zu leisten; im übrigen zielte der Kern ihrer Anweisungen mehr auf die Zahl der Einwohner als der Gemeinden. Die Inspektoren, die alle mit einer entsprechenden Menge von Urnen, Kugeln und Stimmkästen ausgestattet worden waren (in deren Gebrauch man sie vorher unterwiesen hatte), begannen nun bei der Ankunft in ihren jeweiligen Gemeinden damit, dem Volk seine erste Lektion zu erteilen, und obwohl die Leute anfangs etwas unwillig reagierten, als hätte man ihnen Kinderkram gebracht, und sich in Anbetracht der höheren Erwartungen, die sie an den Rat der Gesetzgeber geknüpft hatten, ziemlich veralbert vorkamen, fanden sie doch allmählich Geschmack daran, zunächst als einem hübschen Zeitvertreib und schließlich als einer Einrichtung mit einem durchaus sinnvollen und ernsthaften Verwendungszweck, worauf die Inspektoren nunmehr zur Durchführung der fünften Ordnung schritten:

Die FÜNFTE ORDNUNG legt fest, daß an dem ersten Montag des Monats Januar in jeder Gemeinde des ganzen Landes um acht Uhr morgens für die Dauer einer Stunde die Hauptglocken geläutet werden und sich alle Älteren der betreffenden Gemeinde spätestens vor dem letzten Glockenschlag zur Kirche begeben haben sollen, wo sie sich in fünf zahlenmäßig gleiche oder annähernd gleiche Gruppen zu teilen und, falls sie von unterschiedlichem Stande sind, entsprechend ihren Würden oder, bei gleichem Stand, entsprechend der Reihenfolge ihres Alters zu beiden Seiten des Kirchenschiffes Platz zu nehmen haben, um alsdann den derzeit amtierenden Gemeindevorstehern *(oder den an ihrer Stelle die erste oder die Gründungsversammlung leitenden Inspektoren)* durch Erheben der Hände zu schwören, daß sie eine ordnungsgemäße Wahl durchführen und entsprechend den Gesetzen der Abstimmung, die gleich erklärt werden, jeden Fünften aus ihren Reihen, der ihnen nach ihrem Gewissen die beste Eignung für ein solches Vertrauensamt und dessen wirksamste Wahrnehmung zum Wohle des Gemeinwesens verspricht, als ihren Abgeordneten anerkennen wollen, damit er ihre Gewalt in der nachfolgend erläuterten Art und Weise ausübe. Und sobald sie diesen Schwur geleistet haben, sollen sie zur Wahl schreiten, und zwar, wenn die Älteren der Gemeinde sich auf tausend Personen belaufen, durch Abstimmung des Stammes (wozu an dem gebührenden Ort noch Erläuterungen gegeben werden), oder wenn die Zahl der Älteren der Gemeinde bei fünfzig oder darüber, aber unterhalb tausend liegt, durch (die ebenfalls noch gebührend zu erläuternde) Abstimmung der Hundertschaft. Falls jedoch die Älteren weniger als fünfzig Personen zählen, sollen sie nach dem im folgenden beschriebenen Verfahren zur Gemeindewahl schreiten: Die beiden bisherigen Vorsteher sollen am oberen Ende des Mittelganges an einem Tisch dergestalt Platz nehmen, daß ihr Gesicht der Gemeindeversammlung zugekehrt ist. Und der derzeit diensttuende Wachtmeister soll eine Urne mit ebenso vielen Kugeln darin, wie Ältere anwesend sind, vor dem Tisch aufstellen, von denen eine vergoldet und der Rest silbern sein soll, und nachdem der Wachtmeister die Urne genügend geschüttelt hat, um die Kugeln durcheinanderzuwirbeln, sollen die Vorsteher die Älteren auf solche Weise an die Urne rufen, daß sie von jeder Seite der Kirche in zwei Reihen über den Mittelgang auf die Urne zuschreiten und dort jeweils eine Kugel ziehen, die sie, wenn es sich um eine silberne handelt, in eine unterhalb der Urne aufgestellte Schale einwerfen sollen, um danach auf beiden Seiten über die Außengänge an ihren jeweiligen Platz zurückzukehren. Derjenige jedoch, der die Goldkugel zieht, soll als Vorschlagsberechtigter zwischen den Vorstehern Platz nehmen und in der ihm beliebenden Reihenfolge vor den Älteren nacheinander die Namen derer nennen, die er (nach seinem bereits geleisteten Schwur) am tauglichsten erachtet, gewählt zu werden, woraufhin die jeweils genannte Person den Raum verlassen und die Gemeinde über ihren Namen dadurch abstimmen soll, daß ein von den Vorstehern bestimmter Junge oder mehrere solcher Jungen den Doppelkasten oder die Kästen, die von außen so gekennzeichnet und beschriftet sind, daß unschwer zu ersehen ist, welche Seite Ja und welche Nein bedeutet, zu jedem der Älteren hintragen, der seinerseits zwischen Daumen und Zeigefinger ein aus einem Leinenrest geformtes Kügelchen halten und es dergestalt in den Kasten werfen soll, daß jeder sieht, ohne zu wissen, in welche Seite er es getan hat, daß er nur ein Kügelchen oder nur eine Stimme abgibt, und nachdem die Gemeinde solchermaßen abgestimmt hat, ist der Kasten oder sind die Kästen zu den Vorstehern zurückzubringen und von diesen zu öffnen, wobei die Ja-Kugeln in eine auf der rechten Seite des Tisches stehende Silberschale geschüttet und von dem ersten Vorsteher ausgezählt und die Nein-Kugeln in eine grüne Schale zur Linken geschüttet und von dem zweiten Vorsteher ausgezählt werden sollen, und wer nach der Auszählung der Stimmen deren größeren Teil auf sich vereinigt, ist einer der Abgeordneten der Gemeinde, und wenn so viele Abgeordnete gewählt sind, daß ein volles Fünftel der Gesamtzahl der Älteren erreicht ist, so soll die Abstimmung für diesmal beendet sein. Die gewählten Abgeordneten sind entsprechend der Reihenfolge ihrer Wahl von den Vorstehern in einer Liste zu erfassen, wobei lediglich die Ausnahme gilt, daß die Berittenen *(ord.eq.)* an der Spitze der Liste stehen und alsdann je nach Größe der Gemeinde die übrigen folgen sollen, zum Beispiel:

Anno Domini ...

A.A. ord.eq.	1. Abgeordneter	Liste des *primum mo-*
B.B.	2. Abgeordneter	*bile*[123] der Gemeinde
C.C.	3. Abgeordneter	... in der Hundert-
D.D.	4. Abgeordneter	schaft ... und dem
E.E.	5. Abgeordneter	Volksstamm ...,
		welchselbige Ge-
		meinde derzeit
		20 Ältere umfaßt,
		von denen einer der
		Reiterei oder Kaval-
		lerie zugehört

Der erste und der zweite auf der Liste sind automatisch Gemeindevorsteher, der dritte ist der Wachtmeister, und der vierte und fünfte sind Kirchenvorsteher; die so gewählten Personen sind für die Dauer eines Jahres vom Zeitpunkt der Wahl und nicht länger Abgeordnete der Gemeinde und dürfen auch nicht auf zwei Jahre hintereinander gewählt werden. Diese Liste, die das *primum mobile* oder die treibende Kraft des Gemeinwesens darstellt, ist in einem Buche zu registrieren, das von den Vorstehern sorgfältig geführt und verwahrt werden soll, die an ihrem Orte über diese und andere noch zu erwähnende Pflichten gegenüber den Zensoren des Stammes Rechenschaft abzulegen haben, und die Gemeindeversammlung soll die vorliegende Ordnung beachten, da sie widrigenfalls von dem Phylarchen oder der Prärogativgewalt des Stammes zur Verantwortung gezogen wird, in deren Macht es liegt, über alle oder einzelne solcher Missetäter eine Geldstrafe in beliebiger Höhe zu verhängen, gegen die jedoch beim Parlament Berufung eingelegt werden kann.

Den Beweis für diese Ordnung bietet die Vernunft: Für alle Politiker steht außer Frage, daß die väterliche Gewalt im Recht der Natur beschlossen liegt, und diese ist nichts anderes als die Herleitung der Gewalt von Familienvätern als den natürlichen Wurzeln eines Gemeinwesens, wie ja auch die geschichtliche Erfahrung es uns lehrt, wenn man von Holland als dem meines Wissens einzigen davon abweichenden Beispiel absieht. In Israel hatte die souveräne Gewalt erwiesenermaßen eine natürliche Wurzel,[124] indem sie von den Ältesten des ganzen Volkes ausging, und Rom wurde *comitiis curiatis*, in seinen Parochialgemeinden, geboren, aus denen Romulus zunächst dessen Senat und danach all die übrigen Ordnungen jenes Gemeinwesens errichtete, die sich so hoch erhoben. Denn die Höhe, zu der ein Gemeinwesen emporragt, richtet sich immer nach der Tiefe seiner Wurzeln.

> *Ipsa haeret scopulis et tantum vertice ad auras*
> *Aethereas, quantum radice ad tartara tendit.*[125]

So hoch es auch den Blick hebt zu den Sternen,
es kann sich von der Erde nicht entfernen.

Und wenn an der Geburt des römischen Gemeinwesens dreißig Gemeinden beteiligt waren, so waren es in demjenigen von Oceana zehntausend. Daß jedoch im Zusammenhang mit dessen Geburt auf das Vorhandensein eines berittenen Standes hingewiesen worden ist, mag diejenigen erschrecken, die wissen, daß die Teilung des römischen Volkes in Stände bei der Errichtung jenes Gemeinwesens zu dessen schließlichem Verderben geführt hat. Die Heraushebung des Patriziers als eines erblichen Standes gleich zu Beginn, der alle Staatsämter auf sich zog, war in der Tat der Untergang Roms. Aber in bezug auf einen Ritter oder einen Angehörigen der Reiterei sagt Horaz:

> *Si quadringentis sex septum millia defunt*
> *Plebs eris.*[126]

Daraus dürfte zu entnehmen sein, daß dieser Stand nur im Hinblick auf den Landbesitz erblich war und auch keinerlei Amtsansprüche in sich barg; mithin findet sich nirgends ein Hinweis, daß er das Gemeinwesen in Unruhe versetzte, und auch in Oceana besagt die Bezeichnung nicht mehr als die Pflicht, die jemand mit solchem Besitz gegenüber der Öffentlichkeit zu erfüllen hat.

Die Inspektoren jedoch machten ihre Sache insgesamt recht leidlich, obwohl sie nicht immer alle Einzelheiten dieser Ordnung, darunter insbesondere den Zeitpunkt der Wahl, beachten konnten, und ließen sich nach Abschluß und Registrierung der Wahlen jeweils Zweitschriften der in ihren Zuständigkeitsbereich fallenden Listen ausfertigen, worauf sie zu der nächsten Ordnung übergingen.

Die SECHSTE ORDNUNG sieht vor, daß, falls ein Pfarrer oder Vikar einer Gemeinde durch Tod oder auf Betreiben der Zensoren ausscheidet, sich die Gemeinde des Sprengels versammeln und einen oder zwei Ältere durch Stimmabgabe delegieren soll, um auf Kosten der Gemeinde bei einer der Universitäten dieses Landes mit einem von den Vorstehern unterzeichneten und an den Vizekanzler gerichteten Zertifikat vorzusprechen, in dem der Tod oder die Abberufung des Pfarrers oder Vikars, der Wert der Pfarre oder des Vikariats und der Wunsch der Gemeinde mitgeteilt werden, von der betreffenden Universität einen Geistlichen zur Probe zu erhalten, worauf der Vizekanzler eine Synode einberufen und nach Erwählung eines

Kandidaten diesen zu dem nächstmöglichen Zeitpunkt in die Gemeinde entsenden soll, wo dem Betreffenden auf ein volles Probejahr sämtliche Erträge der Pfründe oder des Vikariats zustehen und die Pflichten eines Pfarrers oder Vikars zugewiesen werden sollen, und wenn das Jahr abgelaufen ist, soll die Versammlung der Älteren ihren Probekandidaten zur Wahl stellen, und falls nicht mindestens zwei Drittel für ihn stimmen, hat er die Gemeinde zu verlassen, die sich auf die gleiche Weise einen neuen Bewerber schicken lassen soll; erzielt er hingegen zwei Drittel der Ja-Stimmen, so ist er der Pastor der betreffenden Gemeinde. Und der Pastor der Gemeinde soll mit dieser beten, ihr das Wort Gottes verkünden und die Sakramente reichen, wie es den Weisungen entspricht, die das Parlament hierzu noch erlassen wird. Anhänger anderer Religionsgemeinschaften oder solche, die ihnen zeitweilig angehören, sind jedoch keineswegs dazu verpflichtet, sich ihre Lehrer auf die gleiche Weise zu wählen oder in solchem Falle ihre Stimme abzugeben, sondern gänzlich ihrer Gewissensfreiheit und jener Form der Andacht überantwortet, für die sie sich entscheiden mögen, sofern sie nicht papistisch, jüdisch oder götzendienerisch ist, und damit sie durch den Staat um so besser in der freien Ausübung ihres Glaubens geschützt werden können, ist zu wünschen, daß sie auf die ihnen am meisten zusagende Weise in jeder ihrer Gemeinschaften bestimmte Verantwortliche wählen, und zwar nach unserer Vorstellung jeweils vier in jeder Gemeinschaft, die als Schlichter in Fällen von Streitigkeiten oder Mißhelligkeiten fungieren sollten, falls dergleichen durch Meinungsverschiedenheiten verursacht wird, die sie bekümmern oder verletzen könnten. Und solche Schlichter sollen ermächtigt sein, der Sache auf den Grund zu gehen und sich ein eigenes Bild zu machen, um, wenn sie ihr genügendes Gewicht beimessen, den Phylarchen davon zu unterrichten oder sie dem Rat für Religionsangelegenheiten zu unterbreiten, wo alle Klagesachen, die solche Verantwortlichen vorbringen, von Zeit zu Zeit angehört und entsprechend den Gesetzen entschieden werden sollen, die das Parlament für den rechten Schutz der Gewissensfreiheit erlassen hat oder in der Zukunft noch erlassen wird.

Diese Ordnung besteht aus drei Teilen. Der erste gibt dem Volke die Selbstbestimmung über seine Geistlichen zurück, die ursprünglich bei ihm lag, was die Bibel, wenn auch nicht im englischen Text, klar zum Ausdruck bringt, wo die Apostel ihm *hin und her Älteste durch Erheben der Hände ordneten,*[127] d. h. durch die Wahl des Volkes, die in einigen jener Städte auch durch Abstimmung erfolgte, und obwohl sich zeigen läßt, daß die Apostel etliche Priester durch Handauflegen weihten, ist nicht nachzuweisen, daß sie es in jeder Gemeinde so hielten.

Der zweite Teil der Ordnung, die eine Exkommunikation wegen deren ungenügender Beweisbarkeit aus der Schrift nicht vorsieht, hat die Schaffung einer nationalen Religion zum Ziel und Inhalt. Es gibt nämlich unterschiedliche Kenntnisgrade in Glaubensdingen: Wahre Religion ist ohne Erforschung der Bibel nicht erreichbar; die Bibel kann aber nur dann erforscht werden, wenn sie dem Forschen auch zugänglich ist, und solange wir nichts anderes haben oder (was ja dasselbe ist) nichts anderes kennen als eine Übersetzung, kann uns die Übersetzung (wie das in der angeführten Stelle geschehen ist) verleiten oder irreführen, während wir doch vielmehr danach trachten sollten, den wahren Sinn der Bibel zu erforschen, der auf natürlichem Wege (und ein Gemeinwesen darf nicht von etwas Übernatürlichem ausgehen) ohne die durch eigene oder andere Leute Studien erworbene Kenntnis des Originals und des Altertums nicht zu ergründen ist, denn selbst der Glaube kommt aus dem Hören.[128] Deshalb muß ein Gemeinwesen immer wieder Vorsorge treffen, daß Menschen da sind, die die Sprachen verstehen, in denen die Bibel ursprünglich geschrieben wurde, und in den Verhältnissen des Altertums Bescheid wissen, auf die sie sich so häufig bezieht, daß ihr wahrer Sinn zum großen Teil von deren Kenntnis abhängt, weil es sonst niemals sicher sein kann, daß es mit der Bibel nicht zugleich auch seiner Religion verlustig geht, weshalb es um ihres Schutzes willen eine bestimmte Sicherung derartiger Kenntnisse und eine nützliche Verwendung derer vorsehen muß, die sie sich angeeignet haben, so daß im Ergebnis eine nationale Religion entsteht.

Das Gemeinwesen, das als vernünftiges Geschöpf auf solche Weise seine Pflicht vor Gott erfüllt hat, indem seine Vernunft den bestmöglichen Gebrauch von der Bibel macht, um die Religion zu schützen und im Zustande der Reinheit zu erhalten, maßt sich desungeachtet keine Unfehlbarkeit an, sondern hebt im dritten Teil der Ordnung, der entsprechend den Weisungen an seinen Rat für Religionsangelegenheiten die Freiheit des Gewissens festlegt, die Hände zum Himmel, um weiterer Erleuchtung teilhaftig zu werden, und folgt damit (wie in den Vorbemerkungen gezeigt) dem Brauch Israels, das, obwohl die nationale Religion dort stets ein Teil des staatlichen Gesetzes war, das Wort seiner Propheten dennoch höher achtete als all seine Satzungen.

Als nun die Inspektoren ihre Arbeit in den Gemeinden getan hatten, sagten sie beim Abschied: *Eine Gemeinde ist die erste Teilung des Landes auf Grund der ersten Erfassung des Volkes von Oceana, deren Funktion an dem betreffenden Ort in den sechs vorgenannten Ordnungen enthalten ist.*

Der nächste Schritt, den die Inspektoren taten, bestand darin, daß sie diejenigen, die in unmittelbarer Umgebung ihres Arbeitsplatzes wohnten, in Gruppen von jeweils zwanzig um sich versammelten, ihre Listen besprachen und die darin enthaltenen Abgeordneten durchgingen, und wenn die Zahl solcher unmittelbaren Nachbarn in der Gemeinde bei hundert lag oder sich nach Möglichkeit in etwa diesem Rahmen bewegte, so nahmen sie diese und die betreffende Gemeinde in das Gebietskomitee auf, das noch immer Hundertschaft heißt (auch wenn die Zahl der Abgeordneten inzwischen höher oder niedriger sein mag), und jedem dieser Gebietskomitees wiesen sie einen bestimmten Ort, nämlich die am nächsten gelegene Stadt, als Stätte für das jährliche Treffen zu. Als dies geschehen war, kehrte jeder Inspektor in seine Hundertschaft zurück und lud die in seiner Liste aufgeführten Abgeordneten zu diesem Treffen ein, wo sie bei ihrem Erscheinen mit der siebten Ordnung bekannt gemacht wurden.

Die SIEBTE ORDNUNG verlangt, daß alljährlich am ersten Montag des Februar die Abgeordneten jeder Gemeinde in Waffen auf dem Hundertschaftstreffen zu erscheinen haben, um dort aus ihren Reihen einen jeweils dem berittenen Stand angehörenden Friedensrichter, einen Geschworenen, einen Hauptmann, einen Fähnrich ihrer Truppe oder Zenturie und einen jeweils dem Fußvolk entstammenden Geschworenen, einen Leichenbeschauer und einen Hauptwachtmeister zu wählen. Die Wahl soll durch Abstimmung folgendermaßen vonstatten gehen: Die derzeit im Amt befindlichen Geschworenen sollen der Wahl vorstehen *(sonst sollen an ihrer Stelle die Inspektoren die erste Versammlung leiten)* und darüber wachen, daß bei deren Durchführung die für die Abstimmung in den Gemeinden gegebenen Richtlinien eingehalten werden, wobei die einzige Abweichung darin besteht, daß der Hauptwachtmeister beim Aufstellen der Urne fünf verschiedene Sätze von je zwölf Goldkugeln haben soll, von denen der erste Satz mit dem Buchstaben A, der zweite mit dem Buchstaben B, der dritte mit einem C, der vierte mit einem D und der fünfte mit einem E gekennzeichnet ist. Und von jedem dieser Sätze soll er eine Kugel in seinen Hut oder in eine kleine Urne tun und die Kugeln, nachdem er sie gehörig gemischt hat, dem ersten Vorsteher reichen, damit er eine ziehe, und der also durch den Vorsteher gezogene Satz, und zwar nur dieser, soll für den betreffenden Tag Verwendung finden. Um ein Beispiel zu geben: Wenn der Vorsteher ein A gezogen hat, so soll der Hauptwachtmeister sieben mit dem Buchstaben A gekennzeichnete Goldkugeln in die Urne legen und dazu so viele silberne ergänzen, wie es der Gesamtzahl der Abgeordneten entspricht, die, sobald sie sich wie zuvor bei der Abstimmung der Gemeinde eidlich zur ordnungsgemäßen Durchführung der Wahl verpflichtet haben, an die Urne gerufen werden sollen; und jetzt soll jeder auf die dort dargestellte Art und Weise herantreten und eine Kugel ziehen; wenn es eine silberne ist, soll er sie in eine zu Füßen der Urne stehende Schale werfen und an seinen Platz zurückkehren; wer jedoch als erster eine goldene Kugel zieht (welche er den Vorstehern zu zeigen hat, die ermächtigt sind, ihn zu ergreifen und zu bestrafen, falls sie nicht den Buchstaben der laufenden Abstimmung aufweist), der ist der erste Wahlmann, der ihm folgende ist der zweite, und so geht es weiter bis zum siebten, wobei sie in ihrer Funktion die entsprechende Reihenfolge zu beachten haben. Die ermittelten Wahlmänner sollen sogleich auf der Bank der Vorsteher Platz nehmen und, wenn ihre Zahl komplett ist, alsdann mit der Liste der zu wählenden Beamten an einen gesonderten Ort geführt werden, wo sie unter sich sind. Dort soll der erste Wahlmann einen namentlichen Vorschlag für das erste Amt auf der Liste machen, und wenn die so benannte Person bei der Abstimmung der übrigen Wahlmänner nicht mehr als die Hälfte der abgegebenen Ja-Stimmen erhält, soll der erste Wahlmann so lange andere nennen, bis einer seiner Kandidaten die mehrheitliche Billigung findet und als erster Bewerber für das erste Amt eingetragen ist. Anschließend soll der zweite Wahlmann an die Reihe kommen und dasselbe Verfahren durchführen, und entsprechend sollen alle übrigen Wahlmänner nacheinander ihre Bewerber für die jeweiligen Ämter benennen, bis für jedes Amt ein Bewerber gewählt ist. Und sobald für jedes Amt ein Bewerber gewählt ist, soll der erste Wahlmann von neuem beginnen und einen zweiten Bewerber für das erste Amt benennen, und danach sollen die übrigen der Reihe nach ihre Vorschläge für die restlichen Ämter machen, bis für jedes Amt zwei Bewerber gewählt sind, und dasselbe soll wiederholt werden, bis für jedes Amt drei Bewerber gewählt sind. Und sobald für jedes Amt drei Bewerber gewählt sind, soll die Liste den Vorstehern oder, falls sie selber als Wahlmänner fungieren, deren

Stellvertretern übergeben werden, und nun sollen die
Vorsteher oder deren Stellvertreter, nachdem sie die
Liste vor der Versammlung haben verlesen lassen, die
Bewerber in derselben Reihenfolge, in der sie eingetragen wurden, zur öffentlichen Wahl stellen. Das
weitere Verfahren entspricht dann den Richtlinien
der fünften Ordnung, indem nämlich demjenigen der
drei für jedes Amt aufgestellten Bewerber, der mehr
als die Hälfte der Ja-Stimmen erhält, das betreffende
Amt zugesprochen wird. Die auf diese Weise abge-
schlossene Liste soll schließlich in ein bei dem Hundertschaftstreffen unter Aufsicht der Obrigkeit zu
führendes Protokoll nach folgendem Muster eingetragen werden:

Anno Domini ...
Liste der Nebulosa

A.A.	ord. eq.	Friedensrichter	der Hundert-
B.B.	ord. eq.	1. Geschworener	schaft ... im
C.C.	ord. eq.	Hauptmann der	Stamme ..., zum
		Hundertschaft	Zeitpunkt der
D.D.	ord. eq.	Fähnrich	Wahl aus 105
E.E.		2. Geschworener	Abgeordneten
F.F.		Hauptwachtmeister	bestehend
G.G.		Leichenbeschauer	

Nach Eintragung der Liste soll der Hauptwachtmeister davon drei Abschriften anfertigen, deren jeweils
eine er unverzüglich dem Obersheriff des Stammes,
dessen oberstem Aktenbewahrer und den Zensoren
(oder an ihrer Stelle, falls es solche Amtspersonen bei
der ersten Besetzung der Funktionen noch nicht gibt,
dem für den betreffenden Stamm einzusetzenden
Sprecher) zuzuleiten hat. Alle Amtsträger und Abgeordneten der Hundertschaft sind zur peinlich ge-
nauen Einhaltung sämtlicher Einzelheiten dieser Ordnung verpflichtet und dem Phylarchen haftbar, der
alle oder einzelne, die dagegen verstoßen haben, nach
eigenem Ermessen oder nach den in solchen Fällen
künftig geltenden Gesetzen mit Geldbußen zu bele-

gen befugt ist, gegen die jedoch beim Parlament Berufung angestrengt werden kann.

Von dieser Ordnung ist wenig mehr zu sagen, als daß sie den Obersten über hundert in Israel, der *mora* oder der militärischen Stammeseinheit in Sparta und der Zenturie in Rom entspricht. Die Geschworenen, deren es zwei auf hundert und somit vierzig in einem Stamme gibt, gewährleisten den vom Gesetz zugebilligten Spielraum für Ausnahmen. Und daß die goldenen Kugeln bei dieser Abstimmung am Anfang durch Buchstaben gekennzeichnet sind, wovon eine unmittelbar vor deren eigentlichem Beginn zu ziehen ist, geschieht zum einen deshalb, weil die Leute, wenn die Buchstaben vorher nicht bekannt sind, durch Tricks oder unlautere Machenschaften betrogen werden könnten, und zum anderen, damit nicht jemand eine eigene Goldkugel mitbringt und so tut, als hätte er sie aus der Urne gezogen. Nachdem also die Inspektoren sich von dieser Liste eine Abschrift gemacht hatten, war ihr Werk in den Hundertschaften getan.

Somit *ist eine Hundertschaft die zweite Teilung des Landes auf Grund der zweiten Erfassung des Volkes, deren staatliche Funktion an dem betreffenden Ort in der voranstehenden Ordnung niedergelegt ist.* Nachdem die Hundertschaften gebildet waren, trafen sie sich nochmals in Gruppen zu zwanzig, und das bequemste war nun, jeweils zwanzig der so überaus günstig beieinanderliegenden Hundertschaften in einem gemeinsamen Stamme zu vereinigen; so wurde schließlich das gesamte Gebiet von Oceana mit seinen etwa zehntausend Gemeinden in tausend Hundertschaften und in fünfzig Stämme gegliedert.

In jedem Stamm wurden damals oder wenig später an dem ihm für das Jahrestreffen zubestimmten Ort jene Bauten errichtet, die man jetzt Pavillons nennt; sie stehen, zu einer Seite offen, wie die Halle eines antiken Tempels auf schmucken Säulen und grenzen an ein freies Feld, auf dem sich etwa viertausend Mann sammeln können. Vor jedem Pavillon erheben sich drei Pfeiler für die Stimmurnen: die rechte, die in Stirnhöhe eines Reiters angebracht ist, nennt man Reiterurne, die linke, zu der von beiden Seiten Brücken führen, um sie auf gleiche Höhe mit der Stirn eines Fußsoldaten zu bringen, heißt Fußurne, und der dritte, beiderseits durch eine Brücke mit der Reiter- und der Fußurne verbundene Pfeiler bleibt leer. – Und hier endete das Werk der Inspektoren, die dem Archonten bei ihrer Rückkehr das Folgende präsentierten:

Unkostenabrechnung

	£	s
Imprimis: Urnen, Kugeln und Stimmkästen für zehntausend Gemeinden, alles aus Holz gefertigt	20 000	–
Item, gleichartiges Zubehör für tausend Hundertschaften	3 000	–
Item, Urnen und Kugeln aus Metall nebst Stimmkästen für fünfzig Stämme	2 000	–
Item, für die Errichtung von fünfzig Pavillons	60 000	–
Item, Lohnkosten für vier Generalinspektoren à £ 1000	4 000	–
Item, Lohnkosten für die übrigen tausend Inspektoren à £ 250	250 000	–
Gesamtsumme	339 000	–

Das ist kein großer Aufwand für den Aufbau eines Gemeinwesens, wenn man bedenkt (was die Inspektoren geltend machten), daß es beinahe ebensoviel gekostet hat, ein paar Schiffe aufzutakeln. Allerdings ist das noch kein Beweis für ihre Redlichkeit oder die Korrektheit ihrer Abrechnung; aber für diesmal bekamen sie ihr Geld, obschon sie sich mit ihrer Rechnungslegung eines offenkundigen Verbrechens schuldig machten, das jeden den Hals kosten wird, der es ein zweites Mal begeht, weil kein Gemeinwesen bestehen kann, ohne genaue Vorkehrungen zu treffen, daß es nicht auf solche Weise hintergangen wird, und wenn schon nicht wegen der Unkosten (obwohl auch das von erheblichem Belang sein mag), so doch wegen der Liederlichkeit und Verderbtheit, der es seine Bürger durch die nachlässige Verwaltung seiner Finanzen unweigerlich aussetzt, so daß das öffentliche Vertrauen, der Lebensnerv und Kraftquell des Regierens, Schaden nimmt. Nachdem nun die Inspektoren entlassen worden waren, drängte es den Archonten, seinen Stämmen Namen zu geben, die er bereits auf Papierrollen hatte schreiben lassen und jetzt in eine Urne tat, aus der jeder Angehörige seines Rates eine ziehen sollte, der daraufhin in den von ihm gezogenen Stamm als dessen Sprecher entsandt wurde, welches hohe Amt nur für dieses eine Mal und *pro tempore* zu dem Zwecke eingerichtet wurde, um den Stämmen zu dem bedeutenden Ereignis die Glückwünsche des Rates zu überbringen und ihnen bei der ersten Versammlung in einigen Dingen beizustehen, die aus der Sicht der festgelegten Leitung und Weiterentwicklung des Gemeinwesens mit Notwendigkeit anders zu handhaben waren.

Als die Sprecher sich auf dem schnellstmöglichen Wege zu dem Treffen eingefunden hatten, benachrichtigten sie die Hundertschaften und befahlen sie zur Musterung, zu der sie größtenteils auf guten Pferden und schon ziemlich ordentlich bewaffnet erschienen. Stellvertretend für alle sei hier das Beispiel des Stammes Nubia genannt, in dem Hermes de Caduceo als dessen Sprecher nach einer kurzen Begrüßung und einem herzlichen Willkommen seine Tätigkeit wie folgt aufnahm:

Die ACHTE ORDNUNG verlangt, daß der Obersheriff als höchster Befehlshaber und der Aktenbewahrer als Musterungsbevollmächtigter des Stammes (oder auch bei der ersten Musterung dessen Sprecher) nach Entgegennahme der Hundertschaftsliste aus den Händen der zuständigen Hauptwachtmeister die Männer, nach Reiterei und Fußvolk getrennt, unverzüglich auszählen lassen, wobei die Berittenen in namentlicher Aufstellung auf Trupps zu je etwa hundert Mann zu verteilen sind, die entsprechend der von den genannten Amtspersonen festgesetzten Reihenfolge als erster, zweiter, dritter Trupp etc. eingetragen werden sollen.

Danach soll auf die gleiche Weise das Fußvolk in Listen erfaßt und ebenso die Reihenfolge der Mannschaften eingetragen werden. Diese Listen sollen am Vorabend der Musterung bestimmten Trompetern und Trommlern ausgehändigt werden, wovon es (sowohl für den gegenwärtigen als auch für andere noch zu erläuternde Verwendungszwecke) jeweils fünfzehn geben soll, die im Sold des Stammes stehen, und die Trompeter und Trommler sollen im Morgengrauen des Musterungstages mit der Liste in der Hand auf dem Feld vor dem Pavillon in gehörigem Abstand voneinander nach der Reihenfolge ihrer Liste Aufstellung nehmen, die Trompeter mit den Reiterlisten zur Rechten und die Trommler mit den Listen des Fußvolks zur Linken, und nachdem sie eine Zeitlang geblasen und getrommelt haben, soll jeder von ihnen so lange die Namen der Abgeordneten aufrufen, bis auf diese Weise sowohl die Berittenen als auch das Fußvolk in Reih und Glied angetreten sind. Sobald die Berittenen und das Fußvolk ordnungsgemäß Position bezogen haben, soll der Generalleutnant des Stammes so viele mit den Ziffern 1, 2, 3, 4 etc. gekennzeichnete Goldkugeln, wie Reitertrupps auf dem Felde stehen, in eine kleine Urne werfen und ebenso viele Silberkugeln dazutun, wie Mannschaften da sind; dann soll er die Hauptleute heranrufen, und wer von diesen eine goldene Kugel zieht, soll die Berittenen befehligen, wer eine silberne zieht, das Fußvolk, und zwar jeweils in der Reihenfolge seines Loses. Dasselbe Verfahren soll zur gleichen Zeit an einer anderen Urne unter Leitung des Oberzahlmeisters für die Fahnenjunker durchgeführt werden, und wer hier eine goldene Kugel zieht, wird Kornett, der Rest Fähnrich.

Diese Ordnung wird den Leser vielleicht überflüssig bedünken, aber sie bewirkt eine wunderbare Beschleunigung der Musterung, für die es ein beträchtlicher Nachteil wäre, einen ganzen Tag durch das Ordnen und Ausrichten der Reihen zu verlieren, während nach diesem Verfahren der Stamm schon wenige Augenblicke nach seinem Eintreffen auf dem Feld in Marschordnung bereitsteht und unverzüglich an die Urnen oder zur Abstimmung gerufen werden kann, was folgendermaßen geschieht:

Die NEUNTE ORDNUNG legt fest, daß die Zensoren (oder, anläßlich der ersten Musterung, der Sprecher) bei Entgegennahme der Hundertschaftslisten von den Hauptwachtmeistern, wie in der siebten Ordnung verfügt, unter Verwendung der Listen für die nach den folgenden Ordnungen zu wählenden Beamten die Urnen einrichten, d. h. vormerken sollen, daß nach der ersten Liste, dem sogenannten Verzeichnis der Sterne höchster Ordnung, sechs und nach der zweiten Liste, die der sogenannten Galaxie vorbehalten ist, neun Beamte zu wählen sind. Zu diesem Zweck sollen die Zensoren in die mittlere, für die Wahl der ersten Liste bestimmte Urne vierundzwanzig Goldkugeln sowie sechsunddreißig Nieten oder Silberkugeln, also insgesamt sechzig Kugeln, und in die Seitenurnen weitere sechzig Goldkugeln legen, die entsprechend der gegebenen Anzahl der Berittenen und des Fußvolkes aufzuschlüsseln sind, d. h. bei Zahlengleichheit der Berittenen und des Fußvolkes in gleiche Teile und bei ungleicher Zahl gemäß dem arithmetischen Verhältnis in ungleiche Teile. Das nämliche soll am zweiten Tag der Musterung für die Wahl der zweiten Liste geschehen, nur daß die Zensoren diesmal von den insgesamt sechzig Kugeln sechsunddreißig goldene und vierundzwanzig silberne in die Mittelurne sowie sechzig im Verhältnis zur jeweiligen Zahl der Berittenen und des Fußvolks aufgeschlüsselte Goldkugeln in die Seitenurnen legen sollen, wobei in den letzterwähnten Urnen die Goldkugeln für beide Abstimmungen durch so viele Silberkugeln zu ergänzen sind, bis die Zahl der an jeder der beiden Urnen Abstimmenden erreicht ist. Nachdem die Zensoren, wie gezeigt, ihre Vorbereitungen getroffen haben und an dem festgesetzten Tag auf dem Felde erschienen sind, sollen sie dem Obersheriff eine kleine Urne reichen, damit er die beiden für diesen Tag gültigen Buchstaben ziehe, und zwar einmal den der Seitenurnen und zum anderen den der

Mittelurne. Und wenn die Zensoren die Urnen dementsprechend vorbereitet haben, sollen sie sich auf bestimmten beweglichen Schemeln oder Kathedern niederlassen (die zu diesem Zweck in dem Pavillon aufzubewahren sind), wobei der Erste Zensor vor der Reiterurne und der Zweite Zensor vor der Urne für das Fußvolk sitzen und der Generalleutnant als Zensor *pro tempore* an der Mittelurne amtieren soll. Dort soll ein jeder von ihnen dafür sorgen, daß die Gesetze der Abstimmung gewissenhaft befolgt werden, und insbesondere darauf achten, daß niemand die Möglichkeit hat, mehr als einmal an die Urne zu treten (welche Vorsorge vor allem den Hilfszensoren, d. h. den Vorstehern jeder Gemeinde, obliegt, die diesbezüglich für ihre jeweilige Gemeinde verantwortlich sind) oder mehr als eine Kugel zu ziehen, die er, wenn es eine goldene ist, dem Zensor zur Überprüfung des Buchstabens vorweisen soll, der, falls es sich nicht um den an diesem Tage üblichen oder der entsprechenden Urne zugehörigen handelt, den Betreffenden dingfest machen soll, da solche und ähnliche Regelwidrigkeiten dem Phylarchen zur Bestrafung anzuzeigen sind.

Die Überwachung dieser Ordnung durch die Zensoren macht es unmöglich, daß das Volk aus dem Spiel bleibt, solange es nur die Kugeln ziehen kann, auch wenn es von der Abstimmung ansonsten überhaupt nichts versteht. Es empfiehlt sich jedoch nicht, über diesen Kunstgriff noch weiter zu philosophieren, obwohl es nichts Vernünftigeres gibt, weil schriftliche Darlegungen Verwirrung stiften könnten und schon die erste Anwendung desselben die Probe aufs Exempel liefern wird. Beispielsweise fand der Sprecher, als er nach mehreren vergeblichen Versuchen zur Erklärung der zwei vorangegangenen Ordnungen gerade im Begriff war, auch hierzu nähere Hinweise zu geben, alles schon fix und fertig vorbereitet, denn der Stamm hatte, ganz erpicht auf ein Unternehmen dieser Art, einen der Inspektoren zurückgehalten und ihm (noch vor Ankunft des Sprechers) mit Hilfe einer gestohlenen Musterrolle das ganze

Geheimnis entlockt und im Hinblick auf die Abstimmung daraufhin gewisse Beamte *pro tempore* eingesetzt, so daß der Sprecher nicht nur den Pavillon (in diesem Falle ein Zelt) mit drei Holzstämmen an Stelle der Pfeiler für die Urnen bereits fertig vorfand, sondern auch die Urnen, die, mit der richtigen Anzahl von Kugeln für die erste Abstimmung versehen, auf eine dem freien Feld und dem Anlaß angemessene Weise sehr schön gestaltet waren, indem ihre Deckel das Aussehen von Helmen hatten, in deren Ohren sich handbreite Schlitze befanden, damit die Abstimmungsteilnehmer hineinlangen könnten, und auf denen seitwärts herrliche Federn prangten, um dem Marsch des Volkes die Richtung zu weisen. Deshalb tat er sogleich den nächsten Schritt:

Die ZEHNTE ORDNUNG erheischt, daß die Abgeordneten der Gemeinden an jedem ersten Montag des März, nach Berittenen und Fußvolk gegliedert und entsprechend bewaffnet, in leiblicher Person zu dem Treffen des Stammes zu erscheinen haben, und nachdem sie ordnungsgemäß – also die Berittenen zur rechten und das Fußvolk zur linken Vorderseite des Pavillons – angetreten sind und dem Obersheriff durch Erheben der Hände den Eid geleistet haben, daß sie unvoreingenommen zur Wahl schreiten und nur die Personen wählen wollen, die sie als die für das Gemeinwesen tauglichsten erachten, soll der Oberzahlmeister drei Kugeln nehmen, deren erste mit den Worten „äußere Reihen", deren zweite mit „innere Reihen" und deren dritte mit „mittlere Reihen" beschriftet ist, sie in eine kleine Urne legen und diese dem Obersheriff reichen, damit er eine davon ziehe, der dann das darauf stehende Kommandowort verkünden soll, und demgemäß soll die Abstimmung beginnen. Wenn zum Beispiel auf der Kugel „mittlere Reihen" geschrieben stand, so soll die Abstimmung in der Mitte beginnen, d. h. die beiden Mittelreihen der Berittenen sollen als erste zu der Reiterurne und die beiden Mittelreihen der Fußtruppe als erste zu der Urne für das Fußvolk einschwenken, und dann sollen nach und nach alle übrigen Reihen folgen. Dasselbe soll für die inneren oder die äußeren Reihen gelten, falls sie zuerst aufgerufen werden. Und jeder, der eine silberne Kugel gezogen hat, soll an der Urne kehrtmachen und unverzüglich zu seinem Platz zurückgehen; wer an einer Seitenurne aber eine goldene Kugel gezogen hat, soll bis zur Mittelurne weitergehen und, wenn er dort eine silberne zieht, gleichfalls kehrtmachen; ist es jedoch wiederum eine goldene, dann soll er auf einer in dem Pavillon schräg aufgestellten Bank Platz nehmen, so daß sein Gesicht dem Obersheriff zugewandt ist, der seinerseits in der Mitte des Pavillons sitzen und von einigen Schreibern umgeben sein soll, von denen einer den Namen jedes Wählers, d. h. den Namen jedes Mannes, der in der Mittelurne eine Goldkugel gezogen hat, in der Reihenfolge aufschreiben soll, in der dies geschehen ist, bis die Zahl solcher Männer sechs beträgt. Und die ersten sechs Wähler, bei denen zwischen Berittenen und Fußvolk nicht unterschieden wird, sind die Wahlmänner ersten Ranges, die zweiten sechs (wiederum in der Reihenfolge ihrer Ermittlung) bilden die zweite Ranggruppe, die dritten sechs die dritte und die vierten sechs die vierte, wobei der Platz jedes Wahlmannes innerhalb seiner Ranggruppe durch die Reihenfolge bestimmt ist, in der er ermittelt wurde. Sobald jedoch die Zahl der Wahlmänner ersten Ranges komplett ist, soll der Obersheriff sie unverzüglich mit einer Kopie der folgenden Liste in ein kleines, vor dem Pavillon in seinem Blickfeld stehendes Zelt schicken, zu dem während der Wahlhandlung niemand Zutritt haben soll außer ihnen selbst und einem Schreiber, der sich in den Fragen der Abstimmung auskennt. Die Liste soll wie folgt aussehen:

Anno Domini ...
Verzeichnis der Sterne höchster Ordnung oder Liste der am ersten Wahltag gewählten Amtspersonen

1. Obersheriff, höchster   des Stammes Nubia, der
   Befehlshaber   bei der gegenwärtigen
2. Generalleutnant   Musterung siebenhun-

3. Oberster Aktenbewahrer, zugleich Generalbevollmächtigter für die Musterung
4. Oberzahlmeister, zugleich Generalquartiermeister
5. Erster Zensor
6. Zweiter Zensor

dert Berittene und fünfzehnhundert Mann Fußvolk umfaßt, alles in allem zwölfhundert Abgeordnete

Und jeder der sechs Wahlmänner der ersten Kategorie oder Rangstufe soll nacheinander für das seiner Reihenfolge entsprechende Amt solche Kandidaten vorschlagen, die nicht bereits in den Hundertschaften gewählt wurden, bis durch Abstimmung der Wahlmänner ersten Ranges für jedes Amt auf der Liste ein Bewerber gewählt ist; danach soll die Liste mit den darauf verzeichneten Bewerbern von dem Schreiber, der dieser Gruppe beigesellt worden ist, an den Obersheriff weitergereicht werden, doch die Wahlmänner sollen an Ort und Stelle verbleiben, denn sie haben ja ihre Stimme bereits abgegeben und dürfen an der Abstimmung des Stammes deshalb nicht mehr teilnehmen. Falls in einer Gruppe von Wahlmännern Streit ausbricht, soll einer der Zensoren oder, wenn sie selber Wahlmänner sind, einer der Hilfszensoren das Zelt dieser Gruppe aufsuchen und in der aufgetretenen Streitfrage einen Schiedsspruch fällen, der für diese Gruppe bindend ist. Genau dasselbe sollen die Wahlmänner der anderen Ranggruppen tun, indem auch sie sich gleich nach ihrer Ermittlung mit einer Kopie der genannten Liste in einem jeweils anderen Zelt versammeln, bis dem Obersheriff für jedes Amt auf der Liste vier Bewerber gemeldet sind, d. h. bis in jeder der vier Gruppen ein Bewerber für jede Funktion gewählt ist. Diese Bewerber soll der Obersheriff durch einen Ausrufer vor versammelter Gemeinde verkünden oder verlesen lassen, und wenn die Gemeinde die ganze Liste zum zweiten Mal gehört hat, soll der Obersheriff dem Stamme die Namen nachein-

123

ander zur Wahl stellen, und zwar zunächst den ersten Bewerber in der ersten Gruppe, dann den ersten Bewerber in der zweiten Gruppe und schließlich den ersten Bewerber in der dritten und vierten Gruppe. Und die (wie erwähnt) von Jungen in Kästen einzusammelnden Stimmen sollen in die Schalen vor den an beiden Enden des Tisches in dem Pavillon sitzenden Zensoren geschüttet werden, von denen der eine die Ja-Stimmen und der andere die Nein-Stimmen zählen soll, und wer von den vier Bewerbern für das erste Amt mehr als die Hälfte der Ja-Stimmen des Stammes auf sich vereinigt, der ist der erste Beamte. Dasselbe hat in fortlaufender Reihenfolge mit den übrigen Beamten zu geschehen. Da jedoch, schon bald nachdem die Kästen für den ersten Namen in Umlauf gebracht sind, weitere Kästen für den zweiten, dritten usw. ausgesandt werden, soll der Junge, der einen Kasten umherträgt, unausgesetzt den Namen jenes Bewerbers ausschreien oder wiederholen, für den der betreffende Kasten kursiert, sowie auch das Amt, für das er vorgeschlagen ist. Falls ein Beamter des Stammes als Wahlmann fungiert, kann er jeden aus seiner Gruppe als Stellvertreter in seiner anderweitigen Funktion benennen; die auf diese Weise gewählten Obrigkeiten sollen von dem Stamme sogleich in ihr Amt eingesetzt werden.

Sollte jemand gegen diese Ordnung einwenden wollen, daß die ihr zufolge zu wählenden Obrigkeiten von geringerem Range sein werden als die der Hundertschaft, sei daran erinnert, daß dies auch in den Wahlflecken unter der früheren Regierung so gehandhabt wurde; trotzdem waren die Vertreter der Grafschaften Männer von höherem Ansehen. Und von dem Rat der Wahlmänner, der die Hundertschaftswahl durchführt, darf man zumindest erwarten, daß er weitblickend genug sein wird, bei seinen Vorschlägen für die diesbezüglich geeignetsten Kandidaten auch diejenigen im Auge zu behalten, die für die Stammeswahl in Betracht kommen. Was man auch immer in dieser strittigen Frage einwenden mag, so erbringen die voranstehenden Ordnungen dennoch den Beweis, daß es genauso leicht und rasch möglich ist,

zehntausend Männer (falls der Anlaß es will) zur Stimmabgabe in Bereitschaft zu versetzen wie (durch deren
vorherige Aufstellung in Doppelreihen) fünftausend
Männer zu einem Marsch von einer Viertelmeile. Da jedoch bei diesem Wahlverfahren durch das ständige Ab-
schreiten des Feldes eine große Menge Zeit verloren-
ginge, um jedem Manne die Stoffkügelchen auszuteilen,
die er für die Abstimmung oder die Wahlhandlung
braucht, sollen seine Frau, seine Töchter oder auch andere Helfer ihm vor der Abstimmung seinen Vorrat an
Kugeln machen, so daß er etwa zwanzig davon in der Tasche trägt, wenn er auf das Feld kommt. Und damit will
ich es genug sein lassen. Es folgt

Die ELFTE ORDNUNG: Sie erläutert die Pflichten und
Aufgaben der in der Sternliste der höchsten Ordnung
aufgeführten Beamten sowie derjenigen der Hundertschaften und fängt mit dem Obersheriff an, der – abgesehen von seinen aus früheren Zeiten überkomme-
nen und durch die voranstehende Ordnung ergänzten
Zuständigkeiten – der erste Beamte des Phylarchen
oder Prärogativtrupps ist. Der Generalleutnant führt
zusätzlich zu seinen bereits erwähnten Pflichten das
Oberkommando über die gemusterten Jugendlichen
und ist der zweithöchste Beamte des Phylarchen; der
Archivar hat die jährlichen Musterrollen des Stammes,
und zwar sowohl der Jungen als auch der Wähler, in
Emporium zu den Akten zu geben und ist der dritt-
höchste Beamte des Phylarchen. Die Zensoren und deren Gehilfen, d. h. die Gemeindevorsteher, haben dafür
Sorge zu tragen, daß die einzelnen Abstimmungsge-
setze eingehalten werden, sooft sich das Stammesvolk
versammelt; sie sind auch befugt, solche Geistlichen im
Lande, die sich mit ihren Predigten in Staatsangelegenheiten einmischen, ihrer Pfründe zu entheben, sofern
sie nicht den Phylarchen oder den Rat für Religionsfra-
gen anrufen, und sie gemeinsam mit den Friedensrich-
tern gegebenenfalls gerichtlich zu verfolgen. Und die
Geschworenen der Hundertschaften, deren Zahl sich
auf insgesamt sechsundsechzig beläuft, sind der Prärogativtrupp oder der Phylarch des Stammes.

Der Phylarch oder Prärogativtrupp hat eine fünffache Funktion. Zum ersten ist er der Rat des Stammes und leitet als solcher die Musterung desselben, hat von allen Vorkommnissen Kenntnis, die sich in den Gemeindeversammlungen oder bei den Wahlen der Gemeinden und der Hundertschaften zugetragen haben, und kann jede unzulässige Handlung oder jede Abweichung von den diesbezüglichen Vorschriften und Ordnungen mit Strafen belegen, gegen die die Anrufung des Parlaments möglich ist. Eheschließungen sind von der Parochialversammlung, der gemusterten Hundertschaft, oder durch den Phylarchen für rechtsgültig zu erklären. Und wenn ein Stamm den Wunsch hat (den er bei der Musterung jeweils durch den Hauptmann der betreffenden Einheit vortragen lassen soll), dem Parlament ein Gesuch zu unterbreiten, so soll der Phylarch als der zuständige Rat das Gesuch in dem Pavillon formulieren und dem gesamten Stamm in schriftlicher Ausfertigung zur Abstimmung vorlegen; und ausschließlich der durch Billigung des Stammes bestätigte und von den sechs Vertretern der höchsten Obrigkeit eigenhändig unterzeichnete Text soll vom Parlament als Gesuch des Stammes entgegengenommen und anerkannt werden.

Zum zweiten hat der Phylarch die Macht, den Beistand jeder beliebigen anderen Truppeneinheit des Stammes anzufordern (seien es Ältere oder Junge, für die die disziplinarischen Festlegungen noch folgen) und mit dieser die reisenden Richter in deren Gerichtsbezirken zu empfangen, denen die Beamten des Phylarchen auf der Richterbank ebensolche Unterstützung angedeihen lassen sollen wie auch den andernorts tagenden Geschworenengerichten bei der Wahrnehmung ihrer besonderen Aufgaben gemäß den aus älterer Zeit stammenden Gesetzen und Gepflogenheiten dieses Landes.

Zum dritten soll der Phylarch die altem Brauch entsprechenden Quartalsgerichte abhalten und dort auch Klagen anhören, die im Sinne der Regelungen, die das Parlament hierzu bereits erlassen hat oder noch erlassen wird, auf den Schutz der Gewissensfreiheit abzielen.

Zum vierten sind sämtliche die Stämme betreffenden Weisungen des Parlaments von dem Phylarchen oder einem Mitglied dieses Trupps entgegenzunehmen und ordnungsgemäß auszuführen.

Zum fünften soll im Falle der Erhebung von Steuern das Parlament die Phylarchen mit der Zahlung beauflagen; die Phylarchen sollen das Geld von den Hundertschaften eintreiben, die Hundertschaften von den Gemeinden und die Gemeinden aus den eigenen Reihen. Die Gemeinden sollen die aufgebrachten Steuern dann den Amtleuten der Hundertschaft und diese sie den Phylarchen zwecks Weiterleitung an die Schatzkammer übergeben. Wer zehn lebende Kinder hat, soll jedoch keine Steuern zahlen; hat er fünf lebende, soll ihm die Hälfte der Steuer erlassen sein; wenn er drei Jahre verheiratet oder älter als fünfundzwanzig und kinderlos ist oder keine rechtmäßig gezeugten Kinder hat, soll er doppelte Steuern zahlen. Und wenn sich im Zusammenhang mit diesen Vorschriften oder anderen, die diesbezüglich noch hinzukommen werden oder mögen, irgendwelche Streitigkeiten erheben, dann sollen die Phylarchen über die Stämme und das Parlament soll über die Phylarchen richten. Falls im übrigen jemand sich untersteht, in irgendeine Volks- oder Gemeindeversammlung dieser Nation das Recht oder die Befugnis zur Beratung einführen zu wollen, soll der Phylarch beziehungsweise ein beliebiger anderer Beamter der Hundertschaft oder des Stammes ihn unverzüglich in Gewahrsam nehmen lassen und dem Kriegsrat überstellen.

Jener Teil der Ordnung, der sich auf die in Emporium zusammenlaufenden Musterrollen bezieht, verdient wegen des ihnen innewohnenden einmaligen Wertes noch etwas genauere Betrachtung. Es ist in den entsprechenden Ordnungen bereits dargestellt worden, wie die Listen der Gemeinden, Hundertschaften und Stämme angelegt sind, so daß sie nach Abschluß der Wahlen Auskunft über die Gesamtzahl der an den jeweiligen Versammlungen oder Musterungen beteiligten Älteren oder Abgeordneten geben. Genau dasselbe geschieht auch mit den jungen Männern in deren jeweiligen Formationen (die noch zur Sprache kommen sollen), so daß die Gemeindelisten durch Summierung der Jungen und der Älteren die gesamte Zahl der Waffentauglichen und die Stammeslisten durch Summierung der Jungen und Älteren die Gesamtzahl des Waffen tragenden Volkes ergeben. Diese durch den Oberarchivar jährlich erstattete Bilanz wird der Pegelmesser des Nils genannt, weil sich daran, ähnlich wie bei dem Wasser dieses Flusses, das Fallen und Steigen der Zahl des Volkes, das den Reichtum eines Gemeinwesens darstellt, und somit der Stand der öffentlichen Ernte ablesen läßt.

Soviel zur Beschreibung des ersten Tagewerks der Musterung, das, wie gezeigt, gleich nach dessen Bekanntgabe zu Ende gebracht wurde; denn ebenso, wie es sich ohne großen Aufwand durchführen läßt, so braucht es nicht viel Zeit, was übrigens auch die Tatsache beweist, daß der aus einer ähnlichen Mitgliederzahl bestehende Rat von Venedig um zwölf Uhr mittags zusammentritt und an einem einzigen Nachmittag zwölf Magistratsbeamte wählt. Nachdem aber der Stamm für diese Nacht entlassen war, bezogen die Männer unter Leitung ihrer neuen Oberen die Quartiere. Schon zeitig am nächsten Morgen kehrten sie auf das Feld zurück, und dort verkündete der Sprecher

Die ZWÖLFTE ORDNUNG: Sie regelt die Musterung des Stammes am zweiten Wahltag, an dem die Liste der Galaxie zur Wahl steht. Hierzu sollen die Zensoren die Urnen nach den in der neunten Ordnung für die zweite Abstimmung erlassenen Richtlinien vorbereiten, also sechsunddreißig Goldkugeln in die Mittelurne legen, aus denen vier Gruppen zu je neun Wahlmännern entsprechend der Anzahl der nach der Liste zu besetzenden Außenämter zu bilden sind, die wie folgt aussieht:

1. Senatsvertreter   aus der Reiterei zu wählen
2. Senatsvertreter
3. Abgeordneter
4. Abgeordneter   aus der Reiterei zu wählen

5. Abgeordneter
6. Abgeordneter
7. Abgeordneter   aus dem Fußvolk zu wählen
8. Abgeordneter
9. Abgeordneter

Die weitere Abstimmung soll dann genauso vonstatten gehen wie am ersten Tage. Da jedoch das Gemeinwesen die Leibesfrüchte des Menschen in dem gleichen Maße benötigt wie dessen Geistesfrüchte, sollen diese Ämter nur denen offenstehen, die verheiratet sind.[129] Wird ein Abgeordneter, der bereits in ein Amt der Gemeinde, der Hundertschaft oder des Stammes gewählt wurde, später in die Galaxie gewählt, dann soll er das Recht haben, sein Amt in der Gemeinde, der Hundertschaft oder dem Stamm an jeden beliebigen Angehörigen seiner eigenen Gruppe abzugeben, der noch nicht in ein Amt gewählt ist. Nach ihrer Wahl sollen die Senatsvertreter und Abgeordneten durch den Obersheriff vor das Stammesoberhaupt geführt werden, wo ihnen der folgende Eid abgenommen werden soll: „Ihr werdet die Ordnungen und Bräuche dieses Gemeinwesens, die das Volk erwählt hat, in Treu und Redlichkeit einhalten und beherzigen." Und falls jemand den Eid verweigert, soll er zurückgewiesen und an seiner Statt der Bewerber mit den zweitmeisten Stimmen aufgerufen sowie bei Ableistung des Eides auf die Liste gesetzt werden; verweigert auch er den Eid, soll derjenige, der nach ihm die meisten Stimmen hatte, aufgerufen werden, und so soll es weitergehen, bis die neun Bewerber mit den meisten Stimmen vereidigte Senatsvertreter und Abgeordnete entsprechend der Liste der Galaxie sind. (Diese Klausel, die den jüngsten Zerwürfnissen sowie dem Zweck Rechnung trägt, auf niemandes Gewissen einen Zwang auszuüben, soll nur für die ersten drei Jahre in Kraft bleiben.) Die gewählten und vereidigten Senatsvertreter der Galaxie haben sich bis zum ersten Montag des April in den Pantheon oder Gerichtspalast zu begeben, der sich (außer wenn das

Parlament aus Krankheits- oder anderen Gründen an einem anderen Ort des Landes einberufen wurde) in der Hauptstadt dieses Gemeinwesens befindet, wo sie ihre Plätze im Senat einnehmen und für die volle Frist von drei Jahren, gerechnet vom Zeitpunkt der Wahl, mit allen Rechten und Vollmachten von Senatoren ihres Amtes walten sollen. Die Abgeordneten der Galaxie sollen (außer in dem vorerwähnten Sonderfall) sich zu dem Sitzungssaal in Emporium begeben, wo sie in die Liste der Stammesprärogative oder der gleichberechtigten Vertretung des Volkes aufgenommen und auf volle drei Jahre, gerechnet vom Wahltag, mit allen Rechten und Vollmachten als dessen Abgeordnete ihres Amtes walten sollen. Da jedoch die Dauer jedes Amtes eine ebenso lange Ruhepause gebietet, soll ein Senatsvertreter oder ein Abgeordneter der Galaxie nach Ablauf seiner Dreijahresfrist in diese Funktion oder ein anderes Amt des Stammes erst wiedergewählt werden können, wenn er auch seine dreijährige Ruhepause hinter sich gebracht hat.

Wer die voranstehenden Ordnungen recht betrachtet, wird es genausowenig für möglich halten, daß es bloß der Eingebung einer Bierlaune geschuldet sei, wenn ein gottesfürchtiger Senatsvertreter sich für würdig erklärt, seinem Land zu dienen, wie daß der ehrenwerte Obersheriff den Schurken spielen könnte, falls das Gesetz ihm freie Hand ließe. Doch obwohl die voranstehenden Ordnungen vollkommen sind, was die Einsetzung des Senats und der Volksversammlung betrifft, wozu nichts weiter erforderlich ist als eine gewöhnliche Wahl nach dem dort dargestellten Verfahren (also nur eines Drittels der Gesamtzahl der Senatsvertreter und der Abgeordneten), müssen wir dennoch, was die eigentliche Konstituierung dieser Körperschaften angeht, hier noch so etwas wie eine behelfsmäßige Zusatzregelung ins Auge fassen. Denn das Gemeinwesen benötigte ja am Anfang zur vollzähligen Besetzung seiner Räte dreimal so viele Leute, wie nach den voranstehenden Ordnungen zur Wahl gestellt sind. Deshalb ließ der Sprecher, dessen Beistand an diesem Ort also dringend vonnöten war, die versammelten Männer, nachdem' er sie wahrheitsgemäß über die Gründe aufgeklärt hatte, noch weitere zwei Tage bleiben und ergriff die folgenden Maßnahmen: Er gab Weisung, daß an dem zweiten Tage eine Liste mit zwei Senatsvertretern und sieben Abgeordneten gewählt werden sollte; diese Liste der sogenannten ersten Galaxie stattete die hierfür erwählten Personen mit Vollmachten aus, die auf eine Frist von einem Jahr und nicht länger begrenzt waren; außerdem verfügte er für den dritten Tag die Wahl einer weiteren Liste mit nochmals zwei Senatsvertretern und sieben Abgeordneten, die, als Liste der zweiten Galaxie bezeichnet, die hierfür erwählten Personen mit Vollmachten für höchstens zwei Jahre ausstattete. Und an dem vierten Tag ließ er, den Richtlinien der Ordnung entsprechend, die dritte Galaxie wählen, die zu einer dreijährigen Amtszeit ermächtigte. Dieses ständige Kommen und Gehen (vergleichbar den Himmelskörpern einer Hemisphäre, die, wenn sie untergehen, den Aufgang der anderen bewirken) brachte die erhabenen Gestirne dieses Gemeinwesens somit auf ihre jährlichen, dreijährlichen und immerwährenden Umlaufbahnen.

Nachdem das Werk der Musterung glücklich vollendet war, ließ Hermes de Caduceo, der Sprecher des ganz von seiner ersten Begeisterung überwältigten Stammes Nubia, eines der Zensorenpulte vor die angetretene Schwadron rücken, trat hinauf und hielt die folgende Ansprache:

„Hochwerte Obrigkeiten! Volk des Stammes Nubia! Wir haben heute die glückliche Vermählung des mächtigsten Herrscherpaares vollzogen, das da ist auf Erden oder in der Natur: der Waffen und der Räte, auf deren beiderseitiger Umarmung all euer Gemeinwesen gegründet ist, denn seine Räte, die unablässig kreisend bald vorwärts, bald rückwärts marschieren, schaffen ihm seine Armeen, und seine Armeen salutieren vor seinen Räten, kaum daß sie diese aus dem Golde gezeugt haben, das den Wahlurnen entströmt ist. Es gibt Leute (denn so ist die Welt heutzutage beschaffen), die es für lächerlich halten, daß eine Nation ihre staatlichen Funktionen mit militärischer Zucht wahrnimmt, während sie ihre eigene Sicherheit lieber dem Gesinde anvertrauen und es sich selber beim festlichen Schmause wohlsein lassen. Was für einen Sinn würde es aber machen, solche Leute, die waffenlos sind (oder, was dasselbe ist, deren Erziehung sie mit dem rechten Gebrauch des Schwertes nicht vertraut gemacht hat), als Bürger zu bezeichnen? Was wären zwei- oder dreitausend von euch, die ihr eurem Lande zwar herzlich ergeben, aber nackt und wehrlos wäret, gegen einen einzigen Trupp von angeworbenen Söldnern? Kämen sie hierher auf das Feld und sagten zu euch: ‚Es geziemt sich, Herrschaften, daß ihr diese oder jene Männer wählt‘, wo wäre dann eure Freiheit? Oder wenn sie sagten: ‚Parlamente sind ja ganz schön und gut, aber ihr müßt euch noch ein wenig gedulden, dies ist nicht die Stunde dafür‘, wo wäre dann euer Gemeinwesen? Was sonst bringt denn die Monarchie der Türken hervor als Knechte in Waffen? Was sonst erschuf das glorreiche römische Gemeinwesen, wenn nicht das Schwert in der Hand seiner Bürger? Deshalb grüße ich diesen Tag mit Tränen in den Augen, die seine lichte Heiterkeit gleichwohl nicht trüben sollen, sind es doch Freudentränen. Seht, wie die Armee Israels zu einem Gemeinwesen wird und das Reich Israel in seiner Armee gewappnet bleibt, seht seine Obersten über zehn und über fünfzig, über hundert und über tausend (wie an dem heutigen Tage allüberall auf unseren glücklichen Feldern) durch das Los ihrer Stämme, in mehr als dreifacher Zahl und von ihren Phylarchen oder Fürsten geleitet, hervortreten, um ihren Platz *sellis curulibus*, auf fünfzig Thronen einzunehmen und über die fünfzig Stämme von Oceana zu richten! Oder ist es Athen, das sich aus seinem eisernen Grabe erhebt, über das nun so lange schon die Heere der Janitscharen hinwegstampfen? Denn mit Sicherheit hören wir – *nec vox hominem sonat*[130] – die Stimme des Theseus zu uns sprechen, der seine versprengten Athener in einer einzigen Stadt um sich geschart hat:

Haec juris sui
Parere domino civitas uni negat:
Rex ipse populus annuas mandat vices
Honoris huic illive.[131]

Diese frei geborene Nation lebt nicht von den Brosa-
men oder der Freigebigkeit eines einzelnen, sondern
ist als Volk selber König, indem sie ihre Ämter und
Ehren alljährlich mit eigener Hand verteilt."
An dieser Stelle wurde der Sprecher für eine Weile
durch Hochrufe unterbrochen; schließlich fuhr er fort:
„Muß ich etwa den Tadel des schlichten Sparta mit
seinem wehrhaften, in die *obai* und *morai* gegliederten
Volk fürchten, wenn ich die Menschen eine Sprache
sprechen oder annehmen lehre, die wie der Putz einer
Frau geeignet ist, die Herzen der Männer beim Gedanken an die Freuden der Freiheit höher schlagen zu
lassen? Spendet nicht Rom mit seinen siegreichen
Kriegern (denn dafür galt ihm sein *concio* oder seine
Gemeindeversammlung) uns Beifall, weil uns glückte,
was ihm versagt geblieben, nämlich seine *comitia curiata, centuriata* und *tributa* zu einem unbezwingbaren
Einheitsbund zusammenzufügen? Oder tut es der
ruhmreiche Rat des unvergleichlichen Venedig, dessen unsterbliches Gemeinwesen durch ebendasselbe
Wahlverfahren immer neuen Auftrieb erhält? Denn
weder die Vernunft noch die Erfahrung lassen es unmöglich erscheinen, daß ein Gemeinwesen unsterblich sein sollte, da ja doch das Volk als dessen Baustoff
nie ausstirbt und die Bewegung, die ihm Gestalt verleiht, ohne eine Gegenkraft endlos sein muß. Wenn
keine Reibung, kein Hindernis den Ball aufhält, den
eure Hand angestoßen hat, wird er auf immer weiter-
rollen; deshalb auch ziehen die leuchtenden Himmelskörper, welche die Bälle Gottes sind, und nächst ihnen jene von Venedig, sobald sie erst einmal in
Bewegung geraten, für alle Zeiten ihre Bahnen. Eines
indessen steht fest, ihr Herren: Wie herrlich auch das
Beispiel sein mag, das sie uns gegeben haben, *wir* haben der Welt als erste ein Gemeinwesen vorgeführt,

dessen Stärke von Anbeginn auf jenen fünfzig Türmen und jenen Garnisonen beruht, die die Stämme von Oceana mit ihren jährlich erfaßten hunderttausend Älteren bilden und die doch nur ein Außenposten sind, verglichen mit den an Zahl und Manneszucht gleich starken Heeren seiner marschbereiten Jugend.

Und mag auch die souveräne Gewalt ein zwar notwendiges, aber schreckliches Ding sein, nicht unähnlich dem Pulver, das (da ihr ja Soldaten seid) euch im selben Maße Schutz verheißt wie Gefahr, indem es sowohl für als auch wider euch eingesetzt werden kann, so ist sie doch bei euren Galaxien derart zuverlässig und sicher aufgehoben, daß sie sich zu ihrer vollen Kraft und Größe erheben wird, und bei alledem so verteilt, daß ihr durch euer eigenes Pulvermagazin nie und nimmer in die Luft gesprengt werden könntet. Sollen jene, die da behaupten, eine Gewalt, die begrenzt werde, könne nicht souverän sein, uns doch einmal sagen, ob es nicht sicherer und gedeihlicher für uns ist, wenn unsere Flüsse in ihren gebührenden Herrschaftsgrenzen gehalten werden, als wäre ihnen gestattet, einfach über die Ufer zu treten und unsere Ernten zu verwüsten! Ob nicht Seelen, welche die Fesseln des ihnen zubestimmten Leibes abgeworfen haben, diesen ebensowenig zu beherrschen vermögen, wie es die Seelen von Hexen können, die dem Zauberbann verfallen sind! Ob Gewalt, die nicht durch Vernunft und Tugend gezügelt wird, denn noch irgendwelche Zügel haben werde als Laster und Leidenschaft! Oder wenn Laster und Leidenschaft schrankenlos wüten und Vernunft und Tugend mit gewissen Einschränkungen einhergehen, auf welchen der beiden Throne gottesfürchtige Menschen ihren Souverän dann wohl besser setzen sollten! Um jedoch all diesen Nebeldunst fortzublasen: Die souveräne Gewalt ist in einem Gemeinwesen nicht stärker beschränkt, d. h. nicht geringer, als in einer Monarchie, aber sie steht auf festem Grunde. Der Adler erhebt sich nicht wie sonst in die Lüfte, wenn man ihn fesselt, und er tut dies auch nicht, ohne sicheren Boden unter sich zu wissen. Und damit kein Monarch sich einbilden möge, sein eigenes Zepter könne weiter reichen: Der römische Adler spannte seine Schwingen auf dem Boden dieses Gemeinwesens einst so weit, daß sie vom Ozean bis zum Euphrat reichten. Nehmt die souveräne Gewalt an euch, ihr habt sie ja schon ergriffen, haltet sie fest, umklammert sie auf immerdar mit euren glänzenden Waffen! Die Kraft des Magneten wird nicht dadurch gehemmt oder verringert, sondern vielmehr verstärkt und bereichert, daß sie an das Eisen gebunden ist. Und damit, ihr Herren, wünsche ich euch viel Freude und nehme Abschied von diesem Stamme."

Als der Sprecher seine Rede beendet hatte und vom Pult stieg, brach der gesamte Stamm in donnernden Beifall und Jubel aus. Dann geleitete er ihn für diese Nacht zu seinem Quartier, und am nächsten Tage verabschiedete ihn der Phylarch, gefolgt von mehreren Kommandotrupps, an der Grenze des Stammesgebietes mit mehr Tränen als Kummer auf beiden Seiten.

Somit *ist ein Stamm die dritte Teilung des Landes auf Grund der dritten Erfassung des Volkes, deren Funktion an dem betreffenden Ort in den fünf vorgenannten Ordnungen enthalten ist.*

Bei dem Aufbau des Gemeinwesens hatte man sich noch mit jenen Stelzen und Stützen behelfen müssen, die den Leser vielleicht verwirrt haben werden; jetzt aber will ich sie fortnehmen und zu dem Bauwerk selbst kommen, das, auf solidem Grunde stehend, einen klaren Blick ermöglicht.

Aus dem bereits Gesagten folgt, daß die Bewegungen des Gemeinwesens denen einer Kugel gleichen, und kugelförmige Bewegungen haben bekanntlich ihren eigenen Drehpunkt; deshalb wird es (ehe ich fortfahre) für das bessere Verständnis des Ganzen nötig sein, daß ich zunächst den Drehpunkt freilege, von dem die Bewegungen dieses Gemeinwesens ausgehen.

Der Drehpunkt oder die Basis jedes Staates besteht in nichts anderem als in dessen grundlegenden Gesetzen.

Grundlegende Gesetze sind solche, die bestimmen, was jemand sein eigen, d. h. sein Hab und Gut nennen und durch welche Vorkehrungen er sich seines Eigentums erfreuen, d. h. es schützen kann; das erste bezeichnet man auch als Besitz und das zweite als Herrschaft oder souveräne Gewalt, wobei diese (wie gezeigt wurde) das natürliche Ergebnis des ersteren ist, denn die Besitzverteilung in einem Lande ist ausschlaggebend für dessen Herrschaftsform.

Also sind die grundlegenden Gesetze von Oceana oder der Drehpunkt dieses Gemeinwesens das Ackergesetz und die Abstimmung: Das Ackergesetz wahrt vermittels der Besitzverteilung die Gleichheit an der Wurzel, und die Abstimmung setzt sie dank einer gleichmäßigen Rotation bis in die Zweige oder die Ausübung der souveränen Gewalt fort. Das erweist, um mit dem ersteren zu beginnen, die

DREIZEHNTE ORDNUNG: Sie begründet die Ackergesetze von Oceana, Marpesia und Panopea, die, erstens, für alle auf dem Hoheitsgebiet von Oceana befindlichen und ihm zugehörigen Ländereien festlegen, daß jeder gegenwärtige oder künftige Eigentümer eines Landbesitzes mit einem höheren Jahresertrag als fünftausend Pfund, der mehrere Söhne hat, seine Ländereien zu gleichen Teilen, falls deren jährlicher Ertrag zweitausend Pfund übersteigt, oder zu so annähernd gleichen Teilen, falls er darunterliegt, an diese vererben soll, daß das dem ältesten Sohn zufallende größere Stück oder Erbteil keinen höheren Ertragswert erbringt als zweitausend Pfund im Jahr. Und niemand, der zum gegenwärtigen Zeitpunkt Land im Wert von unter zweitausend Pfund jährlich besitzt, soll auf dem vorgenannten Gebiet Ländereien an sich bringen, in Besitz nehmen (außer durch rechtmäßige Erbschaft), erwerben oder kaufen, die zusammen mit denen, die ihm bereits gehören, den besagten Ertrag übersteigen. Und wenn jemand eine Tochter oder mehrere Töchter hat, soll er ihnen, sofern sie keine Erbinnen sind, nicht mehr als je fünfzehnhundert Pfund an Ländereien, Gütern und Vermögen vermachen beziehungsweise zur Mitgift oder als anderweitige Hinterlassenschaft aussetzen. Und es soll auch kein Freund, kein Verwandter oder keine Verwandte den ihnen zubestimmten Teil durch ergänzende Zuwendungen vergrößern noch ein Mann durch die Ehe mit einer Frau mehr beanspruchen oder besitzen dürfen. Allerdings soll einer Erbin ihr rechtmäßiges Erbe und einer Witwe all das zufallen, was die Großmut oder Zuneigung ihres Mannes ihr zugedacht hat, doch soll es in der ersten Generation, in der es teilbar ist, auf die dargestellte Art und Weise aufgeteilt werden.

Zweitens soll das Ackergesetz in vollem Umfang für alle auf dem Gebiet von Marpesia liegenden und ihm zugehörigen Ländereien genauso gelten wie für Oceana, nur mit dem einen Unterschied, daß der Durchschnittswert oder die Richtgröße des Landbesitzes für Marpesia auf fünfhundert Pfund begrenzt sein soll.

Und drittens soll auch für Panopea das Ackergesetz in vollem Umfange wie für Oceana gelten. Und wer immer von Rechts wegen überführt wird, daß er mehr besitzt als den ihm durch das Gesetz zugebilligten Anteil, dessen Mehrgewinn soll zum Nutzen des Staates verwirkt sein.

Ackergesetze haben schon immer zu den allerschlimmsten Schreckensvisionen Anlaß gegeben, und auch bei diesem war es nicht anders, als es eingeführt wurde; zu jener Zeit war es nachgerade grotesk, mit anzusehen, was für eine merkwürdige Angst sich allenthalben vor etwas breitmachte, das, da es doch gut für alle war, für niemanden von Schaden sein konnte. Statt jedoch den Beweis für diese Ordnung zu führen, will ich hier lieber aus der Fülle der ihrer Verabschiedung vorausgehenden Debatten zwei Reden einfügen, die vor dem Rat der Gesetzgeber gehalten wurden. Die erste stammt von dem sehr ehrenwerten Jüngling Philautus de Garbo, dem rechtmäßigen Erben einer sehr vornehmen Familie und Mitglied dieses Rates, der folgendes vortrug:

„Gestattet mir, Euer Exzellenz und Mylord Archont von Oceana, das Wort zu nehmen: Wüßte ich nicht (soweit ich dies beurteilen kann), von welch scharfsinnigem Mitglied unseres Rates ich mit meiner Meinung abweiche, dann wäre es mir sicherlich ein leichtes, es für jedermann sonnenklar zu machen, daß ein Ackergesetz, erstens, völlig überflüssig ist, daß es, zweitens, für ein Gemeinwesen Gefahren birgt, daß es, drittens, nicht ausreicht, um die Monarchie fernzuhalten, daß es, viertens, Familien zerstört, daß es, fünftens, dem Arbeitsfleiß verderblich ist und daß, schließlich und endlich, selbst wenn es wirklich zu irgend etwas nütze wäre, seine Einführung und dauerhafte Durchsetzung in diesem Lande auf insgesamt unüberwindliche Schwierigkeiten stoßen würde.

Zum ersten: Kann es eigentlich noch einen überzeugenderen Beweis dafür geben, daß ein Ackergesetz für ein Gemeinwesen überflüssig ist, als daß die unserer Zeit entstammenden Gemeinwesen (darunter Venedig, das ja nach Euer Exzellenz' Auffassung das gesamte Altertum in den Schatten stellt) kein solches Gesetz haben? Und angesichts dessen, daß es in ihrer souveränen Gewalt läge, jederzeit eine derartige Ordnung zu erlassen, kann der alleinige Grund, weshalb sie desgleichen jetzt nicht haben, doch nur darin bestehen, daß sie es nicht brauchen; darum nimmt es nicht wunder, wenn Aristoteles, der sich für einen guten Republikaner hielt, schon damals den Phaleas ob dieser ihm von den Griechen zugeschriebenen Erfindung verspottete.[132]

Zum zweiten: Daß ein Ackergesetz für ein Gemeinwesen Gefahren birgt, wird durch keine unbedeutenden Autoritäten gestützt. So ist Machiavelli fest davon überzeugt, daß der Streit, der sich an dem Ackergesetz entzündete, ursächlich an dem Untergang Roms schuld war.[133] Und auch Sparta erging es meines Erachtens in dieser Hinsicht nicht viel besser, wie ich sogleich zeigen werde.

Zum dritten: Daß es nicht ausreicht, um die Monarchie fernzuhalten, kann nur von gottlosen Menschen geleugnet werden, da doch die Heilige Schrift bezeugt, daß das Volk Israel ungeachtet seines Ackergesetzes den Hals von sich aus in das Joch seiner despotischen Fürsten legte.

Um nun zu meiner vierten Behauptung zu kommen, daß es nämlich Familien zerstörte, so liegt auch sie so klar auf der Hand, daß sie weit eher Bedauern erheischt als des Beweises bedarf. Warum nur wollt ihr den Adel, dem doch niemand absprechen kann, daß er für die angestammten Freiheiten dieses Volkes willig als erster sein Blut geopfert hat, durchaus an einen unheiligen Altar binden? Warum redet man dem Volk ein, seine Freiheit, die längst begraben wäre, wenn unsere edlen Vorfahren nicht geboren worden wären, könne jetzt nur dadurch geboren werden, daß wir begraben würden? Ein Gemeinwesen sollte die Unschuld der Taube haben. Überlassen wir einen solchen Preis für seine Geburt lieber der Schlange, die sich aus dem Schoß ihrer Mutter herausfrißt!

Vielleicht ist es aber so, daß wir von unserer ersten Liebe abgefallen und hochmütig und träge geworden sind. Gewiß kommt die strafende Hand Gottes nicht ohne Grund über uns, meine Herren; darum gebt wohl acht, daß ihr nicht solche Angriffe und Ausfälle gegen den Besitzstand der Menschen zulaßt, die ihren Arbeitseifer lähmen und auch anderen Anlaß zu der Vermutung geben könnten, ihr Schweiß werde umsonst vergossen. Denn was man auch sagen mag, euer Ackergesetz (und das ist meine fünfte Behauptung) muß in der Tat dem Arbeitsfleiß verderblich werden. Das war erwiesenermaßen in Sparta der Fall, und es konnte auch gar nicht anders sein, da doch jeder Mann dort, der seine zehn Sack Gerste und die entsprechende Menge Weines hatte, die ihm sein Arbeitssklave oder Helote aus den eigenen Vorräten zumaß, sich mit diesem Anteil als der Grenze seiner Lebenshaltung bescheiden mußte, die er nicht überschreiten durfte, so daß kein Gewerbe und keine Kunst im Schwange war außer dem Kriegshandwerk. Darum mußte ein Spartaner, wenn er nicht unter Waffen stand, herumsitzen und die Daumen drehen, was zur Folge hatte, daß andauernd Krieg herrschte, und da der Besitzstand des Bürgers ebensowenig Möglichkeiten zu seiner Entfaltung hatte wie der des Gemeinwesens, ging es unvermeidlich zugrunde.

Wie ihr nun in einem ähnlichen Falle Besseres erwirken könntet, vermag ich nicht recht zu sehen, sondern befürchte eigentlich eher noch Schlimmeres. Denn immerhin wurde Sparta von keinem Bürgerkriege heimgesucht, doch wenn ihr eure Bürger nicht besser zur Arbeit anhaltet, als es dort geschah, so kann ich euch nicht versprechen, ob ihr ähnlich gut davonkommen werdet, denn noch gibt es welche, die es nach Krieg gelüstet, weil sie dadurch ihren Schnitt zu machen hoffen, und die stärkste Sicherheit, die ihr dem Frieden geben könnt, besteht darin, daß ihr ihn einträglich macht. Sonst werden die Leute lieber darauf sinnen, eure Gesetze zu übertreten, als sich von ihnen niedertreten zu lassen. Ich spreche hier gar nicht so sehr von dem Adel oder denen, die zu den Besitzenden gehören würden, sondern von dem Volk oder denen, die etwas zu gewinnen hätten und deshalb um so heftiger betroffen sind, weil es den Menschen nun einmal weniger glücklich macht, sich seines Besitzes zu erfreuen, als ihn zu schaffen und zu mehren. Ich hege fürwahr die Besorgnis, meine Herren, daß ihr, indem ihr noch mehr Hände, und obendrein die tüchtigsten, davon abhaltet, sich fleißig zu regen, größeren Schaden stiftet, als dadurch wiedergutgemacht werden kann, daß die Arbeit wenigen, und dazu den schlechtesten, überlassen bleibt, während die Adligen gezwungen sind, ihre eigenen Söhne hinter den Pflug zu spannen und, als ob das nicht schon genug wäre, ihre Töchter auch noch mit Bauern zu verheiraten.

Es will mir aber nicht in den Kopf (um zu dem letzten Punkte zu kommen), wie sich eine solche Sache überhaupt sollte bewerkstelligen lassen, ich meine, wie sie euch nützen könnte, auch wenn sie vielen zum Verderben gereichen mag. Denn daß das Ackergesetz von Israel oder von Sparta sich durchsetzen konnte, ist kein gar so großes Wunder, weil die Ländereien ohne Rücksicht auf die vormaligen Eigentümer vermessen und durch das Los in gleich große Stücke zerlegt wurden, die weder gekauft oder veräußert noch vergrößert werden durften, so daß klar ersichtlich war, wem sie gehörten; in dieser Nation läßt sich eine derartige Verteilung jedoch nicht durchführen, weil die Ländereien ja bereits in festen Händen sind und der Grundbesitz ohnehin sehr selten zusammenliegt, sondern mit dem anderer vermischt ist und überdies so unterschiedliche Arten der rechtlichen Verfügungsgewalt umschließt, daß, ebenso wie erfahrungsgemäß in einem vergleichbaren Falle noch nie ein Ackergesetz eingeführt worden ist, unerfindlich bleibt, auf welche Weise oder aus welchem Grunde dies jetzt geschehen sollte, denn es ist nun einmal wider alle Vernunft und Erfahrung und deshalb unmöglich."

Keiner im ganzen Lande war in dieser Angelegenheit so unmittelbar interessiert wie Philautus, denn er hatte vier jüngere Brüder, und sein Vater, als dessen Erbe er mit zehntausend Pfund im Jahr rechnen konnte, war noch am Leben. Und da er ein fähiger Kopf war und Achtung genoß, blieben seine Worte nicht ohne Wirkung auf das Urteil und die Gefühle der Männer und hätten der Angelegenheit wohl den entscheidenden Schlag versetzt, hätte nicht der Archont ihn mit der folgenden Ansprache pariert:

„Meine Herren Gesetzgeber von Oceana!

Mylord Philautus hat uns eine leichte Aufgabe so dargestellt, als wäre sie schwer zu bewältigen; wenn wir ihm Dank schulden, so gilt unsere Anerkennung aber weniger seiner Redekunst als der Lauterkeit seines Charakters und der Beliebtheit, deren er sich sehr zu Recht bei jedermann erfreut. Auch ist vernünftigerweise nicht zu befürchten, daß er angesichts des Vorsprungs, den er anderen als Privatmann abgewonnen hat, nun in seiner Eigenschaft als Mann der Öffentlichkeit hinter ihnen zurückstehen könnte. Da die leise Kritik, die seine gesamte Rede durchzogen hat, somit im wesentlichen der Sorge entsprang, daß das Ackergesetz sich für sein Land nachteilig auswirken könnte, ist es nichts weniger als meine Pflicht, einem so wackeren Patrioten nach bestem Vermögen Rede und Antwort zu stehen, indem ich alle seine Zweifel in der Reihenfolge ihrer Äußerung einer Betrachtung unterziehe. Zum ersten:

Wenn Mylord bei der Untersuchung der neuzeitlichen Gemeinwesen zu dem Standpunkt gelangt, ein Ackergesetz sei überflüssig, so muß eingeräumt werden, daß sie auf den ersten Blick in gewissem Maße für seine Behauptung zu sprechen scheinen, wenn auch freilich auf Grund von Gegebenheiten, die uns nicht als Präzedenzfälle dienen können. Denn die Gemeinwesen in der Schweiz und in Holland (ich meine die dortigen Staatenbünde), die in Ländern liegen, welche die Bewohner nicht zu einem liederlichen Lebenswandel verleiten, sondern allgemeinen Fleiß erheischen, schließen ihrer Natur gemäß ein Ackergesetz stillschweigend ein und sind, da ihnen kein aufstrebender Adel ein Dorn im Auge ist – der, solange ihre vormalige Monarchie den Flügel über ihn breitete, entweder überhaupt nicht gedieh oder bald wieder entmachtet wurde –, für uns alles andere als beispielhaft, da wir in dieser Beziehung ja ganz entgegengesetzte Erfahrungen gemacht haben. Was würde denn eintreten, falls es in jenen Staaten tatsächlich ein festes Ackergesetz gäbe? Solange nämlich das Gesetz eine gleiche oder annähernd gleiche Verteilung des Landbesitzes auf die Nachkommen vorschreibt, kann sich kein Adel entfalten, und deshalb gibt es dort weder ein Ackergesetz, noch braucht es eins zu geben. Und was die Ausbreitung des Adels in Venedig anbetrifft (falls man überhaupt davon sprechen. kann, denn Machiavelli weist darauf hin,[134] daß sie eine erhebliche Verkleinerung der Besitzungen in diesem Gemeinwesen zur Folge hatte), so gibt dies keinen Anlaß zur Besorgnis, sondern eher zu lehrreicher Betrachtung, da wir ja sehen, daß Venedig im Grunde aus nichts anderem besteht als aus dem Adel, und das führt dazu, daß alles, was er mit seinem Landbesitz aus dem Volke heraussaugt, besonders wenn es gleichmäßig fließt, in das bessere Blut. dieses Gemeinwesens aufgenommen wird, worin auch schon der ganze oder der größte Nutzen liegt, den er aus der Vermehrung seines Reichtums ziehen kann, denn so unterschiedlich auch die Einkünfte der Adligen letztlich sein mögen, so sieht doch die Obrigkeit streng darauf, daß sie die Prächtigkeit ihres Hofstaates nicht übertreiben, wodurch sie sich in ihrem Aufwand oder zumindest in der äußeren Zurschaustellung desselben wieder angleichen. Und sofern der Vorteil eines Landbesitzes nicht so sehr in dessen Umfang besteht als vielmehr in dem Nutzen, den er erbringt, vermag das Zeugnis von Venedig uns in unserem Ackergesetz nur zu bestärken, und niemand soll sich seiner Weisheit dadurch begeben oder entziehen, daß er das Zeugnis irgendeines anderen Gemeinwesens anruft. Bei noch jedem Gemeinwesen nämlich, das – wie Israel und Sparta – in einem einzigen Zuge entstand, kann man sicher sein, daß dies seine wesentliche Grundlage bildete, und selbst wenn es der glücklichen Fügung mehr zu verdanken haben mochte als dem planenden Verstand, hat es doch immer wieder über diese Sache nachgesonnen, wie das Beispiel Athens zeigt, das Aristoteles zufolge wegen seiner Unvollkommenheit in diesem Punkte ähnlich wie die meisten Demokratien Griechenlands schließlich sein Scherbengericht einführte. *Ob hanc itaque causam civitates quae democratice administrantur ostracismum instituunt.*[135] Um uns aber bei einer Grundaussage von so weitreichender Geltung nicht auf einen einzelnen Staat zu beschränken: Sehen wir nicht, daß, wenn einer als alleiniger Herr über ein riesiges Besitztum gebietet, dies der Türke ist? Daß, wenn ein paar Grundherren das Übergewicht in einem volkreichen Lande erlangen, sie dann auch eine Menge Diener haben? Daß das Volk bei einem ausgewogenen Kräfteverhältnis keine Herren über sich haben kann? Daß ein Staat allein auf einem dieser Fundamente errichtet zu werden vermag? Daß keines dieser Fundamente (die ja leicht Gefahr laufen, ihre Beschaffenheit zu verändern) dem Staatsgefüge irgendeine Sicherheit verheißen kann, wenn es nicht befestigt wird? Daß durch das Fehlen solcher Befestigungen mächtige Monarchien und Gemeinwesen über den Köpfen der Menschen zusammengestürzt sind und ihren eigenen kläglichen Untergang mit riesigen

Mengen schuldlos vergossenen Blutes besiegelt haben? Mag der Ruhm, der dem alten Adel dieses Landes ob seiner gern zugegebenen Verdienste gebührt, auch so groß sein oder größer noch, als er schon dargestellt worden ist oder ausgedrückt werden kann, so haben wir doch nicht nur seinen Glanz geschaut, sondern auch den eines Thrones – nämlich eines der Freiheit des Volkes durch viele Jahrhunderte so überaus gewogenen und so wenig feindlich gesinnten Thrones, wie ihn die Welt noch nicht erlebt hatte –, welcher allein deshalb, weil er es unterlassen hatte, sich durch ein entsprechendes Ackergesetz einen festen Halt zu verschaffen, auf eine derart schauerliche Art und Weise zusammengestürzt ist, daß es der ganzen Erde ein ernüchterndes Schauspiel bot. Und hieße es etwa die rechten Lehren aus dem einen Unheil ziehen, wenn wir nicht versuchten, ein anderes zu vermeiden? Auch ist Aristoteles gar kein so guter Republikaner, wenn er die Erfindung des Phaleas verspottet, da er doch an einer Stelle selbst sagt, daß die Demokratien zu Oligarchien und Fürstentümern entarten, sobald eine Minderheit ihrer Bürger die übrigen an Reichtum übertrifft und, was dem vorliegenden Zweck noch näherkommt, daß deshalb, weil der Adel von Tarent durch widrige Umstände zugrunde gerichtet worden war, die Regierung der Minderheit in die Hände der Mehrheit überging.[136]

In Anbetracht all dessen will mir nicht einleuchten, wie ein Staat zu seiner Festigung oder seiner Sicherheit ohne ein Ackergesetz auskommen kann. Und wenn ein ärztlicher Eingriff erforderlich wird, kann er dem Patienten, dessen Krankheit sonst hoffnungslos wäre, nicht deshalb erspart bleiben, weil er gefährlich ist. So war es im Falle Roms, den Machiavelli allerdings anders beurteilt, wenn er sagt, daß der Streit über das Ackergesetz zur Zerstörung dieses Gemeinwesens geführt habe.[137] Als ob dieses Gemeinwesen, in dem ein Senator (wie Crassus[138] meinte) nur dann als reich galt, wenn er eine Armee bezahlen konnte, etwas anderes hätte tun können als zugrunde gehen – gleichgültig ob im Streit um das Ackergesetz oder nicht! *Nuper divitiae avaritiam et abundantes voluptates desiderium per luxum atque libidinem pereundi perdendique omnia invexere.*[139] Wenn die größte Sicherheit eines Gemeinwesens darin liegt, daß es mit dem rechten Mittel gegen dieses Gift versehen ist, so muß seine größte Gefahr von dem Fehlen eines Ackergesetzes ausgehen, und das ist die ganze Wahrheit, die das römische Beispiel uns lehrt. Was das lakonische Gesetz betrifft, so werde ich, wie auch Mylord es getan, auf dessen genauere Betrachtung noch später zurückkommen und mich zunächst der Frage zuwenden, ob ein Ackergesetz, das für ein demokratisches Staatswesen taugt, ausreicht, um die Monarchie fernzuhalten. Mylord verneint diese Frage unter Berufung auf das Volk Israel, das sich einen König erwählte. Darauf sage ich, daß das sich hierin äußernde Verhalten des Volkes als Antwort vollauf genügt, um dieses Beispiel zurückzuweisen. Weder nämlich war die Monarchie dort natürlich gewachsen, noch hätte sie dank des Ackergesetzes überhaupt Fuß fassen können, hätte nicht das Volk sie durch die Wahl eines Königs selber herbeigerufen, und dieser Umstand, der seinesgleichen sucht bei jedem anderen solchermaßen angesiedelten Volk – und auch dort erst eintrat, wie zu ersehen ist, als es sich in seiner Verblendung von Gott abwandte, denn, so sagt er zu Samuel: *Sie haben nicht dich, sondern mich verworfen, daß ich nicht mehr König über sie sein soll* [140] –, hat etwas an sich, das wider den natürlichen Lauf der Dinge war, wie sich sowohl aus der Vorgeschichte als auch aus den Folgen entnehmen läßt. Denn der König – dessen einzige Existenzgrundlage die Nöte des von seinen Feinden so oft geschlagenen Volkes bildeten, daß diesem in seiner Verzweiflung jede Änderung recht war – hinterließ, wenn er denn schon einmal Frieden hatte wie zu Zeiten Salomos, seinem Nachfolger, wie das Beispiel Rehabeams erweist,[141] einen höchst wackeligen Thron. Und trotz der auf solche Weise eingeführten Monarchie bot das Ackergesetz den Wurzeln dieses Gemeinwesens immerhin einen so zuverlässigen Schutz, daß es öfter aufblühte und mit Unterbrechungen länger währte als jeder andere Staat: nämlich, wie man errechnen kann, von seiner Gründung durch Josua[142] eintausendvierhundertfünfundsechzig Jahre vor Christus bis zu seiner völligen Zerstörung unter dem Kaiser Hadrian einhundertfünfunddreißig Jahre nach Christi Fleischwerdung. Ein auf einem gleichen Ackergesetz aufbauendes und daran festhaltendes Volk kann seine Freiheit nur verlieren, wenn es sich aus freien Stücken hierzu entschließt, und es muß seine Großzügigkeit teuer bezahlen. Um nun aber auf den Vorschlag zurückzukommen, den die vorliegende Ordnung diesem Land unterbreitet, so liegt der darin empfohlene Richtwert bei zweitausend Pfund im Jahr: Die Aufteilung des Gesamtgebietes von Oceana ergibt nach dieser Rechnung fünftausend Stück Land. Folglich können die so aufgeteilten und an diese Aufteilung gebundenen Ländereien niemals an weniger als fünftausend Eigentümer fallen. Aber fünftausend Eigentümer, die auf solche Weise zu Besitz gekommen sind, werden nicht gewillt sein, das Ackergesetz zu brechen, denn das hieße ja, daß sie einander berauben wollten, und auch nicht, einen König einzusetzen, weil sie ihn unterhalten müßten und er ihnen keinen Vorteil brächte, oder das Volk auszuschließen, weil sie dadurch ebensowenig gewinnen könnten und das ihre Miliz schwächen müßte. Somit kann das auf dem Boden des vorgeschlagenen Gleichgewichts gewachsene Gemeinwesen sich selbst dann nicht wandeln, wenn es in fünftausend Hände fallen sollte, und daß es jemals in fünftausend Hände fallen könnte, ist so unwahrscheinlich wie nur irgend etwas auf der Welt, das nicht nachgerade ausgeschlossen ist.

Andere Gesichtspunkte, meine Herren, sind privaterer Art, wie zum Beispiel, daß diese Ordnung Familien zerstöre. Das klingt, als wollte man den Verfall irgendeines uralten Schlosses den Gräsern anlasten, die für gewöhnlich aus seinen Trümmern hervorsprießen, da die Zerstörung jener Familien ja in der Tat erst zu dem natürlichen Ergebnis der Entstehung dieser Ordnung geführt hat. Denn wir streiten uns jetzt nicht um das, was wir gern hätten, sondern darum, was wir schon haben, wie sich sogleich herausstellen würde, wenn wir bloß einmal nachzählten, wie viele Leute in Oceana heutzutage ein Jahreseinkommen von mehr als zweitausend Pfund besitzen. Wenn Mylord bereit ist einzuräumen (und ich nehme hier schon den Höchstfall an), daß die Zahl der über diesem Verhältnis liegenden Grundeigentümer nicht mehr als dreihundert beträgt, wie in aller Welt kann das Interesse so weniger sich dann mit demjenigen der ganzen Nation ausgleichen? Oder vielmehr, welches Interesse haben sie an einem derartigen Ausgleich? Sie würden weiterleben wie gewohnt: wer hindert sie? Sie würden es sich auf ihren Gütern wohlsein lassen: wer macht sie ihnen streitig? Sie würden im Interesse ihrer Familie über das verfügen, was sie besitzen: genau das wollen wir. Gesetzt, jemand hat einen Sohn. Man ruft ihn herbei: Ob er das Besitztum seines Vaters wolle? Es gehört ihm und seinem Sohne und alsdann dessen Sohn. Nun hat aber jemand fünf Söhne. Man ruft sie herbei: Ob sie das Besitztum ihres Vaters wollten? Es wird unter ihnen geteilt, denn in derselben Familie stehen die Stimmen vier zu eins, und deshalb muß dies im Familieninteresse liegen, oder die Familie weiß nichts von ihren eigenen Interessen. Wer anderes behauptet, muß seine Argumente von der Gewohnheit und der Rangordnung herleiten, was das Interesse der Monarchie war, und wir sind jetzt ein Gemeinwesen. Wie die Monarchie solche Teilungen nicht zulassen konnte, weil sie auf ein Gemeinwesen hingesteuert hätten, kann auch ein Gemeinwesen derartige Anhäufungen nicht gutheißen, weil sie einer Monarchie Vorschub leisten würden. Wenn die Monarchie sich zum Wohle eines einzelnen rücksichtslos über so viele hinwegsetzen konnte, so können wir zum Wohle so vieler, ja zum Wohle aller, nun nicht auf einen einzelnen Rücksicht nehmen. Es kommt mir in den Sinn, meine Herren, wie ein Freund angesichts der mannigfaltigen Parteien, die an unseren jüngsten Bürgerkriegen beteiligt waren, bei der Heimkehr von seinen Reisen gegen Ende dieser Wirren zu mir sagte, er wundere sich, wie es geschehen könne, daß die jüngeren Brüder, zumal ihre Zahl die der älteren weit übertreffe, sich nicht einhellig gegen eine Tyrannei zur Wehr setzten, wie kein Land sie in dieser Form je geübt habe. Und wahrlich, wenn ich bedenke, daß unsere Landsleute aus keinem schlechteren Stoff gemacht sind, muß ich zugeben, daß ich erstaunt bin, wie es möglich ist, daß wir mit unseren Kindern nicht anders umgehen als mit unseren jungen Hunden. Wir suchen uns eines heraus, nehmen es auf den Schoß, füttern es mit lauter guten Bissen und ertränken fünf! Ja, schlimmer noch, denn während die Hunde sofort tot sind, lassen wir die Kinder langsam zugrunde gehen. Das ist fürwahr ein hartherziger Brauch, meine Herren! Und all dies geschieht, um den grausamen Ehrgeiz eines Menschen zu befriedigen, der sich eine Säule, eine goldene Säule zu seinem Denkmal setzen möchte, obgleich er Kinder hat, sein eigen Fleisch und Blut, das in ihnen weiterlebt und ihn gewissermaßen unsterblich macht. Und wenn eine Regierung sich diesem wahren Interesse einer Familie verschließt, dann hat sie unsere schlechte Meinung verdient. Aber ihr könnt euch beruhigen. Das Land, das der Nil als einziger Strom durchzieht, ist karg, doch wo er sich in sieben Flüsse verzweigt, vervielfacht er seine fruchtbaren Ufer, indem er sein Wirkungsfeld und seine Nährkraft zwar verteilt, aber doch zugleich in ebensolchem Maße bewahrt und vergrößert, wie auch ein kluges Ackergesetz dies in einem wohlgeordneten Gemeinwesen tut.

Auch taugt (um jetzt zu der fünften Behauptung zu kommen) ein politischer Körper nicht viel besser zu fleißiger Arbeit als ein natürlicher, dessen eines Bein angeschwollen und dessen anderes ausgemergelt ist. Es wirkt sich nicht günstig auf die Wirtschaft aus, wenn es welche gibt, die es nicht nötig haben, ein Gewerbe zu betreiben, und andere, die außerstande sind, ihm nachzugehen. Falls der Fleiß durch Begrenzung seiner Wirkungsmöglichkeiten erlahmt, so sind einem Kapitalvermögen keinerlei Grenzen gezogen, und damit es dem Fleiß nicht an einem Gegenstande zu seiner Betätigung mangelt, ist nicht jeder ein Eigentümer oder Erbe von Landbesitz, sondern kann seinen Fleiß auch anderweitig unter Beweis stellen. Es wundert mich, wie jemand mutmaßen kann, dies werde den Fleiß lähmen. In Oceana und Panopea kann einer zweitausend, in Marpesia fünfhundert Pfund jährlich ausgeben, dazu gibt es noch andere Pflanzungen, und das Gemeinwesen wird weitere hinzubekommen. Wer weiß, wie weit der Arm unseres Ackergesetzes noch reichen mag? Und ob nicht derjenige, der sich hätte eine Säule errichten können, zu seinem ehrenvolleren Gedenken statt dessen lieber einen Tempel oder viele Säulen hinterlassen wird? Wo dem Reichtum ein bestimmtes Maß gesetzt ist, kann ein Mensch wirklich reich sein; läßt man ihm jedoch freie Hand, ihn beliebig zu mehren, wird er nicht aufhören, zu darben und sich die Bissen vom Munde abzusparen, ja jede nur denkbare Entbehrung der Armut auf sich zu nehmen. Ferner, wenn jemand der Meinung ist, er könne seinem Fleiß weniger beschwerliche oder edlere Ziele setzen, und deshalb seinen Sinn auf das Gemeinwesen richtet, so wird er sich ihm ungestört widmen können und dafür mit Ehren und Reichtümern belohnt werden, und sein Schweiß wird riechen wie jener, den einst Alexander vergoß. Mylord Philautus ist ein junger Mann, der mit seinen zehntausend Pfund im Jahr nach alter Sitte auf großem Fuße leben und lauter ständige Gäste seines Hauses bewirten kann und der, wenn er nach der hier vorgeschlagenen Art und Weise mit nur zweitausend Pfund vorliebnehmen wollte, seine vornehmen Ahnen sogar noch übertreffen könnte, zu deren Ehre ich sagen möchte, daß nicht einer von ihnen sich geweigert hätte, seinen Platz mit einem römischen Konsul zu tauschen. Brecht mir nur nicht das Herz, Mylord! Der Adel soll keinem anderen Pflug hinterherziehen als dem, von welchem wir uns unsere Konsuln herholen. Nun sagt er aber, daß in Sparta, wo weder der Staat noch die Bürger zu Besitz gelangen konnten, durch das dortige Ackergesetz ein

Schlag geführt worden sei, der beide zugrunde gerichtet habe. Allein, was geht uns dieses Ackergesetz oder dieser Schlag an, wo doch unsere Bürger und unser Staat (und zwar auf Grund unseres Ackergesetzes) durchaus imstande sind, ihren Besitz zu mehren? Wenn die Spartaner eine Eroberung gemacht hatten, fehlte es ihnen an Bürgern, um sie festzuhalten; in Oceana gibt es ihrer genug. In Sparta vermochte kein Gewerbe zu gedeihen, in Oceana wird es allseits aufblühen können. Das lakonische Ackergesetz, das lediglich dem Zweck diente, die Tornister zu füllen, und alle Künste außer dem Kriegshandwerk unterband, brachte nicht mehr als eine Armee von dreißigtausend Bürgern zustande. Das Ackergesetz von Oceana erschließt uns, ohne den Handel und Wandel zu stören, allein mit dem fünften Teil der jungen Männer einen jährlichen Quell oder frischen Zustrom von hunderttausend Mann, abgesehen von unseren Hilfstruppen in den Provinzen, aus dem sich unsere marschbereiten Armeen speisen, und noch einmal so viele ältere Männer, die keineswegs kraftlos sind, sondern überwiegend in der Blüte ihrer Jahre stehen und zur Verteidigung unserer Gebiete gerüstet sind. Das lakonische Ackergesetz ließ das Geld schwinden, das unserige vermehrt es. Jenes billigte einem Manne rund zwanzig oder dreißig Acker Land zu, dieses das Hundertfache. Die beiden Gesetze sind miteinander nicht vergleichbar. Und trotzdem kann ich Mylord nicht beipflichten oder seine Auffassung teilen, daß das Ackergesetz den Untergang Spartas verschuldet habe, sondern halte es vielmehr für erwiesen, daß dieses seine wichtigste Stütze war, denn wenn es durch die Unterbindung aller anderen Betätigungen auch bloß eine Armee von höchstens dreißigtausend Mann zustande brachte, so hätte doch die Duldung aller anderen Betätigungen das Ende jener Armee bedeutet. Deshalb stürzte Lysander, als er mit goldener Beute aus Athen zurückkehrte, jenes Gemeinwesen unrettbar ins Verderben, was uns als Warnung dienen mag, daß, wenn wir den Fleiß ermutigen, wir zugleich daran denken sollten, daß Habgier die Wurzel allen Übels ist. Und unser Ackergesetz kann nimmer solche Neigungen zum Aufruhr wecken, wie Mylord sie uns androht, sondern ist vielmehr das rechte Mittel, um ihnen entgegenzuwirken, wie Lukan sehr treffend im Hinblick auf den Staat Rom vor Ausbruch der Bürgerkriege bemerkt hat, zu dem es kam, weil es an einem derartigen Gegengift fehlte:

Hinc usura vorax, rapidumque in tempore foenus,
Hinc concussa fides, et multis utile bellum.[143]

Warum soll es denn falsch sein, da wir in unserem Gemeinwesen doch beiden Geschlechtern gleiche Vorteile einräumen wollen, wenn wir nicht möchten, daß die Schätze der Frauen in jenem Metall bestehen sollen, auf das Beutelschneider ein Auge zu haben pflegen? Wenn mir einer den Beutel stiehlt, kann ich ihm nachsetzen und dafür an den Kragen gehen; dagegen darf ein Mann einer Frau den Beutel nehmen und wird für seine Mühe auch noch dadurch belohnt, daß sie ihm wehrlos ausgeliefert ist. Wie roh, ja mehr noch als roh ist doch ein Gemeinwesen, das ein Stück Erde wertvoller bedünkt als die Früchte ihres Schoßes! Wenn die Menschen seinen Reichtum bilden, den Stoff, der es nährt und bei Kräften hält, mit welchem Recht kann es dann zulassen, daß gerade jene, die das meiste zu seinem Reichtum beitragen, auf das schlimmste erniedrigt werden? Und trotzdem erleben wir, wie die Gaben Gottes und der Segen des Himmels in fruchtbaren Familien durch diesen elenden Brauch des Heiratens um des Geldes willen unerträgliche Not und Armut stiften, und zwar gar nicht einmal so sehr unter den einfachen Menschen, die sich besser zu helfen wissen, als unter den Adligen oder den Leuten von Stand. Denn was spielt es in diesem Fall schon für eine Rolle, wessen Blut in ihren Adern fließt, da sie doch sehen, daß eher noch aus dem Wachs eines Kerzenziehers jene Schönheit entsteht, die eine Braut begehrenswert macht? Ich frage, ob Mylord Philautus hier der Anwalt des Adels ist oder ob nicht vielmehr ich es bin, da ja dessen Gewicht in dem von mir vorgeschlagenen Falle durch nichts beeinträchtigt würde. Und warum ist eine Frau ruiniert, wenn ihr nur fünfzehnhundert Pfund zustehen sollen? Wenn sie ledig bleibt – welcher Edelmann bewilligt seiner Tochter in diesem Falle mehr, als sie sich mit soviel Geld leisten kann? Und wenn sie heiratet, kann kein Edelmann ihr mehr mitgeben, als sie hat. Wer wird in diesem Falle geschädigt? Oder vielmehr: Wer gewinnt nichts dabei? Wenn das Ackergesetz uns den Schweiß auf unserer Stirn bis auf den letzten Tropfen zurückerstattet, wenn es uns den Tisch deckt, unseren Becher bis über den Rand füllt und überdies durch die Vorsorge für unsere Kinder unser Haupt mit jenem Öle salbt, das die größte aller Ängste hienieden von uns nimmt: welcher Mensch, der nicht von ebenso unsinniger wie grenzenloser Habsucht betört ist, kann annehmen, daß eine solche Vorkehrung ihn an den Bettelstab brächte, da er doch sieht, daß dort, wo eine Frau nicht um ihrer Mitgift willen begehrt werden kann, auch keine Mitgift bei einer Frau ins Gewicht fallen wird, so daß seine Kinder ohne sein Geld nicht nur besser vorankommen, sondern zugleich ihre Neigungen desto freier werden entfalten können? Wir halten uns merkwürdig streng an das Gesetz, daß sie nicht ohne unsere Einwilligung heiraten sollen, als ließen wir uns dabei von Fürsorge und Zärtlichkeit leiten; geschieht dies aber nicht eher deshalb, weil uns an den zusätzlichen tausend Pfund für diesen Sohn oder an den hundert Pfund mehr im Jahr als Leibgedinge für jene Tochter gelegen ist? Schlägt uns solches fehl, so sind das die Sünden, um derentwillen wir des Nachts in unsere Kissen schluchzen, aber es sind keine Tränen der Reue, die wir vergießen, da wir doch, was wir nicht einmal unserem ärgsten Feinde antun würden, auch weiterhin nichts dabei finden, unseren Kindern das Herz zu brechen. Aber in diesem Ackergesetz liegt eine Huldigung an die reine und unbefleckte Liebe, deren Wirkungen ich nicht für alle Liebesromane der Welt hergeben wollte. Ein Alderman macht seine Tochter erst dadurch zur Gräfin, daß er ihr zwanzigtausend Pfund mitgibt, und in einem Liebesroman muß eine annehmbare Partie wenigstens eine Prinzessin sein; das sind Zeichen einer unreinen Liebe. Wenn jedoch unser Ackergesetz die Ehrsucht und die Habgier verbannt, werden wir uns endlich um unsere eigenen Nachkommen kümmern, die wir im Vergleich mit unseren Hunden und Pferden so seltsam vernachlässigt haben. Dann wird das Ehebett wahrhaft zu seinem Recht gelangen und ein reinen Herzens gezeugtes Geschlecht das Gemeinwesen bevölkern.

Aber *impar magnanimis ausis imparque dolori*[144]: All meine Hoffnungen zerschellen an Mylords letzter Behauptung, daß es unmöglich sei, die Wurzel, von der wir uns diese Früchte erwarten, auf unserem Boden zum Wachsen oder zum Gedeihen zu bringen. Und weshalb? Weil der Landbesitz zerstückelt und unterschiedlichen Nutzungsformen unterworfen sei. Immerhin findet sich aber in unserem Schatzamte noch eine alte Übersicht über die gesamte Nation, so daß dies durchaus nicht unmöglich ist. Wenn jetzt auf dem Stande der gegenwärtigen Steuern eine neue Übersicht angefertigt und das Gesetz erlassen würde, daß in Zukunft niemand Land besitzen darf, dessen Wert den darin festgelegten Jahresbetrag von zweitausend Pfund übersteigt, so wäre uns auch schon eine gute und ausreichende Ackerordnung an die Hand gegeben. Zwar würden sich noch bestimmte Schwierigkeiten infolge der verschiedenartigen Pachtverträge auftun, aber das ist eine Angelegenheit, die nicht nur mehr Muße erfordert, als wir sie hier haben, sondern auch die Vollmacht einer Obrigkeit, die bessere Möglichkeiten hätte, eine breite Zustimmung der Menschen zu erwirken, als es jetzt in unserer Macht steht, weshalb es zwar der Form nach nötig ist, dies dem Parlament zu überlassen, aber das Parlament in der Sache gar nicht anders kann, als seine Regierung hierauf gründen, um ihr den rechten Rückhalt zu sichern.

Zum Abschluß möchte ich noch ein paar Worte zu gewissen Teilen der Ordnung sagen, die Mylord ausgelassen hat, und zwar, erstens, zu den Folgen, welche die Einführung des Ackergesetzes für Marpesia hätte, indem es der Aristokratie jenes Landes den Todesstoß versetzen würde, da wir, falls sie bestehenbliebe, ja dort unmöglich würden regieren können. Denn solange das Volk dortzulande nicht viel besser daran ist als das Vieh des Adels, brauchen wir uns nicht zu wundern, wenn in dem gleichen Maße, wie dieser seine Märkte für ausländische Fürsten zu öffnen versteht, nun auch jenes auf unsere Weiden getrieben wird. Und wenn wir uns jetzt, da wir die Macht dazu haben, nicht aufraffen, unsere Hand über das Volk zu halten, um das in derartigen Fällen sonst unvermeidliche Gemetzel zu verhindern, so steht das Blutbad unmittelbar vor unserer Tür. Halten wir dagegen dergestalt die Hand über das Volk, dann können wir auch das Ackergesetz einführen, und mit der Einführung des Ackergesetzes geben wir dem Volke nicht nur Freiheit, sondern auch Land. Dies verlangt von uns, daß wir ihm um seiner Sicherheit willen Schutz bieten, und von ihm, daß es zu dem von uns gebotenen Schutz und damit zu seiner eigenen Sicherheit den gebührenden Beitrag leistet.

Ein Wort noch zum Ackergesetz von Panopea: Dieses bewilligt solche Mengen guten Landes, daß manch einer, der sich durch dasjenige von Oceana eingeengt fühlt, den Plan fassen dürfte, sich dorthin zu begeben, wo über kurz oder lang jeder Bürger sein Landhaus haben wird. Und es steht außer Frage, daß der Aufschwung dieses Landes demzufolge weitaus größer sein muß, als es ihn in seinen besten Tagen je erlebt hat.

Ich habe nur noch das eine zu sagen, daß nämlich in jenen ehrwürdigen und heroischen Zeiten, als die Menschen noch das für notwendig erachteten, was tugendhaft war, die Adligen Athens – denen das Volk sich so dankbar verpflichtet fühlte, daß es sich nur noch fragte, wer von ihnen denn nun König sein sollte – es, kaum daß Solon zu reden begonnen hatte, von seiner Dankespflicht entbanden und das Gemeinwesen kurzerhand wiederherstellten, das dann später zur Erinnerung an diesen Entschluß alljährlich ein würdiges Fest

– die sogenannte *seisachtheia* oder Nichtigkeitserklärung – feierte. Dieses Beispiel steht nicht allein. Denn als Lykurg sein Ackergesetz einbrachte, gab der Adel, der Besitztümer (wie die unseren hierzulande) in den Gebieten von Lakonien hatte, dieselben aus keinem anderen nennenswerten Grunde als allein um des von ihm vorgeschlagenen Gemeinwesens willen auf, um sie nach seinem Plan aufteilen zu lassen. Jetzt dagegen, wo niemand auch nur einen Heller von seinem Gelde oder eine Schaufel von seiner Erde hergeben soll und uns nichts weiter zu tun bleibt, als aus der Not eine Tugend zu machen, streiten wir uns darum, ob wir Frieden haben werden oder Krieg. Frieden kann es ohne eine Art von Regierung nicht geben, und jede Regierung braucht ein angemessenes Fundament; wenn ihr also das vorhandene nicht festigt, fließt Blut, denn ohne Blut kann kein anderes entstehen."

Diesen anläßlich der Einbringung des Ackergesetzes gehaltenen Reden sind die Überlegungen zu entnehmen, die ihm zugrunde lagen. Es folgt

Die VIERZEHNTE ORDNUNG: Sie legt fest, daß das dank mehrerer Änderungen für jede Versammlung anwendbare und vorgeschriebene Wahlverfahren von Venedig hinfort die ständige und ausschließliche Art der Stimmabgabe in diesem Gemeinwesen sein soll.

Das ist die Hauptordnung, von der die teilweise bereits vorgestellten Unterabschnitte des Wahlgesetzes abgeleitet sind, die an dem genannten Ort zusammen mit den nachfolgenden anläßlich ihrer Einbringung verlesen und erörtert wurden; als die Anweisung für die Gemeinden an die Reihe kam, riß jedoch einem der Ratsmitglieder, Epimonus de Garrula, der Geduldsfaden (obwohl die Regeln von einem eigens zu diesem Zwecke nach Venedig entsandten Vertreter dieses Gemeinwesens abgefaßt worden waren), so daß er aufsprang und sich wie folgt Gehör verschaffte:

„Gestattet mir, Euer Exzellenz und Mylord Archont, das Wort zu nehmen: Unter Anleitung unseres hochgelehrten Agenten und Kundschafters Mr. Peregrine Spy habe ich ein wenig von der Welt gesehen und un-

155

ter anderem in Venedig (wie das Herren von Stande dort dürfen) die Wahl zum Großen Rat miterlebt. Und ich muß schon sagen, eine köstlichere Pantomime habe ich in meinem ganzen Leben noch nicht zu sehen bekommen! Manche Leute wären ja vielleicht vor den Kopf gestoßen, weil es so aussieht, als seien sich die edlen Venezianer zu fein, mit Fremden zu sprechen, denn sie schenkten ihnen wenig Aufmerksamkeit. Die Wahrheit ist, daß sie einander nichts zu sagen haben, sonst würden Männer, die in einem Rate sitzen, doch wohl sicher den Mund auftun, denn ein Rat, in dem kein einziges Wort fällt, ist ein Widerspruch in sich selbst. Aber wie sie da immerfort hin und her marschieren, stiften sie ein solches Durcheinander, daß man glauben könnte, sie exerzieren, obwohl niemand von ihnen ein Schwert zieht, und nachdem ich herausgefunden hatte, daß sie das lediglich zur Unterhaltung der Fremden taten, ging ich genauso klug wieder von dannen, wie ich gekommen war. Aber das Parlament von Oceana war bisher kein Ballsaal oder Tanzboden, sondern ein Ort für gesetzte Gespräche, ein Mann konnte sich bilden und hervortun, seinen Verstand zeigen und ihn vervollkommnen. Wenn ihr aber den Rat von jenem Burschen annehmt, werdet ihr mit seinen Hirngespinsten alles verderben. Der Herr Präsident – ich bitte um Verzeihung, Mylord Archont, wollte ich sagen – mag den klügsten Kopf eures Hauses in den Großen Rat von Venedig setzen, und man wird ihn nicht mehr von einem Narren unterscheiden können. Dagegen steht fest, daß manche Leute, die nach Meinung aller, die sie von früher her kannten, keinen sonderlich flinken oder hellen Verstand hatten, nach ihrer Wahl in unser Haus unversehens, geradeso wie die Gerste im Faß, einen neuen Geist annahmen und sich in einer Sprache verbreiteten, hinter welcher der ganze Cicero sich verstecken kann, was ich so sicher weiß, wie daß ich hier stehe, obwohl es Leute gibt, denen es Freude macht, uns an der Nase herumzuführen: Es braucht uns nämlich nur einmal jemand eine seiner Reden zu übersetzen und sie in unserem Hause vorzutragen, und es wird sich zeigen, ob nicht alles über ihn lacht! Herr Präsident, hier geht es um eine große Sache. Ihr kommt uns mit den Fachausdrücken Eurer Bücherweisheit daher, mit Euren Umlaufbahnen, Euren Zentren, Euren Sternen höchster Ordnung und Eurem ganzen Milchstraßennebel – mit lauter Dingen also, die, wie ich sagen muß, einen vernünftigen Menschen um den Verstand bringen würden, wenn er sie hörte. Statt lieber an die Ehre unseres Landes zu denken und daran, daß es jetzt oder niemals in unserer Hand liegt, ob es sich vor aller Welt lächerlich machen wird, sollen wir mit Kugeln oder Blinde Kuh spielen wie jener alberne Venezianer, von dem der besagte Herr Politikus, euer Abgesandter, der ihn nie etwas anderes hat tun sehen als Fratzen schneiden, euch aus der Ferne einreden möchte, er habe die Staatsweisheit mit Löffeln gefressen. Wenn ihr euch dagegen die Mühe machen wolltet, die Sache aus der Nähe zu betrachten, wie ich es getan habe, so würdet ihr entdecken, daß es sich bei all diesen Wunderwerken um nichts anderes handelt als um ganz läppische Hanswurstiaden oder *capriccios*, wie man sie in Italien nennt, und zwar um solche von der dortzulande allergewöhnlichsten Art; denn gesetzt, ihr reist nach Italien und stellt dem erstbesten Landsmann irgendeine Frage, so wird er sogleich mit einem Nicken ballotieren, was Zustimmung bedeutet, oder mit einem Kopfschütteln, was nein heißt, oder aber mit einem Schulterzucken, was für *bossolo di non sinceri*[145] steht! Ihr werdet Sandys bestaunen, der euch die *grotta di cane*[146] als ein Wunder beschreibt, und mich auslachen, wenn ich euch versichere, daß sie nichts anderes ist als solcher Dampf (der aus gewissen nahegelegenen Schwefelminen gespeist wird), wie er durch plötzliche Hitzebildung auch in unseren Kohlengruben mitunter entsteht. Aber Undank darf einen redlichen Menschen nicht davon abhalten, Gutes zu tun. Es gibt, sage ich, kein schweigsameres Volk unter der Sonne als diese Italiener, so daß man sich nicht wundern würde, wenn sie sich durch Handzeichen verständigten. Aber die Leute bei uns wollen etwas zum Reden haben, wir müssen ihnen alle Augenblicke unsere Absichten erklären, und wenn wir uns daranmachen, wie jene Herrschaften Steuern mit Daumen und Zeigefinger zu erheben, werden sie uns als Beutelschneider verschreien. Ich weiß doch, was ich manche Leute habe sagen hören, als sie ihr schwer erarbeitetes Geld hergeben sollten, und meint ihr etwa, es wird ihnen besser gefallen, daß ihr bei ähnlichen Anlässen künftig einen Mummenschanz oder Stuhlball aufführt? Ich spreche hier nicht für mich selbst; denn wenngleich ich stets bekennen werde, daß ich einem Jahr der Mitgliedschaft in diesem Hause mehr zu verdanken habe als den drei Jahren meiner Reisen, so meine ich das doch in einem übertragenen Sinne. Es geht mir einfach gegen den Strich, daß dieser Spy uns alle hier dermaßen zum Narren machen soll, nur weil er behauptet, mit der allerdurchlauchtigsten Republik Venedig Billard gespielt zu haben, wo ich doch weiß, daß er all seine Kenntnisse höchstens von irgendeinem Hühneraugenverschneider am Rialto haben kann, denn einen edlen Venezianer würde man hängen, wenn er sich mit solch einem Burschen einließe. Und trotzdem kann ich einfach nicht glauben, daß ihr ihm allesamt auf den Leim gegangen seid. Unser Herr Archont läßt sich ja manchmal von einer merkwürdigen Begeisterung hinreißen. Darum, bester Mylord, hört mich jetzt genauso an wie vorher Euren fahrenden Ritter. Die Äpfel, die er Euch geschickt, mögen ja rote Backen haben, das gebe ich zu, aber sie sind alles andere als frisch; sie stammen auch nicht aus der angegebenen Quelle – nein, diese Sorte hat eine ganz andere Herkunft, darauf könnt ihr Euch verlassen: Er hat sie für ein paar Pfennige von einem Quacksalber auf dem Markusplatz abgehandelt. Wenn Ihr mich fragt, so sind sie unter der glänzenden Schale durch und durch faul, da sie wenig besser riechen, mit Verlaub, als ein Nachtgeschirr. Meine Herren, ich weiß, was ich sage. Aber ihr laßt euch ja bloß dadurch beeindrucken, daß weder der große Türke noch all die kleinen Türken in der näheren Umgebung es geschafft haben, Venedig in die Knie zu zwingen. Da könnt ihr euch aber genausogut darüber wundern, daß Wiesel keine Eier aus einem Schwanennest saufen. Glaubt ihr ernstlich, das sei alles das fromme Werk seines Rosenkranzes gewesen, den ihr, nachdem ihr so viele Male über die Papisterei gewettert habt, jetzt zu guter Letzt wieder hervorzuholen beschließt, um damit den Herrn Pfarrer zu weihen, indes alle anderen Mitglieder seiner Gemeinde ihn aus der Hand tun sollen, während diese wunderlichen Gesellen, eure Inspektoren (mir bricht das Herz!), euer *primum mobile*[123] in Gang setzen? Ich glaube schon, daß sie das werden, und ihr sollt sehen, daß Geld das wahre *primum mobile* ist, wenn sie euch auf solche Art und Weise drei- oder vierhunderttausend Pfund aus der Tasche mobilisieren. Eine hübsche Stange Geld für Urnen und Kugeln oder für die Kästchen und Pillen, die diese Quacksalber den Gemeinden verordnen sollen. Und gegen welche Krankheit soll das helfen, möchte ich wissen? Oder wie wirkt sich das aus? Heraus kommen ein Wachtmeister, ein Gemeindevorsteher und ein Kirchenältester! Ihr setzt mich wirklich in Erstaunen, Herr Präsident!"

Schallendes Gelächter, das den Männern im Halse gesteckt hatte wie der gestopften Gans das Fett, entlud sich, als Mylord Epimonus geendet hatte, und auch der Archont konnte sich nur mit großer Anstrengung soweit beruhigen, daß er die folgenden Dankesworte herausbrachte:

„In eurem ganzen Leben, meine Herren, seid ihr noch nie geistreicher unterhalten worden, denn Mylord hat hier einmal gründlich mit allen Unarten aufgeräumt, zu denen Reisende sonst neigen. Denn während sie, erstens, entsetzliche Lügner sind, hat er euch (abgesehen davon, daß irgendein böswilliger Mensch ihn über den armen Spy falsch unterrichtet haben muß) mit keiner Silbe die Unwahrheit gesagt. Und während sie, zweitens, in all ihren Schilderungen immer nur die Vorzüge anderer Nationen herausstreichen und die eigene durch die Gosse ziehen, erweist er seinem

Lande eine Ehrerbietung, die auch in Kephalonia nicht wankt und sich von keinen Feigen oder Melonen anfechten läßt, was, wie ich euch versichern kann, von einer durchaus nicht alltäglichen Verbundenheit zeugt, so daß ich es im Interesse der allgemeinen Rücksichtnahme für geboten halte, alles zu unterlassen, was die Gefühle Mylords verletzen könnte. Zudem sind unsere Meinungsverschiedenheiten gar nicht so groß, denke ich, daß sie nicht unschwer bereinigt werden könnten; denn obwohl ich mit Mylord der festen Überzeugung bin, daß alles, was er von seiner Anwesenheit in diesem Hause profitiert hat, ehrlich erworben wurde, vermag ich doch nicht zu glauben, daß er das auch für andere in Anspruch nehmen wird, die ihre Hände im Spiel gehabt haben, besonders wenn es dabei soviel zu gewinnen gab, wie dies seiner Andeutung zufolge nicht nur üblich war, sondern sehr wahrscheinlich auch wieder der Fall sein könnte. Darum, sage ich, sollen sie alle miteinander ihr Glück an der Urne versuchen, denn wenn wir nicht hinter der Gewitztheit gewöhnlicher Menschen zurückstehen wollen, bleibt uns kein anderer Weg, um faule Tricks auszuschließen. Seine Lordschaft kennt unser Spiel; es heißt ‚Der höchste Wurf gewinnt‘, wobei unsere Stimmen die Würfel sind. Er wird auch nicht bestreiten, daß Parteigeist in einer Abstimmung offenkundiges Falschspiel bedeutet. Wenn nun die venezianischen Urnen das unfehlbarste Mittel gegen solcherart Falschspiel sind, ist es dann nicht seltsam, daß ein ehrlicher Spieler sie als erster ins Feuer wirft? Die Menschen sind ihrer Natur gemäß allen möglichen Leidenschaften ausgeliefert; die einen können den Anblick eines Feindes nicht ertragen, und andere wieder, denen das nichts ausmacht, lassen den Freund im Stich. Darum wage ich zu behaupten, daß von zwanzig Würfen kaum einer redlich sein wird, solange ihr den Würfelbecher offen vor aller Augen kreisen laßt. Wie sich das Glück an der Urne nämlich auch entscheiden mag, so weiß doch niemand, wem er dafür zu danken oder zu grollen hat. Folglich (und ich bitte Mylord um Nachsicht für die ausgesprochene Vorliebe, die ich eingestandenermaßen vor allen anderen Schönheiten für das unvergleichliche Venedig hege!) ist diese Art der Stimmabgabe nichts weniger als ein Ausdruck ihrer höchsten Lauterkeit, und von der Lauterkeit der Abstimmung hängt schließlich die Gesundheit, um nicht zu sagen: das Leben eines demokratischen Staatswesens ab, da ja der souveränen Gewalt ihre Seele einzig durch die Stimmabgabe des Volkes eingehaucht wird. Deshalb ist es kein Wunder, daß Postellus die Auffassung vertritt, dieser Gebrauch der Stimmkugel gleiche exakt demjenigen der Bohne in Athen, oder daß andere ihn unter Berufung auf den Text um Eldad und Medad von dem Reich Israel herleiten wollen. Es gibt noch etwas anderes, in unserem Zusammenhang freilich nicht so Entscheidendes, das ich, was Mylord mir verzeihen möge, nicht hinnehmen kann, daß nämlich der Fortbestand von Venedig ausschließlich seiner Lage zuzuschreiben gewesen sei. Mag sein, daß eine Zitadelle in Kriegszeiten einen besseren Schutz vor Feinden bietet, nicht aber tut sie das vor Krankheiten; darum muß jeder, der lange leben möchte, auf seine gute Verfassung bedacht sein, ohne die seine Zitadelle ihm wenig nützen würde. Und nicht anders verhält es sich auch mit Venedig."

Mit dieser Rede des Archonten schließe ich die Beweisführung zu dem Acker- und Wahlgesetz als den grundlegenden Rechtsvorschriften dieses Gemeinwesens und komme nunmehr von dem Zentrum zu der Peripherie oder zu den Umlaufbahnen, die zum Teil bereits dargestellt worden sind: nämlich wie zum Beispiel die Gemeinden sich alljährlich in die Hundertschaften auffächern, die Hundertschaften in die Stämme und die Stämme in die Galaxien, wobei jeder Stamm jährlich zwei Vertreter für den Senat sowie sieben Abgeordnete, welche die für gewöhnlich als das Volk bezeichnete Stammesprärogative bilden, bereitzustellen hat und der Senat und das Volk die souveräne Gewalt oder das Parlament von Oceana verkörpern. Damit klar wird, was das Parlament ist, muß ich deshalb zunächst auf den Senat und anschließend auf das Volk oder die Stammesprärogative eingehen.

Ich beginne mit dem Senat und werde (genauso wie ein Porträtmaler einen Menschen anders wiedergibt als ein Anatom) zuerst dessen Aussehen oder Erscheinungsbild und danach dessen Einzelheiten mitsamt ihrer Wirkungsweise darstellen. An jedem Montagmorgen, im Sommer um sieben und im Winter um acht Uhr, wird für eine volle Stunde die große Glocke im Turm des Pantheon geläutet, um die Beamten des Senats zusammenzurufen, denen ihrem Rang entsprechend eine angemessene Zahl von Wahlhelfern, Wächtern und Kurieren das Geleit geben und die Zeichen ihrer Amtswürde vorantragen – also dem Strategen das Schwert, dem Sprecher das Zepter, den Bevollmächtigten der Staatskanzlei einen Amtsstab mit dem Siegel, den Schatzmeistern einen ebensolchen mit der Börse und jedem der Zensoren einen silbernen Stab, wie er an den Universitäten gebräuchlich ist (an denen sie zugleich als deren Kanzler wirken) –, die zusammen mit den Mitgliedern des Senats dreihundert Personen ergeben und sich mit ihnen in der Kammer oder dem Senatssaal versammeln.

Die Kammer oder der Senatssaal ist ein im Pantheon oder Gerichtspalast gelegener Raum und mißt einhundertfünfzig Fuß im Quadrat. In der Mitte des unteren Endes befindet sich die Tür; am oberen Ende hängt ein reich verzierter Baldachin, der den Hauptteil eines erhöht stehenden Thrones überdacht, zu dem man zunächst über zwei Stufen vom Fußboden und danach über nochmals zwei Stufen vom Mittelteil des Gerüstes hinaufgelangt. Darauf stehen zwei Sessel; auf dem rechten sitzt der Stratege, auf dem anderen der Sprecher, geschmückt mit scharlachroten Roben, wie sie in der Aristokratie bei den Herzögen Mode waren. Am rechten Ende der oberen Bühne stehen drei Stühle, die für die drei Siegelbewahrer bestimmt sind, und am anderen Ende sitzen die drei Schatzmeister, jeweils angetan mit Roben oder Gewändern wie Grafen; diese auf der oberen Bühne versammelten Beamten verkörpern die Signoria. An jedem Ende der unteren Bühne steht ein kleiner

Tisch, an dem die Schreiber des Senats Platz nehmen, die mit ihren Stulpen am Rockärmel anmuten wie Advokaten vor Gericht. Den vier Stufen, die zu den beiden Plattformen des Thrones hinaufführen, entsprechen vier auf gleicher Höhe von ihnen abzweigende lange Bankreihen, die sich an den Seitenwänden bis zum unteren

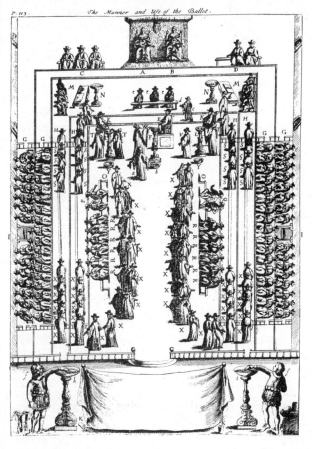

Art und Wesen der Stimmabgabe

Ende des Saales erstrecken und in jeweils siebenunddreißig numerierte Sitze oder Plätze eingeteilt sind. Auf den oberen Bänken sitzen die Zensoren in der Robe von Baronen: und zwar der Erste Zensor in der Mitte der rechten Bank und der Zweite Zensor ihm direkt gegenüber auf der anderen Seite. Auf den übrigen Bankplätzen sitzen die Mitglieder des Senats, die, wenn sie an die Wahlurnen gerufen werden, sich entsprechend der Platzeinteilung ordnen und in gleichen Reihen vortreten, und zwar entweder beginnend mit dem ersten Rang, zu dem die zwei oberen Bänke auf jeder Seite gehören, oder mit dem zweiten Rang, d. h. den zwei unteren Bänken auf jeder Seite, wobei, falls das Los es so will, auch die vorderen oder die hinteren Bankreihen den Anfang machen können, zu welchem Zweck die Bänke offen sind und beiderseits mit bequemen Treppen und breiten Durchgängen ansteigen. Das weitere Abstimmungsverfahren entspricht dem des Stammes, wobei die Zensoren des Hauses an den Seitenurnen sitzen und der jüngste Vertreter der Signoria die Mittelurne beaufsichtigt; die Urnen werden vor dem Thron aufgestellt und sind gemäß der Anzahl der bei der betreffenden Gelegenheit nach Art der den Stammeszensoren erteilten Vorschriften zu wählenden Beamten vorbereitet. Vor den Bänken der Senatsmitglieder steht jedoch zu beiden Seiten noch eine kürzere; am Kopfende der einen sitzen die Tribunen der Berittenen, an dem der anderen die Tribunen des Fußvolks in voller Ausrüstung, auf den übrigen Plätzen die Richter des Landes in ihren Roben, aber diese Beamten haben kein Stimmrecht, also weder die Tribunen, obwohl sie ihre Anwesenheit im Senat von den Römern herleiten, noch die Richter, deren Anwesenheit auf den alten Senat von Oceana zurückgeht. Diese Versammlung tritt regelmäßig an jedem Montag zusammen; wenn die Gelegenheit es erfordert, kann jedes Mitglied des Hauses vermittels Erteilung der Anweisung zum Glockengeläut beziehungsweise durch seinen Liktor oder den Träger seiner Ehrenzeichen den Senat zu allen anderen Zeiten einberufen, und jeder Vertreter der Obrigkeit oder des Senats hat während seiner Amtsperiode den Titel, den Rang und die Würde eines Herzogs, Grafen, Barons oder Ritters. Und wer ein und dasselbe Amt *tertio*, d. h. in seiner dritten Amtsperiode, versieht, erhält den jeweiligen Rang und Titel auf Lebenszeit zugesprochen, und das ist alle Würde, die dieses Gemeinwesen vergibt, abgesehen von dem Zeremonienmeister, dem Oberstallmeister und dem Ersten Herold, die Ritter von Amts wegen sind. Und soviel zu dem äußeren Bild des Senats, in dem es kaum ein Merkmal gibt, das nicht römischer oder venezianischer Herkunft wäre; auch breiten sich die Sicheln dieses Mondes, nicht ungleich dem Sanhedrin, zu beiden Seiten des Fürsten und des Vaters des Senats aus. Über die Schönheit, von der ja jeder seine eigene Vorstellung in sich trägt, wollen wir jedoch nicht weiter philosophieren, sondern lediglich daran erinnern, daß in der Robe eines Richters etwas mehr liegt als bloße Rechtschaffenheit, ohne das man auf den Bänken nicht gut auskommen könnte, und daß der würdigste Beamte, dem man das Schwert der Gerechtigkeit anvertrauen kann, eifrig darüber wachen dürfte, daß Ehrgeiz, wenn er sich nicht mit Tugend paart, denen zum Verhängnis wird, die einem Gemeinwesen übel mitspielen können.

Kommen wir nun von dem äußeren Bild des Senats zu der Beschaffenheit und Wirkungsweise seiner Teile, wie sie in den diesbezüglichen Ordnungen verankert sind. Und die Ordnungen, die insonderheit den Senat betreffen, beziehen sich entweder auf die Durchführung der Wahlen oder die Wahrnehmung der ihm zugewiesenen Aufgaben.

Es gibt drei Arten von Wahlen in dem Senat: jährliche, zweijährliche sowie außerordentliche.

Die jährlichen Wahlen werden auf der Grundlage einer als Tropus bezeichneten zweiteiligen Liste durchgeführt, die zum einen die jährlich zu wählenden Beamten und zum anderen die jährlich zu wählenden Räte erfaßt.

Die Liste oder den Tropus der Beamtenwahl regelt

Die FÜNFZEHNTE ORDNUNG, worin festgelegt ist, daß an jedem ersten Montag des April die nach den Jahreslisten der Galaxien gewählten Senatsvertreter ihren Platz im Senat als dessen sogenannter erster Turnus

einnehmen und das Haus nach Verabschiedung des
dritten und Begrüßung des ersten Turnus zur Wahl
der im ersten Teil des Tropus aufgeführten Beamten
nach der folgenden Liste schreitet:

Leitender Stratege	
Oberster Sprecher	jährlich zu wählende
Erster Zensor	Beamte
Zweiter Zensor	
Dritter Siegelbewahrer	dreijährlich zu wäh-
Dritter Schatzmeister	lende Beamte

Die jährlich zu wählenden Beamten (von denen niemand innerhalb einer Amtsperiode mehr als eines jener ehrenvollen Ämter ausüben darf) können aus jedem beliebigen Turnus gewählt werden. Dagegen
dürfen die auf drei Jahre zu wählenden Beamten nur
aus dem ersten Turnus gewählt werden, damit ihre
Zeit nicht vor Ablauf ihres Amtes endet und (da es
ungesetzlich ist, wenn jemand länger im Amt bleibt,
als er durch die Wahl des Volkes befugt ist) ein Bruch
in der Rotation dieses Gemeinwesens eintritt.
Der Stratege ist der erste Präsident des Senats und
kommandierender General der Armee, wenn sie zum
Marsch befohlen wird. In diesem Falle soll ein zweiter
Stratege zum ersten Präsidenten des Senats und General der zweiten Armee gewählt werden, und wird auch
diese in Marsch gesetzt, soll ein dritter Stratege berufen werden, was sich so lange wiederholen soll, wie
das Gemeinwesen Armeen aussendet.
Der Oberste Sprecher ist der zweite und speziellere
Präsident des Senats, dem es zukommt, die Hausord-
nung zu wahren.
Die Zensoren, von denen der Erste kraft seiner Wahl
Kanzler der Klio-Universität und der Zweite Kanzler
der Kalliope-Universität ist, sind Vorsteher des Rates
für Religionsangelegenheiten und Amtswaltung und
zuständig für die Einhaltung der Wahlordnung im
Hause. Sie sind zugleich Untersuchungsrichter bezüglich der Art und Weise des Erwerbs eines Obrigkeits-
amtes und haben die Macht, vorbehaltlich der Zustim-

mung des Senats, unerlaubte Mittel bei der Erlangung desselben durch Entfernung eines Senatsmitgliedes oder Beamten aus dem Hause zu ahnden.

Die drei Siegelbewahrer, von denen der dritte jährlich aus dem ersten Turnus gewählt wird, sind Richter am Kanzleigericht.

Die drei Schatzmeister, von denen ebenfalls der dritte jährlich aus dem ersten Turnus gewählt wird, sind Richter am Schatzkammergericht; und jeder Amtsträger auf dieser Liste hat das Vorschlagsrecht im Senat.

Der Stratege mit den zugehörigen sechs Amtsgewalten stellt jedoch in diesem Gemeinwesen die Signoria dar; sie ist berechtigt, in jedem Rate des Senats Sitz und Stimme zu haben, und befugt, entweder einzeln oder geschlossen jedem der Räte nach Belieben Vorschläge zu unterbreiten.

Ich habe zu dieser Ordnung nicht viel mehr zu bemerken oder zu erklären, als daß dem Strategen sowohl dem Namen als auch der Sache nach eine Stellung zukommt, wie sie unter anderen Philopoimen und Aratus in dem Gemeinwesen der Achäer innehatten und sie ähnlich auch bei den Ätoliern bekannt war (*quem ut Achaei strategon nominabant*,[147] sagt Emmius). Der Sprecher, sonst auch als Präsident bezeichnet, ist mit geringen Abwandlungen derselbe, wie er früher in dieser Nation üblich war. Man kann diese beiden, wenn man so will, mit den Konsuln in Rom oder den Suffeten in Karthago vergleichen, da sie sich in ihrer Amtswürde kaum unterscheiden.

Die Zensoren leiten ihre Befugnis zur Absetzung eines Senators von ihren römischen Vorbildern, die zur Leitung der Wahlhandlung von denen in Venedig und die zur Bestrafung in Fällen von *ambitus* oder der mißbräuchlichen Aneignung eines Amtes von beiden her.

Die Signoria, deren vollständige Rechte und Funktionen noch ausführlicher erläutert werden sollen, folgt nahezu unverändert dem venezianischen Vorbild.

Für den zweiten Teil des Tropus gilt

Die SECHZEHNTE ORDNUNG: Diese regelt, daß die Zusammensetzung der Räte, deren es insgesamt vier gibt, nämlich den Staats-, Kriegs-, Religions- und

Wirtschaftsrat, zeitgleich mit derjenigen des Senats wechselt. Das geschieht, erstens, durch die jährliche Wahl von fünf Angehörigen des ersten Turnus des Senats in den Staatsrat, der aus fünfzehn Mitgliedern, d. h. fünf aus jedem Turnus, besteht; zweitens, durch die jährliche Wahl von drei Mitgliedern des ersten Turnus des Staatsrates, die von den Vorstehern dieses Rates vorgeschlagen und dort an Ort und Stelle gewählt werden, in den Kriegsrat, der aus neun Mitgliedern, d. h. drei aus jedem Turnus, besteht und die weitere Mitgliedschaft in dem Staatsrat nicht ausschließt; die vier Volkstribunen haben das Recht auf Sitz und Stimme im Kriegsrat; drittens, durch die jährliche Wahl von vier Angehörigen des ersten Senatsturnus in den Rat für Religionsangelegenheiten, der aus zwölf Mitgliedern, d. h. vier aus jedem Turnus, besteht und von den Zensoren geleitet wird; viertens, durch die jährliche Wahl von vier Angehörigen des ersten Senatsturnus in den Wirtschaftsrat, der aus zwölf Mitgliedern, d. h. vier aus jedem Turnus, besteht. Und jeder Turnus innerhalb der so geschaffenen Räte soll sich in wöchentlichem Wechsel einen Vorsteher wählen, der sein Amt für eine Woche bekleiden und nicht eher in dasselbe wiedergewählt werden soll, als bis jeder Angehörige des betreffenden Turnus es einmal ausgeübt hat. Und die Vorsteher, deren es in jedem Turnus einen, in jedem Rate drei und somit insgesamt zwölf gibt, sollen neben ihren anderen Zuständigkeiten einen gesonderten Rat oder besser: ein Fachkollegium für sich bilden und zu bestimmten Zielen und Zwecken zusammentreten, die in Verbindung mit denen der übrigen Räte noch erläutert werden sollen.

Der Sinn dieser Ordnung zielt zwar nur auf die wechselnde Zusammensetzung der Räte, ist aber trotzdem von nicht geringer Bedeutung; denn Bewegung heißt Leben, und die Bewegung eines Gemeinwesens kann nur konstant sein, wenn sie im Kreise verläuft. Wer wie Mylord Epimonus die Ähnlichkeit eines derartigen Staatswesens mit Umlaufbahnen und Himmelskörpern nicht ertragen kann und deshalb mit allerlei Mittelchen an ihm

herumkurieren möchte, tut eigentlich bloß, was ohnehin
nötig ist, denn wenn es sich mitsamt seinen Personen
und Angelegenheiten nicht ständig um sich selbst dreht,
ist es sehr krank. Was die Personen angeht, so warf das
römische Volk den Triumphwagen des Senats einfach
um, wenn nicht das Rad der Obrigkeit sie ins Amt gebracht hatte. Und was das andere betrifft, so wären die
Spartaner nicht so ruhig geblieben, als der Senat sich ihren Angelegenheiten durch eine Beschränkung ihrer
Rechte in den Weg stellte, hätte nicht die Einrichtung
der Ephoren ihnen einen neuerlichen Auftrieb gegeben.
Wenn man einem Gemeinwesen also die Drehung im
Kreise verwehrt, auf der seine Gleichheit beruht, so verkürzt man es auf eine Partei, und dann ist es in der Tat
nötig, nach einer Medizin zu rufen oder vielmehr eine
Roßkur einzuleiten, denn man wird es mit kräftigen Patienten zu tun bekommen, die man binden und festhalten muß, oder man mag selbst in die Verlegenheit geraten, einen Knocheneinrichter zu brauchen. Deshalb
stimmen die Räte dieses Gemeinwesens sowohl bezüglich ihrer Wahl als auch, wie sich noch zeigen wird, ihrer
Obliegenheiten mit denen des Senats in ihren Umdrehungen überein, die eine Sache nicht wie der Sog eines
Strudels verschlucken, sondern durch die Drehung ihrer
Schrauben fest in den Griff nehmen und wie ein Werkstück im Schraubstock eines Schmiedes unablässig wenden und drehen; ohne derartige Maschinen kann kein
Senat, geschweige denn das Volk, ein vollendeter Werkmeister in politischer Hinsicht sein. Jetzt wird es jedoch
Zeit für

Die SIEBZEHNTE ORDNUNG: Sie regelt die zweijährlichen Wahlen oder die Festlegung der Umlaufbahn der
residierenden Gesandten in deren insgesamt vier Residenzen, die sich über acht Jahre erstreckt und durch
die im Senat vorzunehmende Wahl je eines Gesandten in zwei Jahren abgesichert wird, der sich zunächst
an den Hof von Frankreich mit zweijähriger Resident-
schaft dortselbst begeben, nach Ablauf dieser Frist für
abermals zwei Jahre an den Hof von Spanien wechseln, von dort nach Venedig gehen, nach zweijähri-

gem Aufenthalt in dieser Stadt abschließend für den gleichen Zeitraum in Konstantinopel residieren und danach zurückkehren soll. Ein Mitglied des Senats oder ein Abgeordneter der Prärogative darf nicht zum residierenden Gesandten gewählt werden, weil ein Senatsmitglied oder Abgeordneter im Falle seiner Wahl entweder seinen Sitz verlieren müßte, was eine Störung in der Bewegung dieses Gemeinwesens zur Folge hätte, oder mehr als ein Amt bekleiden würde, was sich nicht mit dessen Gleichheit verträgt. Auch darf niemand in diese Funktion gewählt werden, der älter als fünfunddreißig Jahre ist, damit das Gemeinwesen die Kosten für seine Ausbildung nicht umsonst aufgewendet hat, indem es bei seiner Heimkehr um deren Früchte gebracht oder derselben wegen der Unzulänglichkeiten der Natur nicht mehr lange teilhaftig wird.

Diese Ordnung weist dem Gemeinwesen die Perspektive, so daß es Gefahren voraussehen kann, oder den Weg, auf dem es alle zwei Jahre einen Staatsmann mit den reichen Erfahrungen eines achtjährigen Aufenthalts an den wichtigsten diplomatischen Knotenpunkten Europas zurückbekommt. Und soviel zu den ordentlichen Wahlen im Senat; die außerordentlichen Wahlen regelt

Die ACHTZEHNTE ORDNUNG: Sie schreibt für alle aus dringendem Anlaß gebotenen Wahlen, außer derjenigen des Diktators, einen vorherigen Auslesemodus oder ein solches Wahlverfahren vor, daß ein Rat die Funktion eines Wahlmännergremiums übernimmt. Besteht zum Beispiel Bedarf an einem außerordentlichen Gesandten, sollen die Vorsteher des Staatsrates, oder auch nur zwei von ihnen, demselben so lange Vorschläge unterbreiten, bis er sich auf einen einheitlichen Bewerber geeinigt hat; danach soll der Rat seinen gewählten Bewerber namentlich in den Senat einbringen, der auf die übliche Art vier weitere Kandidaten für den fraglichen Posten auswählen und zusammen mit dem Ratskandidaten zur Wahl des Hauses stellen soll, so daß man sagen kann, daß derjenige, der von den fünf Kandidaten das Vertrauen erhält, durch Einschaltung des Staatsrates gewählt worden ist. Auf die gleiche Weise sollen ein Vizeadmiral und ein Polemarch oder Stabsoffizier durch Einschaltung des Kriegsrates gewählt werden, ein Richter oder ein Barrister durch Einschaltung der Siegelbewahrer, ein Richter oder ein höherer Beamter des Schatzkammergerichts durch Einschaltung der Schatzmeister. Derzeitige oder ehemalige Träger eines Amtes können ebenfalls über das Ausleseverfahren zur Wahl gestellt werden; wenn jedoch ein Beamter oder ein öffentlicher Bediensteter, der weder Mitglied des Senats noch Abgeordneter der Prärogative ist, über das Ausleseverfahren in ein militärisches Amt gewählt wird, so bedarf dies der Bestätigung durch die Prärogative, weil in einem Gemeinwesen, dessen Souverän das Volk ist, ein Eingriff in die Miliz *injussu populi* gegen das Gesetz verstößt.

Die Römer nahmen dies so genau, daß ihre Konsuln, obwohl sie *centuriatis* gewählt waren, nur nach Bestätigung *curiatis comitiis* in die Miliz eingreifen durften; denn ein Beamter, der seine Gewalt nicht vom Volk erhält, nimmt sie ihm fort, und wer ihm seine Gewalt nimmt, der nimmt ihm auch seine Freiheit. Was die Wahl durch das Ausleseverfahren betrifft, so ist ihre venezianische Herkunft unschwer zu erkennen, und es gibt keinen anderen Weg, um die jeweils tauglichsten Anwärter zu ermitteln, über die nach aller Vernunft ein jeder Rat selbst am besten Bescheid weiß, und gleichzeitig auszuschließen, daß sich unter diesem Vorwand die Gunst oder das Interesse einer einzelnen Partei durchsetzt. Denn der Grund, weshalb der Große Rat von Venedig kaum je einen anderen als den Bewerber wählt, der über das Ausleseverfahren aufgestellt wurde, ist sehr wahrscheinlich darin zu sehen, daß er sich seiner dadurch ausgewiesenen Eignung sicher ist. Das ist die letzte der Wahlen, die in die Zuständigkeit des Senats fallen, wobei die Räte nach den bereits angeführten Ordnungen gewählt werden. Uns bleibt nun noch, auf jene Ordnungen einzugehen, die den Räten ihre Aufgaben zuweisen. Diese sind von zweierlei Art und betreffen, erstens, ihren Arbeitsgegenstand und, zweitens, die Form, in der sie wirksam werden. Den Arbeitsgegenstand der Räte erläutert

Die NEUNZEHNTE ORDNUNG: Sie weist jedem Rate die in seine Zuständigkeit gehörenden Angelegenheiten zu, von denen er einige entgegennehmen und entscheiden, andere entgegennehmen, vorbereiten und dem Haus vorlegen soll, wie zum ersten:

Aufgabe des Staatsrates ist es, alle Botschaften, Nachrichten und diplomatischen Korrespondenzen entgegenzunehmen; Gesandten, die in dieses Gemeinwesen geschickt werden, Audienzen zu gewähren und denen, die es selber entsendet, Instruktionen mitzugeben; Vorschläge von den Räten in den Provinzen entgegenzunehmen und enge Beziehungen zu ihnen zu unterhalten; alle zur Verabschiedung, Verbesserung oder Abschaffung vorgesehenen Gesetze sowie alles, was das Gemeinwesen im Hinblick auf die Aushebung von Truppen oder die Bereitstellung von Geldmitteln, auf Krieg oder Frieden, auf Bündnisse oder Vereinigungen erwägt, im Interesse der ordentlichen Vorbereitung solcher Angelegenheiten vor ihrer Einbringung in den Senat gewissenhaft zu prüfen. Für den Fall, daß solche Obliegenheiten (die eigentlich Sache des Staatsrates sind) zum Wohle des Gemeinwesens einer strengeren Geheimhaltung bedürfen, sollen sie dem Kriegsrat übertragen werden, der ermächtigt sein soll, Agenten, Spione, Kundschafter, Berichterstatter und Späher zu empfangen und auszusenden und, nötigenfalls ohne Wissen des Senats, derartige Aufgaben so lange wahrzunehmen, wie das ohne Schaden für die Sache möglich ist. Dagegen soll er nicht ermächtigt sein, das Gemeinwesen ohne Einwilligung des Senats und des Volkes in einen Krieg zu verwickeln. Zu den Pflichten dieses Rates gehört außerdem seine Verantwortung als Admiral der Flotte sowie die Aufsicht über sämtliche im Besitz des Gemeinwesens befindlichen Depots, Waffenkammern, Zeughäuser und Pulvermagazine. Er soll über militärische Feldzüge sorgfältig Buch führen und sich in Abständen von dem für solche Unternehmungen verantwortlichen Strategen oder General beziehungsweise einem der Polemarchen hierüber berichten lassen oder die Erfahrungen solcher Befehlshaber zumindest unter dem Gesichtspunkt auswerten, inwieweit sie der Verbesserung der militärischen Disziplin nützlich sein können, um sie nach entsprechender Prüfung gegebenenfalls in den Senat einzubringen, und wenn der Senat daraufhin eine Weisung erläßt, soll der Kriegsrat darüber wachen, daß sie bei der Musterung oder der Ausbildung der Jugend befolgt wird. Und sollte jemand sich unterfangen, in eine Volksversammlung des Gemeinwesens Streit zu tragen oder an der gegenwärtigen Regierungsform etwas ändern beziehungsweise deren Wurzeln untergraben zu wollen, so soll der Kriegsrat in seiner Eigenschaft als Schildwache oder Streifenposten dieses Gemeinwesens den oder die Betreffenden dingfest machen, ergreifen, verhaften und verhören, anklagen, freisprechen oder verurteilen lassen und in eigener Vollmacht und Amtsgewalt sowie ohne Möglichkeit des Einspruchs der Bestrafung zuführen.

Der Religionsrat als der Schiedsrichter dieses Gemeinwesens in jenen Gewissensfragen, die in einem engeren Sinne zur Religion, zur christlichen Barmherzigkeit und zu einem gottesfürchtigen Lebenswandel gehören, soll die nationale Religion und den Schutz der Gewissensfreiheit in seine Obhut nehmen und alle diesbezüglich auftretenden Streitfälle entscheiden. Was, erstens, die nationale Religion anbelangt, so soll er Sorge tragen, daß alle Stellen oder Beförderungen mit den höchsten Bezügen in den beiden Universitäten nur an die gelehrtesten und frömmsten Männer vergeben werden, die sich dem Studium der Gotteswissenschaft verschrieben haben. Desgleichen soll er ein besonderes Augenmerk darauf haben, daß im Zuge der jetzt oder später im Senat zu beschließenden Vergrößerung der Pfründen dieser Nation eine jeweilige Anhebung derselben auf einen Mindestertrag von einhundert Pfund jährlich erfolgt. Und damit keinerlei eigener Vorteil die Gottesmänner oder die Lehrer der nationalen Religion dazu bestimmen könne, von ihrem Wege abzuweichen oder der Religion zu schaden, soll ihnen in diesem Gemeinwesen eine andere Stellung oder Aufstiegsmöglichkeit versagt sein. Darüber hinaus ist diesem Rate die Aufgabe zugewiesen, eine Richtlinie für die Pflege der nationalen Religion zu erarbeiten, wobei er bei solchen und ähnlichen Verhandlungen den folgenden Weg einschlagen soll: Eine in Religionsangelegenheiten auftretende Frage soll von dem Rat zunächst schriftlich gestellt und dargelegt werden, worauf die Zensoren über ihre Kuriere (als die zu ihrer Unterstützung gewählten Proktoren) das betreffende Schreiben an die beiden Universitäten, deren Kanzler sie sind, schicken lassen und ihre Stellvertreter dortselbst bei Erhalt des Schreibens eine Synode aller Universitätstheologen einberufen sollen, die über vierzig Jahre alt sind. Und die Universitäten sollen von diesem Zeitpunkt an keinerlei Nachrichten oder Schriftsachen mehr austauschen, bis ihre Verhandlungen beendet sind und sie dem Religionsrat unabhängig voneinander ihre Antwort durch zwei oder drei ihrer Mitglieder überbracht haben, die deren Sinn klarlegen können, falls sich irgendwelche Zweifel ergeben; alsdann sollen sie sich wieder entfernen, und der Rat soll im Anschluß an die Entgegennahme der betreffenden Mitteilungen nach eigenem Gutdünken nunmehr die ganze Angelegenheit zur Vorlage im Senat vorbereiten, damit auf diese Weise durch die Ausklammerung des eigenen Vorteils der Gelehrten das rechte Maß von Vernunft bei der Auslegung der Bibel obwalten möge, die das Fundament der nationalen Religion ist.

Was, zweitens, den Schutz der Gewissensfreiheit angeht, so soll dieser Rat nicht zulassen, daß in Dingen der Religion irgendeine Zwangsgewalt geübt wird und daß ein Lehrer der nationalen Religion anders als aus freier Berufung sowie auch dessen Auditorium oder Zuhörerschaft anders als aus freiem Willen handelt.

Auch soll keine versammelte Gemeinde (sofern sie nicht jüdisch oder götzendienerisch ist) bei der Verrichtung ihres Glaubens gestört oder belästigt, sondern bei der Pflege, Ausübung und Bezeugung desselben wachsam und nachdrücklich geschützt und verteidigt werden. Und falls eine derartige Gemeindeversammlung Geistlichen oder Laien den Auftrag zur Einbringung von Beschwerden in den Religionsrat erteilt, soll dieser (nötigenfalls unter Anrufung des Senats) die so vorgebrachten Beschwerden entgegennehmen, prüfen und entscheiden.

Drittens soll jede an den Senat gerichtete Bittschrift, sofern sie nicht von einem Stammesverband kommt, durch diesen Rat entgegengenommen, untersucht und erörtert und dann an den Senat weitergeleitet werden, sofern er sie nach einer derartigen Untersuchung und Erörterung als hierfür geeignet befindet.

Von den Aufgaben des Wirtschaftsrates als der *vena porta* dieser Nation soll später noch ausführlicher die Rede sein. Fürs erste sei nur soviel gesagt, daß er auf Grund seiner Erfahrung, die ihn zu einem rechten Verständnis jener Gewerbe und Berufszweige befähigt, welche die Adern dieses Gemeinwesens nähren, sowie zur wahren Unterscheidung von solchen, die sie aussaugen und erschöpfen, den Senat mit deren Vorzügen und Nachteilen bekannt machen soll, damit den ersteren Förderung angedeihen und gegen die letzteren Abhilfe geschaffen werden möge.

Das Kollegium der Vorsteher als Gesprächskreis dieses Gemeinwesens soll sich täglich gegen Abend in einem freundlichen Raume versammeln, zu dem etliche Empfangszimmer gehören. Und alle möglichen Leute, die sich zum Zwecke des Gesprächs oder der Unterhaltung – sei es über Staatsangelegenheiten, über Neuigkeiten oder Nachrichten – oder der Unterbreitung irgendeines Vorschlages an die Räte dort einfinden, sollen freimütig und ungezwungen im Vorzimmer empfangen und in der Art einer höflichen Unterredung angehört werden, bei der nicht mehr Steifheit oder Förmlichkeit als gemeinhin üblich herrschen soll, damit jeder geradeheraus reden und das, was einer vorschlägt, von den übrigen erörtert und besprochen werden kann, sofern die Angelegenheit nicht der Geheimhaltung unterliegt, in welchem Falle die Vorsteher oder einige von diesen diejenigen, die gehört zu werden wünschen, in eines der Empfangszimmer führen sollen. Und die Vorsteher sollen alles daransetzen, dieses Kollegium als ein Zentrum lohnender Begegnungen so zu leiten, auszugestalten und in Gang zu halten, daß es für Männer von Verstand und wohlmeinender Gesinnung gegen das Gemeinwesen von höchster Anziehungskraft ist.

Wenn des weiteren irgend jemand, der zu persönlichem Erscheinen nicht imstande oder nicht bereit ist, einen Rat zu erteilen hat, von dem er glaubt, daß er dem Gemeinwesen von Nutzen sein könnte, so mag er sich auch schriftlich an das Vorsteherkollegium wenden und seinen Brief, sei es mit oder ohne Unterschrift, beim Pförtner des Kollegiums abgeben. Auch soll niemand, der einen solchen Brief abgibt, deshalb ergriffen, belästigt oder festgehalten werden, selbst wenn er sich als Schmähschrift erweist, sondern die abgelieferten Briefe sind den Vorstehern vorzulegen, und falls es so viele sind, daß ihre Durchsicht die Kräfte der Vorsteher übersteigt, so sollen sie diese nach Belieben an die Herren des Kollegiums zur Lektüre weitergeben, die, wenn sie etwas Bedeutsames darin entdecken, dies zum Gegenstand der Erörterung machen oder, wenn sie auf eine Sache stoßen, die Verschwiegenheit erfordert, den betreffenden Brief mit einem diesbezüglichen Vermerk an einen der Vorsteher zurückreichen sollen. Und die Vorsteher sollen solche Stellen aus Gesprächen oder Briefen nach eigenem Gutdünken von den ihnen beigegebenen Sekretären protokollieren lassen, damit sie sich auf ihre so niedergelegten Aufzeichnungen stützen können, wenn zwei von ihnen es bei passender Gelegenheit für angezeigt halten, dem zuständigen Rat Vorschläge zu unterbreiten, und zwar nicht nur deshalb, damit das Ohr des Gemeinwesens für jedermann offen sei, sondern es

auch dadurch, daß es Männer von solchem Bildungs-
grade stets im Auge behält, bei dringenden Wahlen oder
anderen Gelegenheiten einen ständigen Vorrat von geeigneten Personen zu seiner Verfügung habe.

Jedem Rate, der mit einem Baldachin für die Signoria
zu schmücken ist, sollen im Regelfall zwei Sekretäre,
zwei Türwächter und zwei Kuriere zur Hand gehen,
aber es können auch mehr sein, wenn die Notwendigkeit es gebietet. Und auch das Kollegium soll mit zwei
Sekretären, zwei Kurieren und zwei Türwächtern besetzt und ebenso wie die anderen Räte mit zusätzlichen Annehmlichkeiten auf Staatskosten ausgestattet
werden.

Da es jedoch geschehen kann, daß ein Gemeinwesen
in Notfällen, die außergewöhnliche Eile oder Geheimhaltung erfordern, durch sein natürliches Zögern
ebenso große Gefahr heraufbeschwört wie durch un-
natürliche Hast, indem es, wenn es sich an das lang-
same Schrittmaß seines Instanzenweges hält, nicht
rechtzeitig zur Abwehr eines plötzlichen Schlages gerüstet ist oder, falls es sich über diesen Weg um der
größeren Beschleunigung willen hinwegsetzt, nur desto rascher in das eigene Verderben läuft, ist, falls der
Senat zu beliebiger Zeit neun seiner Mitglieder außer
der Reihe ergänzend zu dem Kriegsrat als *junta* für die
Dauer von drei Monaten wählt, der Kriegsrat mit der
solchermaßen ergänzten *junta* für den besagten Zeitraum als Diktator von Oceana ermächtigt, Truppen
und Gelder anzufordern, über Krieg oder Frieden zu
bestimmen sowie auch Gesetze zu erlassen, die für
die Dauer eines Jahres (wenn sie nicht vorher durch
den Senat und das Volk aufgehoben werden) gelten
und danach nur unter der Voraussetzung in Kraft bleiben sollen, daß der Senat und das Volk sie bestätigt
haben. Und während dieser drei Monate soll die gesamte Führung der Geschäfte des Gemeinwesens in
den Händen des Diktators liegen, allerdings mit der
Einschränkung, daß der Diktator nicht die Macht haben soll, irgend etwas zu tun, das seiner eigentlichen
Zielsetzung und Zweckbestimmung widerspricht,

sondern vielmehr alles unternimmt, was dem Schutz des Gemeinwesens in seiner bestehenden Form und der unverzüglichen Wiederherstellung des natürlichen Ablaufs und gewohnten Ganges der Regierungsgeschäfte dient. Und sämtliche Beschlüsse, Anordnungen, Erlässe oder Gesetze des durch die *junta* solchermaßen erweiterten Kriegsrates sollen die Unterschrift *„Dictator Oceanae"* tragen.

Ich habe versucht, diese Ordnung über die Aufgaben der Räte, die (wie in einem derartigen Falle unvermeidlich) sehr umfangreich ist, nach bestem Vermögen so kurz zu fassen, daß nur das mitgeteilt wurde, was zum Verständnis des Ganzen unabdingbar ist. Dabei habe ich allerdings so manche Einzelheiten oder weitere Pflichten der Räte ausgelassen, die in einem Gemeinwesen ein Novum darstellen. Hierzu machte jedoch der Archont vor der Versammlung die folgenden Ausführungen:

„Meine Herren Gesetzgeber!

Eure Räte sind (mit alleiniger Ausnahme des Diktators) gleichsam natürliche und ursprüngliche Quellen und Brunnen, die (obwohl sie hin und wieder ein paar Reiser und Grashalme – die, wenn sie weniger unerheblich wären, mehr Anlaß zu Verdruß gäben – in den Uferböschungen der von ihnen gebildeten Flußläufe hängen lassen) den mächtigen Strom ihres rastlosen Eifers unmittelbar in den Senat leiten; sie sind so klar und (wie sich an Hand der folgenden Ordnung unstrittig erweisen wird) so weit davon entfernt, durch irgendeinen privaten Vorteil oder durch einseitige Parteinahme verunreinigt oder getrübt zu werden, daß keine Versammlung, die dem Ratschlag oder der Meinungsäußerung dieses oder jenes ehrenwerten Teilnehmers lauscht – mag er sich seine Worte nun daheim im stillen Kämmerlein, beim Aufbruch von zu Hause oder erst nach Erwirkung der Erlaubnis oder des Billetts an der Eingangstür zurechtgelegt haben –, jemals auch nur den allerleisesten Zweifel an seiner hundertprozentigen Vertrauenswürdigkeit oder dem Gewinn hegen könnte, den seine Weisheit ihr bringen wird. So ein Senat oder Rat ist ja wegen der Ungewißheit der Winde wie eine Welle im Meer, und er soll sich auch nicht dadurch zu helfen suchen, daß er in seichte Gewässer ausweicht oder die Sache lieber der Erörterung in Kommissionen überläßt, statt sich ohne rechtes Ergebnis selber damit herumzuschlagen (obwohl sie später mit nur um so mehr Schlick darin zu ihm zurückfluten mag). Denn wenn man einen Fall an eine Gelegenheitskommission abgibt, wo jeder, der es will, Mitglied werden kann und niemand es wird, der nicht das Wohlergehen eines Freundes oder den eigenen Vorteil im Auge hat, so springt nach Ansicht des Senats wenig mehr dabei heraus, als hätte man ihn gleich den Parteien übergeben. Aus diesem Grunde unterteilten die Athener, die in vier Stämme gegliedert waren, aus denen sie jährlich zu gleichen Teilen vierhundert Männer wählten, welche sie (weil die Stimmabgabe bei ihrer Wahl durch den Gebrauch von Bohnen erfolgte) den Senat der Bohne nannten, diese in acht Gruppen zu je fünfzig Personen. Und jede dieser Gruppen bildete der Reihe nach für den achten Teil des Jahres einen gesonderten Rat, die sogenannten Prytanen. Die Prytanen, die in diesem Sonderrat einen jeden empfingen und anhörten, der gekommen war, um irgendeinen Vorschlag im Hinblick auf das Gemeinwesen zu machen, waren befugt, alle Angelegenheiten zu beraten und vorzubereiten, die vor den Senat gebracht werden sollten. Die Achäer hatten zehn ausgewählte Beamte, die sie Demiurgen nannten; diese bildeten einen eigenständigen Rat namens Synarchie, mit dem der Stratege alle für den Senat bestimmten Angelegenheiten vorzubereiten pflegte; aber sowohl der Senat der Athener als auch derjenige der Achäer würde nicht schlecht gestaunt haben, hätte irgend jemand ihm gesagt, alle seine Zusammenkünfte und Unterredungen mit den Besuchern hätten letztlich nur dem Zweck dienen sollen, deren Anliegen anschließend an die Prytanen oder an die Synarchie, geschweige denn an eine Gelegenheitskommission zu verweisen, wo sie dem Gerangel der interessierten Parteien ausgeliefert gewesen wären. Und dennoch übertrifft Venedig in dieser Hinsicht (wie überhaupt in den meisten seiner Satzungen) sie alle durch den Aufbau seiner Räte, und zwar sowohl des Kollegiums als auch der *dieci*. Die Arbeitsweise des Kollegiums wird in der nachfolgenden Ordnung genau beschrieben, und mit Bezug auf die *dieci* unterscheidet sie sich so wenig von dem, was unserem Diktator zugebilligt wird, daß ich auf eine ins einzelne gehende Beschreibung verzichten kann. Dagegen ist es unerläßlich, noch etwas zu der diktatorischen Gewalt im allgemeinen und ihrer Handhabung zu sagen, weil sie für gewisse Leute nur schwer verdaulich ist, denen die Weisheit der Antike auf der Stelle den Magen umzudrehen pflegt, womit sie nur zeigen, daß ihr Mutterwitz dem Säuglingsstadium noch immer nicht entwachsen ist. In einem Gemeinwesen, das noch nicht in jeder Hinsicht fix und fertig oder vollkommen ist, wird diese Gewalt sehr häufig, wenn nicht sogar ständig zur Anwendung kommen müssen; deshalb heißt es in dem Buch der Richter mehr als einmal, wenn von der Unzulänglichkeit der Regierung die Rede ist, daß *zu der Zeit kein König in Israel war*[148]. Dabei hat der Übersetzer (obgleich er statt *kein König* besser *kein Richter* hätte schreiben sollen) den Sinn gar nicht so falsch wiedergegeben, weil nämlich der Diktator (und ein solcher war der Richter über Israel) oder die einer einzelnen Person beigelegte diktatorische Gewalt sich so wenig von dem Brauch der Monarchie (die ihn nachgeahmt hat) unterscheidet, daß dieselbe Ursache in einem Gemeinwesen auch keinerlei andere Wirkung zeitigt, als es in Rom geschah, wo Sulla und Cäsar nichts weiter zu tun brauchten, um die absolute oder souveräne Gewalt zu erlangen, als ihren Oberbefehl zu verlängern, denn *dictatoris imperium quasi numen*[149]. Trotzdem steht fest, daß ein Gemeinwesen ohne diese Gewalt, die so gefährlich ist und so leicht in die Monarchie führen kann, einem ähnlichen Niedergang nicht wirksam vorzubeugen vermag; wenn man sich nämlich in einem derartigen Falle nicht aus eigener Kraft zu helfen weiß, und zwar durch den

Einsatz eines Mittels, das nach aller Voraussicht keine verhängnisvollen Folgen haben kann, so gibt es schließlich Notlagen, in denen man einfach etwas unternehmen und sich dann aufs Geratewohl für einen Ausweg entscheiden muß, ohne daß man die Muße hat, darüber nachzudenken, ob er auch sicher zum Ziele führen wird – und das ist noch tausendmal gefährlicher. Und es kann niemals ein Gemeinwesen geben, dessen vollkommene Ordnung nicht das Ergebnis reiflicher Beratung ist; trotzdem wird man mitunter zum Handeln gezwungen sein, denn ein Gemeinwesen ist von Natur aus schwerfällig und verletzlich, es kann zu einem plötzlichen Überfall kommen, und zuweilen ist im Interesse seiner Angelegenheiten auch unbedingte Verschwiegenheit vonnöten. Deshalb zieht Machiavelli den ausdrücklichen Schluß, daß ein Gemeinwesen, das auf ein solches Hilfsmittel nicht zurückgreifen kann, dem Untergang geweiht ist, weil entweder der Schlag, den es in einem derartigen Falle hinnehmen muß, es zugrunde richtet, oder das Gemeinwesen selbst dies tut, indem es sich dadurch aus seiner gewohnten Ordnung bringen läßt.[150] Und tatsächlich gleicht ein Gemeinwesen einem Windhunde, der, sobald man ihn nur ein einziges Mal aus der Reihe tanzen läßt, hernach nie wieder ehrlich rennt, sondern faul wird. Und wenn das Gemeinwesen die Gewohnheit annimmt, bequemere Wege zu gehen, als seine Ordnungen sie ihm weisen, so ist das sein Untergang, denn diese Ordnungen sind die Grundlage seiner Existenz. Deshalb birgt eine solche Verkürzung des Weges Gefahren, falls man nicht Vorsorge getroffen hat, daß man sicher ans Ziel kommt, und es genügt auch nicht, daß das Mittel sicher sei, sondern es muß zugleich geheim bleiben und rasch helfen, denn wenn es nur langsam wirkt oder leicht durchschaubar ist, bringt es ja keine Rettung in der Not. Was nun unsere Nachahmung in diesem Punkte betrifft, so gibt es nach meiner Kenntnis nichts, was einem Vergleich mit dem Zehnerrat in Venedig standhalten könnte, und da es zu lange dauern würde, dessen Vorzüge hier zur Gänze darzustellen, will ich mich mit einem Beispiel aus Giannotti begnügen. In dem Kriege (so sagt er), den die Venezianer in Casentino gegen Florenz führten, fanden die Florentiner sich aus irgendwelchen Staatsrücksichten bemüßigt – obwohl sie ansonsten keinerlei Neigung dazu verspürten –, Unterhändler mit Friedensangeboten nach Venedig zu entsenden, wo der Rat der Zehn, kaum daß er sie angehört, auch schon in den Handel einschlug, und weil in diesem Gemeinwesen (mit seiner offensichtlich höheren Geltung) sich alle wunderten, was wohl der Grund für solche Eile gewesen sein mochte, richtete der Rat nach dem Abzug der Unterhändler an den Senat ein Schreiben, aus dem hervorging, daß kurz zuvor die Türken eine furchtbare Flotte gegen ihren Staat ausgesandt hatten, was, wäre es den Florentinern bekannt gewesen, sie, wie jedermann wohl wußte, in den Friedensschluß gewiß nicht hätte einwilligen lassen. Darauf spendete der Senat den Zehn hohes Lob für ihre Verdienste, und die Venezianer jubelten ihnen zu. Man mag hieraus ersehen, wie in jenem Staate von der diktatorischen Gewalt nicht nur einerseits Gebrauch gemacht wird, sondern daß sie andererseits auch gänzlich in das Belieben des betreffenden Rates gestellt ist; dagegen wird sie ihm in Oceana erst dann anvertraut, wenn der Senat durch die Wahl von neun außerordentlichen Mitgliedern hierzu die Vollmacht erteilt und er sich durch eine ausgleichende Erweiterung des Kriegsrates abgesichert hat, obschon er durch die Volkstribunen von vornherein mehr Sicherheit bietet als der von Venedig, der gleichwohl niemals Argwohn erregt hat. Wenn nämlich die jüngeren Adligen Venedigs des öfteren gegen ihn Stimmung gemacht haben, dann nicht so sehr, weil sie in ihm eine Gefahr für das Gemeinwesen erblickten, sondern weil sie selbst ihn fürchteten. Darum haben die Verständigeren zweifellos klug gehandelt, als sie in dem Gesetz über die Bildung dieses Rates festlegten, daß die Amtszeit seiner Mitglieder erst mit der Ernennung der Nachfolger enden solle."

Nachdem ich nunmehr die Aufgaben der Räte hinsichtlich ihres Arbeitsgegenstandes dargestellt habe, bleibt mir jetzt nur noch, die Art und Weise ihres Wirksamwerdens zu schildern. Hiervon handelt

Die ZWANZIGSTE ORDNUNG: Sie enthält die von den Beamten und Räten der Reihe nach zu beachtenden Verfahrensweisen zur Vorbereitung eines Senatsbeschlusses.

Die Beamten der Signoria sollen als Ratgeber dieses Gemeinwesens ihre Aufmerksamkeit auf sämtliche Staats- oder Regierungsangelegenheiten richten und können als Vorschlagsberechtigte innerhalb jedes Rates sowohl einzeln als auch zu mehreren Vorschläge, die sie zu machen wünschen, in beliebiger Zahl vor denjenigen Rat bringen, in den sie am ehesten gehören. Und damit diese Räte ihrer Pflicht gemäß handeln mögen, sind die besagten Beamten ihnen als Oberaufseher oder Kontrolleure überstellt und zu Vorschlägen an den Senat berechtigt.

Die Zensoren haben die gleiche Befugnis wie diese Beamten, jedoch nur im Hinblick auf den Rat für Religionsangelegenheiten.

Zwei der drei Vorsteher in jedem Rate können diesem Vorschläge unterbreiten und besitzen darin das eigentliche Vorschlagsrecht, damit nicht nur eine Beaufsichtigung und Überwachung der Geschäfte im allgemeinen gewährleistet ist, sondern jede Aufgabe in eine bestimmte Zuständigkeit fällt.

Nachdem beliebig viele der Regierungsbeamten beziehungsweise immer jeweils zwei der Vorsteher ihre Vorschläge unterbreitet haben, soll der Rat die zur Behandlung vorgesehenen Fragen erörtern, wobei zunächst die Vertreter des dritten Turnus, die das Wort wünschen, in der für sie geltenden Reihenfolge, dann die des zweiten Turnus und schließlich die des ersten Turnus sprechen sollen; und die nach Ansicht des Rates gewichtigsten Meinungsäußerungen derer, die etwas vorgeschlagen oder an der Aussprache teilgenommen haben, sollen von den Sekretären desselben schriftlich festgehalten und von den jeweiligen Rednern namentlich unterzeichnet werden.

Wenn die Standpunkte auf solche Art und Weise deutlich gemacht worden sind, kann jeder Beamte der Signoria, jeder Zensor oder können jeweils zwei der Vorsteher des betreffenden Rates damit vor den Senat treten.

Ist der Senat versammelt, sollen die Meinungsäußerungen (nehmen wir an, es seien vier) nacheinander – d. h. entsprechend der Reihen- oder Rangfolge der Beamten oder Ratsmitglieder, die sie unterzeichnet haben – verlesen werden. Und wenn nach der Verlesung irgend jemand aus dem Rate, der sie in den Senat eingebracht hat, zu sprechen wünscht, so sollen die mit dem Gegenstand am besten Vertrauten Vorrang genießen und anschließend die Senatsmitglieder, beginnend mit dem dritten Turnus, das Wort erhalten, bis jeder Mann, der es wünscht, gesprochen hat, und sobald die Standpunkte hinlänglich erörtert worden sind, sollen sie nach dem folgenden Muster alle miteinander zur Abstimmung gestellt werden:

Vier Sekretäre, deren jeder in der einen Hand eine der Meinungen und in der anderen einen weißen Kasten trägt, sollen nacheinander (und zwar in der Reihenfolge der Meinungen zu der betreffenden Frage) ihren Kasten vorstrecken und dabei jedem Senatsmitglied den Namen dessen nennen, der die zugehörige Meinung vertritt; den vier Trägern der weißen Kästen soll ein weiterer Sekretär oder Wahlhelfer mit einem grünen Kasten und diesem wieder einer mit einem roten folgen, worauf jedes Senatsmitglied in einen dieser sechs Kästen eine Kugel einwerfen soll. Wenn nach dem Einsammeln und Ausschütten der Stimmen über die Hälfte derselben auf den roten Kasten oder die Enthaltungen entfällt, sollen die Meinungen insgesamt verworfen werden, weil das bedeutet, daß die Mehrheit des Hauses sich in der Sache noch unschlüssig ist. Vereinigt keine der vier Meinungen mehr als die Hälfte der Stimmen auf sich, soll diejenige, die die wenigsten Stimmen erhielt, verworfen und über die verbleibenden drei nochmals abgestimmt werden. Erreicht keine der drei Meinungen mehr als die Hälfte der Stimmen, soll wiederum die mit den wenigsten Stimmen ausgesondert und über die beiden übrigen erneut abgestimmt werden. Findet auch hiervon keine bei mehr als der Hälfte Anklang, soll die mit der geringeren Stimmenzahl ausgesondert und über die übrigbleibende Meinung allein abgestimmt werden. Erreicht auch diese jetzt nicht mehr als die Hälfte der Stimmen, so wird sie gleichfalls verworfen. Die erste der Meinungen aber, die oberhalb der Hälfte die meiste Zustimmung findet, ergibt den Beschluß des Senats. Die auf Grund der Überzahl der Stimmenthaltungen in ihrer Gesamtheit verworfenen Meinungen können (falls die Gelegenheit dies zuläßt) durch den Rat von neuem geprüft und eingebracht werden. Werden sie durch mehrheitliche Ablehnung abermals zurückgewiesen, bedeutet dies, wenn es sich um einen Fall von beratender Tätigkeit handelt, daß das Haus nicht einverstanden ist, und damit hat die ganze Sache ein Ende; ist der Fall jedoch von Gewicht, ohne einer sofortigen Klärung zu bedürfen, so soll der Rat die Angelegenheit nochmals durchdenken und neue Meinungen einbringen, wohingegen in einem dringenden Fall, der keinen Aufschub gestattet, der Senat unverzüglich die Junta wählen und den Diktator einsetzen soll. *Et videat dictator ne quid respublica detrimenti capiat.*[151]

Dies geschieht für den Fall, daß die Beratung nicht in einen Beschluß mündet; wird jedoch ein Beschluß gefaßt, so betrifft er entweder eine Angelegenheit des Staates oder der Regierung und bewegt sich innerhalb geltenden Rechts, so daß es damit sein Bewenden haben kann, oder er zielt auf den Erlaß, die Widerrufung oder die Änderung eines Gesetzes, und dann ist der Senatsbeschluß, besonders wenn er einen Krieg oder die Bereitstellung von Truppen oder Geldern befürwortet, ohne die Entscheidung des Gemeinwesens ungültig, die bei der Stammesprärogative oder der Vertretung des Volkes liegt.

Wenn der Senat eine Beschlußvorlage für das Volk erarbeitet hat, soll er seine Vorschlagsberechtigten be-

nennen, wobei nur die Obrigkeiten des Hauses – also
die drei Siegelbewahrer oder jeweils zwei von ihnen,
die drei Schatzmeister oder jeweils zwei von ihnen
oder die beiden Zensoren – den Vorschlag des Senats
an das Volk weitergeben dürfen.

Nach Benennung seiner Vorschlagsberechtigten soll
der Senat die Tribunen mit der Musterung des Volkes
beauftragen und hierfür Zeit und Ort vorgeben, und
nachdem die Tribunen oder jeweils zwei von ihnen
die Musterung des Volkes weisungsgemäß vollzogen
haben, sollen die Vorschlagsberechtigten die Ansicht
oder den Beschluß des Senats dem Volk mit allen Einzelheiten zur Annahme vorschlagen. Und was mit
Vollmacht des Senats vorgeschlagen und auf Geheiß
des Volkes beschlossen worden ist, das ist das Gesetz
von Oceana.

Zu dieser Ordnung, die nahezu den gesamten staatlichen Bereich des Gemeinwesens umfaßt, gab der Archont in der Versammlung die folgende Erklärung ab:
„Meine verehrten Herren!

Ein Sprichwort sagt, daß man seinen Rock nach seinem Tuche zuschneiden muß. Wenn ich bedenke,
wieviel Gott uns für unser gegenwärtiges Werk ausge-
teilt oder zugemessen hat, kann ich nur staunen. Ihr
wünscht euch einen demokratischen Staat; er hat ihn
euch in der bestehenden Form, wie ich wohl sagen
darf, für eine Drachme überlassen, und ihr braucht
ihm jetzt nur noch einen festen Halt zu schaffen. Im
Hinblick auf seinen Überbau benötigt ein solcher
Staat eine tüchtige Aristokratie; ihr habt oder ihr hat-
tet einst einen Adel oder einen vornehmen Stand, der
zu den gelehrtesten Männern und, zumindest nächst
dem italienischen, zu den besten Schriftstellern der
ganzen Welt gezählt und stets auch bedeutende Heerführer gestellt hat, wenn es verlangt wurde. Aber der
wichtigste Bestandteil eines Gemeinwesens ist das
Volk: *a Gadibus usque ad Auroram et Gangem,*[152] von
dort, wo der Schnee herkommt (wie es im Buch
Hiob[153] heißt), bis in die sengenden Tropen gibt es
kein Volk, dessen Schultern im allgemeinen so vor-

trefflich in die Rüstung passen. Allerdings ist es wünschenswert, starke Hilfstruppen an unserer Seite zu wissen; da gibt es Marpesia mit seinem unerschöpflichen Vorrat an Männern, die wegen der Dürre des Landes nicht nur an Härte gewöhnt sind, sondern mit Freude unsere Waffen tragen. Man könnte sagen, daß Venedig wohl das vollkommene Bild eines Gemeinwesens darböte, wenn es dem Volke nur nicht den Zutritt verwehrte. Seien wir nun das Venedig, das sein Volk und damit seine Bundesgenossen mit offenen Armen aufnimmt! Die Kinder Israel, meine Herren, waren Ziegelbrenner,[154] ehe sie die Erbauer eines Gemeinwesens wurden; aber unsere Ziegel sind schon gebrannt, unser Mörtel ist gemischt, die Zedern Libanons[155] liegen gefällt und griffbereit zugeschnitten vor unseren Füßen. Ist das etwa Menschenwerk gewesen? Oder darf der Mensch sich diesem Werk zu widersetzen wagen? *Wer mit dem Allmächtigen rechtet, kann der ihm etwas vorschreiben? Wer Gott zurechtweist, der antworte!*[156] Was unseren Teil daran betrifft, so ist alles, was wir brauchen könnten, zum Greifen nahe, und wenn wir nicht annehmen wollen, daß Gott und die Natur irgend etwas Nutzloses bewirken, so bleibt uns jetzt nichts weiter zu tun, als auf der Stelle an die Arbeit zu gehen. Das Werkstück, nach dem wir in den voranstehenden Ordnungen die Hände ausgestreckt haben, ist die Aristokratie. Wie gezeigt wurde, war Athen ohne eine tüchtige Aristokratie ersichtlich verloren; die Verantwortung, ob eine Aristokratie zu etwas taugt, liegt jedoch nachweislich bei den Adligen oder den vornehmen Ständen selbst, denn es ist eine haltlose Einbildung, daß man die Politik ohne Studium meistern oder das Volk für solches Studium die Muße haben könne. Und was für eine Art von Aristokratie wohl Geistliche und Advokaten abgeben würden, dafür mag uns ihre unrettbare Verbohrtheit in die eigenen engstirnigen Vorurteile oder ihr unaufhörliches Gezeter gegen Machiavelli (der zwar an einigen Stellen berechtigten Tadel hervorruft, aber nichtsdestoweniger der einzige politische Denker und unerreichte Schirmherr des Volkes ist) als Lehre dienen.[157] Ich gebe bei diesem Werk auf das Urteil von Geistlichen und Advokaten nicht mehr als auf das so vieler anderer, die einem Gewerbe nachgehen; falls indessen das Modell das Glück haben sollte, auch außerhalb unseres Landes der Beachtung gewürdigt zu werden, so empfehle ich es den römischen *speculativi, garbatissimi signori,*[158] den vollkommensten Edelleuten dieses Jahrhunderts, zur Prüfung, oder aber wir schikken es, wenn Mylord Epimonus nichts dagegen einzuwenden hat, in drei- oder vierhundert Exemplaren an unseren Geschäftsträger in Venedig zur Verteilung an die dortigen Obrigkeiten, damit sie, nachdem sie davon Kenntnis genommen, es zur Beratung im Senat vorschlagen, wo die sachverständigsten Richter unter dem Himmel versammelt sitzen, die, wiewohl sie bedeutende Dinge zu erledigen haben, uns das Orakel ihrer Stimmurnen gewiß nicht vorenthalten werden. Den Ratgebern von Fürsten traue ich nicht, denn sie sind bloß Handlanger. ‚Die Staatsweisheit der Fürsten‘, sagt Verulamius,[159] ‚ist in der ganzen jüngeren Zeit eher auf das geschickte Ausweichen und Entrinnen vor drohenden Gefahren gerichtet gewesen als auf verläßliche und wohlüberlegte Schritte, um sie fernzuhalten.‘ Ihre Ratgeber schöpfen ihre Weisheit nicht aus den heilkräftigen Quellen der Staatskunst, sondern sind allenfalls Nothelfer, die beflissen herbeieilen, wenn es gilt, einem lahmen Hunde über die Stiege zu helfen. Wie kann es sonst geschehen, daß der Ruhm des Kardinals Richelieu wie ein Donnerschlag über uns gekommen ist, dessen Getöse uns zwar in den Ohren dröhnt, für den wir jedoch im übrigen keinerlei sichtbaren Grund zu erkennen vermögen? Um aber zu dem Ausgangspunkt zurückzukehren: Wenn weder das Volk noch die Geistlichen und die Advokaten die Aristokratie einer Nation sein können, so bleibt nur der Adel, unter welcher Bezeichnung ich zur Vermeidung weiterer Wiederholungen hinfort auch die vornehmen Stände – ähnlich wie die Franzosen es mit dem Wort *noblesse* tun – mitverstanden wissen möchte.

Wenden wir uns also jetzt dem Adel zu. Um Mißverständnissen vorzubeugen, scheint es mir für den vorliegenden Zweck sinnvoll und zuträglich, meinen Exkurs in vier Abschnitte zu gliedern, indem ich erstens die verschiedenen Arten des Adels, zweitens dessen Stellung im Senat, drittens die unterschiedlichen Arten des Senats und viertens den nach den voranstehenden Ordnungen gestalteten Senat behandeln werde.

Man kann den Adel in mehrfacher Hinsicht definieren, denn er beruht entweder auf angestammtem Reichtum oder auf angestammter Tugend oder einem durch einen Fürsten oder ein Gemeinwesen verliehenen Titel.

Die erstere Art des Adels kann nochmals unterteilt werden: in einen solchen, der ein Übergewicht an Herrschaftsgewalt oder Eigentum gegenüber dem ganzen Volke besitzt, und in einen solchen, der keines besitzt. Im erstgenannten Falle ist ein derartiger Adel (wie es ihn bei den Goten gab, wovon schon oft genug die Rede war) mit einem demokratischen Staat unvereinbar, weil es für einen demokratischen Staat entscheidend ist, daß die Macht beim Volke liegt, während ein Adel mit einem Übergewicht an Herrschaftsgewalt die Macht an sich zieht; in diesem Sinne ist es auch zu verstehen, wenn Machiavelli von dem Adel sagt, *questi tali sono perniziosi in ogni repubblica ed in ogni provincia,*[160] daß er in einem Gemeinwesen Unheil bringe, und daß Frankreich, Spanien und Italien aus diesem Grunde *le quali tutte insieme sono la corruttela des mondo,*[161] die verderbtesten Nationen der Welt seien. Im übrigen kann der Adel seiner eigenen Definition zufolge[162] – wonach es ‚Leute gibt, die müßig vom Ertrag ihrer Güter im Überfluß leben, ohne daß sie sich um die Bestellung ihrer Ländereien oder einen anderweitigen Broterwerb kümmern müssen‘ – ein geringeres Gewicht besitzen als das Volk, so daß er nicht nur keine Gefahr, sondern einen notwendigen Bestandteil innerhalb des natürlichen Gemischs eines Gemeinwesens darstellt. Denn wie könnte sonst ein Gemeinwesen entstehen, das nicht durch und durch künstlich wäre? Oder welchen Vergleich könnte es zwischen derartigen Kunstgebilden oder solchen ihnen am nächsten kommenden Gemeinwesen wie Athen, der Schweiz und Holland einerseits und Sparta, Rom und Venedig andererseits geben, die im Schmuck ihrer Aristokratien prangen? Wenn diese Staatskünstler sich erst einmal ihr Nest gebaut haben, sind sie – wie die Vögel in der Luft, deren ganzes Trachten der Nahrungssuche gilt – so völlig mit ihren privaten Belangen beschäftigt, daß sie weder die Muße haben, sich dem öffentlichen Wohle zu widmen, noch dasselbe sicher bei ihnen aufgehoben sein kann, *quia egestas haud facile habetur sine damno,*[163] weil auf dieser Art von Schiff nur diejenigen am rechten Platz sind, die auch an der Fracht teilhaben. Wenn dagegen ihr Teil daran so beschaffen ist, daß er ihnen Muße läßt, aus eigenem Antrieb, *à leur aise,*[164] über das öffentliche Interesse nachzudenken, muß man ihnen dann nicht (wie ja auch Machiavelli dies tut) einen Adel der Gesinnung bescheinigen? Besonders, wenn ihre Familien für die Verdienste, die sie sich um das Gemeinwesen erworben haben, berühmt geworden sind und ihrem angestammten Reichtum somit eine angestammte Tugend innewohnt, was die zweite Definition des Adels ist, die aber im Grunde ohne die erstere nicht bestehen kann. ‚Was nämlich das Marschgepäck für eine Armee ist‘, sagt Verulamius,[165] ‚das ist der Reichtum für die Tugend; man kann es weder entbehren noch zurücklassen, aber es ist ein *impedimentum*, denn es hindert nicht nur beim Marschieren, sondern die Sorge darum kostet oder vereitelt manchmal sogar den Sieg.‘ Von letzterer Art ist der Adel von Oceana; er überragt alles, weil er kein Vorrecht genießt, aus dem sein Rang nach außen hin sichtbar wird, sondern weil dieser Wert *in* ihm liegt. Die dritte Definition des Adels bezieht sich auf die Titel, Ehren und Würden, die ein Fürst oder das Gemeinwesen ihm im Namen des Volkes verliehen oder überlassen hat, und hierfür gibt es zwei Möglichkeiten: Entweder es geschieht ohne jedes Vorrecht oder Privileg wie in Oceana beziehungsweise mit nur unerheblichen Privilegien wie in Athen nach der Schlacht von Plataä, denen zufolge der Adel keinerlei Sonderrechte genoß, die über kirchliche Ämter oder die Beaufsichtigung der öffentlichen Spiele hinausgingen, und auch hierfür erst vom Volke gewählt sein mußte, oder mit Privilegien und darunter so erheblichen, wie sie den Adligen Athens vor der Schlacht von Plataä oder den römischen Patriziern eingeräumt wurden, die jeweils ein Recht auf den Senat und sämtliche Staatsämter besaßen oder beanspruchten, worüber sie dank ihrer Privilegien eine Zeitlang ganz allein verfügten.

Um jedoch auf einer höheren Ebene zu beginnen und, *a Jove principium,*[166] auf den Adel und seine Stellung im Senat mit größerer Ausführlichkeit einzugehen: Die Phylarchen oder die Stammesfürsten Israels waren die angesehensten oder, wie es im Lateinischen heißt, die edelsten Mitglieder der Gemeinde (4 Mo 1,16), deren Anführer und Richter sie nach erblichem Recht waren. Die Patriarchen oder Häupter der Sippen hatten, wie aus der Einschreibung der Geschlechter hervorgeht (4 Mo 1,18), das gleiche Recht über ihre Sippen, doch weder die einen noch die anderen besaßen irgendein Erbrecht auf den Sanhedrin, obwohl kaum zu bezweifeln ist, daß *die weisen, verständigen und erfahrenen Leute unter ihren Stämmen,* die die Menschen für diese oder andere Ämter ausersahen oder wählten und Mose ihnen zu Häuptern setzte (5 Mo 1,13), aus ihren Reihen gekommen sein dürften, da sie schließlich nur solche Leute wählen konnten, die ihnen als die erfahrensten unter den Stämmen galten und durch die Vorzüge ihrer Bildung mit der größten Wahrscheinlichkeit auch die weisesten und verständigsten waren.

Als Solon sah, daß die Athener weder nach geographischen noch nach genealogischen Gesichtspunkten, sondern allein nach ihrer unterschiedlichen Lebensweise in vier Stämme geteilt waren, nämlich in Soldaten, Kaufleute, Landwirte und Ziegenhirten, führte er eine neue Einteilung entsprechend dem Zensus oder dem Schätzwert ihrer Güter in vier *classes* ein: Zu der ersten, zweiten und dritten gehörten je nach der Größe ihres Grundbesitzes alle Landeigentümer, wodurch sie jenes Vorrecht erhielten, das – indem es ihnen gestattete, durch ihren Reichtum nun auch zu Ehren, also in den Senat und sämtliche Staatsämter zu gelangen – der vierten *classis*, die die Masse des Volkes umfaßte und weit zahlreicher war als die drei anderen, den Zugang zu solchen Funktionen verwehrte und ihr lediglich erlaubte, sie zu wählen, so daß sie auf diesem Wege zu einer erblichen Aristokratie oder einem adligen Senatorenstand aufstiegen. Damit war der Weg frei, der später Rom zerstören sollte und jetzt Athen an den Rand des Abgrunds führte: Der dortige Adel hatte nämlich, wie es von solchem Adel auch nicht anders zu erwarten stand, bereits ein Komplott geschmiedet, um das Volk seines Mitspracherechts zu berauben und die ganze Macht des Gemeinwesens an sich zu reißen, und er hätte höchstwahrscheinlich auch sein Ziel erreicht, wäre das Volk, das durch einen reinen Zufall den Sieg in der Schlacht von Plätää davongetragen und Griechenland ruhmreich gegen die Perser verteidigt hatte, nicht mit jener mutigen Entschlossenheit zurückgekehrt, die die *classes* hinwegfegte (welche ihm schon lange ein Dorn im Auge gewesen waren), sein Gleichstellung mit dem Adel erwirkte und einen gemeinsamen Anspruch auf den Senat und die Ämter im Staate durchsetzte, und zwar auf die Ämter durch Abstimmung und auf den Senat – was, wie ich gleich zeigen werde, der Pferdefuß an dieser Verfassung war – durch bloßen Losentscheid.

Die Spartaner waren auf ihre Weise und aus demselben Grunde wie die Venezianer heutzutage, selbst nach der von Machiavelli gegebenen Adelsdefinition,[167] nichts anderes als ein Adelsstand, denn sie gingen weder einem Gewerbe nach, noch bearbeiteten sie ihr Land oder ihr Ackerstück, was ihre Heloten für sie besorgten. Also ist in bestimmten Fällen ein Adel in einem Gemeinwesen durchaus nicht von Übel, wie Machiavellis eigenes Zeugnis erweist,[168] der doch dieses Gemeinwesen so sehr bewundert, obwohl es darin mehr Knechte gab als Bürger. Auf diese Knechte scheint sich auch die Antwort Lykurgs zu beziehen, der einmal gefragt wurde, ‚warum er das Volk in seinem Gemeinwesen denn nicht mitregieren‘ lasse, worauf er den Fragesteller aufforderte, er möge nach Hause gehen und seine Knechte über seine Familie mitbestimmen lassen.[169] Denn die Spartaner waren weder Knechte, noch hatten sie einen Anspruch auf die Regierungsgewalt – sonst nämlich hätte er der Gemeindeversammlung nicht nur das Recht auf Entscheidung, sondern auch auf Beratung einräumen müssen. Jeder von ihnen, der das sechzigste Lebensjahr vollendet hatte und die Mehrheit der Stimmen erhielt, konnte ja ebensowohl auch in den Senat gelangen.

Den römischen Adel und seine Stellung im Senat habe ich schon im Zusammenhang mit demjenigen Athens vor der Schlacht von Platäa beschrieben, wobei der einzige Unterschied darin bestand, daß der athenische Adel bis zur Einführung des Losentscheids nie und der römische stets ohne Volksabstimmung in den Senat gewählt werden durfte; denn die Patrizier wurden von den Königen, den Konsuln oder den Zensoren in den Senat gewählt, oder wenn ausnahmsweise ein Plebejer in Betracht kam, so wurden er und seine Nachkommen zu Patriziern gemacht. Und obwohl das Volk mit dem Adel häufig uneins war, gab es aus diesem Grunde niemals Streitigkeiten, der, selbst wenn er der einzige gewesen wäre, meines Erachtens dennoch vollauf genügt hätte, um jenes Gemeinwesen zu Fall zu bringen.

Der venezianische Adel gleicht, wie ich bereits gezeigt habe, dem spartanischen aufs Haar, wenn man davon absieht, daß er wohlhabender und gänzlich unkriegerisch ist. In ihm sieht Machiavelli die Ausnahme von seiner Regel, indem er feststellt, daß sein Vermögen mehr auf beweglichen Gütern als auf Landbesitz oder irgendwelchen größeren Erträgnissen aus dem Eigentum an Grund und Boden beruhe, was ein Argument zu unseren Gunsten ist und beweist, daß ein Adel oder eine Adelspartei ohne ein Übergewicht an Herrschaftsgewalt für ein recht verfaßtes Gemeinwesen keine Gefahr, sondern einen unentbehrlichen Vorteil darstellt, denn wenn es so verfaßt ist wie seinerzeit Rom und der Adel wie dort am Anfang kein Übergewicht besitzt, dann wird es nicht lange dauern, bis er es gewonnen hat, was nicht nur nach der Vernunft einleuchtet, sondern auch die Erfahrung vom Ende Roms uns bestätigt. Daß der Adel sich des Senats bemächtigt, ist nämlich nur dort ungefährlich, wo es – wie in Venedig und Sparta – andere Bürger nicht gibt.

In Holland und in der Schweiz ist der Adel zwar nicht zahlreich, besitzt aber Privilegien, die ihn nicht nur über das Volk stellen, sondern so groß sind, daß er in einigen Landesregierungen ein Einspruchsrecht hat – ein Beispiel, das ich alles andere als gutheiße, denn wären diese Länder nicht durch die Bildung von Kantonen, Provinzen und Unterprovinzen in viele winzige Hoheitsgebiete geteilt, so daß sie einander ebenbürtig sind und der Adel ohne einen Fürsten an seiner Spitze niemals gemeinsame Sache machen kann, so würde seine Gefährlichkeit dem Beispiel der Goten kaum nachstehen, nach dem es riecht. In den antiken Gemeinwesen findet man nämlich nirgends einen Adel, der seine Mißbilligung anders auszudrücken vermochte als durch die Abgabe seiner Wahlstimme, die wegen der erdrückenden Überzahl des Volkes nichts fruchtete, während dieser, mag seine Zahl auch noch so gering sein, sie dank seines Vorrechts oder Standes durchsetzen kann.

Der Adel hierzulande hat nichts in die Waagschale zu werfen als seine Bildung und die Zeit, sich um das öffentliche Wohl zu kümmern, zu der sein Müßiggang und genügender Reichtum ihm verhelfen, sowie seinen inneren Wert, der je nachdem, wie er sich in dem Urteil oder der Wahl des Volkes Gewicht verschafft, der einzige Weg ist, auf dem er zu Würden und Ämtern gelangen kann; deshalb wünschte ich mir, meine Herren, ihr würdet es euch angelegen sein lassen, darauf hinzuwirken, daß eure Kinder einen Teil ihres Gepäcks abwerfen, um auf diese Weise schneller und ruhmreicher voranzumarschieren; denn nur weil der Adel Roms dessen Marschgepäck heimtückisch an sich gebracht hatte, verfehlte dieses auf dem Höhepunkt seines Triumphes den Sieg über die ganze Welt.

Dies vorausgeschickt, kommen wir nunmehr zu den verschiedenen Arten des Senats, in denen der Adel auf natürliche Weise und in unterschiedlichen Formen wirksam wurde.

Der Senat Israels[170] bestand (wie der erlauchte Lord Phosphorus de Auge bei seiner Betrachtung jenes Gemeinwesens gezeigt hat) aus siebzig Ältesten, die beim ersten Mal vom Volke gewählt und auf Lebenszeit eingesetzt wurden. Dagegen wurden ihre Nachfolger (ohne daß hierfür irgendeine göttliche Weisung vorgelegen hätte) anschließend stets durch Ernennung berufen, welche Zeremonie in aller Regel durch Handauflegen erfolgte, so daß auf diese Weise, wie Josephus ausführt, ein Gemeinwesen von bislang einzigartigem demokratischem Zuschnitt zu einem aristokratischen wurde. Diese Ernennung wurde dann später von den Aposteln für die christliche Kirche übernommen, was meines Erachtens der Grund ist, weshalb die Presbyterianer einer aristokratischen Leitung der Kirche das Wort reden, wohingegen ich den Standpunkt vertrete, daß die Apostel eigens deshalb, um einen derartigen Fehler unmöglich und ihren Willen zu einer demokratischen Kirchenleitung deutlich zu machen, die Ältesten (wie gezeigt worden ist) durch Handerheben (oder die freie Abstimmung des Volkes) innerhalb jeder Gemeindeversammlung oder *ecclesia* ernannten. So nämlich heißt das Wort im Original, wo seine Bedeutung der Bürgerversammlung des Volkes in Athen und Sparta entspricht, die als *ecclesia* bezeichnet wurde. Und auch das Wort für ‚Handerhe-

195

ben' im Text ist dasselbe, das in Athen für ‚Volksabstimmung' – *cheirotonhesantes* – benutzt wurde, denn die Abstimmung der Athener erfolgte *per cheirotonhian*, sagt Emmius[171].

Der Rat der Bohne bestand (wie Mylord Navarchus de Paralo ausführlich dargelegt hat) als vorschlagender Senat von Athen (denn derjenige der Areopagiten war ein Gerichtshof) aus vierhundert oder, wie manche sagen, aus fünfhundert Senatoren, die jährlich alle auf einmal durch bloßes Los ohne Abstimmung gewählt wurden, wobei der Senat zwar unsinnige Losentscheidungen rückgängig machen und diejenigen, die er einer solchen Ehre nicht für würdig hielt, verwerfen konnte, aber der ganze Vorgang äußerlich blieb und nicht ausreichte, um das Gemeinwesen bei Kräften zu halten, das auf diese Weise schlaff wurde und in dem Maße, wie sein Senat nicht aus der natürlichen Aristokratie bestand, die in einem Gemeinwesen die alleinigen Sporen und Zügel für das Volk verkörpert, durch die Unbesonnenheit seiner Demagogen oder Granden kopfüber in den Abgrund trieb, während sein Senat wie die römischen Tribunen, *qui fere semper regebantur a multitudine magis quam regebant,*[172] es dem Volke überließ, nicht nur über seine Vorschläge zu beschließen, sondern auch über sie zu beraten, das demzufolge an die Rednerpulte gerufen wurde, wo manche Gift spuckten und andere davon tranken.

Der Senat von Sparta (von dem Mylord Laco de Scytale ein höchst vortreffliches Bild gezeichnet hat) umfaßte nur dreißig Mitglieder, von denen die beiden Könige, die jeweils nur eine Stimme besaßen, erblich waren und die übrigen, die mindestens sechzig Jahre alt sein mußten, durch freie Abstimmung des Volkes gewählt wurden; ihnen oblag die gesamte Beratung innerhalb des Gemeinwesens, und sie unterbreiteten lediglich die Vorschläge, über die das Volk dann zu beschließen hatte. Und damit ist auch das Rätsel ausgesprochen, dessen Lösung mir so manches Kopfzerbrechen verursacht hat: warum nämlich von zwei Staaten wie Athen und Sparta, die beide aus dem Senat und dem Volk bestanden, der eine gemeinhin als Demokratie gilt und der andere als Aristokratie oder, wie Isokrates ihn nennt, als lobenswerte Oligarchie (denn dieses Wort ist nicht überall, wo es vorkommt, mit einer schimpflichen Bedeutung versehen, zumal auch Aristoteles, Plutarch und andere es mitunter in einem durchaus positiven Sinne verwenden).[173] Der Hauptunterschied war der, daß das Volk in dem einen Falle nur beschließen und in dem anderen sowohl beschließen als auch beraten konnte. Für mich steht jedoch fest, daß das Volk dort, wo es, ohne an eine ausdrückliche Weisung gebunden zu sein, den Senat wählen und beschließen, also die souveräne Gewalt ausüben kann, in jenem Umfange an der Regierung mitwirkt, zu dem es im Interesse der Sicherheit des Gemeinwesens natürlicherweise imstande ist, und daß eine solche Regierung demzufolge demokratisch ist, obwohl ich nicht bestreite, daß man sie in Sparta angesichts der geringen Zahl der Senatoren im Vergleich zu Athen ebensogut als Oligarchie oder unter Berücksichtigung ihrer Einsetzung auf Lebenszeit, falls ihre Zahl größer gewesen wäre, auch als Aristokratie bezeichnen könnte.

Der aus dreihundert Mitgliedern bestehende Senat von Rom (dessen Ruhmesdonner dank den beredten Worten von Mylord Dolabella de Enyo noch hörbar in uns nachklingt) erscheint vom Gesichtspunkt seiner Zahl zwar weniger oligarchisch als in Sparta, war es aber dafür um so mehr wegen seiner Patrizier, die infolge ihrer erblichen Anwartschaft auf denselben nicht durch das Volk in dieses Ehrenamt gewählt wurden, sondern es nach ihrer Einsetzung durch die Zensoren ein Leben lang innehatten, so daß sie, wenn es nach ihrem Willen gegangen wäre, nicht nur beraten, sondern möglichst auch gleich selbst die Beschlüsse gefaßt hätten, was das Volk dermaßen gegen sie in Harnisch brachte, daß das Gemeinwesen daran zugrunde ging, während der Streit über das Ackergesetz wie auch all die anderen Zwistigkeiten mit Sicherheit ein Ende gehabt hätten, wäre das Volk beschlußberechtigt gewesen.

Die Senate in der Schweiz und in Holland, die (wie ich den Auslassungen der Herren Alpester und Glaucus entnehmen konnte) durch deren Staatenbündnisse wie ein Satz Pfeile zusammenhängen, liegen denn auch wie solche flugbereit in ihrem Köcher. Doch abgeschossene Pfeile haben die Eigenschaft, mal hierhin und mal dorthin zu fliegen, und ich bin zufrieden, daß diese uns nichts anhaben können.

Der Senat von Venedig (über den uns der hochgeschätzte Mylord Linceus de Stella einen so vorzüglichen Bericht gegeben hat) zwingt die ganze Welt, die durch die eigene Blindheit oder Undankbarkeit schon genugsam gestraft ist, Buße zu tun und hinfort weiser zu handeln; denn wohingegen ein Gemeinwesen, in dem es keinen Senat gibt oder der Senat verderbt ist, nicht von Bestand sein kann, schöpft der Große Rat von Venedig wie das Standbild des Nilus seinen Senat aus einer Urne oder Schale, deren Wasser so rein ist und so beständig fließt, daß es niemals trübe werden kann und somit auf alle Zeit gegen Fäulnis gefeit ist. Die ausführlichere Beschreibung dieses Senats ist in demjenigen von Oceana enthalten und dieser wiederum in den voranstehenden Ordnungen nachzulesen, zu denen ich mich, da schon das eine oder das andere darüber gesagt worden ist, jetzt nicht mehr im einzelnen äußern will. Im allgemeinen jedoch sind unser Senat und jene andere Versammlung oder die Prärogative (wie an dem gebührenden Ort gezeigt werden soll) nicht wie Seen und Teiche, sondern wie die Flüsse Edens[174] von ewigem Bestand und laden, wie ihr gesehen habt, das ganze Volk ein, sich an ihnen zu laben und zu erquicken, wenn es sich ihren Wassern in der gehörigen Form sowie redlichen Herzens anvertrauen will. Sie sind nicht mehr wechselhaft wie noch unlängst. Wechselhaftigkeit im Leben eines Staates ist wie ein Wechsel auf dessen Tod.

Ut fratrem Pollux alterna morte redemit.[175]

Nach diesem Grundsatz verfuhren die Goten, so daß der Staat früher nicht nur ein Schiff war, sondern wie ein Sturmwind zugleich darüber hinwegbrauste; es konnte nie die Segel spannen, ohne sich der Gefahr des Kenterns auszusetzen, konnte sich weder aufs Meer hinauswagen noch sicher im Hafen ankern. ‚Die Kriege der Neuzeit‘ (sagt Verulamius) ‚scheinen wie im Dunkeln geführt worden zu sein, verglichen mit dem Ruhm und Glanz, der durch jene des Altertums auf die Menschen fiel.‘[176] Damals befuhren ihre Schiffe das Meer, heute trauen sie sich weder hinaus, noch liegen sie daheim sicher vor Anker. Diese gotischen Politiker scheinen mir mit ihrem König und Parlament *(duo fulmina belli)*[177] an Stelle eines Staates eher eine Art neuer Munition oder neuen Schießpulvers erfunden zu haben. Was ist denn in Deutschland aus den Prinzen geworden (wie gewisse Leute dort heißen)? Aus und vorbei! Wo sind die Güter oder die Macht des Volkes in Frankreich geblieben? Aus und vorbei! Was ist mit der Macht des Volkes in Aragonien und in dem übrigen spanischen Königreich geschehen? Aus und vorbei! Wo ist andererseits des spanischen Königs Macht über Holland geblieben? Aus und vorbei! Wo diejenige der österreichischen Fürsten in der Schweiz? Aus und vorbei! Dieser ständige Neid und Argwohn unter der wechselnden Herrschaft von Fürst und Volk bedarf bloß des Funkens, um zur Flamme zu werden. Und niemand wird einen vernünftigen Grund dafür angeben können, warum das Volk von Oceana seinen König hätte zertreten sollen, hätten nicht dessen Könige ihm den ersten Tritt versetzt. Alles andere ist Weibergeschwätz. Deshalb sollen unsere Parlamente künftig nicht mehr aus dem Schlauch des Äolus kommen, sondern vermittels der Galaxien dem Feuer der Vesta zu ewiger Nahrung dienen.

Drei Galaxien sind es, die das Haus in ebenso viele Gruppen teilen, von denen die eine, welche den ersten Turnus bildet, jährlich gewählt wird, aber nur drei Jahre im Amt bleibt; die Folge ist, daß das Haus mit seinen knospenden Trieben, seinen halb erblühten Zweigen und seinen in voller Reife prangenden

Früchten einem Orangenbaum ähnelt, der sich zur gleichen Zeit in der Entwicklung oder im Blütenstand und im Erntekleid präsentiert. Denn das Volk hätte einen sehr schlechten Griff mit der Wahl eines Mannes getan, der nicht mühelos binnen eines Jahres in den Ordnungen des Senats genauestens Bescheid wüßte, um nach dem ihm zugebilligten Lehrjahr sein Wissen im zweiten Jahr mit noch genügender Zeit zur Anwendung zu bringen. Auf diese Weise nun werden stets zweihundert kundige Männer in der Regierung sitzen, so daß der Wechsel auf den Bänken keine Spuren in der Stetigkeit und Ewigkeit unseres Senats hinterlassen wird, der, wiewohl er gleich dem venezianischen in ständigem Wandel begriffen ist, dennoch immer derselbe bleibt. Und obschon andere Politiker dieses Beispiel nicht so glücklich nachgeahmt haben, gibt es doch nichts Einleuchtenderes in der Natur, da ja ein Mensch, auch wenn er seine Haut nur für eine kurze Zeit trägt, unbeschadet dessen stets ein und derselbe Mensch mit ein und derselben Seele bleibt; und woran sonst kann das liegen als an der Beständigkeit, mit der die Natur den Menschen ihre Ordnungen einzuhalten zwingt? Darum gebt acht, daß auch ihr euch an eure Ordnungen haltet, welche Forderung sich eigentlich von selbst versteht, denn eure Ordnungen werden euch nicht viel nützen, wenn ihr euch nicht an sie haltet. Laßt euch also von ihnen leiten! Sie gleichen einem Schiff: Seid ihr erst einmal an Bord, so tragt nicht ihr sie, sondern sie tragen euch. Und sehet selbst, wie fest Venedig der Takelage seiner Ordnungen vertraut; auch ihr werdet von ihnen ebensowenig ablassen, wie ihr ins Meer springen werdet.

Allerdings sind ihrer viele, und sie sind vertrackt. Aber, meine Herren, welcher Seemann wirft seine Karte fort, nur weil sie vierundzwanzig Kompaßstriche hat? Und doch sind diese fast so zahlreich und vertrackt wie die Ordnungen, die unter dem Strich den Gesamtumfang unseres Gemeinwesens ergeben. Erinnert euch nur, wie die Stürme des Meinungsstreits über uns hinweggebraust und wir in unseren eigenen Häfen all den glattzüngigen Demagogen und Granden ins Netz gegangen sind! Einer Truppe von Fiedlern, die euch für eure eigenen Groschen die Ruhe geraubt hat; zwischen zwei- und dreitausend Pfund im Jahr habt ihr einem jeden von ihnen dafür bezahlt – war das etwa nichts, und was hat es gebracht? Ist auch nur einer darunter, der sich unter einem Gemeinwesen überhaupt etwas vorzustellen weiß? Und fürchtet ihr euch immer noch vor einem Staate, in dem solche Leute aus Angst vor dem Gesetz nicht mehr auf ihrer Fiedel zu kratzen wagen? Themistokles konnte nicht fiedeln,[178] aber er konnte aus einer kleinen Stadt ein großes Gemeinwesen machen; diese hingegen haben so lange gefiedelt, und obendrein für euer Geld, bis aus einem großen Gemeinwesen eine kleine Stadt geworden ist.

Wenn ich bedenke, wie und aus welchen Gründen jetzt wohl gewisse eingebildete Schwierigkeiten hochgespielt werden mögen, so bekümmert es mich, daß die voranstehenden Ordnungen sich in Wort oder Schrift beim besten Willen nicht klarer darstellen lassen. Aber auch wenn man ein Buch schriebe, in dem sämtliche Feinheiten oder Besonderheiten zur Sprache kämen, so bliebe doch immer noch die Ähnlichkeit mit einem Kartenspiel, bei dem es letztlich darauf ankommt, ob jemand ehrlich spielt oder nicht. ‚Es besteht ein großer Unterschied‘, sagt Verulamius, ‚zwischen einem schlauen und einem klugen Manne‘ (oder zwischen einem Demagogen und einem Gesetzgeber), ‚nicht nur vom Gesichtspunkt der Redlichkeit, sondern auch der Fähigkeit. Wie es Leute gibt, die die Karten geschickt zu mischen, aber doch nicht zu spielen wissen, ebenso gibt es auch welche, die sich aufs Zwietrachtstiften und Ränkeschmieden verstehen, im übrigen jedoch Schwachköpfe sind.‘[179] Stimmt nur diesen Ordnungen zu, dann mögen sie meinetwegen mit ihren Karten im Rockärmel daherkommen oder sie sich zurechtmischen, wenn sie es können. Weiter sagt er: ‚Es ist etwas ganz anderes, ob man sich mit Menschen auskennt oder mit Dingen, denn so mancher, der einen vorzüglichen Blick für den Charakter der Menschen besitzt, ist für die praktischen Dinge des Lebens nicht sonderlich geeignet, was daran liegt, daß er sich mehr auf das Studium der Menschen als auf das der Bücher verlegt hat; nichts aber ist verderblicher für einen Staat, als daß die Schlauen für klug gelten.' Seine Worte sind ein Orakel. Wie Dionysius Schulmeister wurde, um seine Tyrannei an Knaben auszulassen, als er sie nicht mehr an Männern auslassen konnte, werden auch jene Granden, die sich so glänzend in den Lockspeisen und Gaumenfreuden der Menschen auskennen, zu Rattenfängern werden, sobald diese Ordnungen erst einmal in Kraft sind.

Und während die Ratsversammlungen (wie derselbe Autor zutreffend für seine Zeit festgestellt hat) ‚heutzutage meistens nur vertrauliche Begegnungen' (etwa in der Art des Kollegiums der Vorsteher) ‚sind, wo man sich mehr über die Dinge unterhält, als ihnen wirklich auf den Grund zu gehen, und viel zu rasch auf einen Ratsbeschluß hinsteuert',[180] braucht ihr bloß meinen Ordnungen zuzustimmen, und es wird sich zeigen, ob ich jene Demagogen dann nicht zum Schweigen gebracht haben werde.

Im Unterschied zu denen, die noch immer nicht überzeugt sind, spüre ich wenig Neigung, mich abermals auf das Thema einzulassen; wenn aber ungeachtet dessen, was in unseren einführenden Bemerkungen über das Teilen und Wählen gesagt worden ist, nun erneut die Frage aufgeworfen werden sollte, warum der Senat unbedingt ein gesonderter Rat sein müsse – obwohl selbst in Athen, wo er nicht anders beschaffen war als die Volksversammlung, die Unterscheidung zwischen beiden stets für notwendig erachtet wurde –, so mag den bereits genannten Gründen noch derjenige hinzugefügt sein, daß die Aristokratie ihren Zweck nur dann erfüllt, wenn ihr die Beratung übertragen ist; wenn sie aber beraten soll, so muß sie hierfür auch die geeigneten Möglichkeiten vorfinden, und wie könnten solche geeigneten Möglichkeiten inmitten einer Menge gegeben sein, wo einer dem anderen immerfort in die Seite stößt, auf die Zehen tritt und das Blut in Wallung bringt, was in einem Falle dieser Art äußerst gefährlich ist? Mylord Epimonus hatte gewiß nicht unrecht, wenn er sagte, Venedig spiele sein Spiel, als handele es sich um Lochbillard oder Kugelschieben, und so mögt auch ihr es halten, meine Herren, falls eure Rippen nicht so kräftig sind, daß ihr euch lieber für Fußball entscheidet, denn diesem Sport gleichen die Beratungen in einer Volksversammlung, die, ungeachtet der Abgrenzung von dem Senat, zum Untergang Athens führten."

Diese Rede stand am Ende der Debatte über die Einsetzung des Senats. Es folgt jetzt die Versammlung des Volkes oder der Stammesprärogative.

Wenn wir die Stammesprärogative nach den Waffen, den Pferden und der obwaltenden Disziplin, insbesondere jedoch nach den ausgewählten Männern beurteilen, so gleicht sie rein äußerlich oder *en face* einem sehr vornehmen Regiment oder vielmehr zweien. Das eine ist das in drei Truppen gegliederte Reiterregiment (wobei wir das der Provinzen hier unberücksichtigt lassen, da es später behandelt werden soll), an dessen Spitze Rittmeister, Kornette und zwei Tribunen der Kavallerie stehen; das andere ist (wiederum ohne die Provinzen mitzurechnen) das Fußregiment mit seinen drei Kompanien und den Hauptleuten, Fähnrichen sowie zwei Tribunen der Infanterie an der Spitze. Die erste Truppe der Reiterei heißt „Phönix", die zweite „Pelikan" und die dritte „Schwalbe". Die erste Kompanie des Fußvolks nennt sich „Zypresse", die zweite „Myrte" und die dritte „Reisig". Von diesen wieder bilden „Phönix" und „Zypresse" (nicht ohne enge Anlehnung an die römische Stammeseinteilung) die erste *classis*, „Pelikan" und „Myrte" die zweite und „Schwalbe" gemeinsam mit „Reisig" die dritte, die in jedem Frühjahr neu aufzufüllen ist. Dafür sorgt

Die EINUNDZWANZIGSTE ORDNUNG, die vorsieht, daß an jedem ersten Montag des Monats April die Abgeordneten der jährlichen Galaxie sich vor dem Pavillon auf dem Halo einzufinden und entsprechend den für die Hundertschaftsabstimmung gültigen Regeln je einen Rittmeister und Kornett der „Schwalbe" (als auf drei Jahre befristete Offiziere) aus den Reihen der Kavallerie an der Reiterurne sowie je einen Hauptmann nebst einem Fähnrich des „Reisig" (als auf drei Jahre befristete Offiziere) mittels desselben Abstimmungsverfahrens aus den Reihen der Infanterie an der Fußurne zu wählen haben, die damit die dritte *classis* ausmachen und ergeben.

Jährlich werden von jedem Stamm sieben Abgeordnete gestellt, davon drei für die Kavallerie und vier für die Infanterie, und es gibt fünfzig Stämme; somit muß, wenn alles recht gehandhabt wird, die „Schwalbe" aus einhundertfünfzig Berittenen, der „Reisig" aus zweihundert Mann Fußvolk und die gesamte Prärogative unter Einschluß der zwei übrigen gleich großen *classes* aus eintausendundfünfzig Abgeordneten (ohne die Provinzen, d. h. ohne die Senatsmitglieder und Abgeordneten von Marpesia und Panopea) bestehen. Und diese Truppen und Kompanien können ebensogut als Zenturien bezeichnet werden wie die der Römer, da ja die Römer bei ihrer Namensgebung nicht deren zahlenmäßige Stärke im Auge hatten, und wie jene nach dem geschätzten Wert ihrer Güter eingeteilt wurden, so trifft das auch für diese zu, die nun kraft der letzten Ordnung mit ihren auf drei Jahre befristeten Offizieren versehen sind; es gibt jedoch andere Angehörige des Stammes, deren ungleich bedeutungsvollere Wahl jährlich stattfindet. Hierzu ergeht

Die ZWEIUNDZWANZIGSTE ORDNUNG: Ihr zufolge soll die erste *classis* nach Wahl ihrer auf drei Jahre befristeten Offiziere und Ableistung des Eides gegenüber den ausscheidenden Tribunen, „weder selber Anlaß zu geben, darauf hinzuwirken noch ohne entschiedene Gegenwehr zu dulden, daß in einer beliebigen Volksversammlung dieses Staates irgendwelche Beratungen ausgelöst werden, sondern die größtmögliche Hilfe und Unterstützung zu gewähren, damit etwaige Personen, die sich eines solchen Vergehens schuldig machen und die Wurzeln dieses Gemeinwesens antasten, ihrerseits ergriffen und dem Kriegsrat übergeben werden", mit den zwei anderen *classes* der Stammesprärogative zur Wahl der neuen Tribunen als vier auf ein Jahr befristeten Obrigkeiten schreiten, von denen zwei aus der Kavallerie an der Reiterurne und zwei aus der Infanterie an der Fußurne nach dem für die Stammesabstimmung üblichen Verfahren zu wählen sind. Und sie können unterschiedslos aus jeder beliebigen *classis* gewählt werden, wobei lediglich die Einschränkung gilt, daß innerhalb einer Galaxie niemand zweimal mit dem Ehrenamt des Tribunen betraut werden darf. Die so gewählten Tribunen sollen gegenüber dem Stamm (im Hinblick auf dessen Musterung und Disziplin) als Oberbefehlshaber und im übrigen als Obrigkeiten fungieren, deren genauere Aufgaben in der nachfolgenden Ordnung niedergelegt sind. Die Tribunen können beliebig viele, im Höchstfalle jedoch einhundert Angehörige der Prärogative, sofern sie nicht Beamte oder Obrigkeiten sind, für drei Monate beurlauben. Aber auch Beamte oder Obrigkeiten können bei Vorlage triftiger Gründe bis zu einem Monat beurlaubt werden, vorausgesetzt, daß auf diese Weise nicht mehr als drei Kornette oder Fähnriche, zwei Rittmeister beziehungsweise Hauptleute oder ein Tribun zur selben Zeit abwesend sind.

Anläßlich der Einbringung dieser Ordnung gab der Archont die folgende Erklärung ab:

„Meine Herren!

Wie Cicero in seiner Rede für Flaccus unterstreicht,[181] wurden die Republiken Griechenlands samt und sonders durch die Maßlosigkeit ihrer *comitia* oder Volksversammlung erschüttert oder zugrunde gerichtet. Die Wahrheit ist, daß ein Gemeinwesen auf schwachen Füßen stehen wird, wenn man in diesem Punkte nicht gut achtgibt. Aber alle Welt weiß, daß er Sparta davon hätte ausnehmen sollen, wo das Volk (wie aus dem Orakel ersichtlich ist) überhaupt keine beratende Stimme besaß, noch (vor der Zeit Lysanders, dessen Habgier einen Abgrund öffnete, der sein Land über kurz oder lang verschlingen mußte) jemals hierzu ermächtigt war. Deshalb hatte jenes Gemeinwesen auch einen längeren und festeren Bestand als alle anderen außer in unseren Tagen Venedig, dem ja die nämliche Einrichtung zugrunde liegt und das seine Stabilität zum großen, wenn nicht zum größten Teil demselben Prinzip verdankt, indem dessen Großer Rat, der das Volk verkörpert, nach dem Zeugnis von Mylord Epimonus nie eine Silbe spricht. Und es wird auch kein Gemeinwesen, wo das Volk in seiner politischen Eigenschaft das große Wort führt, selbst nur halb so lange bestehen wie diese beiden, sondern, durch prahlsüchtige Männer verleitet (die, wie Overbury[182] sagt, mehr pissen als trinken), genauso in der Versenkung verschwinden wie einst Athen, das geschwätzigste unter diesen Weibern, als jener unverbesserliche Sprüchemacher Alkibiades das Volk in den sizilianischen Krieg hetzte. Aber obgleich nach der Autorität und Erfahrung von Sparta und Venedig dem Volke in einem wohlgeordneten Staat keine beratende Stimme zugestanden werden soll, muß doch gesagt werden, daß die diesbezügliche Ordnung in einem Falle von ähnlicher Bedrohlichkeit nur ein geringfügiges Hemmnis darstellt, denn ein bloßer Eid, dessen Bruch ohne Folgen bleibt, ist ja ein schwaches Band für Hände, die das Schwert halten. Was sollte das Volk von Oceana also daran hindern, wenn es keinen Wert auf die Erfüllung eines Eides legt, sich das Recht der Beratung einfach anzumaßen und seinerseits ebensoviel Anarchie auszulösen wie das von Athen? Darauf lautet meine Antwort: Beurteilt man die einfachen Leute nach ihrem privaten Verhalten, so wird man ihnen, solange ihnen kein Unrecht widerfährt, *verecundiam patrum*,[183] eine gewisse Zurückhaltung in Gegenwart vornehmerer Leute oder klügerer Menschen nicht absprechen können, deren Fähigkeiten sie durch aufmerksames Zuhören anerkennen und die es als keine geringe Ehre empfinden, von ihnen mit Achtung behandelt zu werden. Wenn sie ihnen aber unrecht tun, dann hassen sie sie, und das um so mehr, weil sie klug und mächtig sind, wodurch das Unrecht sich nur noch verschlimmert. Auch enthalten sie sich in einem solchen Falle, wenn sie nicht überhaupt handeln, nicht der unflätigsten Reden. Nicht anders steht es mit einem Volk in seinem politischen Verhalten. Nie wird man nämlich feststellen, daß es sich die Beratung um ihrer selbst willen anmaßte, sondern stets geschah dies aus anderen Beweggründen; deshalb hat es in Sparta und in Venedig, wo es nichts anderes gab oder gibt, um dessentwillen es sie sich hätte anmaßen sollen, niemals auch nur die allerleiseste Neigung hierzu verspürt. Genausowenig zeigte sich in dem Volke Roms je ein Gelüst in dieser Richtung (das seit der Zeit von Romulus mit der ihm von diesem durch die *comitia curiata* zugewiesenen und hernach zu seinem Schaden von Servius Tullius in Gestalt der *comitia centuriata* abgewandelten Vollmacht des Beschließens durchaus zufrieden gewesen war), bis nach etwa fünfzehnjährigem Exil seines letzten Königs Tarquinius (während welcher Zeit der Senat ganz leidlich regiert hatte) die Kunde von dessen Tode am Hofe des Aristodemus, des Tyrannen von Kumä, eintraf. *Eo nuntio erecti patres, erecta plebs. Sed patribus nimis luxuriosa ea fuit laetitia; plebi, cui ed eam diem summa ope inservitum erat, injuriae a primoribus fieri coepere.*[184] Darauf begannen die Patrizier oder die Adligen das bislang verborgene Gift herauszulassen, das in der Wurzel der Oligarchie enthalten ist, und gingen unverzüglich mit einer Ungerechtigkeit ohnegleichen gegen das Volk vor. Denn obwohl das Volk auf eigene Kosten tapfer und willig in den Kriegen gedient und gemeinsam mit ihnen die unterworfenen Ländereien mit dem Schwerte erobert hatte, ließ man es doch nur bis zu einer Grenze von zwei Acker je Mann an ihnen teilhaben, während die Patrizier sich den Rest unterderhand aneigneten; das Volk, das wegen der Dürftigkeit seines Lebensunterhalts und der Höhe seiner Ausgaben weithin verschuldet war, war kaum heimgekehrt, um die Waffen als Sieger niederzulegen, als auch schon seine Gläubiger, die Adligen, ihm im Nacken saßen, um es scharenweise ins Gefängnis zu treiben. In dieser Lage nun verlegte es sich (allerdings mit der größten Bescheidenheit, von der man in einem solchen Falle je gehört hat) zunächst aufs Verhandeln. *Se foris pro libertate et imperio dimicantes, domi a civibus captos et oppressos esse; tutioremque in bello quam in pace, inter hostes quam inter cives, libertatem plebis esse.*[185] Nachdem es ihm nicht gelungen war, den Senat zum Zusammentritt zu bewegen (und zwar aus Furcht, wie die Patrizier behaupteten), damit er seine Beschwerden prüfe, steigerte sich seine Erregung dermaßen, daß er schließlich gern bereit war, sich zu versammeln, und bei dieser Gelegenheit vertrat Appius Claudius, ein aufbrausender Bursche, die Meinung, daß man zur Gewalt des Konsuls Zuflucht nehmen solle und, indem man einige der Brandherde des Aufruhrs beseitige, das Feuer vielleicht zum Verlöschen bringen könne; Servilius hingegen, ein Mann von ganz anderer Denkungsart, hielt es für besser und richtiger, daß man versuchen solle, dem Volk das Knie zu beugen, statt ihm das Rückgrat zu brechen. Diese Beratung wurde jedoch von dem Lärm der Nachricht unterbrochen, daß die Volsker im Anmarsch seien, in welchem Falle dem Senat nichts anderes übrigblieb, als sich an das Volk um Beistand zu wenden, das, ganz im Gegensatz zu seinem sonstigen Verhalten bei ähnlichen Anlässen, keinen Fuß zu rühren bereit war, sondern lachte und rief: *patres militarent, patres arma caperent, ut penes eosdem pericula belli, penes quos praemia, essent*[186] – mögen doch jene kämpfen, für die der Kampf sich verlohnt. Der Senat, der mit seinen vollen Taschen in Reichweite des Diebes nicht so große Töne spucken konnte, war in arger Verlegenheit und sah keinen anderen Ausweg, als Servilius zu bitten, dessen Beliebtheit im Volke allgemein bekannt war, er möge das Konsulat annehmen und solchen Gebrauch davon machen, daß es den Interessen der Patrizier förderlich wäre. Servilius willigte in das Angebot ein und nutzte seinen Einfluß auf das Volk, um es von den guten Absichten der Väter zu überzeugen, die wenig Neigung hätten, ihm die Freundschaft aufzukündigen und, zumal im Angesicht des Feindes, Zwang zu üben, falls es nicht freiwillig herbeikäme; und vor allem erließ er ein Edikt, wonach niemand einen Bürger Roms durch Einkerkerung hindern durfte, seinen Namen einschreiben zu lassen (denn auf diese Weise, die ich später noch ausführlicher darzustellen Gelegenheit haben werde, wurden dort die Armeen aufgestellt), noch ihm erlaubt war, irgend jemandes Güter oder Kinder an sich zu bringen oder zu verkaufen, solange der Betreffende im Felde stünde. Darauf strömte das Volk in gewaltiger Zahl spornstreichs zu den Waffen, marschierte hinaus und bereitete (was ihm genauso leicht fiel, wie vordem seinen Sinn zu ändern, der, wie sich an dieser Stelle zeigt, nicht verhärtet war) zuerst den Volskern, alsdann den Sabinern (denn die Nachbarvölker, die aus dem Zerwürfnis in Rom Nutzen zu ziehen hofften, hatten sich auf allen Seiten erhoben) und nach den Sabinern auch noch den Aurunkern eine vernichtende Niederlage. Als es nun aus drei Schlachten siegreich zurückkehrte, erwartete es nichts weniger, als daß der Senat sein Wort halten werde, aber Appius Claudius, der andere Konsul, ließ – aus seinem angeborenen Hochmut und weil er das Vertrauen seines Amtskollegen untergraben wollte – die Soldaten (die nach ihrer Freilassung soviel Tapferkeit an den Tag gelegt hatten) bei ihrer Heimkehr erneut ihren Gläubigern und Gefängnissen übergeben. Das Volk beschwor Servilius, ihm beizustehen, zeigte ihm seine Wunden, rief ihn zum Zeugen an, wie wacker es sich gehalten habe, und erinnerte ihn an sein Versprechen. Der arme Servilius war zwar bekümmert, aber dermaßen eingeschüchtert durch die Unnachgiebigkeit seines Kollegen und den Starrsinn der gesamten Adelsclique, daß er weder in der einen noch in der anderen Richtung etwas zu unternehmen wagte und so beide Parteien verlor, indem er den Vätern als machtlüstern und dem Volk als doppelzüngig erschien, während der Konsul Claudius fortfuhr, diejenigen zu ermuntern, die tagtäglich wieder einen Teil des in Schulden geratenen Volkes ergreifen und einsperren ließen, und dadurch immer neue und gefährliche Zwistigkeiten auslöste, was schließlich dazu führte, daß das Gemeinwesen durch furchtbaren Streit zerrissen war und das Volk (das die Öffentlichkeit mied, weil sie ihm nicht sicher oder nicht wirksam genug erschien) nur noch in kleinen Gruppen heimlich beieinanderhockte und die Köpfe zusammensteckte. Dafür schalt der Senat die neuen Konsuln A. Virginius und Titus Vetusius als nachlässig und hielt ihnen die Tüchtigkeit des Appius Claudius entgegen, worauf die Konsuln, nachdem sie sich über die Wünsche des Senats Gewißheit verschafft hatten, ihre Bereitschaft zu deren Erfüllung bekundeten, indem sie das Volk zum Zwecke der namentlichen Einschreibung in eine probeweise aufzustellende Armee weisungsgemäß antreten ließen, ohne daß sich jedoch einer für den Kriegsdienst meldete. Als dies dem Senat zu Ohren kam, erzürnten sich einige der jüngeren Senatoren dermaßen über die Konsuln, daß sie sie zur Niederlegung ihres Amtes aufforderten, auf dem zu bestehen sie nicht den Mut hatten.

Obwohl die Konsuln sich grob behandelt fühlten, erwiderten sie einlenkend: ‚Würdige Väter des Senats, erlaubt uns den Hinweis, daß dem Vernehmen nach sich ein entsetzlicher Aufruhr zusammenbraut; darum haben wir nur die eine Bitte, daß diejenigen, die sich hier so tapfer gebärden, an unsere Seite treten mögen, um zu sehen, wie wir die Dinge in die Hand nehmen, und dann wollen wir so energisch an die Ausführung eurer Weisungen gehen, wie ihr wünscht. Auf solche Weise könnt ihr Herren euch selbst ein Bild machen, ob es uns an Entschlossenheit mangelt.‘

Daraufhin kehrten einige der Hitzköpfe mit den Konsuln zu dem Tribunal zurück, vor dem das Volk noch immer ausharrte, und nachdem die Konsuln ringsum vergeblich zur Einschreibung aufgefordert hatten, verlangten sie (um irgendwie weiterzukommen), daß einer, der ihnen besonders ins Auge gefallen war, sich melden sollte, und als er sich nicht rührte, befahlen sie einem Liktor, Hand an ihn zu legen. Aber das Volk scharte sich um den Betreffenden und hielt den Liktor zurück, der ihn nicht anzutasten wagte. Jetzt stiegen die Hitzköpfe, die mit den Konsuln gekommen waren, voll Zorn über diese Unbotmäßigkeit vom Thron, um dem Liktor zu Hilfe zu eilen, von dem sich der Unwille des Volkes nun mit einer solchen Heftigkeit auf sie selbst richtete, daß die Konsuln dazwischentraten und es für das beste hielten, die Versammlung aufzulösen, um dem Tumult ein Ende zu setzen, bei dem es gleichwohl nichts als Lärm gegeben hatte. Nicht weniger laut ging es dann auch in dem Senat zu, der wegen dieses Vorfalls eilends einberufen worden war, wo jene, denen die Abfuhr erteilt worden war, im Verein mit anderen, die genausowenig Verstand im Kopf hatten, sich in einer Art und Weise auf die Angelegenheit stürzten, als hinge deren Entscheidung von der Lautstärke ihres Geschreis ab, bis die Konsuln mit der Ermahnung, daß der Senat schließlich kein Marktplatz sei, die Ordnung des Hauses wiederherstellten. Und nachdem man die Väter entsprechend befragt hatte, gab es drei Meinungen. P. Virginius vertrat den Standpunkt, daß bei der zu klärenden Frage (oder der Hilfe für das verschuldete und eingekerkte Volk) nur solche Männer berücksichtigt werden dürften, die sich im Vertrauen auf das von Servilius abgegebene Versprechen zum Kriegsdienst verpflichtet hätten; T. Largius meinte, es sei nicht die Stunde, da man es für ausreichend halten könne, lediglich die verdienten Krieger anzuerkennen, während das unter der Last seiner Schulden ächzende Volk in seiner Masse ohne irgendeine umfassende Hilfe nicht mehr aus noch ein wisse, deren Begrenzung durch die Begünstigung eines Teils die Zwietracht eher noch schüren als beenden werde. Appius Claudius (der noch immer nichts dazugelernt hatte) war geneigt, das Volk eher für zügellos als für ernstlich empört zu halten; nicht die Bedrängnis habe es zu seiner Aufsässigkeit getrieben, sondern seine Macht habe vielmehr seinen Mutwillen genährt, denn die Gewalt der Konsuln sei seit der Anrufung des Volkes (wodurch ein Plebejer seine Kumpane fragen könne, ob er ein Dieb sei) zu einer bloßen Vogelscheuche geworden: ‚Wohlan denn', sprach er, ‚der Diktator muß her, gegen den man niemanden anrufen kann, und dann möchte ich doch sehen, ob es so weitergeht oder wer sich erdreistet, meinem Liktor in den Arm zu fallen.' Der Rat des Appius erfüllte viele mit Abscheu, und ein allgemeiner Schuldenerlaß, wie Largius ihn befürwortet hatte, widersprach allen Begriffen von Treu und Redlichkeit. Was Virginius gesagt hatte, wäre, da es am maßvollsten war, noch am ehesten angegangen, hätten dem nicht private Interessen (jenes tödliche Gift der öffentlichen) entgegengestanden. Also blieb ihnen nur Appius, der auch schon Diktator gewesen war, wenn nicht die Konsuln und etliche der gesetzteren Senatoren es für völlig unangepaßt gehalten hätten, zu einer Zeit, als die Volsker und die Sabiner erneut aufgestanden waren, eine so weitgehende Entfremdung des Volkes zu riskieren. Deshalb wollte man ein so gestrenges Amt lieber Valerius anvertraut wissen, der als Sproß der Publicolae dem beim Volke beliebtesten Geschlecht entstammte und auch seinerseits von sanftmütigem Wesen war. So kam es, daß das Volk, obwohl es nur allzu gut wußte, gegen wen der Diktator eingesetzt worden war, von Valerius nichts befürchtete, sondern nach einem neuerlichen Versprechen, das die von Servilius gemachten Zusagen bekräftigte, alle Streitigkeiten beiseite schob, rundum seine Namen einschreiben ließ, ins Feld zog und (um es kurz zu machen) genauso siegreich heimkehrte wie aus dem vorherigen Kriege, wobei der Diktator im Triumph in die Stadt einfuhr. Desungeachtet schenkte der Senat, als er ihn drängte, sein Wort einzulösen und etwas zur Linderung der Not des Volkes zu tun, ihm diesbezüglich nicht mehr Beachtung als vordem Servilius. Darauf legte der Diktator voller Entrüstung, sich dergestalt zum Popanz gemacht zu sehen, sein Amt nieder und ging nach Hause. Da stand sie nun, eine siegreiche Armee – ohne Befehlshaber, hinters Licht geführt von einem Senat in seinem vollen Ornat! Was also (wenn ihr die Geschichte gelesen habt, denn es gibt keine zweite von ihrer Art) mußte unvermeidlich eintreten? Kann jemand sich vorstellen, daß diesem Volke jetzt überhaupt noch etwas anderes übrigblieb, als davonzulaufen? Die armen Männer waren fürwahr übel daran: Die Äquer und die Volsker und die Sabiner hatten sie wie nichts geschlagen, aber die Väter des Senats waren unüberwindlich! Da saßen sie nun, etwa dreihundert an der Zahl, in ihren Roben gewappnet und donnernde Reden schwingend, und es gab keine Hoffnung auf Erden, daß sie sich zu irgendwelchen erträglichen Bedingungen könnten bewegen lassen. Warum sollten sie dann noch länger in ihrer Nähe bleiben? So marschierte die Armee denn hinaus und kampierte im Felde. Diese Abwanderung des Volkes wird als Auszug zum Mons Aventinus bezeichnet, wo die Männer voll Niedergeschlagenheit, aber ohne im leisesten über die Väter zu murren, ihre Quartiere aufschlugen. Der Senat spielte unterdessen den großen Herrn und hatte die ganze Stadt für sich; aber gewisse Nachbarn von der Art, die sich auch ungebeten Einlaß verschafft, waren bereits im Anmarsch; jetzt war guter Rat teuer, und es wurde ein Sprecher zum Volke abgesandt, um so günstige Bedingungen wie möglich mit ihm auszuhandeln, es jedoch unter allen Umständen und mit der größten Eile zurückzuholen. Und bei dieser Gelegenheit nun wurde zwischen dem Senat und dem Volke vertraglich vereinbart, daß dieses selber seine Oberen in Gestalt der sogenannten Tribunen wählen sollte, worauf es heimkehrte.

Um euch nicht länger aufzuhalten: Der Senat, der dies, der Not gehorchend, getan hatte, versuchte mehrfach, es wieder rückgängig zu machen, während die Tribunen, um das Erreichte zu verteidigen, ihren *tributa comitia* oder ihrem Volksrat empfahlen, wenn sie rechtzeitig zur Stelle waren und als die Spannungen zunahmen, Gesetze auch ohne die Autorität des Senats zu machen, die als *plebiscita* bezeichnet wurden. Das waren – um jetzt endlich auf den Punkt zu kommen, auf den ich hinauswill – die einzelnen Schritte, die dazu geführt haben, daß das Volk sich die Vollmacht des Beratens anmaßte, und einem Volke kann weder theoretisch noch praktisch das Recht abgesprochen werden, bei gleicher Ursache auf die gleiche Wirkung zu zielen. Denn Romulus, der bei der Wahl seines Senats auf einen Adel als Stütze des Thrones gesetzt hatte, indem er denjenigen der Patrizier zu einem abgehobenen und erblichen Stand machte, erbaute das Gemeinwesen auf dem Untergrund zweier widerstreitender Interessen oder Wirkungskräfte, die im Laufe ihrer weiteren Entwicklung zur Entstehung zweier Gemeinwesen führten, deren eines eine Adelsoligarchie und deren anderes eine Volksanarchie war, was in der Folgezeit eine ständige Fehde, ja eine tödliche Feindschaft zwischen Senat und Volk mit sich brachte.

Es gibt keine erhabenere oder bedenkenswertere Frage in der Politik, als Machiavelli sie aufgeworfen hat: ob sich nämlich Mittel hätten finden lassen, um die zwischen dem Senat und dem Volk von Rom bestehende Feindschaft zu beseitigen. Zugleich gibt es keine Frage, die für uns oder den gegebenen Anlaß besonders im Hinblick auf diesen Autor von so unmittelbarem Belang ist, da unser Gemeinwesen mit seinem Urteil in diesem Punkte ja letztlich steht oder fällt. Und wer ein Gemeinwesen gegen das Urteil Machiavellis errichten will, muß für sein Unternehmen wenigstens Gründe beibringen können, die nicht ohne weiteres von der Hand zu weisen sind. Um also den genannten Politiker wortgetreu, wenn auch etwas verkürzt zu zitieren, so argumentiert er folgendermaßen[187]:

‚Ein Gemeinwesen kann zweierlei Ziele haben. Es kann entweder, wie Sparta und Venedig, auf seinen Fortbestand bedacht sein oder, wie Rom, auf seine Vergrößerung.

Sparta, das von einem Könige und einem kleinen Senat regiert wurde, vermochte sich auf eine lange Zeit in diesem Zustand zu erhalten, weil die Einwohnerzahl gering war, Fremde nicht eingelassen und die Gesetze Lykurgs – die jetzt Gewicht erlangt und allen Unruhen den Boden entzogen hatten – streng beachtet wurden, so daß sein Friede durchaus von Dauer sein konnte. Denn Lykurg hatte Sparta durch seine Gesetze mehr Gleichheit im Besitzstand als in den äußeren Würden gegeben; dadurch herrschte überall gleiche Armut und waren die Plebejer weniger ehrsüchtig, zumal die Würden oder die Ämter des Staates nur wenigen offenstanden und für das Volk nicht erreichbar waren, und die Adligen erregten bei ihm durch den Mißbrauch derselben auch niemals den Wunsch, ebenfalls daran teilzuhaben. Dies ging von den Königen aus, die, selbst inmitten des Adels stehend, kein wirksameres Mittel zur Behauptung ihres Ranges hatten, als das Volk vor jeglichem Unrecht zu schützen, so daß das Volk, da es die Macht nicht fürchtete, auch nicht nach ihr trachtete und folglich jeder Grund für Mißhelligkeiten zwischen dem Senat und dem Volke entfiel. Diese Eintracht hatte aber zwei bestimmte Ursachen: erstens, daß die Spartaner angesichts ihrer geringen Zahl von nur wenigen regiert werden konnten und, zweitens, daß sie ihr Gemeinwesen, indem sie keine Fremden in dieses aufnahmen, rein erhielten und es nicht auf solche Größe anwachsen ließen, daß es nicht mehr von wenigen regierbar gewesen wäre.

Venedig grenzt seine Plebejer nicht aus, sondern alle, die an der Regierung teilhaben, heißen dort Edelleute. Diese Regierung hat es aber mehr dem Zufall als der Weisheit seiner Gesetzgeber zu verdanken. Denn vor den einfallenden Barbaren, die das römische Imperium überfluteten, hatten sich viele auf den Inseln in Sicherheit gebracht, auf denen diese Stadt heute steht, und als ihre Zahl so groß geworden war, daß sie für ihr Zusammenleben Gesetze benötigten, führten sie eine Regierungsform ein, die es ihnen ermöglichte, häufig zur Beratung ihrer Angelegenheiten zusammenzutreten, und da sie feststellten, daß ihre Zahl für die Regierung ausreichte, schlossen sie all jene davon aus, die später in ihre Stadt kamen, um dort zu wohnen, und ließen sie an der Gewalt nicht teilhaben. So gelangten die an der Regierung Beteiligten zu ihrem Recht, und den davon Ausgeschlossenen, die später gekommen waren und nur unter dieser Bedingung Einlaß gefunden hatten, widerfuhr kein Unrecht, so daß sie keinen Grund – und weil man ihnen keine Waffen anvertraute, auch nicht die Mittel – zum Aufruhr besaßen. Auf diese Weise konnte Venedig seine friedliche Existenz unschwer behaupten.

In Anbetracht dessen ist klar, daß die Gesetzgeber Roms, wenn sie Ruhe im Staate wünschten, nur zwei Möglichkeiten hatten: nämlich entweder, wie die Spartaner, die Fremden fernzuhalten oder, wie die Venezianer, das Volk nicht mit Waffen zu versehen. Sie aber taten das gerade Gegenteil, und darum befand sich das an Kraft und Zahl wachsende Volk in fortwährendem Aufruhr. Und das ist in einem auf Wachstum angelegten Gemeinwesen auch gar nicht zu vermeiden, denn hätte Rom den Grund des Aufruhrs beseitigt, so hätte es zugleich auf die Mittel verzichten müssen, auf denen sein Wachstum und damit seine Größe beruhten.

Darum möge ein Gesetzgeber sich vorher überlegen, ob er ein Gemeinwesen errichten möchte, das auf seinen bloßen Fortbestand zielt und deshalb vielleicht keinen Aufruhr zu fürchten braucht, oder ob es auf Wachstum angelegt sein soll, in welchem Falle der Aufruhr unumgänglich ausbrechen wird.

Hat er dessen bloßen Fortbestand im Auge, mag im Innern zwar Ruhe herrschen, aber es wird Gefahr von außen drohen. Erstens, weil es auf schmalem Grund und somit auf schwachen Füßen steht wie einst Sparta mit seinen dreißigtausend Bürgern oder heutzutage Venedig mit seinen dreitausend. Zweitens lebt ein solches Gemeinwesen entweder im Frieden oder im Kriege. Wenn Friede herrscht, sind die wenigen nur allzubald verweichlicht und verderbt, womit dem Parteigeist Tür und Tor geöffnet ist; und im Kriege wird es, falls es unterliegt, zu einer leichten Beute werden oder, falls es die Oberhand gewinnt, durch den erworbenen Zuwachs zwangsläufig aus den Fugen geraten, weil es dessen Belastung nicht standzuhalten vermag. So erging es Sparta, denn nachdem es auf diese Weise ganz Griechenland unterworfen hatte, fielen durch einen unbedeutenden Zwischenfall – den Aufstand Thebens unter dem Verschwörer Pelopidas, der seine verwundbare Stelle erkannt hatte – all die anderen eroberten Städte unverzüglich von ihm ab und ließen sein Glück gleichsam im Handumdrehen von der höchsten Flut bis zu der tiefsten Ebbe sinken. Und Venedig, das einen Großteil Italiens durch seinen Reichtum erworben hatte, verlor, als es ihn mit Waffengewalt zu verteidigen galt, alles wieder in einer einzigen Schlacht.

Daraus schließe ich, daß ein Gesetzgeber bei der Gründung eines Gemeinwesens daran zu denken hat, welcher Weg den meisten Ruhm verspricht, und – statt jenen Mustern zu folgen, die nur nach dauerhaftem Bestand trachten – sich an das Beispiel Roms halten und dabei die zwischen Senat und Volk aufkommenden Zwistigkeiten als ein notwendiges Übel billigen und in Kauf nehmen muß, ohne das Rom nicht zu seiner Größe gelangt wäre. Denn daß irgend jemand einen Mittelweg finden könnte, der nur die Vorteile beider Formen aufweist, aber deren Nachteile ausschließt, halte ich für ganz und gar unmöglich.'

Das sind des Autors eigene Worte,[187] obwohl ich deren Reihenfolge etwas verändert habe, um sie meinem Zwecke besser dienstbar zu machen.

Ich weiß nicht, meine Herren, was ihr bei diesen Worten empfindet, aber mich berührt es doch sehr, wenn ich hören muß, daß der größte Gelehrte der neueren Zeit ein Urteil fällt, das gegen unser Gemeinwesen spricht. Laßt uns deshalb mit der gebührenden Ehrerbietung vor dem Fürsten aller Politiker und im Bewußtsein der Freiheit, die er selbst zum Recht eines freien Volkes erklärt hat, seine Schlußfolgerungen prüfen. Aber wir werden uns niemals zu seiner Höhe aufschwingen, wenn wir nicht ein bißchen weiter unten anfangen und von den Wirkungen zu deren Ursachen hinabsteigen. Der Unfriede in einem Gemeinwesen kann entweder innere oder äußere Gründe haben. Von außen kann er durch Feinde, durch Untertanen oder durch Knechte verursacht sein. Es hieße also nach äußeren Gründen fragen, wollte man erklären, warum Rom von den italienischen Kriegen oder den Sklavenerhebungen heimgesucht wurde, warum die Sklaven das Kapitol einnahmen, warum die Spartaner fast ebenso häufig Schereieien mit ihren Heloten hatten wie Rom mit seinen Sklaven oder warum Venedig, dessen Lage es nicht von der freundlichen Absicht der Menschen abhängig macht, genausogut oder besser mit denen auskommt, über die es herrscht, als die Römer es mit den Latinern taten. Die von Machiavelli gestellte Frage, ob die zwischen dem Senat und dem Volke bestehende Feindschaft hätte aufgehoben werden können, betrifft hingegen innere Gründe, und um zu einer anderen Antwort zu gelangen als er, muß ich bei der Entscheidung des Problems von anderen Prinzipien ausgehen, als er sie zugrunde legt. Zu diesem Zwecke behaupte ich, daß ein Gemeinwesen, von innen besehen, entweder auf Gleichheit beruht oder auf Ungleichheit. Ein die Gleichheit im Innern wahrendes Gemeinwesen hat keinen inneren Grund zum Unfrieden, der somit nur von außen in dieses hineingetragen werden kann. Ein auf Ungleichheit im Innern beruhendes Gemeinwesen hat keinen inneren Grund zum Frieden, der deshalb nur auf Umwegen in dieses hineingetragen werden kann.

Zum Beweis meiner Behauptungen will ich für diesmal nur seine eigenen Beispiele verwenden. Sparta hatte keine Ruhe nach außen, weil es äußerlich, d. h. im Hinblick auf seine Heloten, ungleich war, und es herrschte Friede im Innern, weil es sowohl an der Wurzel (dank seinem Ackergesetz) als auch in den Zweigen (durch seinen Senat, in den niemand ohne die Wahl des Volkes gelangen konnte) gleich war. Auf diese Vorkehrung Lykurgs verweist auch Aristoteles, wenn er sagt, daß er, während er einerseits eine solche Ehre für seine Bürger als begehrenswert (und nicht als reizlos) erscheinen ließ, die Wahl des Senats andererseits in die Hand des Volkes legte.[188] Darum hat Machiavelli, der an dieser wie an anderen Stellen[187] die Uneinigkeit zwischen den Sippen der Patrizier und Plebejer im Auge hat, wie sie in Rom bestand, die Ordnungen jenes Gemeinwesens gänzlich mißverstanden, wo es nichts dergleichen gab. Auch ging dessen Friede nicht von der Macht der Könige aus, die so weit davon entfernt waren, das Volk vor der Ungerechtigkeit des Adels zu beschützen, den es in seinem Sinne lediglich innerhalb des Senats gab, daß ein erklärtes Ziel des Senats bei dessen Amtsantritt vielmehr darin lag, das Volk vor den Königen zu beschützen, die fortan nur noch eine einzelne Stimme besaßen. Ebenso verhielt es sich nicht deshalb ruhig, weil der Senat Strenge walten ließ oder weil er das Volk von der Regierung ausschloß, sondern weil die Gleichheit der Instanzen gewahrt blieb, da ja der Senat (wie aus dem Orakel als dem grundlegenden Gesetz der Spartaner klar hervorgeht) nur zu dem Zwecke der Beratung zusammentrat und die Beschlußkraft des Gemeinwesens beim Volke lag. Als deshalb die Spartanerkönige Theopomp und Polydorus das Volk von der Regierung dadurch auszuschließen suchten, daß sie dem althergebrachten Gesetz die Klausel anfügten: *si prave, populus rogassit, senatui regibusque retractandi jus esto* (‚wenn die Entscheidung des Volkes verkehrt ist, soll der Senat das Recht haben, die Beratung wiederaufzunehmen‘), geriet das Volk unverzüglich in Aufruhr und nahm jene Beratungstätigkeit wieder in die eigenen Hände, die nicht eher aufhörte, als bis es seine Ephoren eingesetzt und die Anerkennung dieser Obrigkeiten durch seine Könige erwirkt hatte.

Theopompo Spartanorum regi moderationis testimonium reddamus. Nam cum primus instituisset ut ephori Lacedaemone crearentur, ita futuri regiae potestati oppositi, quemadmodum Romae tribuni plebis consulari imperio sunt objecti; atque illi

uxor dixisset, id egisse illum ut filiis minorem potestatem re-
linqueret; relinquam, inquit, sed diuturniorem. Optime qui-
dem. Ea enim demum tuta est potentia, quae viribus suis mo-
dum imponit. Theopompus igitur legitimis regnum vinculis
constringendo, quo longius a licentia retraxit, hoc propius ad
benevolentiam civium admovit.[189]

Daraus kann man ersehen, daß ein auf seinen Fortbestand zielendes Gemeinwesen, wenn es die Gleichheit
nicht mehr wahrt, genauso anfällig für die Feinschaft
zwischen Senat und Volk ist wie ein auf Zuwachs be-
rechnetes und daß die Eintracht Spartas in nichts anderem wurzelte als in dessen Gleichheit.

Wer da sagt, in Venedig herrsche Ruhe, weil es seine
Untertanen entwaffne, vergißt, daß auch Sparta seine
Heloten entwaffnete und dennoch von ihrer Seite
keine Ruhe hatte; wenn also Venedig gegen äußere
Gründe des Unfriedens gefeit ist, so ist dies erstens
seiner Lage zuzuschreiben, der zufolge die Untertanen keine Hoffnung haben (was in der Tat seinem
Glück zu verdanken ist), und zweitens seiner ausgeklügelten Gerechtigkeit, die ihnen gar nicht erst den
Wunsch eingibt, es anzugreifen. Diese aber verdankt
es keinem anderen Umstand als seiner Klugheit, die
desto großartiger erscheint, je näher wir sie uns betrachten, denn die Wirkungen des Glücks (falls es so
etwas überhaupt gibt) sind ja so unbeständig wie ihre
Ursachen; nie aber ward einem Gemeinwesen solch
ungestörte und beständige Ruhe und innere Harmonie beschieden wie dem venezianischen, was mit einem glücklichen Zufall allein nicht zu erklären ist.
Und wir sehen, daß es, gemessen an allen anderen Gemeinwesen, nicht nur das friedlichste, sondern auch
dasjenige mit der größten Gleichheit ist. In seinem
Kern besteht es aus einem einzigen Stande, und sein
Senat gleicht einem rollenden Stein (wie gesagt worden ist), der noch niemals das Moos eines parteiischen
oder eigensüchtigen Interesses angesetzt hat und es
auch nimmer tun wird, solange er sich weiterdreht,
und schon gar nicht eines solchen Interesses, wie es
das Volk von Rom in den Klauen seiner eigenen Ad-

ler einst gefangenhielt. Und hätte Machiavelli[187], der nicht gesonnen war, dem venezianischen Gemeinwesen Gerechtigkeit widerfahren zu lassen, dessen Ordnungen in genaueren Augenschein genommen (was er niemals getan hat, wie sein Leser unschwer erkennt), dann wäre er gar nicht auf den Gedanken gekommen, deren weise Gestaltung dem glücklichen Zufall zuzuschreiben, so daß er sein bewunderungswürdiges Werk auf jene Stufe der Vollkommenheit gehoben hätte, deren Vorbild in staatlichem Betracht nun einmal kein anderes als Venedig sein kann.

Rom war durch seine mächtigen und sieggewohnten Waffen gegen alle äußeren Gründe des Aufruhrs gesichert und konnte daheim nur Frieden haben, indem es sich seine auswärtigen Feinde vom Leibe hielt. Ich bitte euch nun, genau achtzugeben, meine Herren, die ihr die Väter eines Gemeinwesens seid und somit ein ungleich größeres Maß an Handlungsfreiheit besitzt, als es den Kräften der Natur eigen ist. Denn wie mir keiner ein Gemeinwesen zeigen kann, dessen bei der Geburt gerade Gliedmaßen später krumm und schief wuchsen, so wird mir auch niemand eins zeigen können, das krumm geboren und hernach wieder geradegerichtet wurde. Rom war von Anbeginn schief gewachsen oder besser: es war eine Mißgeburt; seine beiden Stände, die Patrizier und die Plebejer, kamen, wie die voranstehende Geschichte erwiesen hat, als Zwillinge mit nur einem Rumpf, aber zwei Köpfen oder vielmehr zwei Bäuchen auf die Welt, denn obwohl nach der Äsopischen Fabel der von dem Senat als Sprecher zu dem Volk am Aventinus abgesandte Menenius Agrippa[190] den Senat als den Bauch und das Volk als die Arme und Beine darstellte, die, wenngleich höchst mühsam, auch ohne denselben ernährt würden, so mußten doch nicht nur diese, sondern mußte der ganze Leib dadurch in ein tödliches Siechtum verfallen; offensichtlich hatten die Patrizier einen eigenen Bauch, und sie füllten ihn, indem sie dem Volke das Brot vom Munde wegschnappten, ohne in ihrem Widerwillen gegen das Ackergesetz den für die

Ernährung eines Gemeinwesens schuldigen und erforderlichen Teil davon abzugeben. Wie es aber heißt, daß die an den Wasserfällen des Nils lebenden Menschen deren Lärm nicht mehr wahrnehmen, so scheinen auch weder die römischen Autoren noch Machiavelli,[191] der sich in ihren Schriften am besten auskennt, inmitten der vielen stürmischen Auseinandersetzungen um die Tribunen des Volkes dessen wahre Stimme herausgehört zu haben; denn obwohl ihnen nicht verborgen bleiben konnte, daß diese dem Ringen des Volkes um die Mitwirkung an der Obrigkeit oder, was Machiavelli insbesondere aufgreift, um das Ackergesetz entsprungen waren, gingen sie doch nur kurz darüber hinweg und damit über die Mittel, die die Krankheit hätten heilen können. *Cujus levamen mali, plebes, nisi suis in summo imperio locatis nullum speraret.*[192]

Wenn ein Volk in Not und Verzweiflung gestürzt wird, nimmt es seine Politik in die eigenen Hände, so wie bestimmte wilde Tiere ihre Krankheiten selbst behandeln und aus einem angeborenen Instinkt nach heilkräftigen Kräutern Ausschau halten; aber das Volk weiß sich in seiner Mehrheit weitaus schlechter zu helfen als die Tiere. So hat das Volk Roms, obgleich es in seiner Not sozusagen instinktiv bei den zwei wichtigsten Grundelementen seines Gemeinwesens Zuflucht suchte: nämlich bei der Mitwirkung an der Obrigkeit und dem Ackergesetz, von der Arznei nur genippt und dann darauf gespuckt, statt (wie es sich für eine Medizin gehört) sie ganz zu schlucken und dadurch wieder zu genesen. Denn als es die Mitwirkung an der Obrigkeit durchgesetzt hatte, machte es nur halbherzig davon Gebrauch, indem es auf eine vollständige und gleichmäßige Rotation bei sämtlichen Wahlen verzichtete, und maß dem Erreichten überdies wenig Wert bei. Und als es das Ackergesetz erwirkt hatte, achtete es dieses so gering, daß es tatenlos zusah, wie es allmählich außer Gebrauch kam. Wenn man aber nicht die richtige Dosis von seiner Medizin nimmt, kann sie sich als Gift erweisen (ähnlich wie eine oberflächliche Kostprobe von der Philosophie einen Menschen möglicherweise für den Atheismus geneigt macht),[193] und genauso kann eine derartige Kostprobe von der Politik zum Chaos führen, wie die Einsetzung der römischen Tribunen es deutlich gezeigt hat, durch deren bloße Amtsübernahme das Volk beileibe noch keinen Frieden erlangte, sondern allenfalls Anführer für einen endlosen Zwist gewann; hätte es dagegen auf die vollkommene Einhaltung des Ackergesetzes und des Rotationsverfahrens geachtet, dann wären ihm jene Gleichheit und jener Friede beschieden gewesen, die das erstere Sparta und das letztere Venedig gebracht hat. Und dann auch hätte es zwischen dem Senat und dem Volk von Rom nicht mehr Feindschaft gegeben, als es sie zwischen diesen beiden Ständen in Sparta gab oder jetzt in Venedig gibt. Deshalb scheint mir Machiavelli, wenn er den Frieden Venedigs mehr seinem Glück als seiner weisen Voraussicht zuschreibt,[194] von allen Pferden im Stalle das falsche gesattelt zu haben, denn obwohl Rom

> *quae non imitabele fulmen*
> *Aere, et cornupedem cursu similarat equorum*[195]

auf militärischem Gebiet die weitaus flinkeren Rösser aufbieten konnte, sind Venedig, was die staatliche Seite betrifft, offensichtlich die Flügel des Pegasus gewachsen.

Damit läßt sich die ganze Frage auf den einen Punkt zurückführen, ob das Volk von Rom denn überhaupt imstande gewesen wäre, diese Ordnungen durchzusetzen. Zunächst ist das Argument, daß es sie nicht hätte durchsetzen können, ohne das Gemeinwesen zu verändern, leicht zu entkräften, da es ja ohne eine Änderung des Gemeinwesens dann auch seine Tribunen nicht hätte durchsetzen können, die aber dennoch durchgesetzt wurden. Und wenn man sich die Haltung vergegenwärtigt, in der es seine Tribunen durchsetzte, so hätte es genausogut und mit derselben Leichtigkeit (denn der eigentliche Grund, weshalb der

Senat in die Tribunen einwilligte, war der, daß ihm gar keine andere Wahl blieb) jede beliebige sonstige Forderung erzwingen können. Und es ist überliefert, daß in dem gleichen Falle die Spartaner ihre Ephoren einsetzten und daß die Athener nach der Schlacht von Plataä dem Senat nicht minder unerbittlich (so schwer ist es, ein krumm geborenes Gemeinwesen wieder geradezurichten!) ihren Willen aufzwangen. Nicht stichhaltiger ist der Einwand, daß dies zum Untergang des Adels und damit zur Preisgabe jener Größe hätte führen müssen, die das Gemeinwesen ihm verdankte, denn diese Auffassung wird durch den weiteren Verlauf der Geschichte widerlegt, der eindeutig zeigt, wie in Ermangelung solcher Ordnungen (d. h. der Rotation und des Ackergesetzes) die Adligen das Volk aufzufressen begannen und, im Überfluß schwelgend, das wurden, als was Sallust sie bezeichnet: *inertissimi nobiles, in quibus sicut in statua, praeter nomen, nihil erat additamenti*,[196] und einem so mächtigen, so ruhmreichen Gemeinwesen ein derart klägliches Ende bereiteten. Es hätten sich also durchaus Mittel und Wege finden lassen, durch welche die Feindschaft zwischen dem Senat und dem Volk von Rom hätte aus der Welt geschafft werden können.

Meine Herren, wenn ich euch mit meinen Argumenten überzeugen konnte, so habe ich euch die beruhigende Gewißheit gegeben, daß euer Gemeinwesen im Gegensatz zu dem Urteil Machiavellis auf festem und sicherem Grunde steht; sollte ich euch jedoch nicht überzeugt haben, so müßt ihr mit der beruhigenden Gewißheit vorliebnehmen, die er selbst euch gibt, indem er nämlich entschieden dafür eintritt, daß ein Gesetzgeber alle übrigen Vorbilder verwerfen und allein dem römischen folgen solle, wobei die stillschweigende Duldung und Hinnahme der Feindschaft zwischen Senat und Volk einen notwendigen Schritt auf dem Weg zu römischer Größe darstelle. Daraus folgt, daß euer Gemeinwesen dann schlimmstenfalls das sein wird, was für ihn, wie er euch versichert, das beste ist.

Ich habe eure Lordschaften lange aufgehalten, aber die Dinge, um die es geht, sind schließlich von einiger Bedeutsamkeit. Sie lassen sich nunmehr wie folgt zusammenfassen: Entsteht in einer Volksversammlung der Wunsch, in eine Beratung einzutreten, so ist der Grund nicht im Charakter des Volkes, sondern in dem des Gemeinwesens zu suchen. Damit also erkennbar werde, wie das Gemeinwesen beschaffen sein muß, das eine solche Anmaßung natürlicherweise ausschließt, muß ich den Rest meiner Ausführungen in zwei Abschnitte gliedern, wobei der erste die unterschiedlichen Arten der Volksversammlungen in anderen Gemeinwesen und der zweite durch deren Vergleichung mit der unserigen zeigen soll, wie diese die ihnen allen anhaftenden Unzulänglichkeiten vermeidet und zugleich deren gesamte Vorzüge in sich aufnimmt.

Am Anfang des ersten Teils muß ich vorab auf einen landläufigen und keineswegs unerheblichen Irrtum unserer Tage zu sprechen kommen, der in der Vorstellung wurzelt, die antiken Gemeinwesen hätten zumeist aus einem einzigen Stadtstaat, d. h. aus nur einer Stadt bestanden, wohingegen aus den Mitteilungen der anwesenden Lords, die sie untersucht haben, hervorging, daß es mit Ausnahme Karthagos bis zu dem heutigen Venedig darunter nicht eine einzige Stadt von Bedeutung gegeben hat.

Denn um mit Israel zu beginnen, so bestand es aus zwölf Stämmen,[197] die geographisch über das gesamte Land verstreut oder dort ansässig waren; sie wurden durch Trompeten zusammengerufen und bildeten die Kirche oder die Versammlung des Volkes. Die Schwerfälligkeit und die damit unvermeidlich einhergehende Langsamkeit dieses Verfahrens sind (wie Mylord Phosphorus ausführlich dargelegt hat) ein wesentlicher Grund dafür gewesen, daß dieses Gemeinwesen zerfiel, obwohl der Tempel und jene religiösen Zeremonien, um derentwillen das Volk mindestens einmal im Jahr dorthin befohlen wurde, kein schwaches Band für den Zusammenhalt der Stämme bildeten, die im übrigen jedoch nur lose miteinander verknüpft waren.

Athen bestand aus vier Stämmen, die das gesamte Volk sowohl der Stadt als auch des Landes umfaßten und von Theseus ursprünglich nicht deshalb in einer einzigen Stadt zusammengezogen worden waren, um die ländlichen Bewohner auszugrenzen, sondern um dem Gemeinwesen eine Hauptstadt zu geben, obwohl es zutrifft, daß die Versammlung der Städter ohne die Landbewohner in jeder Hinsicht handlungsfähig war. Hinzu kam, daß die überaus zahlreichen Landbewohner einander selber das Leben schwermachten und zu einer Gefahr für das Gemeinwesen wurden, woran vor allem ihre schlechte Erziehung Schuld trug, wie Xenophon und Polybius bemerken, die sie mit Seeleuten vergleichen, welche sich bei Windstille unablässig in den Haaren liegen und voreinander aufspielen und an ihre Takelage oder ihre Sicherheit niemals gemeinsam Hand legen, bis ein Sturm sie alle in Gefahr bringt. Dies veranlaßte Thukydides – als er sah, wie dieses Volk, durch Not gewitzigt, seine *comitia* oder Versammlungen auf fünftausend Personen begrenzte – zu der Feststellung in seinem achten Buche: ‚Und jetzt (zumindest zu meinen Lebzeiten) scheinen die Athener ihrem Staate die rechte Ordnung gegeben zu haben, der aus einer wohlabgewogenen Mischung der wenigen‘ (womit er den Senat der Bohne meint) ‚mit den vielen oder den Fünftausend besteht‘; und er läßt euch nicht nur seinen Standpunkt wissen, sondern liefert den besten Beweis für dessen Richtigkeit gleich mit, denn, so sagt er, ‚dies war die erste Maßnahme nach so vielen vorangegangenen Widrigkeiten, die dem Stadtstaat wieder auf die Beine half‘. Ich bitte eure Lordschaften, diese Stelle als das erste mir untergekommene oder wohl überhaupt nachweisbare Beispiel einer durch Abordnung gebildeten Volksversammlung im Auge zu behalten.

Sparta bestand aus dreißigtausend Bürgern, die über das gesamte Lakonien, eine der größten Provinzen in ganz Griechenland, verstreut lebten und (nach der wahrscheinlich klingenden Aussage einiger Autoren) in sechs Stämme geteilt waren. Diese ergaben in ihrer

Gesamtheit, wenn sie zusammengerufen wurden, die Große Kirche oder jene Versammlung, bei der die gesetzgebende Gewalt lag; die zuweilen im Interesse innerstädtischer Belange einberufene Kleine Kirche umfaßte lediglich die Spartaner. Diese Zusammenkünfte waren zwar wie in Venedig eine gute Einrichtung, jedoch aus einem schlechten Grunde: der Unsicherheit eines Gemeinwesens, das infolge seiner geringen Einwohnerzahl oligarchisch aufgebaut war.

Deshalb will es scheinen, daß euer eine ganze Nation umspannendes Gemeinwesen, welchen Weg auch immer ihr einschlagt, ohne eine Vertretung des Volkes zwangsläufig in die Oligarchie oder ins Chaos führen muß.

Dies erkannten die Römer, deren ländliche Stämme, die sich vom Arno bis zum Volturno, d. h. von Fesulae oder Florenz bis nach Capua erstreckten, eine Art Volksvertretung durch das Los erfanden: Der Stamm, auf den das erste Los fiel, bildete die Prärogative, und zwei oder drei weitere, die die restlichen Lose gezogen hatten, waren *jure vocatae*. Diese stimmten im Namen des Gemeinwesens *binis comitiis* ab, und zwar die Prärogative auf der ersten und die *jure vocatae* auf der zweiten Versammlung.

Um nun die Parallele zu ziehen, so zeigt sich, daß in eurer Prärogative alle Unzulänglichkeiten beseitigt und alle Vorzüge enthalten sind, die ihr an diesen Versammlungen festgestellt habt; denn erstens ist sie das, was Athen, indem es die Schmach abschüttelte, von der Xenophon und Polybius gesprochen hatten, das wohlverdiente Lob des Thukydides eintrug: eine Volksversammlung, und zweitens ist sie es nicht – wie vermutlich die athenische und erwiesenermaßen die römische es waren – mittels Losentscheid, sondern (wie auch schon weiland in unserem Unterhause) mittels Abstimmung, wodurch in den Prärogativen sämtliche Stämme von Oceana *jure vocatae* sind. Und falls jemand etwas gegen die geringe Anzahl der jeweiligen Volksvertreter einzuwenden hat, so gleicht das Ganze schließlich einem Rade, das sich innerhalb weniger Jahre dreht und auf Grund dessen jede geeignete Person für das öffentliche Werk verfügbar sowie jede verfügbare Person hierfür geeignet machen wird. Außerdem müßte ich mich sehr täuschen, wenn dies bei reiflicher Überlegung die hiesigen Stämme nicht weitaus gleichmäßiger und bereitwilliger von den Grenzen Marpesias ins Land und zu dessen Regierung strömen lassen würde, als Rom es jemals von einem der seinigen in den *pomoeria* oder in der nächsten Umgebung seiner angrenzenden Gebiete hat sagen können. Dem mögt ihr noch hinzufügen, daß – während ein Gemeinwesen, dessen Einrichtung, was das Volk angeht, ohnehin keine leichte Sache ist, in dieser Nation vor lauter Ungeduld mit ziemlicher Sicherheit kaum jemals zum Ziele gelangen würde – unsere Musterungen und Galaxien dem Volke in ähnlicher Weise zugute kommen wie dem Säugling die Milch, so daß es, nachdem es durch die vier Wahltage im Jahr (nämlich einen in der Gemeinde, einen in der Hundertschaft und zwei im Stammesverband) an kräftigere Kost gewöhnt worden ist, keinerlei Schwierigkeiten mehr mit der Verdauung haben wird, wenn es erforderlichenfalls seine Ja- oder Neinstimme abgeben soll. Unter uns befinden sich wackere Männer, die eine derartige Anrufung oder Schiedsrichterrolle des Volkes verlachen, aber es bleibt euch freigestellt, ob ihr lieber ihnen oder mir mit Nachsicht begegnen wollt, da ich, wie ich bekennen muß, gerade erst heute, wenn auch ohne böse Absicht, über einen ernsthaften Mann gelacht habe, nämlich über Petrus Cunaeus, der sich über das Wesen des Volkes ausläßt und dabei sagt, es sei ,in seinen einzelnen Gliedern zwar einfältig, aber in versammelter Menge durchaus imstande, etwas zu begreifen und zu erkennen', und dann unvermittelt das Thema wechselt, ohne sich die Mühe zu machen, diesem Etwas auf die Spur zu kommen. In Wahrheit nämlich verkörpert das Volk in seinen Einzelgliedern nicht mehr als ebenso viele Privatinteressen, während es in seiner vereinigten Masse stellvertretend für das öffentliche Wohl steht; das öffentliche Interesse kommt (wie gezeigt worden ist) dem Interesse aller Menschen am nächsten, und das Interesse aller ist die rechte Vernunft. Ganz anders verhält es sich dagegen mit der Aristokratie in ihrer Gesamtheit, deren Vernunft oder Interesse, wie wir an den Patriziern gesehen haben, immer nur einer Partei dient, denn während ihre einzelnen Mitglieder dem Volk in diesem Zusammenhange weit überlegen ist, ist sie bei vereintem Handeln so töricht, daß sie, wie die römische es tat, durch die Ausschließung des Volkes selber den Ast absägt, auf dem sie sitzt, oder besser: die Wurzeln ihrer eigenen Größe zerstört. Deshalb kann Machiavelli, der hier Aristoteles folgt und ihm dennoch vorausgeht, mit Recht behaupten,[198] *che la multitudine è più savia et più costante che un principe*: die Prärogative einer Volksregierung dient der Weisheit. Und deshalb liegt die Prärogative dieses Gemeinwesens, deren Weisheit zugleich Macht bedeutet, beim Volke, und nach ihr auch ist unsere Stammesprärogative benannt (obwohl ich mir bewußt bin, daß die römische Prärogative *a praerogando* hieß, weil ihre Stimme als erste erbeten wurde)."

Nachdem in der zweiundzwanzigsten Ordnung von den jährlich beziehungsweise dreijährlich durchzuführenden Wahlen die Rede war, betrachten wir jetzt als nächstes

Die DREIUNDZWANZIGSTE ORDNUNG, welche Gewalt, Funktion und Handlungsweise der Stammesprärogative zum Inhalt hat.

Die Gewalt oder die Funktion der Prärogative umgreift zweierlei: einmal die Beschlußfassung, wodurch sie die gesetzgebende Gewalt bildet, und zum anderen die Gerichtsbarkeit, kraft derer sie der höchste Gerichtshof und die letzte Berufungsinstanz dieses Gemeinwesens ist.

Zum ersten: Da das Volk nach der vorliegenden Verfassung an kein Gesetz gebunden ist, das es nicht selber gemacht oder durch den Beschluß der Prärogative, seiner gleichwertigen Vertretung, bestätigt hat, soll es nicht statthaft sein, wenn der Senat das Volk auffordert oder das Volk der Aufforderung des Senats entsprechend nachkommt, einem Gesetz zu gehorchen, das nicht über einen Zeitraum von sechs Wochen bekanntgemacht oder im Druck veröffentlicht, anschließend mit Vollmacht des Senats der Stammesprärogative zur Annahme vorgeschlagen und von dieser durch mehrheitliche Zustimmung beschlossen worden ist. Ebensowenig soll der Senat ohne das solchermaßen erklärte Einverständnis des Volkes oder ein dergestalt verabschiedetes Gesetz ermächtigt sein, Krieg auszurufen, Truppen auszuheben oder Gelder anzufordern, es sei denn, dies wäre durch die Umstände dringend geboten, in welchem Falle sowohl die Gewalt des Senats als auch diejenige des Volkes vereinbarungsgemäß in einem solchen Umfange und für eine solche Frist auf den Diktator übergehen sollen, wie es den diesbezüglich erlassenen Vorschriften entspricht. In der für die Bekanntmachung eines Gesetzes vorgesehenen Zeit sollen die Zensoren auf den Senat und die Tribunen auf das Volk einwirken, daß keine Gruppenbildungen, Geheimtreffen oder Beeinflussungsversuche stattfinden, um auf diese Weise für oder gegen irgend etwas Stimmung zu machen, damit alles in freimütiger Offenheit seinen Gang nehmen möge.

Was den letztgenannten Teil der Prärogativgewalt der Stämme oder jene Gewalt betrifft, durch die ihnen in dieser Nation und deren Provinzen die Rechtsoberhoheit übertragen ist, so gehört hierzu die gerichtliche Verfolgung von Verbrechen gegen die Majestät des Volkes, zum Beispiel des Hochverrats, aber auch der Veruntreuung, d. h. der Unterschlagung oder betrügerischen Aneignung von öffentlichen Geldern des Gemeinwesens, und sofern irgendwelche Personen, seien sie Einwohner der Provinzen oder Bürger von Oceana, das Volk anrufen sollten, ist es Sache der Prärogative, über den Fall zu richten und zu entscheiden, wobei die Bedingung gilt, daß, wenn die Anrufung über einen Gerichtshof dieser Nation oder der Provinzen erfolgt, der Appellant bei dem Gericht, vor dem er seine Klage anstrengt, vorher einhundert Pfund zu hinterlegen hat, die an dieses verwirkt sein sollen, falls seine Beschwerde durch das Volk verworfen wird. Dagegen sind die Gewalt des Kriegsrates als des Nothelfers dieses Gemeinwesens und das Standrecht des Strategen im Felde als einzige Ausnahmen von der Möglichkeit der Anrufung des Volkes ausgeschlossen.

Die Handlungsweise der Prärogative bei Vorlage eines Beschlußvorschlags unterliegt folgender Regelung: Die mit Vollmacht des Senats vorschlagenden Beamten sollen dem Volke zunächst die ganze Angelegenheit vortragen und erklären; ist dies geschehen, sollen sie dieselbe vermittels dreier Stimmkästen für die Ja- und Neinstimmen sowie für die Enthaltungen zur Entscheidung stellen, und nach Aushändigung der Stimmen an die Tribunen und Auszählung derselben im Beisein der vorschlagenden Beamten sollen diese, falls die Stimmenthaltungen überwiegen, die Sache abbrechen, und der Senat soll erneut darüber beraten. Falls die Neinstimmen überwiegen, sollen die vorschlagenden Beamten wie auch der Senat überhaupt davon Abstand nehmen. Gibt es jedoch mehrheitliche Zustimmung, dann hat der Stamm eine klare Meinung, und die vorschlagenden Beamten sollen jetzt dazu übergehen, die Einzelempfehlungen der Vorlage zur Abstimmung mit Ja oder Nein (unter Auslassung der Stimmenthaltung) zu geben, wobei die im Beisein der vorschlagenden Beamten von den Tribunen entgegengenommenen und ausgezählten Stimmen durch die letzteren aufgeschrieben und dem Senat zur Kenntnis gebracht werden sollen, und was mit Vollmacht des Senats vorgeschlagen und auf Geheiß des Volkes bestätigt worden ist, das ist das Gesetz von Oceana.

Für die Ausübung der Gerichtsbarkeit durch die Prärogative gilt folgendes Verfahren: Die Tribunen als die zuständigen Empfänger aller in die Rechtsprechung des Volkes fallenden Klagesachen sollen sich den zur Verhandlung, zur Berufung oder zu anderweitiger Klärung anstehenden Streitfall oder Beschwerdegrund anhören, und falls einer von ihnen denselben als zulässig annimmt, so ist es auch seines Amtes, ihn vor Gericht zu bringen. Ist ein Fall zu Gericht gegeben und das Volk gemustert oder versammelt, um darüber zu entscheiden, so fungieren die Tribunen als Gerichtspräsidenten mit entsprechender Ordnungsgewalt, und sie sollen auf einem inmitten des Stammes errichteten Gerüst sitzen, auf dem zur Rechten ein Stuhl oder ein großes Sitzpult für den Kläger oder den Anklagevertreter und zur Linken ein ebensolcher Platz für den Beklagten frei gehalten ist, wobei beide Parteien auf Wunsch einen Rechtsbeistand hinzuziehen können. Und einer der Tribunen, die von so vielen Wahlhelfern, Schreibern, Wächtern und Kurieren des Senats begleitet werden sollen, wie der Anlaß es erfordert, soll eine Sanduhr von der Art eines Stundenglases, allerdings in diesem Falle mit einer Laufzeit von anderthalb Stunden, aufstellen, und wenn er sie umgedreht hat, mag die Partei zur Rechten oder deren Rechtsbeistand damit beginnen, zum Volke zu sprechen. Sind Dokumente zu verlesen oder Zeugen zu vernehmen, soll der Beamte die Uhr so lange anhalten, bis die Dokumente verlesen und die Zeugen vernommen sind, und sie danach wieder in Gang setzen, und solange die Uhr läuft, und nicht länger, hat die Partei zur Rechten die Erlaubnis zu sprechen. Nachdem die Zeit für die Partei zur Rechten abgelaufen ist, soll die linke Partei auf die völlig gleiche Art und Weise an die Reihe kommen. Und wenn die Sache solchermaßen angehört worden ist, sollen die Tribunen vermittels eines weißen, eines schwarzen und eines roten (für die Stimmenthaltungen vorgesehenen) Kastens dem Volke die Frage „schuldig" oder „nicht schuldig" zur Abstimmung vorlegen. Und falls nach Auszählung der Stimmen die Enthaltungen in der Überzahl sind, soll die Klage an dem nächstfolgenden Gerichtstag erneut verhandelt und nach dem nämlichen Verfahren abermals zur Entscheidung geführt werden. Wenn auch beim zweiten Mal die Stimmenthaltungen überwiegen, soll die Sache am dritten Tag wiederaufgenommen werden, diesmal jedoch ohne die Möglichkeit, sich bei der Beantwortung der Schuldfrage der Stimme zu enthalten. Sobald an einem der drei Tage die Stimmenmehrheit erstmalig auf den weißen Kasten entfällt, ist die beklagte Partei freigesprochen, während sie beim erstmaligen Überwiegen der in dem schwarzen Kasten enthaltenen Stimmen für schuldig erklärt ist. Wird die beklagte Partei schuldiggesprochen, sollen die Tribunen, sofern der Fall dem Strafrecht unterliegt, vermittels des weißen und des schwarzen Kastens die folgenden Fragen oder diejenigen von ihnen zur Entscheidung stellen, die sie in Anbetracht des gegebenen Falles für die zweckmäßigsten halten:

1. Sollen dem Delinquenten mildernde Umstände zugebilligt werden?
2. Soll er zu einer Geldstrafe in dieser oder jener Höhe verurteilt werden?
3. Sollen seine Güter eingezogen werden?
4. Soll ihm die Tauglichkeit für ein Amt in der Obrigkeit abgesprochen werden?
5. Soll er des Landes verwiesen werden?
6. Soll er zum Tode befördert werden?

Wenn diese oder drei beliebige dieser Fragen, sei es getrennt oder in einer als sinnvoll empfundenen Koppelung, gestellt worden sind, so bildet diejenige Antwort, die in dem schwarzen Kasten die meisten Stimmen auf sich vereinigt, das Urteil des Volkes, das von der Truppe der dritten *classis* nunmehr seiner ordnungsgemäßen Vollstreckung zuzuführen ist.

Da jedoch nach der Verfassung dieses Gemeinwesens kaum damit zu rechnen ist, daß sowohl die Beschlußvorlagen des Senats als auch die richterlichen Zuständigkeiten des Volkes so häufig sein werden, daß sie die Prärogative ständig beschäftigt halten, soll der Senat, dessen Amt ja zu einem wesentlichen Teil in der Belehrung und Unterweisung des Volkes besteht, gebührende Sorge tragen (falls nicht Angelegenheiten von höherer Wertigkeit seine Aufmerksamkeit erheischen), daß bestimmte, hierzu besonders geeignet erscheinende Mitglieder oder Beamte des Senats ausersehen und von Zeit zu Zeit durch den Sprecher des Hauses beauftragt werden, jeweils am Morgen oder am Nachmittag des Dienstags Vorträge vor der Prärogative zu halten, die, solange das Parlament in der Stadt weilt, in dem großen Saal des Pantheon und während der heißen Jahreszeit, zu der das Parlament sich auf dem Lande aufhält, in einem Wäldchen oder auf einem schattigen Platz im Freien stattfinden sollen.

Und der *pro tempore* mit dieser Aufgabe betraute Redner soll zunächst in aller möglichen Kürze die Ordnungen des Gemeinwesens wiederholen, um alsdann eine einzelne davon oder auch nur einen Teil derselben herauszugreifen und darüber vor dem Volke zu sprechen. Eine in diesem Sinne gehaltene Rede oder Ansprache kann nach Begutachtung durch den Staatsrat im Druck veröffentlicht werden, falls es diesem geboten erscheint.

Zu dieser Ordnung gab der Archont, wenn ich ihn recht verstanden habe, sinngemäß den folgenden Kommentar ab:

„Meine Herren!

Wenn ihr mir noch ein paar Worte zur näheren Erläuterung dessen gestattet, was gerade verlesen worden ist, so möchte ich kurz darstellen, wie der Aufbau der Stammesvertretung oder der Versammlung deren Funktion entspricht und wie umgekehrt diese doppelte – zum einen in der Beschlußkraft oder der gesetzgebenden Gewalt und zum anderen in der obersten Gerichtsbarkeit des Gemeinwesens bestehende – Funktion deren Aufbau Rechnung trägt. In einem seiner ‚Discorsi‘ wirft Machiavelli die Frage auf, bei wem der Schutz der Freiheit denn wohl besser aufgehoben sei, ob beim Adel oder beim Volk.[199] Seine Unsicherheit in diesem Punkte rührt daher, daß er den Begriff unerklärt läßt, denn der ‚Schutz der Freiheit‘ kann nichts anderes zum Inhalt haben als die Beschlußkraft des Gemeinwesens, so daß die Delegierung des Schutzes der Freiheit an den Adel auf die Delegierung der Beschlußkraft an den Senat hinauslaufen würde, in welchem Falle das Volk bedeutungslos wäre. Was nun seine Behauptung betrifft, dies sei in Sparta der Fall gewesen, so ist sie bereits hinreichend widerlegt worden, und während er seine Einschätzung auch auf Venedig ausgedehnt wissen will, sagt Contarini: *‚quello appresso il quale è la somma autorità di tutta la città e dalle leggi e decreti dei quali pende l'autorità così del senato come ancora di tutti i magistrati, è il consiglio grande.‘*[200] Nach dem Urteil aller, die jenes Gemeinwesen kennen, liegt seine Beschlußkraft bei dem Großen Rate, obgleich sie aus den genannten Gründen mitunter durch den Senat ausgeübt wird. Ich brauche an dieser Stelle auch nicht noch einmal die einzelnen Gemeinwesen durchzugehen, um eine so unzweifelhaft feststehende und bereits so klar herausgearbeitete Tatsache zu beweisen, wie daß die Beschlußkraft in einem jeden von ihnen auf seiten des Volkes lag. In dem unseren besteht die Vertretung des Volkes oder die Stammesprärogative aus sieben Abgeordneten (von denen drei der Reiterei entstammen), die alljährlich aus jedem der fünfzig Stämme von Oceana zu wählen sind, was insgesamt einhundertfünfzig Berittene und zweihundert Mann Fußvolk ergibt; die drei Jahrgänge umfassende Prärogative besteht (abgesehen von den Provinzen, über die noch zu sprechen sein wird) somit aus vierhundertfünfzig Berittenen und sechshundert Mann Fußvolk, wodurch ein Übergewicht von einhundertfünfzig Stimmen beim Fußvolk verbleibt, so daß zur Ausbildung einer echten und natürlichen Aristokratie die Wurzeln der Demokratie so tief hinunterreichen wie nie zuvor. Mithin taugt sowohl in der Theorie als auch in der Praxis niemand besser für die Beschlußfassung als diese Versammlung. Machiavelli zitiert Cicero,[201] daß das Volk zwar weniger dazu neige, die Wahrheit über sich selbst zu ergründen, als dem Brauch zu folgen oder in die Irre zu gehen, aber, wenn es die Wahrheit gesagt bekomme, diese dennoch nicht nur einsehe und sich unverzüglich zu eigen mache, sondern von nun an auch deren zuverlässigster und treuester Hüter und Bewahrer sein werde.

Es ist eure Pflicht und Schuldigkeit, zu deren Erfüllung auch die Ordnungen dieses Gemeinwesens euch verhelfen, das Volk, genauso wie ihr es mit euren Windspielen und Jagdfalken tut, ans Hetzband und an die Leine zu nehmen, ihm die Beute zu zeigen und sie aus den Büschen zu locken. Denn von Natur aus ist es für diesen Sport gänzlich ungeeignet. Wenn ihr aber den rechten Vogel steigen laßt und das passende Wild aufstört, so dürft ihr nicht denken, daß es innehielte, um euch zu fragen, was das denn sei, oder daß es dies nicht ebensowohl wüßte, wie es in dem anderen Falle die Falken und Hunde wissen, sondern es wird sich so unvermittelt in die Höhe schwingen oder zum Sprung ansetzen, daß ein Jägerbursche genausogut mit seinen Hunden Schritt zu halten oder ein Falkner mit seinen Falken um die Wette zu fliegen versuchen könnte, wie eine Aristokratie hoffen dürfte, es dem Volke bei dieser Jagd gleichzutun. Das Volk von Rom wurde durch keine geringere Beute geködert als die Weltherrschaft, aber dann ließen die Adligen es im Stich und nisteten sich inmitten von Dohlen auf den Türmen der Monarchie ein. Denn wenn sie auch nicht allesamt nach der Monarchie trachteten, so wollte doch keiner von ihnen das Heilmittel dulden, das mit dem Ackergesetz gegeben war.

Die Stammesprärogative besitzt jedoch nicht nur die Entscheidungsgewalt, sondern ist auch der oberste Gerichtshof und die letzte Berufungsinstanz dieses Gemeinwesens. Denn eine Volksregierung, die von einiger Dauer sein will, muß sich zuallererst der Möglichkeit zur Anrufung des Volkes versichern. *Ante omnes de provocatione adversus magistratus ad populum, sacrandoque cum bonis capite ejus, qui regni occupandi concilia inesset.*[202] Ähnlich wie ein Vermögen, das jemandem als Treuhänder übergeben ist, unvermerkt in dessen Besitz übergeht, wenn man ihm dafür keine Rechenschaft abverlangt, so auch verliert ein Gemeinwesen seine Freiheit, wenn die Gewalt einer Obrigkeit sich der Verantwortung gegenüber dem Volke, das sie ihr erst verliehen hat, entzieht und zu privaten Zwecken mißbraucht wird. Deshalb wird das Recht des Volkes auf die höchste Gerichtsbarkeit (ohne welches es so etwas wie eine Volksregierung überhaupt nicht geben kann) auch durch die ständige Praxis aller Gemeinwesen bekräftigt. So fällte beispielsweise in Israel die Gemeindeversammlung das Urteil über Achan und über den Stamm Benjamin.[203] Das *dicasterion* oder der als Heliaia bezeichnete Gerichtshof Athens bestand (da die *comitia* jenes Gemeinwesens das gesamte Volk umfaßte und deshalb zu zahlreich war, um zu Gericht zu sitzen) manchmal aus fünfhundert, ein anderes Mal aus tausend oder entsprechend der Bedeutsamkeit des Streitfalls aus fünfzehnhundert Personen, die aus der Gesamtheit des Volkes durch das Los erwählt wurden, und nahm sich unter dem Vorsitz der neun Archonten solcher Fälle an, denen in jenem Staate das höchste Gewicht zukam. Die fünf Ephoren in Sparta, die Obrigkeiten des Volkes waren, durften sogar dessen Könige zur Rede stellen, wie aus den Fällen des Pausanias und des Agis zu ersehen ist, von dem Plutarch in seiner Lebensbeschreibung berichtet,[204] daß er, als er dort vor Gericht stand, von seiner Mutter bestürmt wurde, das Volk anzurufen. Die römischen Volkstribunen – die in ihrer Amtsführung und zeitweilig auch in ihrer Zahl den Ephoren glichen (nach deren Vorbild sie, Halicarnassus und Plutarch zufolge,[205] eingesetzt wurden) – waren ermächtigt, *diem dicere*, jedermann vorzuladen, sobald seine Amtszeit abgelaufen war (für den Diktator gab es keine Anrufungsmöglichkeit), um sich vor dem Volke zu verantworten. So erging es Coriolanus,[206] weil er das Volk während einer Hungersnot durch Zurückhaltung der Kornvorräte hatte zwingen wollen, das Amt der Tribunen fallenzulassen, oder Sp. Cassius, weil er sich als Tyrann gebärdet hatte, oder M. Sergius, weil er in Veji davongelaufen war, oder M. Lucretius, weil er seine Provinz ausgeplündert hatte, oder Junius Silanus, weil er *injussi populo* gegen die Kimbern in den Krieg gezogen war, sowie etlichen anderen mehr. Und Verbrechen dieser Art wurden *laesae majestatis* genannt. Beispiele für Fälle, in denen wegen Schädigung und Beraubung des Gemeinwesens Anklage erhoben und Gericht gehalten wurde, sind M. Curius (wegen Unterschlagung des Geldes der Samniten), Salinator (wegen ungleicher Verteilung von Beutegut an seine Soldaten), M. Posthumius (wegen Betrugs am Gemeinwesen durch vorgetäuschten Schiffbruch). Streitfälle dieser beiden Arten waren in größerem Maße von öffentlichem Interesse, doch wurde die Gewalt der Anrufung des Volkes sogar zur Zeit der Könige, wie in dem Fall des Horatius, auch in privaten Angelegenheiten wahrgenommen. Nicht anders liegen die Dinge in Venedig,[10] wo der Doge Loredano von dem Großen Rat verurteilt und der spätere Doge Antonio Grimani vor Gericht gestellt wurde, weil er als Admiral zugelassen hatte, daß der Türke im Angesicht seiner Flotte Lepanto einnahm.

Desungeachtet entfiel für den römischen Diktator die Anrufung des Volkes, die, wenn es sie gegeben hätte, das Gemeinwesen teuer zu stehen gekommen wäre, als nämlich Sp. Melius in seinem Herrschaftsdrange die Tribunen hinterging und in die Irre führte, worauf T. Quintius Cincinnatus zum Diktator ernannt wurde, der Servilius Ahala zu seinem Statthalter oder *magister equitum* erkor und zur Verhaftung des Melius ausschickte, den Ahala auf der Stelle umbrachte, als er sich dem Befehl des Diktators widersetzte und das Volk um Hilfe anrief. An diesem Beispiel könnt ihr erkennen, in welchen Fällen der Diktator ein Unheil abzuwenden vermag, das sich bereits drohend zusammengebraut hat, ohne daß das Volk sich der Gefahr überhaupt bewußt geworden ist. Deshalb entfällt in Venedig die Anrufung des Großen Rates durch die *dieci* ebenso wie die des Volkes durch unseren Kriegsrat. Denn wie ein für allemal gesagt, folgt die Handlungsweise oder die Stimmabgabe der Stämme hierzulande dem venezianischen Vorbild.

Der Exkurs *de judiciis,* in den wir geraten sind, führt uns, eher auf natürlichem Wege als mit Vorbedacht, von den beiden allgemeinen Voraussetzungen jedes

Gemeinwesens – d. h. von dem beratenden Teil oder dem Senat und dem beschließenden Teil oder dem Volk – zu der dritten, nämlich zu dem vollstreckenden Teil oder der Obrigkeit, bei der ich mich aber nicht lange aufzuhalten brauche. Denn zu den vollstreckenden Obrigkeiten dieses Gemeinwesens gehören der Stratege in Kriegszeiten, die Signoria mit ihren verschiedenen Rechtsinstanzen (wie dem Kanzlei- oder dem Schatzkammergericht), des weiteren die Räte bei bestimmten, ihrem Zuständigkeitsbereich zugewiesenen Fällen, die Zensoren, und zwar sowohl in ihrem eigentlichen Amte als auch innerhalb des Rates für Religionsangelegenheiten, die Tribunen an der Spitze der Prärogative einschließlich der ihr übertragenen Rechtshoheit sowie die Richter an ihren jeweiligen Gerichten. Von alledem ist jedoch bereits so viel gesagt worden oder als bekannt vorauszusetzen, daß ich es dabei bewenden lassen kann.

Die Vorträge oder die Volksansprachen am Dienstag werden sich für den Senat, für die Prärogative und für die gesamte Nation als überaus wertvoll erweisen. Für den Senat deshalb, weil sie dessen Mitglieder nicht nur in der Kunst der mündlichen Rede schulen, sondern ihnen auch das System der Regierung in stetiger Erinnerung halten werden. Es ist sehr wichtig, daß die Senatoren reden können, denn wenn sie nichts von Rhetorik verstehen (wobei wir hier gar nicht von dem zusätzlichen Nutzen sprechen wollen, den diese Kunst verspricht) und in die Lage kommen, vor anderen Nationen, die sie gut beherrschen, die Sache des Gemeinwesens vertreten oder verteidigen zu müssen, so wird letztlich nicht die Güte der Sache, sondern die Güte der Kunst den Ausschlag darüber geben, wer im Vorteil bleibt. Da überdies der Geist oder die Seele dieser Regierung sowohl in dem Ganzen als auch in allen seinen Teilen zu finden ist, werden sie eine beliebige Einzelheit niemals sachkundig entscheiden können, ohne zugleich das Ganze vor Augen zu haben. Daß dies angesichts dessen genauso nutzbringend für die Prärogative sein wird, die ja sogar noch stärker daran interessiert sein muß, liegt auf der Hand. Denn dieses Gemeinwesen gehört dem Volke, und einer, der mit dem, was ihm gehört, nicht ordentlich umzugehen vermag, kann (wie ihr wißt) leicht alles verlieren oder darum geprellt werden, auch wenn er ansonsten ein tugendhafter Mensch ist. Schließlich und endlich werden auf diese Weise solche Schätze an politischem Wissen freigelegt, erschlossen und zutage gefördert werden, daß diese Nation ebensogut nach Art der Indianer ihr Herz an Glasperlen hängen wie imstande sein könnte, die Regierungsgeschäfte durch mutwillige Grillen oder kindischen Unverstand zu stören oder sich ihre Freiheiten wieder abschwatzen zu lassen. Daß all die vermeintlich großen Männer, jene Weisen unseres Zeitalters, die sich da lauthals und öffentlich über ein Gemeinwesen als den Gipfel der Lächerlichkeit lustig machen, noch immer nicht als das durchschaut worden sind, was sie in diesem Punkte sind: nämlich als bloße Idioten, liegt allein daran, daß das Volk keine Augen im Kopfe hat."

Was jetzt noch im Zusammenhang mit dem Senat und dem Volk zu sagen bleibt, enthält

Die VIERUNDZWANZIGSTE ORDNUNG: Diese gibt der Provinz Marpesia das Recht, zu ihrer ständigen Vertretung dreißig selbst gewählte Senatsmitglieder sowie sechzig Berittene und einhundertzwanzig Mann Fußvolk als Abgeordnete der Stammesprärogative nach Oceana zu entsenden, die (entsprechend ihrer Stellung und Zahl) gleichrangig an der Beratung und Beschlußfassung dieses Gemeinwesens teilnehmen sollen, vorausgesetzt, daß sie sich an die Regeln oder die Rotation desselben halten, indem sie jährlich zehn Senatsmitglieder sowie zwanzig Abgeordnete aus der Reiterei und vierzig aus dem Fußvolk auswechseln. In jeder Hinsicht das gleiche Recht besitzt auch Panopea; und da in beiden Provinzen die Zahl der Berittenen einen Reitertrupp und die des Fußvolks eine Kompanie ergibt, sollen jährlich ein Rittmeister und ein Kornett in Marpesia und jährlich ein Hauptmann und ein Fähnrich in Panopea gewählt werden.

Nicht ohne Berechtigung hat man die Umlaufbahn der so entstandenen Prärogative mit derjenigen des Mondes verglichen, und zwar sowohl was das Licht betrifft, mit welchem der Senat sie erleuchtet wie die Sonne den Mond, als auch im Hinblick auf die Ebben und Fluten im Volke, die sich im Nein oder Ja der Stammesabstimmung ausdrücken. Und aus der dargestellten Zweckbestimmung von Senat und Volk ergibt sich nun auch diejenige des Parlaments als Vereinigung des vorschlagenden Senats und des beschließenden Volkes, dessen Beschluß ein Gesetz des Parlaments bewirkt. So ist das Parlament das Herz, das – aus zwei Kammern bestehend, deren eine größer und mit gröberem Stoff und deren andere kleiner und mit feinerem Stoff gefüllt ist – das Lebensblut von Oceana in einem unablässigen Kreislauf in sich hineinpumpt und wieder ausstößt.

Deshalb ist das Leben dieser Regierungsform nicht weniger natürlich und mithin keiner schlimmeren Gefährdung ausgesetzt als das des Menschen oder keinen größeren Schwankungen unterworfen als die Welt (sehen wir doch, daß die Erde, ob nun sie selbst sich im Kreise dreht oder die Himmelskörper es tun, so weit davon entfernt ist zu schwanken, daß sie ohne Bewegung gar nicht bestehen könnte). Warum sollte aber diese Regierungsform aus einer solchen Bewegung nicht weit eher Dauer und Beständigkeit gewinnen können, als Gott sie dem Menschenreich in seiner Gesamtheit zubestimmt hat, da wir doch wissen, daß ein Geschlecht vergeht und das andere kommt, die Erde aber immer bestehenbleibt, d. h. immer an ihrem rechten Platz oder Ort verharrt, ob sie sich nun um ihren eigenen Mittelpunkt dreht oder nicht? Der Senat, das Volk und die Obrigkeit oder das (in seinem Aufbau geschilderte) Parlament sind die Hüter dieses Gemeinwesens und der Mann an der Seite einer solchen Hausfrau, wie sie so trefflich von Salomo beschrieben wird: *Sie ist wie ein Kaufmannsschiff; ihren Unterhalt bringt sie von ferne. Sie trachtet nach einem Acker und kauft ihn und pflanzt einen Weinberg vom Ertrag ihrer Hände; sie merkt, wie ihr Fleiß Gewinn bringt; sie breitet ihre Hände aus zu dem Armen; sie fürchtet für die Ihren nicht den Schnee,*

denn ihr ganzes Haus hat wollene Kleider; sie macht sich selbst
Decken; feine Leinwand und Purpur ist ihr Kleid; ihr Mann ist
bekannt durch seine Gewänder in den Toren, wenn er sitzt
bei den Ältesten des Landes.[207] Die Tore oder die unteren
Vorhöfe waren gewissermaßen Außenstellen des Sanhedrins oder des Senats von Israel. Eine ebenso tüchtige
Hausfrau mit nicht geringerer Achtung vor der Obrigkeit ist auch unser Gemeinwesen. Zum Beweis dessen
diene

Die FÜNFUNDZWANZIGSTE ORDNUNG: Danach sollen,
nachdem die öffentlichen Finanzen durch die jüngsten Bürgerkriege zerrüttet worden sind, die Steuer-
einnahmen mit sofortiger Wirkung oder später auf
eine Million angehoben und in den folgenden elf Jahren zur Gesundung des Staatshaushaltes verwendet
werden, und zur Sicherstellung des derzeitigen Auf-
wands der Obrigkeiten, Senatsmitglieder, Abgeordneten und anderen Beamten sollen diese entsprechend
ihren unterschiedlichen Würden und Funktionen
jährlich folgende Vergütungen erhalten:

Der Leitende Stratege des kämpfenden Heeres ist
aus anderen Mitteln nach dem üblichen Kriegssold
zu entlohnen.

	£ jährlich
Leitender Stratege, bei stehendem Heer	2000
Sprecher	2000
3 Siegelbewahrer	4500
3 Schatzmeister	4500
2 Zensoren	3000
290 Senatsmitglieder à £ 500	145000
4 residierende Gesandte	12000
Kriegsrat, für Nachrichtenbeschaffung	3000
Zeremonienmeister	500
Oberstallmeister	500
dessen Stellvertreter	150
12 Wahlhelfer	
für Diensttracht im Winter	240
für Diensttracht im Sommer	120
für Kost und Logis	480

Unterhaltung von 3 Staatskarossen, 24 Kutschpferden samt Kutschern und Postillionen		1500
Für Stallknechte und die Haltung von 16 edlen Pferden zur Verfügung des Ober-stallmeisters sowie der von diesem anzu-leitenden und in der Reitkunst auszubildenden Wahlhelfer		480
20 Parlamentsschreiber		2000
20 Wächter mit ihren Streitäxten		
	für Ausstattung	200
	für Kost und Logis	1000
20 Kuriere, die als Trompeter dienen		
	für Amtstracht	200
	für Kost und Logis	1000
Für die Ausschmückung der Musterungen		
	der Jugend	5000
	Summe	189370

Auf das persönliche Hab und Gut eines jeden Mannes, der bei seinem Ableben nicht mehr als vierzig Shilling für die Musterung seiner zuständigen Hundertschaft hinterläßt, soll eine Abgabe in Höhe von einem Prozent erhoben werden, bis der Kassenbestand für die Hundertschaftsmusterung sich auf jährlich fünfzig Pfund beläuft, die als Prämien für die Jugend zu verwenden sind.

Die zwölf Wahlhelfer sind entsprechend dem turnusmäßigen Aufbau des Senats in drei Gruppen einzuteilen, wobei die vier des ersten Turnus aus solchen Kindern im Alter von mindestens elf und höchstens dreizehn Jahren auszuwählen sind, welche die Senatsmitglieder des betreffenden Turnus hierfür in Vorschlag bringen. Und ihre Wahl soll durch das Los an einer durch den Wachtmeister der Berittenen eigens zu diesem Zweck aufgestellten Urne im Saal des Pantheon stattfinden. Die Diensttracht des Gemeinwesens kann, was ihre Mode oder Farbe anbelangt, bei der Wahl des Strategen nach dessen Geschmack geändert werden. Jedoch soll jedes Mitglied des Senats während seiner Amtszeit gehalten sein, seine Bedienten oder einen derselben in die Diensttracht des Gemeinwesens zu kleiden.

Die Stammesprärogative soll folgende Zuwendungen erhalten:

		£ wöchentlich
2 Tribunen der Reiterei		14
2 Tribunen des Fußvolks		12
3 Rittmeister		15
3 Kornette		9
3 Hauptleute der Infanterie		12
3 Fähnriche		7
442 Berittene	à £ 2	884
592 Mann Fußvolk	à £ 1–10 s.	888
6 Trompeter		7–10 s.
3 Trompeter		2–5 s.
Summe		
wöchentlich		1850–15 s.
jährlich		96239–0 s.
Gesamtbetrag für Senat, Volk und Obrigkeit		287459–15 s.

Nachdem auf besagte Art und Weise für die Würde des Gemeinwesens und die Erfordernisse der verschiedenen ihm zugehörigen Obrigkeiten und Ämter gesorgt ist, soll das Mehreinkommen an Steuern sowie der daraus erwirtschaftete Gewinn durch die Umsicht der Beamten des Schatzamtes unter Kontrolle des Senats und des Volkes gewissenhaft verwaltet werden, bis das Realeinkommen des Gemeinwesens einen Bestand von acht Millionen oder einen Ertragswert von etwa vierhunderttausend Pfund im Jahr erreicht hat. Zu diesem Zeitpunkt, bis zu dem eine Frist von elf Jahren gesetzt ist, soll jede Steuer (außer wenn Senat und Volk anderes verfügen) gänzlich aufgehoben und für immer abgeschafft werden.
Bei Einführung dieser Regelung wurden die Steuern (wie in der Schlußbetrachtung noch näher ausgeführt

wird) etwa zur Hälfte erlassen, was die betreffende Ordnung dem Volke, als es sie zu kosten bekam, von Anfang an ziemlich schmackhaft machte, obwohl ihre Vorteile damals noch weit hinter den Wirkungen zurückblieben, die wir hernach darstellen werden. Nichtsdestoweniger geriet Mylord Epimonus, der sich bisher mit äußerster Mühe hatte zurückhalten lassen, jetzt völlig außer Rand und Band und platzte wie ein entsprungener Tollhäusler heraus:

„Mylord Archont!

Mir dröhnt der Schädel, als ginge ein Wagenrad darin herum, mein Kopf dreht sich im Kreise, und ich weiß nicht mehr, ob ich lachen oder weinen soll. Aber ich will hinfort nie wieder ernst genommen werden, wenn Eure ganze aufgeblasene Prärogative mitsamt ihren hergelaufenen Kerls, den Tribunen, Euren Strategen und Sprecher nicht einfach beim Kragen packen wird, um mit ihren Köpfen unter dem Baldachin Kegel zu spielen! Denn in diesem Gemeinwesen würde sie ja in ähnlicher Weise zu der Rolle einer Aristokratie berufen sein wie die Lehrburschen, die zur Fastenzeit seit jeher das Narrenzepter der Gerechtigkeit schwingen. Ihr habt dem gemeinsten Pöbel Knüttel in die Fäuste gedrückt und die besseren Leute dieser Nation wie Hähne mit scharlachroten Kehllappen geschmückt und ihnen den Kamm mit Euren Amtsvergütungen noch zusätzlich vergoldet, damit sie nur ja von den Knütteln verschont bleiben mögen.

Ich kann schon keine Nacht mehr schlafen, weil mir ständig alle erdenklichen Schreckgespenster erscheinen. Einmal nehmen diese Vollstrecker der Gerechtigkeit mit ihren Zollstöcken Maß für ihren Ratsherrenstaat, ein anderes Mal stopfen sie sich die Jakobusse des Oberschatzmeisters in ihre dreckigen Taschen! Denn es sind ihrer mehr als tausend unter Waffen gegenüber den dreihundert, die, nachdem sie sich ihre Roben über die Ohren gezogen haben, nur mehr in Wams und Hose dasitzen. Aber was rede ich da von tausend? Es sind zweitausend in einem jeden Stamme, das macht hunderttausend in der ganzen Nation, die nicht nur mit der Drohgebärde einer Armee, sondern auch als Zivilisten stark genug sind, um uns alle ihnen genehmen Gesetze zu diktieren. Nun weiß ja jeder, daß das niedere Volk nichts so sehr liebt wie das Geld, und Ihr sagt selber, es sei die Pflicht eines Gesetzgebers, sämtliche Menschen für schlecht zu halten; also müssen sie, da sie eine Armee sind, über die reicheren Leute herfallen, oder falls ihr Gewissen sie vor solcher Schurkerei zurückschrecken läßt, so ermutigt Ihr sie, einen noch bequemeren Weg einzuschlagen, indem sie nämlich den völlig gleichen Zweck auch dank der Übermacht erreichen können, die sie bei den Wahlen besitzen. Es gibt einen Jahrmarkt, der mitten in unserem Lande alljährlich in Kiberton, einer für ihr Ale berühmten Stadt, abgehalten und von wackeren Zechern gern besucht wird. Dort veranstalten sie eine Lustbarkeit mit den Pfeifern und Fiedlern dieser Nation (ich weiß nicht, ob es auch in Sparta, wo der Senat über alle Flötentöne und Geigengriffe des Gemeinwesens Buch führte, einen derartigen Brauch gab), den sie ‚Stierhatz‘ nennen, und wer den Stier fängt und festhält, der ist für das laufende Jahr die höchste Obrigkeit jener *comitia* oder Versammlung und wird zum König der Pfeifer ausgerufen, ohne dessen Erlaubnis kein einziger der dortigen Bürger frei seinem Gewerbe nachgehen oder von Rechts wegen (will sagen, *civitate donatus*) bei irgendeinem ihrer Umzüge Affen und Bären zur Schau stellen darf. Solange ich denken kann, ist der ‚Bären‘-Wirt in Kiberton, jener Vater des Ales und Schutzpatron aller strammen Raufbolde und Fußballspieler, jetzt schon Großkanzler dieses Ordens. Nun sage ich, wohl wissend, daß auch große Dinge klein anfangen, was sollte das Volk, das ja dem eigenen Vorteil ergeben und dem Gelde zugetan ist, bei einem entsprechenden Wink davon abhalten, wenn es von dem besagten Pfeiferkönig und seinem Ordenskanzler wie auch von deren getreuen Untertanen, den fahrenden Sängern und Bärenführern – jenen Zeremonienmeistern, bei deren jeweiligen Umzügen stets reger Zulauf herrscht und die sie mit

Aufträgen und Anweisungen für sämtliche Stämme versehen werden –, aufgefordert und geheißen wird, zu seinem eigenen Besten niemand anderen in das nächste *primum mobile*[123] zu wählen als allein die tüchtigsten Raufbolde und Fußballspieler? Das wird genauso schnell getan wie gesagt sein, und das Ende vom Lied ist, daß sich das so beschaffene *primum mobile* alsbald bis hinauf in Eure Himmels-Fähren und Eure Gala-Faxen fortsetzen wird, und da die meisten von ihnen mit einem Schmiedehammer wohl umzugehen verstehen und auch in dem Senat und in der Prärogative dafür sorgen werden, daß sie ihrem Handwerk keine Schande machen, werden sie das Eisen schmieden, während es noch heiß ist, und ihre groben Nägel so lange in Eure Staatsmacht schlagen, bis der brave ‚Bären‘-Wirt schließlich Stratege und der Pfeiferkönig Sprecher des Senats geworden ist. Nun, meine Herren, ich hätte mich vielleicht anders ausdrücken können, aber so geht es auch, möchte ich meinen. Euer Weg führt nun einmal so oder so in ein Verhängnis, das kein menschliches Ermessen aufhalten kann; auch wenn meine Worte so klar sind wie ein mathematischer Beweis (denn ich habe mich immerhin mit Gelehrten besprochen), könnte ich trotzdem vor euch auf die Knie fallen, damit ihr Vernunft annehmt, bevor es zu spät ist.

Wenn wir unsere Taschen für all solche Protzigkeiten, Amtsvergütungen, Kutschen, Lakaien und Pagen leeren, was kann das Volk dann noch mehr sagen, als daß wir einen Senat und eine Prärogative zu keinem anderen Zweck herausgeputzt hätten, als um den Damen im Park Gesellschaft zu leisten?"

Hierauf geruhte der Archont mit nachgerade mosaischer Sanftheit die folgende Erwiderung zu geben:

„Meine Herren!

Trotz alledem kann ich Mylord Epimonus allabendlich im Park sehen, in Damengesellschaft, versteht sich, und ich nehme daran bei einem jungen Manne auch gar keinen Anstoß, wie ich auch nichts dagegen einzuwenden habe, daß man einem Geschlechte die gebüh-

rende Achtung zollt, das immerhin die halbe Menschheit ausmacht und ohne welches es die andere Hälfte
gar nicht erst gäbe. Wie dem auch sei, unsere Obrigkeiten sind aus dem Alter vielleicht schon etwas heraus, in dem man dieser Aufgabe nur allzu bereitwillig
nachkommt, um *servire e non gradire è cosa da morire*[208].
Darum wollen wir ihnen in diesem Punkte keine
festen Pflichten auferlegen, sondern (wenn ihr einverstanden seid) sie über ihre Geschicke und Neigungen
lieber selbst entscheiden lassen. Eines jedoch will ich
sagen, denn ich weiß wohl, daß Mylord Epimonus
mich liebt (obgleich ich ihn beim besten Willen nicht
überzeugen kann): Hätte er eine Liebste, die ihn so
behandelt, dann wäre er wirklich übel dran. Oder ur-
teilt selbst, meine Herren, ob es mich nicht mit Recht
bekümmern muß, wenn ausgerechnet ein solcher
Freund die Politik seines Pfeiferkönigs in einen Topf
mit der meinigen wirft? Ich bestreite nicht, daß der
Pfeiferkönig seine Bären das Tanzen lehren mag, aber
sie haben nun einmal von allen Tieren das schlechte-
ste Gehör. Und daß sie dazu gebracht werden könnten, in fünfzig verschiedenen Stämmen den Takt zu
halten und, noch dazu über zwei Jahre hintereinander, nach seiner Pfeife zu tanzen – denn sonst hätte
es keinen Zweck –, läßt sich zwar leicht versprechen,
aber, wie mir scheint, unmöglich bewerkstelligen, da
es sowohl der Natur des Tieres als auch des Wahlverfahrens zuwiderläuft, es sei denn, Mylord hätte seine
Meinung geändert und sähe auf einmal als einfach an,
was ihm bislang so kompliziert vorgekommen war.
Vielleicht denkt er aber auch, daß sie, um den Vorgang zu beschleunigen, die Stimmkugeln wie Äpfel
auffressen werden. Desungeachtet stellen sich ihnen
durch die Verfassung dieses Gemeinwesens so viel
mehr Hindernisse in den Weg als in irgendeinem anderen, daß mir nicht bange ist; auch zeigt sich klar,
daß die Spitzen von Mylords Pfeilen just jene Punkte
auf der Scheibe anvisieren, in denen unsere Regierung sich allen anderen überlegen erweist. Das wird
sogar noch klarer, wenn er anschließend zu bedenken

gibt, daß das Volk ja doch niemand anderen wählen
werde als Schmiede:

Brontesque Steropesque et nudus membra Pyraemon.[209]

Derartige Schmiede waren Othniel, Ehud, Gideon,
Jephthah, Simson in Israel; Miltiades, Aristides, Themistokles, Kimon, Perikles in Athen; Papirius, Cincinnatus, Camillus, Fabius, Scipio in Rom: Sie schmiede-
ten das Glück des Gemeinwesens, und sie hämmerten
keine Hufnägel, sondern Donnerkeile. Von solcher
Art sind Wahlen des Volkes, und die ganze übrige
Welt kann es weder in der Zahl noch im Ruhme mit
jenen aufnehmen, die in den genannten drei Gemeinwesen durchgeführt wurden. Dies waren in der Tat
die wackersten Raufbolde und Fußballspieler, aber sie
rauften nicht mit den Fäusten, sondern kämpften mit
glänzenden Waffen, und die Welt war der Ball, der ihnen zu Füßen lag. Deshalb dürfen wir die Maxime der
Gesetzgeber, daß alle Menschen schlecht seien, nicht
so verstehen, als beziehe sie sich auf die gesamte
Menschheit oder auf ein ganzes Gemeinwesen, dessen Interessen ja die einzigen geraden Linien sind, an
denen es die jeweiligen Verbildungen ausrichten
kann, sondern sie gilt vielmehr für den einzelnen
Menschen oder eine Partei, unter welcher Fahne auch
immer er oder sie das Vertrauen eines Teils oder des
Ganzen für sich in Anspruch nehmen mag. Daraus ist
nunmehr abzuleiten, was auch alle Erfahrung uns
lehrt, daß nicht das Volk auf Raub sinnt, sondern die
Aristokratie. Nicht jene sind die Räuber, die einem
Gewerbe nachgehen oder zu fleißiger Arbeit erzogen
wurden, sondern jene, denen man beigebracht hat,
daß sie etwas Besseres seien. Mylord ist viel zu rechtschaffen, als daß er etwas von den Künsten wüßte, deren die Schlechtigkeit unabdingbar bedarf. Eines nämlich steht fest: Wenn es nicht mehr Beutel gibt als
Diebe, so bleibt den Dieben nichts anderes übrig, als
selber ehrlich zu werden, weil sie bei ihrem Gewerbe
nun nicht mehr auf ihre Kosten kommen. Wie sollte
dann aber ein ganzes Volk zu Dieben werden können,

da doch jeder sieht, daß es in diesem Falle mehr Diebe gäbe als Beutel? Deshalb ist es undenkbar, sowohl was die Mittel als auch was den Zweck angeht, daß ein ganzes Volk sich in Diebe und Gleichmacher[210] verwandeln könnte. Auch wenn ich nicht glaube, daß Euer vorerwähnter Rechenkünstler, mag er nun in der Astronomie oder in der Arithmetik bewandert sein, mir sagen kann, wie viele Gerstenkörner man aufeinanderhäufen müßte, um bis zur Sonne zu gelangen, hätte ich dennoch nichts dagegen einzuwenden, wenn er sich zu diesem Punkt selbst äußerte, den ich damit abschließen will – nicht allerdings, ohne euch, meine Herren Gesetzgeber, zuvor noch ganz nebenbei meine Mißbilligung ausgesprochen zu haben, daß ihr – als hegtet ihr Zweifel, ob meine Takelage auch wetterfest sei – mich hier bei ständiger Windstille gewähren und allein Mylord Epimonus hin und wieder meine Segel blähen und für ein bißchen Seegang sorgen laßt. Ein Schiff kommt stets dann am schnellsten voran, wenn es ordentlich von den Wellen gepeitscht wird und just jenen Wogen widersteht, die es unter sich begraben wollen; und wie ich in solcher Lage erlebt habe, daß inmitten der Finsternis ein Leuchten vom Meeresgrund aufstieg, so erging es mir auch vorhin, als Mylord den Beweis für etwas Schlechtes anzutreten gedachte, das sich unter seinen Händen läuterte und unversehens ins Gegenteil verkehrte. Denn wenn das Volk dieser Nation in einem jeden Stamme jährlich zweitausend Ältere und zweitausend Junge, die ein Fünftel des Stammes ausmachen, zur Musterung bereitstellt, dann muß sich ein Stamm insgesamt (ohne die Frauen und Kinder mitzurechnen) auf zwanzigtausend und die Gesamtzahl aller Stämme, deren es fünfzig gibt, auf eine Million belaufen. Wenn wir nun davon ausgehen, daß wir zehntausend Gemeinden haben, die im Durchschnitt einen Reinerlös von je tausend Pfund Pachtzins im Jahr erbringen, dann liegt der Erlös oder der Ertrag der Nation an tatsächlichen oder möglichen Pachteinkünften bei zehn Millionen, und zehn Millionen Staatseinnahmen, die

zu gleichen Teilen unter einer Million Männer aufgeteilt werden, ergeben für jeden von ihnen nur einen
Kostenaufwand von jährlich zehn Pfund, um den Lebensunterhalt für sich selbst, seine Frau und seine
Kinder sicherzustellen. Wer eine Kuh auf der Ge-
meindeweide stehen hat und durch seiner Hände Arbeit täglich seinen Shilling verdient, hat aber schon
das Doppelte dessen, was dieser Beitrag ihn kosten
würde, weil es bei einer solchen Aufteilung des Landes niemanden gäbe, der ihn für sich arbeiten ließe.
Mylord Epimonus' Lakai, der ihn dreimal soviel kostet, wie einer von diesen Männern auf solche Weise
erarbeiten könnte, würde freilich bei diesem Handel
den kürzeren ziehen. Wir brauchen auch gar nicht
von jenen unzähligen Berufen zu sprechen, die den
Menschen nicht bloß zu einem besseren Leben verhelfen, als anderen es ein gutes Stück Land beschert,
sondern ihnen auch noch gestatten, ihren Besitz zu
mehren. Ist das nicht der Beweis, den Mylord im
Sinne hatte, daß der Erwerbsfleiß einer Nation, zumindest der unseren, drei- oder viermal soviel abwirft
wie der reine Pachtzins? Wenn also das Volk die
Hände in den Schoß legt, geht das zu Lasten seines
Lebensunterhalts, und wenn es gar Krieg führt,
kommt jener Fleiß überhaupt nicht zum Tragen.
Nehmt dem Volke das Brot aus dem Mund, wie die
römischen Patrizier es taten, und ihr könnt sicher
sein, daß Krieg ausbricht, in welchem Fall es vielleicht
alles gleichmachen wird; unser Ackergesetz indessen
wird dafür sorgen, daß aus seinem Fleiße Milch und
Honig fließen. Es mag hier eingewendet werden:

> *O fortunati nimium, bona si sua norint*
> *Agricolae,*[211]

daß dies nur richtig sei, wenn das Volk zur Erkenntnis
seines eigenen Glückes gebracht werden könne – und
wo geschehe das schon? Ich will darauf mit einer ähnlichen Frage antworten: Wo geschieht das nicht? Mir
scheint, das Volk weiß von seinem eigenen Glücke
nichts in Frankreich, Spanien und Italien; man zeige

ihm bloß, worin es besteht, und sehe dann, wer hier den besseren Verstand hat! Was die jüngsten Kriege in Deutschland betrifft, so hat man mir erklärt, daß die dortigen Fürsten das Volk einfach nicht dazu bringen konnten, zu den Waffen zu greifen, solange es genügend zu essen hatte, und sie deshalb von Zeit zu Zeit ganze Landstriche verwüsteten, um sich mit Soldaten zu versorgen. Ihr werdet sehen, daß das gesamte Sinnen und Trachten des Volkes einzig in diese Richtung weist; warum sollten wir also annehmen, nachdem es sich bereits als der gescheiteste und verläßlichste Stand im Staate erwiesen hat, daß – obwohl doch niemand ein einziges Beispiel dafür nennen kann, daß die Rekruten in einer Armee gemeutert hätten, weil man ihnen keinen Hauptmannssold zahlte – die Prärogative nunmehr dem Senat an den Kragen gehen werde, nur weil er mehr Geld bekommen soll? Denn es muß doch für das Volk ebenso einleuchtend sein wie für die Soldaten in einer Armee, daß ein Gemeinwesen hienieden es sich genausowenig leisten könnte, die diesbezüglichen Einkünfte denen des Senats anzugleichen, wie es imstande wäre, dem Rekruten den Hauptmannssold zu geben; es genügt, wenn der gemeine Soldat es durch seine Tüchtigkeit zum Hauptmann bringen kann, ebenso wie es für die Prärogative mehr als genug sein muß, daß, wer ihr angehört, sich eines Tages im Senat wiederfinden mag.

Wenn Mylord der Ansicht ist, unsere Amtsvergütungen seien zu hoch und das Gemeinwesen wirtschafte nicht sparsam genug, so frage ich, was denn wohl besser wäre: daß es die Seinen vor dem Schnee schützt oder daß es sie sein Haus anzünden läßt, damit sie sich wärmen können? Denn eines von beiden wird geschehen. Glaubt Ihr denn, daß es billiger davongekommen ist, als gewisse Leute tausend, ja zweitausend Pfund im Jahr aus ererbtem Landbesitz einstrichen? Wenn Ihr sagt, daß sie es in Zukunft nicht an dem gehörigen Eifer werden fehlen lassen, so ist das leicht mißzuverstehen, und wenn Ihr uns das nicht versprechen könnt, werden wir uns etwas einfallen lassen, um diese sattsam bekannte *sacra fames*[212] wenigstens in Grenzen zu halten, wenn wir sie schon nicht davon kurieren können. Falls andererseits ein armer Mann (einer vielleicht, der eine ganze Stadt vor dem Verderben rettet) sich für das öffentliche Wohl aufopfert, wie könnt Ihr es dann auf Euer Gewissen nehmen, daß seine Familie unterdes verhungert? Wer diesen Pflug in die Hand nimmt, soll doch nichts dadurch verlieren, daß er den eigenen in die Ecke gestellt hat, und ein Gemeinwesen, das dies zuläßt, spart an dem falschen Fleck. Ein Sitz im Sanhedrin als dem höchsten und auf alle Zeit eingesetzten Gerichtshof Israels konnte gar nicht anders als einträglich sein. Der Senat der Bohne in Athen empfing zwar bloß eine bescheidene Vergütung, weil er lediglich auf ein Jahr befristet war, aber die Areopagiten, die auf Lebenszeit berufen wurden, erhielten reichliche Gehälter; in Sparta, wo es nicht viel Geld gab oder wenig Gebrauch davon gemacht wurde, bestand der Anreiz für die Senatoren darin, daß sie ein Leben lang in Ehren gehalten wurden. Die Patrizier bekamen nichts, zogen aber sämtliche Ehren an sich. In Venedig, wo man dank seiner Lage nur bis zur Türe gehen muß, um seinen Geschäften nachzukommen, ist die Ehre groß und die Entlohnung sehr gering; aber in Holland verdient ein Staatsrat, ganz abgesehen von anderen Vergünstigungen, fünfzehnhundert flandrische Pfund im Jahr, in den Generalstaaten sogar noch mehr. Und dabei muß jenes Gemeinwesen den Gürtel enger schnallen als wir.

Denn wie wir gezeigt haben, ergeben die Einnahmen dieser Nation, ohne die Früchte ihres Erwerbsfleißes einzurechnen, zehn Millionen und die Amtsvergütungen noch keine dreihunderttausend Pfund im Jahr. Sie werden indes erheblich zur Verschönerung des Gemeinwesens beitragen, und das Volk hat es gern, wenn sein Gemeinwesen schön ist; sie werden hohen Gewinn bringen, indem sie den allgemeinen Wissensdrang fördern, und unseren Obrigkeiten durch die Vergünstigungen, die sie ihnen gewähren, zu einem würdigen und sorgenfreien Dasein verhelfen. Und das Volk hat niemals gemurrt, wenn die gleiche Summe oder doppelt soviel für die Jagd oder die Tafel ausgegeben wurde. Ich schäme mich, in diesem Punkte wie ein Bettler die Hand aufhalten zu müssen; das ist unwürdig. Eure Obrigkeiten sollten eher noch weitergehende Vergünstigungen genießen. Denn was geschieht, wenn sie krank werden? Wohin sollen sie sich Eures Erachtens dann zurückziehen? Und selbst wenn sie gesund und munter sind, bietet diese Stadt in der heißen Jahreszeit gewiß keinen erquicklichen Aufenthalt. Ihr müßt aber auf die Gesundheit derer achtgeben, meine Herren, denen ihr die eigene anvertraut! Ich möchte, daß der Senat und das Volk, außer wenn es gute Gegengründe gibt, sich an jedem Ersten des Juni für drei Monate in die Landluft begeben. Ihr seid nämlich besser mit Sommerhäusern für sie ausgestattet, als hättet ihr sie eigens zu diesem Zwecke erbaut: Da steht, kaum zwölf Meilen entfernt, das Convallium an dem Fluß Halcionia für die Tribunen und die Prärogative bereit, ein Palast mit einem Fassungsvermögen von tausend Personen, und in zwanzig Meilen Entfernung habt ihr die sowohl wegen ihres ehrwürdigen Alters als auch wegen ihrer Prächtigkeit berühmte Burg Celia, die den gesamten Senat unter ihrem Dache aufnehmen kann. Wenn die Vorschlagenden in Convallium und die Tribunen in Celia wohnen, ist genau der rechte Verkehr zwischen dem Senat und dem Volke hergestellt. Und für die Vorschlagenden, die neben anderen personengebundenen Annehmlichkeiten ja Staatskutschen und -beamte zur Verfügung haben, ist es eine Kleinigkeit, fünf oder zehn Meilen zurückzulegen (denn weiter sind diese Landsitze nicht entfernt), um mit dem Volke an einem beliebig festzulegenden Ort in der Heide oder auf freiem Felde zusammenzutreffen, wo sie nach Erledigung ihrer Geschäfte sich ihren eigenen Braten schießen (denn ich möchte, daß der große, von Mauern umsäumte Wildpark am Halcionia der Signoria und die Gehege rings um Convallium den Tribunen gehören sollen) und anschließend ihr Abendbrot einnehmen können. Ich bitte euch, meine Herren, laßt diese Gebäude nicht abreißen, um ihre Kostbarkeiten zu Geld zu machen, denn wenn ihr es recht bedenkt, so können wir ohne sie nicht auskommen. Die Gründer der Schule von Hiera verfügten einst, daß deren Zöglinge ein Sommerquartier haben sollten. Ihr solltet diesen Obrigkeiten die gleiche Fürsorge angedeihen lassen. Aber es herrscht eine derartige Besessenheit, eine solche jüdische Hast unter unseren Republikanern, alles zu verhökern, daß ich gar nicht mehr weiß, was ich dazu sagen soll, außer dem einen: Wer sich bewußt ist, was einem Gemeinwesen frommt und wie eifrig in einem solchen Falle jede Nation auf die Erhaltung ihrer Zierden bedacht gewesen ist, und sich demgegenüber die jüngst eingerissenen Verwüstungen vor Augen hält – wie man zum Beispiel die Wälder dieser Stadt, die der Freude und Gesundheit ihrer Bewohner gedient hatten, abgeholzt hat, um sie für ein Butterbrot zu verschleudern –, der wird euch sagen, daß Leute, die so etwas tun konnten, nie und nimmer daran gedacht hätten, ein Gemeinwesen zu errichten. Dasselbe gilt für den Verfall oder die Beschädigung unserer Kathedralen, mit deren Schönheit keine andere Nation sich messen kann; auch kann dies niemals mit Gründen der Religion entschuldigt werden, denn obzwar es zutrifft, daß Gott nicht in Häusern von Menschenhand wohnt, könnt ihr doch eure Versammlungen nur in solchen Häusern abhalten, und sie gehören zu dem Besten, was Menschen geschaffen haben. Ebensowenig läßt sich das Argument aufrechterhalten, daß sie übermäßig prunkvoll und deshalb allzu weltlich oder für die Gottesandacht weniger geeignet seien, da ja auch die ersten Christen einmütig den Tempel zu ihrem Treffpunkt erkoren – so weit waren sie davon entfernt, ihn abzureißen."

Nachdem ich die Ordnungen dieses Gemeinwesens, die sich in einem weiteren oder engeren Sinne auf die Älteren beziehen, sowie eine Reihe von Reden wiedergegeben habe, die anläßlich ihrer Einbringung gehalten wurden und als begleitende Kommentare ihrem besseren Verständnis dienlich sein können, sollte ich jetzt eigentlich von den Älteren auf die Jungen oder von der staatlichen Verfassung dieser Regierung auf die militärische zu sprechen kommen, wenn mir dies nicht als der passendste Ort erschiene, um einen – freilich hier nur beiläufigen und flüchtigen – Blick auf die Regierung der Stadt zu werfen.

Die Metropole oder Hauptstadt von Oceana wird gemeinhin Emporium genannt, obzwar sie sowohl dem Namen als auch der Regierung nach genaugenommen aus zwei getrennten Städten besteht, deren andere Hiera heißt. Aus diesem Grunde werde ich beide gesondert behandeln und beginne mit Emporium.

Emporium genießt Freiheiten von zweierlei Art: zum einen im Hinblick auf die Regierung der Nation und zum anderen auf diejenige der Bürgerschaft oder des Stadtgebietes. Hinsichtlich der Regierung der Nation ist es in drei Haupt- und hinsichtlich der städtischen in sechsundzwanzig Unterstämme gegliedert, welch letztere sich, wenn auch ungleichmäßig, über die drei Hauptstämme verteilen, wobei der erste Stamm, der zehn Bezirke umfaßt, Scazon, der zweite (mit acht Bezirken) Metoche und der dritte (mit derselben Anzahl) Telicouta heißt. Die Einprägung der genannten Namen wird zum besseren Verständnis dieser Regierung verhelfen.

Jeder Stadtbezirk hat seine eigene Bezirks- und Ratsversammlung, der alle angehören, die die Tracht oder das Standeskleid der dort ansässigen Zünfte tragen.

Solche Tracht oder Standeskleidung ist denen vorbehalten, die die Würde erlangt haben, sich entsprechend den Regeln und althergebrachten Bräuchen ihrer jeweiligen Zünfte in deren Gewänder und bunte Kappen oder Mützen zu kleiden.

Eine Zunft ist eine Genossenschaft von Angehörigen desselben Gewerbezweiges, die ihrer Satzung gemäß von einem Meister und Vorstehern geleitet wird. Davon gibt es rund sechzig an der Zahl, von denen zwölf einen höheren Rang einnehmen als die übrigen, nämlich die

Seidenhändler, die Gewürzkrämer, die Tuchhändler, die Fischhändler, die Goldschmiede, die Kürschner, die Schneider mit eigenem Stofflager, die Kurzwarenhändler, die Salzsieder, die Eisenhändler, die Weinhändler und die Tuchmacher. Wie die meisten der übrigen besitzen sie Versammlungsgebäude, von denen etliche schon sehr alt und überaus herrlich anzusehen sind, wo sie sich auf Geheiß ihrer Meister oder Vorsteher häufig treffen, um über die Führung und Abwicklung ihrer jeweiligen Geschäfte und gewerblichen Tätigkeiten zu beraten. In diesen Zunftgenossenschaften wurzelt, wie ich gleich zeigen werde, die gesamte Regierung der Stadt, denn die Vertreter der in demselben Stadtbezirk ansässigen Zünfte, die sich zur Stadtbezirksversammlung treffen – deren Aufgabe es ist, allen möglichen Störungen oder Verletzungen der Sitten und Ordnungen der Stadt nachzugehen und sie dem Rat der Aldermen zu unterbreiten –, sind zugleich ermächtigt, zwei verschiedene Obrigkeiten oder Beamte zu wählen: nämlich, erstens, die Stadtältesten oder die Aldermen und, zweitens, die Abgeordneten des Bezirks oder, wie sie ebenfalls genannt werden, die Mitglieder der Stadtverordnetenversammlung.

Bei diesen Wahlen tragen die Stadtbezirke den drei unterschiedlichen Stämmen insofern Rechnung, als sie nicht alle auf einmal, sondern die einen in diesem Jahr und die anderen später wählen. Zum Beispiel wählt Scazon, das zehn Unterstämme umfaßt, im ersten Jahr zehn Stadträte, d. h. in jedem Bezirk einen, und hundertfünfzig Abgeordnete beziehungsweise fünfzehn in jedem Bezirk, welche Obrigkeiten oder Beamte jeweils eine dreijährige Amtszeit ableisten, was heißt, daß ihre Würde auf drei Jahre befristet sein soll.

Im zweiten Jahr wählt Metoche, das acht Unterstämme umfaßt, acht Stadträte (einen je Stadtbezirk) und hundertzwanzig Abgeordnete (fünfzehn je Bezirk) mit einer ebenfalls dreijährigen Amtszeit.

Im dritten Jahr wählt Telicouta mit seinen gleich vielen Unterstämmen die nämliche Zahl von Obrigkeiten mit der nämlichen Amtsdauer. Damit beläuft sich die Gesamtzahl der Stadtältesten entsprechend derjenigen der Stadtbezirke auf sechsundzwanzig und die der Abgeordneten auf dreihundertneunzig.

Die so gewählten Stadtältesten haben verschiedene Befugnisse, denn erstens sind sie während und kraft ihres Mandats Friedensrichter, zweitens sind sie Vorsitzende der Stadtbezirksversammlungen und Leiter des jeweiligen Stadtbezirks, von dem sie gewählt wurden, und schließlich bilden diese Obrigkeiten bei gemeinschaftlicher Versammlung den Senat der Stadt, der auch als Stadtrat bezeichnet wird. Zu dieser Wahl kann sich jedoch niemand stellen, der weniger als zehntausend Pfund Vermögen besitzt. Bei jeder neuen Wahl wählt sich dieses Gremium Zensoren aus seinen eigenen Reihen.

In der gleichen Weise bilden die Abgeordneten, wenn sie zusammentreten, die Stammesprärogative der Stadt oder, wie sie ebenfalls genannt wird, die Stadtverordnetenversammlung. Damit werden der Senat und das Volk der Stadt, gleichsam mitgerissen vom Schwung der Landesregierung, von jenem Rade erfaßt, das in jährlicher, dreijährlicher und immerwährender Umdrehung seine Kreise zieht.

Aber die Vertreter der Zünfte haben nicht nur das Recht zur Durchführung dieser Wahlen in ihren Genossenschaften, sondern bilden, wenn sie allesamt in der Gildeninnung der Stadt vereinigt sind, noch eine weitere Versammlung, das sogenannte Rathaus.

Dieses hat das Recht, zwei weitere Wahlen durchzuführen: zum einen die des Bürgermeisters und zum anderen die der beiden Sheriffs, die eine einjährige Amtszeit haben. Der Bürgermeister darf nur aus einer der zwölf Zünfte des ersten Ranges gewählt werden; das Rathaus einigt sich durch Stimmenmehrheit auf zwei Namen und teilt sie dem derzeit amtierenden Bürgermeister und dem Stadtrat mit, woraufhin sich diese für einen der beiden nach dem Ausleseverfahren entscheiden, denn so nennen sie es, obwohl es von demjenigen des Gemeinwesens abweicht. Der Sprecher oder Assistent des Bürgermeisters bei der Durchführung seiner Sitzungen ist ein vom Stadtrat gewählter fähiger Advokat und heißt der Archivar von Emporium.

Der so gewählte Bürgermeister hat Befugnisse in zweifacher Hinsicht: die eine betrifft die Nation, die andere die Stadt. In bezug auf die Stadt ist er Vorsitzender des Stadtrats und kann diesen oder jedes andere Beratungsorgan, wie zum Beispiel die Stadtverordnetenversammlung oder das Rathaus, nach eigenem Willen und Belieben einberufen; in bezug auf die Nation ist er der Oberbefehlshaber der drei Stämme, in welche die Stadt gegliedert ist, und hat die Aufgabe, einen von diesen bei der landesweiten Musterung persönlich zur Abstimmung zu führen; dasselbe sollen seine *vice-comites* oder Sheriffs mit den beiden anderen tun, damit jeder Stamm an dem für ihn bestimmten Pavillon erscheint, wo die neun zu Zensoren gewählten Stadtältesten, jeweils zu dritt in einem Stamme, nach den für die Zensoren der ländlichen Stämme gültigen Regeln und Vorschriften ihres Amtes walten sollen. Und die Stämme der Stadt haben nur einen einzigen gemeinsamen Phylarchen, nämlich den Stadtrat und die Stadtverordnetenversammlung, weshalb sie bei ihrer Musterung auch nicht die Liste der sogenannten Sterne höchster Ordnung wählen.

Die solchermaßen veränderte Stadtregierung bietet neben der Tendenz zur Übereinstimmung mit derjenigen der Nation eine ganze Reihe von Vorzügen, von denen ich hier nur einige wenige herausgreifen möchte. Zum ersten: Während unter der früheren Verwaltung, die etlichen dieser Obrigkeiten ihr Amt auf Lebenszeit aufgebürdet hatte, die Leute oftmals nicht wegen ihrer Tauglichkeit, sondern eher trotz ihrer Untauglichkeit oder Widerwilligkeit zur Übernahme einer derart lästigen Verantwortung gewählt wurden, so daß sie nur mit äußerster Mühe zum Einverständnis zu bewegen waren, kann jemand seinen Platz in der Obrigkeit fortan mit jener Selbstverständlichkeit, auf welche die Allgemeinheit einen Anspruch hat, und ohne sonderliche Beeinträchtigung seiner privaten Angelegenheiten einnehmen. Zum zweiten: Während die Stadt auf Grund der früheren Verfahrensweise der Aristokratie oder der Stadtältesten, der zufolge die Gesetze ja eher Anordnungen als Beschlußvorlagen gewesen waren, des öfteren von Unruhen heimgesucht wurde, die häufig darin mündeten, daß die Vertretung des Volkes oder die Stadtverordnetenversammlung eine beratende Tätigkeit ausübte, kappt die Tatsache, daß das Beratungsrecht der Stadtältesten und das Entscheidungsrecht der Stadtverordnetenversammlung nunmehr getrennt werden, die entstandenen Zwistigkeiten gleichsam an der Wurzel. Das Gesagte mag im Augenblick für die Stadt Emporium genügen.

Die Stadt Hiera umfaßt, bezogen auf die Landesregierung, zwei Stämme namens Agoraea und Propola, besteht aber im engeren Sinne aus zwölf Manipeln oder Unterbezirken, die in drei Kohorten zu je vier Unterbezirken eingeteilt sind. Davon wählen die Unterbezirke der ersten Kohorte für das erste Jahr vier Deputierte (oder immer einen aus jedem Unterbezirk) sowie die zweite Kohorte für das zweite Jahr und die dritte Kohorte für das dritte Jahr wiederum je vier Deputierte (d. h. einen aus jedem Unterbezirk), die alle eine dreijährige Amtszeit haben, so daß diese zwölf Deputierten, die ein gesondertes Gremium für die Regierung dieser Stadt bilden, entsprechend den für sie verbindlichen Bestimmungen des Parlaments gleichfalls einer jährlichen, dreijährlichen und immerwährenden Umdrehung unterliegen.

Dieses so gebildete Gremium wählt verschiedene Obrigkeiten: erstens, einen Oberrichter, der für gewöhnlich eine Standesperson ist und durch das Ausleseverfahren dieses Gremiums im Senat gewählt wird; als dessen Stellvertreter und geschäftsführenden Verantwortlichen für die Sitzungstätigkeit wählt es, zweitens, irgendeinen fähigen Advokaten sowie schließlich sechs Zensoren aus den eigenen Reihen.

Der Oberrichter ist Befehlshaber über die beiden Stämme, deren einen er bei der landesweiten Musterung persönlich zur Abstimmung an dem ihm zugewiesenen Pavillon geleitet, während sein Stellvertreter dasselbe mit dem anderen Stamme tut und die sechs von diesem Gremium gewählten Zensoren jeweils zu dritt in einem der beiden Stämme (die keinen anderen Phylarchen als dieses Gremium haben) an den Wahlurnen ihres Amtes walten.

Was die Durchführung der Wahlen und Abstimmungen selbst betrifft, so sei hier ein für allemal gesagt, daß sie sowohl in Emporium als auch in Hiera durch Abgabe der Wahlstimme erfolgt und diesbezüglich den bereits vorgeführten Regelungen entspricht.

Es gibt, über das ganze Land verstreut, noch eine Anzahl weiterer Städte und Bürgerschaften, die eine ziemlich ähnliche Politik verfolgen, so daß deren Darlegung hier eintönig und unergiebig wäre, weshalb ich sie übergehen möchte. *Juvenum manus emicat ardens.*[213]

Ich kehre zu dem System des Gemeinwesens zurück und damit zu dem verbleibenden Teil seiner Umlaufbahnen, insoweit sie nämlich das Militär und die Verwaltung der Provinzen betreffen. Ersteres besteht bis auf den Strategen und die Polemarchen oder Stabsoffiziere gänzlich aus jungen Männern, letztere aus einer Mischung der Älteren und der Jungen.

Um mit den Jungen oder den militärischen Umlaufbahnen zu beginnen, so gilt es aufzupassen, daß die Kreise, die sie ziehen, den Boden des Gemeinwesens nie verlassen. Der Mensch ist ein Geist, der durch den Zauber der Natur beschworen wird; wenn sie nicht sichere Vorkehrungen trifft und ihn zu etwas Gutem und Nützlichem anhält, so spuckt er Feuer und sprengt Schlösser in die Luft, denn wo Leben ist, da ist auch Bewegung oder geschieht etwas, und was aus Trägheit geschieht, stiftet Unheil *(non omnibus dormit)*[214], wohingegen fleißige Arbeit Segen trägt. Um die Menschen hierzu anzuhalten, muß das Gemeinwesen frühzeitig auf sie einwirken, sonst wird es zu spät sein, und dies erreicht es durch die Erziehung, die bildende Kunst des Regierens. Es ist aber eine ebenso häufige wie schmerzliche Erfahrung, daß durch deren Vernachlässigung oder – was im Ergebnis dasselbe oder noch schlimmer ist – durch eine übertriebene Nachsicht bei der häuslichen Verrichtung dieser Pflicht unzählige Kinder ihr äußerstes Verderben letztlich den eigenen Eltern zu verdanken haben, abgesehen davon, daß dem Gemeinwesen mit einem jeden von ihnen ein Bürger verlorengeht. Da die Menschen also auf die Gesetze einer Regierung, mögen sie an sich auch noch so segensreich sein, spucken werden, falls man sie nicht bewußt dazu erzogen hat, sie sich freudig zu eigen zu machen, darf einem Manne die Erziehung seiner Kinder auch nicht völlig selbst überlassen oder anvertraut bleiben. Bei Livius kann man lesen,[215] wie die Kinder des Brutus, die unter der Monarchie aufgewachsen waren, über die römische Republik Fratzen schnitten. „Ein König“, sagten sie, „ist ein Mensch, an den man sich jeweils wenden kann, wenn man wünscht, daß das Gesetz einschreiten oder auch nicht einschreiten solle. Er erweist Vergünstigungen am rechten Platz und zürnt nicht an der falschen Stelle; er weiß seine Freunde von seinen Feinden zu unterscheiden. Im Gegensatz dazu sind Gesetze taub und unerbittlich: Sie machen keinen Unterschied zwischen einem vornehmen Herrn und einem gewöhnlichen Knecht; man wird seines Lebens nicht mehr froh, denn es ist eine arge Sache, wenn man sich allein auf die eigene Unschuld verlassen muß.“ Was für unselige Gimpel! Da war Scipio, damals noch ein Jüngling (von zwei- oder dreiundzwanzig Jahren), aus ganz anderem Holz, denn als er hörte, daß bestimmte Patrizier oder vornehme Römer unter dem ernüchternden Eindruck der Niederlage, die Hannibal ihnen in Kannä beigebracht hatte, die Köpfe zusammensteckten und den Gedanken erwogen, unter Mitnahme ihrer Güter aus Rom zu fliehen, da setzte er sich mit gezogenem Schwert vor die Türe des Zimmers, in dem sie sich berieten, und gelobte, er werde jeden ins Jenseits befördern, der nicht unverzüglich verspreche, dem Gemeinwesen die Treue zu halten. Was immer die Menschen an Argumenten für die Monarchie oder wider ein Gemeinwesen auch zusammentragen mögen, es wird doch auf der ganzen Welt niemanden geben, der so töricht oder verblendet wäre, daß er (kühlen Blutes) die Erziehung der Söhne des Brutus derjenigen Scipios vorzöge. Und aus solchem Stoff waren, von einem gelegentlichen Manlius oder Melius abgesehen, alle jungen Männer in jenem Gemeinwesen gemacht, auch wenn sie im Schnitt nicht immer ganz so trefflich gerieten. Da also die Gesundheit eines Staates und die Erziehung der Jugend untrennbar miteinander verbunden sind, nimmt es nicht wunder, daß es in wohlgeordneten Gemeinwesen stets Brauch gewesen ist, sie der Obhut und Aufsicht der öffentlichen Beamten anzuvertrauen. Die Art und Weise, wie die Areopagiten sich dieser Pflicht entledigten, wird von Isokrates rühmend hervorgehoben. Die Athener, sagt er,[216] schreiben ihre Gesetze nicht auf tote Wände und begnügen sich auch nicht damit, Strafen für etwaige Vergehen festzulegen, sondern sorgen durch die Erziehung ihrer Jugend vielmehr dafür, daß es strafwürdige Vergehen gar nicht erst gibt; er spricht hier von jenen Gesetzen, die die Sitten betrafen, nicht von den Bestimmungen, denen die Verwaltung des Gemeinwesens unterlag, was ich nur erwähne, damit niemand denke, er weiche diesbezüglich von Xenophon oder Polybius ab. Die Kinder Spartas wurden ab dem siebenten Lebensjahr an die *paedonomi* übergeben – also an Schulmeister, die als Beamte des Gemeinwesens dafür nicht entlohnt wurden, sondern lediglich das Kostgeld verlangten. Diese gaben sie dann, sobald sie vierzehn Jahre alt waren, an andere Beamte, sogenannte *beidiaei*, weiter, die die Aufsicht über die Spiele und Leibesübungen hatten, darunter über das berühmte *platanista*, eine Art von Kampfgefecht in Schwadronen, bei dem es freilich sehr wild zuging. Wenn sie das wehrfähige Alter erreichten, wurden sie in die *mora* eingeschrieben und standen unter der Zucht der Polemarchen somit für den öffentlichen Dienst jederzeit bereit. Ungleich stärkere Impulse verdankte das Gemeinwesen Oceana jedoch der römischen Zucht und Erziehung im Rahmen der Zenturien und *classes*, als es seine drei Aufgebote einführte, d. h. bestimmte Rangstufen, vermittels derer die jungen Männer gewissermaßen im Waffenrock zur Obrigkeit aufsteigen können. Aufschluß hierfür gibt

Die SECHSUNDZWANZIGSTE ORDNUNG: Sie sieht vor, daß Eltern mit nur einem einzigen Sohne allein über dessen Erziehung bestimmen sollen, wobei allerdings für die Erziehung der Kinder sämtlicher Stämme dieser Nation in einem jeden Stamme eine ausreichende Zahl von frei zugänglichen Schulen schon erbaut und eingerichtet ist oder noch erbaut und eingerichtet werden soll, die zwecks Vermeidung von Nachteilen oder Beeinträchtigungen im Falle des Wechsels der Schüler von der einen zur anderen von den mit ihrer Leitung beauftragten Stammeszensoren nach den Regeln und Grundsätzen der Schule von Hiera einer gestrengen Kontrolle zu unterwerfen sind, die sich sowohl auf die Person der Schullehrer, deren Lebenswandel und Unterrichtsführung, als auch auf die Lernleistungen der Kinder erstrecken soll. Eltern mit mehr als einem Sohne sollen durch die Stammeszensoren überprüft und gegebenenfalls bestraft werden, wenn sie ihre Söhne nicht während des neunten Lebensjahres in eine der Schulen eines Stammes schikken, wo sie – auf Kosten der Eltern, falls diese dazu imstande sind, ansonsten unentgeltlich – bis zum Alter von fünfzehn Jahren verbleiben und unterrichtet werden sollen. Und von dem fünfzehnten Lebensjahr können die Eltern dann über ihre Söhne nach eigener Wahl und Neigung bestimmen, indem sie diese entweder zur Erlernung eines Gewerbes oder eines sonstigen Berufes in die Lehre geben oder zum weiteren Studium in die Advokateninnungen, die Rechtsschulen oder auf eine der beiden Universitäten dieser Nation senden. Wer aber keinen der an den genannten Orten vermittelten Berufe ergreift, soll nur bis zu seinem achtzehnten Lebensjahr dort verweilen, und jeder (und sonst keiner), der sich bis zu diesem Zeitpunkt nicht dem Berufe des Juristen, Theologen oder Mediziners ergeben oder verschrieben hat und kein Knecht ist, soll zu den Aufgeboten der Jugend herangezogen werden, es sei denn, jemand, der sich für einen solchen Beruf entschieden hat, gibt ihn auf, ehe er drei- oder vierundzwanzig Jahre alt ist, und wird von dem zuständigen Phylarchen als für die Teilnahme geeignet befunden, nachdem dieser sich vergewissert hat, daß sein langes Säumen nicht in der Absicht geschah, dem Dienst am Gemeinwesen zu entgehen, sondern er durch den Zwang der Umstände gar nicht die Möglichkeit gehabt hatte, sich früher zur Verfügung zu stellen. Und gesetzt, irgendein junger Mann oder jemand anders in dieser Nation hat den Wunsch, in Geschäften, zum Vergnügen oder zur Vervollkommnung seiner Bildung ins Ausland zu reisen, so soll ihm dies unter der Bedingung gestattet sein, daß er sich von den Zensoren im Parlament einen Paß ausfertigen läßt, der ihm eine angemessene Zeitspanne bewilligt und ihn dem Beistand der Gesandten anempfiehlt, denen er an deren jeweiligen Residenzen mit allem Respekt und Gehorsam begegnen soll. Bei der Rückkehr von seiner Reise soll jeder junge Mann den Zensoren ein eigenhändig verfaßtes Schreiben vorlegen, aus dem hervorgeht, was er an dem Staatswesen oder der Regierungsform der oder eines der von ihm besuchten Länder für besonders bemerkenswert hält, und wenn es ihnen gut erscheint, sollen die Zensoren es mit einem empfehlenden Geleitwort für den Autor in den Druck geben und veröffentlichen lassen.

An jedem ersten Mittwoch des Monats Januar sollen sämtliche jungen Männer jeder Gemeinde, d. h. alle Männer zwischen achtzehn und dreißig Jahren (sofern sie nicht durch den voranstehenden Teil dieser Ordnung davon ausgeschlossen worden sind), sich beim Erklingen der Glocke in ihre jeweilige Kirche begeben und – nachdem sie dort in Anwesenheit der die Wahl leitenden Vorsteher und des die Stimmurne bedienenden Wachtmeisters versammelt sind – nach Art der Älteren jeden Fünften aus ihren Reihen zum Stratioten oder Abgeordneten der Jugend wählen (wobei zu beachten ist, daß sie bei einer Wahl nicht mehr als einen von zwei Brüdern oder auch nicht mehr als die Hälfte wählen dürfen, wenn es vier oder mehr Brüder sind), und die Liste der so gewählten Stratioten soll von den Vorstehern zu Protokoll genommen, in das Gemeinderegister eingetragen und als Urkunde unter der Bezeichnung „Aufgebot" sorgsam aufbewahrt werden. Wer durch seine Vermögensverhältnisse von

Rechts wegen imstande oder durch die Hilfsbereitschaft von Freunden in der Lage ist, sich ein Pferd zu halten, soll der Reiterei, der Rest dem Fußvolk zugehören. Und wer ein Jahr lang auf dieser Liste geführt worden ist, kann erst nach einer einjährigen Unterbrechung wiedergewählt werden.

An jedem ersten Mittwoch des Monats Februar sollen die Stratioten, wenn sie zum Treffen ihrer jeweiligen Hundertschaft versammelt sind, in Anwesenheit der diese Abstimmung leitenden Geschworenen und des die Stimmurne bedienenden Hauptwachtmeisters aus ihrem Reitertrupp oder ihrer Kompanie einen Rittmeister beziehungsweise Hauptmann und einen Kornett beziehungsweise Fähnrich zu Vorgesetzten wählen, und nachdem die Geschworenen die Liste der Hundertschaft in das bei dem Treffen derselben sorgsam zu führende Protokoll aufgenommen haben, soll das erste öffentliche Kräftemessen dieses Gemeinwesens beginnen und folgendermaßen vonstatten gehen: Bei jedem Treffen einer Hundertschaft soll eine kleine Kanone, Feldschlange oder Haubitze bereitstehen; die von vereidigten Waffenschmieden dieses Gemeinwesens gefertigten und im Turm von Emporium nicht nur auf ihre Schönheit, sondern auch auf ihre Gediegenheit untersuchten und geprüften Wettkampfwaffen sollen von dem Friedensrichter der betreffenden Hundertschaft, der gemeinsam mit den Geschworenen als Kampfrichter wirkt, sodann zur Benutzung freigegeben werden. Und die Kampfrichter sollen dem Berittenen, der den Preis auf der Rennbahn gewinnt, einen Satz Waffen im Werte von zwanzig Pfund aushändigen; der Pikenträger, der den Preis im Kugelwerfen gewinnt, erhält einen Satz Waffen im Wert von zehn Pfund, der Musketier, der beim Schießen mit seiner Muskete den Sieg davonträgt, bekommt einen Satz Waffen im Wert von zehn Pfund und der Kanonier, der mit der Kanone, Feldschlange oder Haubitze am besten trifft, eine Silberkette im Werte von ebenfalls zehn Pfund. Dabei darf innerhalb einer Musterung niemand an mehr als einem Wettkampf teilnehmen. Wer einen Preis gewinnt, ist verpflichtet, ihn (bei entsprechender Weisung) im Dienst zu tragen, und niemand soll einen so gewonnenen Waffenschmuck veräußern oder fortgeben, sofern er nicht zwei oder mehrere davon auf rechtmäßige Weise bei den Wettkämpfen erworben hat.

Nach Beendigung der Wettkämpfe und Entlassung der Teilnehmer soll der Rittmeister des Trupps beziehungsweise der Hauptmann der Kompanie dem Generalleutnant des Stammes eine Abschrift der Liste und der Hauptwachtmeister dem *custos rotulorum* oder Obersten Aktenbewahrer des Stammes eine weitere Kopie derselben übergeben, von der auch die Zensoren Kenntnis erhalten sollen; auf jeder von ihnen sollen die Geschworenen die Namen der einzigen Söhne vermerken und bezeugen, daß auf der Liste keine Freigänger oder Drückeberger stehen oder, falls es dergleichen gibt, um wen es sich dabei handelt, damit der Phylarch oder die Zensoren entsprechend einschreiten können.

Und an jedem ersten Mittwoch des Monats März sollen der Generalleutnant, der Oberste Aktenbewahrer, die Zensoren und der Oberzahlmeister alle gemusterten jungen Männer des Stammes bei dessen Treffen begrüßen, nachdem die Berittenen und das Fußvolk mitsamt ihren Offizieren nach den im gleichen Falle für die Aufstellung der Älteren geltenden Richtlinien angetreten sind, und wenn auf diese Weise die ganze Schwadron in Schlachtordnung bereitsteht, soll der zweite Wettkampf dieses Gemeinwesens durch das Kräftemessen der Jugend in allen militärischen Teildisziplinen entsprechend den Anordnungen des Parlaments beziehungsweise den Festlegungen des Kriegsrates beginnen. Und die von dem Parlament für die Ausgestaltung der Musterung jedes Stammes bewilligten hundert Pfund soll der Phylarch für solche künstlichen Bauwerke, Zitadellen oder ähnliche Einrichtungen ausgeben, die dazu angetan sind, der Jugend und ihren Zuschauern die beste und nützlichste Kurzweil zu bieten. Anschließend soll der Generalleutnant die Stratioten an ihre Stimmurnen rufen, welch letztere von den Zensoren schon dahingehend vorbereitet worden sind, daß sie in die Reiterurne zweihundertzwanzig Goldkugeln, von denen zehn mit dem Buchstaben M und nochmals zehn mit dem Buchstaben P gekennzeichnet sind, und in die Urne für das Fußvolk siebenhundert Goldkugeln (davon je fünfzig mit dem Buchstaben P und M beschriftete) gelegt und diese Goldkugeln zur Abdeckung der Gesamtzahl der Berittenen und des Fußvolks unter den Stratioten durch entsprechend viele Silberkugeln in jeder Urne ergänzt haben. Wer eine silberne Kugel zieht, soll auf seinen Platz zurückkehren, wer eine goldene erwischt, sich zu dem Pavillon begeben, wo er eine Stunde lang seine Kugel gegen eine andere auswechseln oder eintauschen mag, falls er sich mit jemandem hierauf einigen kann, dessen Los ihm besser gefällt; wenn aber die Stunde verstrichen ist, soll der Oberzahlmeister diejenigen, deren Goldkugel nicht mit einem Buchstaben gekennzeichnet ist, von denen trennen, deren Kugel eine Aufschrift trägt, und alsdann den Ausschreier mit dem Aufrufen des Alphabets beauftragen, beginnend mit A, worauf alle, deren Goldkugel unbeschriftet ist und deren Zuname mit A anfängt, zu dem Sekretär des Obersten Aktenbewahrers vortreten sollen, der zuerst die Namen mit dem Anfangsbuchstaben A, dann die mit B und so weiter aufschreibt, bis alle Namen in alphabetischer Reihenfolge eingetragen sind. Und die jungen Männer auf dieser Liste, von denen sechshundert in einem Stamme (d. h. dreißigtausend in allen Stämmen) dem Fußvolk und zweihundert in einem Stamme (d. h. zehntausend in allen Stämmen) der Reiterei angehören, bilden das Aufgebot für die zweite Bewährungsprobe der Stratioten und das stehende Heer dieses Gemeinwesens, das auf Befehl jederzeit marschbereit ist. Diejenigen, deren Kugel mit einem M gekennzeichnet ist – also in einem jeden Stamme zwanzig Berittene und fünfzig Mann Fußvolk oder in allen Stämmen zusammen fünfhundert Berittene und zweitausendfünfhundert Mann Fußvolk –, sowie diejenigen, die eine Kugel mit dem Buchstaben P gezogen haben (und für die in jeder Beziehung das gleiche gilt), gehören dem Aufgebot für die dritte Bewährungsprobe an: Wer ein M gezogen hat, soll sich auf der Stelle nach Marpesia, wer ein P hat, unverzüglich nach Panopea in Marsch setzen, um den Absichten und näheren Festlegungen der im folgenden gegebenen Ordnung für die Umlaufbahnen der Provinzen Genüge zu tun.

Wenn die Polemarchen oder Stabsoffiziere durch das Ausleseverfahren des Kriegsrates gewählt sind und der Stratege vom Parlament oder vom Diktator den Marschbefehl erhält, sollen die Stammeskommandeure (die auf Weisung des Kriegsrates jederzeit ermächtigt sind, die Jugend zu mustern und antreten zu lassen) das zweite Aufgebot oder so viele Männer, wie jeweils angefordert sind, an die Oberzahlmeister übergeben, um sie nunmehr dem Leitenden Strategen an dem von Seiner Exzellenz für die Generalmobilmachung von Oceana bestimmten Tag und Ort auszuhändigen. Dort soll der Kriegsrat den benötigten Bedarf an Pferden und Waffen für seine Männer in Bereitschaft halten und der Leitende Stratege, nachdem er sie hat ausrüsten, aufsitzen und – entweder nach den Empfehlungen ihrer im Wettkampf gewonnenen Waffentrophäen oder auch unter anderen Gesichtspunkten – Aufstellung nehmen lassen, sie zu den ebenfalls schon bereitstehenden und mit Lebensmitteln, Munition, Geschützen und allen anderen nötigen Gerätschaften beladenen Schiffen führen und nunmehr den Befehl über sie sowie die Entscheidung über die gesamte Kriegführung in seine alleinige Verantwortung und Zuständigkeit übernehmen. Dies ist das dritte Aufgebot der Stratioten, und wenn dieselben verschifft oder aus ihren Stämmen abmarschiert sind, sollen die Stammeskommandeure aus dem verbleibenden Teil des ersten Aufgebots zur Neuwahl des zweiten Aufgebots schreiten, und der Senat soll einen neuen Strategen wählen.

Falls irgendwelche Veteranen dieser Nation, deren Jugend oder Militärzeit abgelaufen ist, den Wunsch haben, auch weiterhin im Dienste des Gemeinwesens zu verbleiben, und dies dem Strategen bei der Mobilmachung von Oceana kundtun, so ist er befugt, solche und so viele von ihnen aufzunehmen, wie die Polemarchen es billigen, und die entsprechende Anzahl Stratioten zurückzuschicken.

Und zum besseren Einsatz der eigenen Streitkräfte dieser Nation sollen dem Leitenden Strategen auf Weisung des Kriegsrates und aus solchen Kontingenten, die er zu diesem Zwecke in einer der beiden oder in beiden Provinzen hat ausheben lassen, Hilfstruppen zur See oder an einem anderen festgelegten Orte zugeteilt werden, deren Zahl seine eigene Streitmacht jedoch nicht übersteigen darf.

Und wer sich einem dieser drei Aufgebote entzieht, ohne daß er aus dem vorgenannten Grunde von dem Phylarchen oder, wenn der Phylarch nicht tätig wird, von den Zensoren seines Stammes hiervon freigestellt worden ist, soll als Helote oder als gemeiner Knecht angesehen werden, als Gegenleistung für den Schutz seiner Person zuzüglich zu allen anderen Steuern ein Fünftel seiner Jahreseinkünfte an das Gemeinwesen abführen und keinerlei anderes Amt im Staate bekleiden dürfen, als nach dem Gesetz möglich ist. Auch soll, wenn jemand nur zwei Söhne hat, der Stammeskommandeur nicht mehr als einen der beiden bei einer Wahl zum zweiten Aufgebot mitstimmen lassen; sind es mehr als zwei Söhne, darf nicht mehr als die Hälfte der Brüder an einer Wahl teilnehmen, und handelt es sich um den einzigen Sohn, so soll er überhaupt nur mit dem Einverständnis seiner Eltern oder Vormünder an die Stimmurne treten und ihm, falls er sich weigert, daraus weder ein Schimpf noch ein Hindernis für die Übernahme eines öffentliches Amtes erwachsen.

Nähere Hinweise und Erklärungen hierzu bietet im Falle des Ausrückens gegen eine fremde Macht

Die SIEBENUNDZWANZIGSTE ORDNUNG, die bestimmt, daß bei einem drohenden Angriff die Obersheriffs der

Stämme auf Geheiß des Parlaments oder des Diktators die Truppen der Älteren nach Art der Aufgebote der Jugend in Abteilungen erfassen sollen und daß die zweite Abteilung oder das Aufgebot der Älteren, bestehend aus dreißigtausend Mann Fußvolk und zehntausend Berittenen, gemeinsam mit dem zweiten Aufgebot der Jugend marschbereit sein und ebenfalls von dem Oberzahlmeister dem Strategen zugeführt werden soll.

Ist das zweite Aufgebot der Älteren und Jungen aus den Stämmen abmarschiert, sollen die Obersheriffs und Stammeskommandeure den restlichen Teil der für das laufende Jahr aufgestellten Truppen sowohl der Älteren als auch der Jungen in Bereitschaft versetzen, damit sie nach Abgabe der Signalschüsse zu dem vom Parlament oder vom Diktator hierfür benannten Treffpunkt marschieren, und sobald die Signale verklungen sind, sollen die *curiata comitia* oder Gemeindeversammlungen ein viertes, aus Älteren und Jungen bestehendes Aufgebot wählen, das zum Schutz der Stämme unverzüglich auf Posten ziehen und, nachdem es in der genannten Art und Weise feldmarschmäßig gegliedert worden ist, auf Befehl gleichfalls in Abteilungen ausrücken soll. Im Ernstfalle soll dieses Verfahren der Wahl weiterer Aufgebote auf Geheiß der Obersheriffs so lange fortgesetzt werden, bis der allerletzte Mann im Lande erfaßt ist, damit das Gemeinwesen in der höchsten Bedrängnis seinem Vertrauen Ausdruck geben möge, daß Gott in seiner Gerechtigkeit ihm gnädig sein werde, indem er zwar voller Demut, aber doch mit unverminderter Tapferkeit, Zucht und Entschlossenheit bis zum letzten Heller und Blutstropfen standhaft ausharrt.

Die Älteren oder die Jungen sollen die Unkosten oder die Ausgaben für ihren entsprechend dieser Ordnung im Angriffsfalle abzuleistenden Kriegsdienst selbst tragen, sofern sie auch nur einigermaßen dazu imstande sind; wer aber in seiner Gemeinde als so arm bekannt ist, daß er nicht mit dem Stamme hinausmarschieren und die in solchem Falle erforderlichen Mittel aufbringen kann, soll von der Versammlung seiner Gemeinde mit einer genügenden Summe Geldes ausgestattet werden, die nach Beendigung der Kampfhandlungen durch das Parlament gegen Vorlage des Quittungsbelegs an die Gemeinde zurückzuzahlen ist. Und wer – sei es als Stamm, als Gemeinde, als Beamter oder als Einzelperson – gegen irgendeine der in dieser Ordnung niedergelegten Bestimmungen verstößt, soll für seine Pflichtvergessenheit gegenüber dem Vaterlande durch den Kriegsrat zur Verantwortung gezogen werden.

Der Archont, der der größte Feldherr seines Zeitalters (wenn nicht überhaupt aller Zeiten) war, vergrößerte die Herrlichkeit seines Gemeinwesens noch um ein beträchtliches dadurch, daß er für dessen Miliz eine kunstreichere und glanzvollere Form ersann als je ein Gesetzgeber seit oder vor Servius Tullius.[217] Wie aber das fleischlose Gerippe oder Knochenskelett eines Menschen, obwohl der Hauptteil seiner Schönheit in dessen Ebenmaß oder Symmetrie liegt, einen ziemlich gespenstischen Anblick zu bieten pflegt, so mögen auch die kommentarlos wiedergegebenen Ordnungen eines Gemeinwesens dieses in ein ziemlich düsteres Licht tauchen und seinen Betrachtern allenfalls scheue und stumme Bewunderung abnötigen. Deshalb wurde diese Ordnung von dem Archonten denn auch wie folgt mit Fleisch ausgefüllt:

„Meine Herren!

Als Diogenes einst einem betrunkenen jungen Burschen begegnete, sagte er zu ihm, auch sein Vater sei betrunken gewesen, als er ihn gezeugt habe. Ich muß bekennen, daß mir dieses Argument für die leibliche Zeugung nicht recht einleuchtet, aber in politischer Hinsicht trifft es durchaus zu: Die Laster des Volkes kommen von seinen Herrschern, die seiner Herrscher von seinen Gesetzen oder Ordnungen und die seiner Gesetze oder Ordnungen von seinen Gesetzgebern. *Ut male posuimus initia, sic caetera sequuntur.*[218] Was schon im Mutterleibe mit Unvollkommenheiten behaftet ist, reift sehr selten oder überhaupt nicht bis zur Vollkommenheit, und die Ausbildung eines Bürgers im Mutterleib eines Gemeinwesens geschieht durch seine Erziehung.

Nach der ersten der beiden voranstehenden Ordnungen gibt es sechs Arten von Erziehung: die Schule, die praktische Lehre, die Universitäten, die Advokateninnungen oder Rechtsschulen, das Reisen und die Militärausbildung. Davon werde ich einige streifen und andere genauer betrachten.

Was im Hinblick auf die in sämtlichen Stämmen zu erbauenden und einzurichtenden Schulen vorgeschlagen wird, die alle dort wohnhaften Kinder aufnehmen können und den Armenkindern eine kostenlose Erziehung zuteil werden lassen, ist nur in Fällen von sehr großer Bedürftigkeit anzuwenden, indem die Armen von den Unterhaltskosten für ihre Kinder zwischen deren neuntem und fünfzehntem Lebensjahr entlastet werden, die also zu einer Zeit aus dem Hause gehen, in der ihre Arbeit keinen Nutzen erbringen kann, und zurückkehren, wenn sie Gewinn verspricht, und dann überdies mit Fertigkeiten ausgestattet sind, die sich auf jede Art von Arbeit vorteilhaft auswirken müssen, da es ja selbst der niedrigsten Verrichtung zugute kommt, wenn einer lesen oder mit der Feder umgehen kann; und es ist gar nicht anders vorstellbar, als daß etwas, was einem jeden Manne (und sei es auch nur geringfügig) in seinem Berufe nützt, dann auch einem jeden Berufe und somit dem Gemeinwesen in seiner Ganzheit zum Vorteil gereichen muß. Deshalb sei jedem verständigen und redlich gesinnten Menschen ans Herz gelegt, dies beizeiten geschehen zu lassen und so zu handeln, wie Gott es ihm eingibt oder in seine Macht gestellt hat. Über den Weg, auf dem dies zu erreichen ist, wurde schon genügend gesagt, so daß wir jetzt ohne Umschweife fortfahren können.

Die Eltern sollen ihre Kinder (unter Aufsicht der Zensoren) im fünfzehnten Lebensjahr für einen Beruf bestimmen – für welchen, bleibt je nach Eignung oder Neigung ihrem eigenen Ermessen überlassen. Die

Wahl wird wie bei so vielen auf eine praktische Tätigkeit fallen, d. h.: auf den Ackerbau oder die Landwirtschaft, auf ein Handwerk oder ein kaufmännisches Gewerbe.

Der Ackerbau ist der Brotgeber der Nation; wir hängen auf Gedeih und Verderb von ihm ab; er ist der mächtigste Kraftquell, bildet die tüchtigste Armee und liefert das sicherste Marschgepäck; es gibt keine Arbeit, die mit weniger aufsässigem oder ehrgeizigem Sinn und mit reinerem Herzen betrieben würde. Darum bin ich mit Aristoteles[219] der Meinung, daß ein Gemeinwesen von Ackerbauern (was das unsere ja ist) von allen das beste sein muß. Sicherlich könnt ihr nicht ermessen, meine Herren, was zur Förderung dieses Berufsstandes eigentlich alles getan werden müßte oder auch nur getan werden kann; ich wünschte, ich selbst wäre in der Landwirtschaft beschlagen genug, um hierfür sinnvolle Maßnahmen zu ergreifen; aber der Pachtwucher der Reichen ist eine üble Sache, die die Armen hart trifft, er ist ein Zeichen von Knechtschaft und zerstört das Gemeinwesen in der schönsten Blüte. Läßt man andererseits die Zügel zu sehr schleifen, so wird das die Trägheit begünstigen und folglich den Fleiß lähmen, der der Lebensnerv eines Gemeinwesens ist. Wenn nur irgend etwas getan werden könnte, um beides ins Gleichgewicht zu bringen, wäre ein solches Werk wohl demjenigen ebenbürtig, für das Fabius von den Römern den Beinamen Maximus empfing.[220]

Im Handwerk und Gewerbe sind die Holländer uns ein Stück voraus; aber auf lange Sicht wird sich zeigen, daß ein Volk, das Waren aus dem Ausland verarbeitet, diese Güter nur gepachtet hat und sie zu seinem wirklichen Eigentum erst dann werden, wenn sie auf heimischem Boden gewachsen sind – wie es ja vergleichsweise etwas ganz anderes ist, ob man fremder Leute Handelsgüter kutschiert oder aber ob man die eigenen auf den besten Markt bringt. Da die Natur dem Handel in unserer Nation, wo er bei wachsender Bevölkerungszahl mit Notwendigkeit ja ebenfalls aufblühen muß, günstiger gesonnen ist als in irgendeiner anderen, kann dies deshalb nur dazu führen, daß er sich bei uns auch auf einer stabileren und gesünderen Grundlage entfalten wird als bei den Holländern. Dabei zielt die Ausbildung in diesen Berufen gleichwohl stets auf lebenswichtige Dinge oder natürliche Bedürfnisse: Der Ackerbau bringt Nahrung, das Handwerk Kleidung und der Handel Geld in die Kasse des Gemeinwesens.

Es gibt jedoch noch andere natürliche Bedürfnisse, die in der Reihenfolge zwar erst an zweiter Stelle kommen, aber nach Rang und Wert ganz oben stehen und für welche die anderen bloß die Voraussetzungen schaffen. Hierzu gehören insbesondere die Religion, die Gerechtigkeit, der Mut und die Weisheit.

In unserem Staate liegt die erzieherische Verantwortung für die Religion bei den Universitäten. Der göttliche Gesetzgeber Mose ward nicht nur gelehrt in aller Weisheit der Ägypter, sondern machte sich, indem er auf den Rat Jethros hörte, beim Bau seines Gemeinwesens auch die Gelehrsamkeit der Midianiter zunutze, und die von ihm in der Stiftshütte gegründete und im Tempel vollendete Universität wurde zu jenem Turm, von dessen Zinnen einst das gesamte Weltwissen seinen Ausgang nahm: so, zum Beispiel, von den Pharisäern die Philosophie der Stoiker, von den Sadduzäern die der Epikureer und von der Gelehrsamkeit der Juden, die so oft von unserem Heiland gepriesen wurde[221] und in ihm selbst Gestalt annahm, die christliche Religion. Athen war die berühmteste Universität seiner Tage, und seine Senatoren, d. h. die Areopagiten, waren alle Philosophen. Sparta (um die Wahrheit zu sagen) war des Lesens und Schreibens zwar kundig, hatte aber mit Büchern nicht viel im Sinn. Wer jedoch daraus ein Argument gegen die Universitäten ableitet, argumentiert im selben Atemzuge auch gegen den Ackerbau, das Handwerk und den Handel, welche Gewerbe von Lykurg ja gleichfalls untersagt waren, und zwar nicht um ihrer selbst willen (denn wäre er nicht in aller Gelehrsamkeit Kretas zu Hause und mit dem Wissen anderer Staaten wohlvertraut gewesen, hätte er nimmer sein Gemeinwesen schaffen können), sondern wegen der Ablenkung, die sie für die Wehrhaftigkeit seiner Bürger mit sich gebracht hätten, die ja nur wenige waren und dem Gemeinwesen zwangsläufig abtrünnig geworden wären, wenn sie ihr Augenmerk auf etwas anderes gerichtet hätten. Rom hatte *ingenium par imperio,* es war ebenso gelehrt wie mächtig und erwies seinem Augurenkollegium hohe Wertschätzung. Venedig hat seine Religion zu treuen Händen übernommen, Holland kann ihr nicht viel Beachtung schenken, und auch die Schweiz mißt ihr keine sonderliche Bedeutung bei; trotzdem legen alle diese Staaten großen Wert auf ihre Universitäten. Wir fällen zwar Bäume, um Häuser zu bauen, aber es soll mir erst einmal jemand erklären, nach welcher Logik oder Erfahrung der Abriß einer Universität der Errichtung eines Gemeinwesens dienlich sein könnte. Eines steht für mich fest: Ein vollkommenes Gemeinwesen ist ohne Kenntnis der Weisheit der Antike, diese ohne Gelehrsamkeit und letztere wiederum ohne gute Literaturschulen (wie wir die Universitäten nennen) nicht zu erreichen. Obwohl bloßes Universitätswissen an sich etwas ist, was (um es mit den Worten von Verulamius[222] zu sagen) ‚die Schlauen verachten und die Einfältigen bestaunen‘, ist es doch von solcher Art, daß es den Klugen Nutzen bringt; denn die Wissenschaft belehrt nicht über ihren eigenen Nutzen, sondern dieser ist eine Weisheit, die jenseits und außerhalb ihrer selbst liegt und durch Erfahrung gewonnen wird. Ein Fachmann mag zwar imstande sein, nacheinander bestimmte Aufgaben auszuführen und vielleicht sogar zu beurteilen, aber die großen Zusammenhänge, die Planung und Ordnung der Angelegenheiten sind bei einem studierten Kopf noch stets am besten aufgehoben. Wenn ihr also aus euren Kindern Staatsmänner machen wollt, so laßt sie um jeden Preis von diesen Quellen trinken, wo vielleicht noch nie eines je gewesen ist! Was tut es schon, daß das Wasser, das jemand trinkt, selbst keinen Nährwert besitzt? Es ist das *vehi-*

culum, dessen er zu seiner Ernährung bedarf. Auch ist dieser Punkt für die Religion nicht weniger bedeutsam als für den Staat, denn wenn ihr eure Universitäten abschafft, wird von ihr in ein paar Jahren nichts mehr übrig sein.

Die Heilige Schrift ist in Hebräisch und Griechisch geschrieben; wer diese Sprachen nicht versteht, mag sie für unwichtig halten – aber zeigt mir nur einen einzigen Menschen, der eine davon vollkommen beherrscht, ohne sie sein Leben lang gründlich studiert zu haben. Wir erleben das ja auch in unserem täglichen Umgange: Wenn vier oder fünf Leute miteinander reden, die zusammen gelebt haben, und ein anderer dazukommt, der ebenfalls ihre Sprache spricht, so mag er dennoch nur sehr wenig von ihrer Unterhaltung verstehen, insoweit sie sich nämlich auf Umstände, Personen, Dinge, Zeiten und Örtlichkeiten bezieht, die ihm unbekannt sind. Nicht anders ergeht es einem Menschen beim Lesen alter Bücher, seien sie geistlichen oder weltlichen Inhalts, wenn er keinen Einblick in ihre Entstehungszeit und die Umstände hat, auf die sie sich beziehen. Was sollen wir zum Beispiel davon halten, wenn wir in das Gespräch über Taufe und Wiedergeburt geraten, das unser Heiland mit Nikodemus führte und in dem Christus ihn mit den folgenden Worten ob seiner Unwissenheit schilt: *Bist du ein Meister in Israel und weißt das nicht?*[223] Und warum hätte wohl ein Meister in Israel mehr von diesen Dingen wissen sollen als ein anderer, wenn nicht allein deshalb, weil sowohl die Taufe als auch die Wiedergeburt (wie Mylord Phosphorus ausführlich dargelegt hat) in Israel zu der verbindlichen Glaubenslehre gehörten? Man nenne mir nur eine unter hundert Textstellen, die sich ohne Kenntnis ihres Hintergrundes dem Verständnis erschließt! Deshalb muß man, um die Bibel recht zu begreifen, die alten Sprachen beherrschen und sich in der alten Geschichte auskennen oder die Hilfe derer in Anspruch nehmen, die über derartige Kenntnisse verfügen, und damit es Leute gibt, die jederzeit bereit und imstande sind, solche Hilfe zu gewähren (sofern man sie sich nicht von einer anderen Nation leihen will, was jedoch nicht nur erniedrigend wäre, sondern auch irreführend sein könnte), braucht das Gemeinwesen gute Literaturschulen oder Universitäten im eigenen Lande. Wir sind (wie schon mehrfach betont) zur Erforschung der Bibel aufgerufen. Wer aber ist der wahre Bibelforscher: jener, der so viele Mühen an die Sprachen und die Wissenschaft des Altertums wendet, oder jener, der das nicht will, sondern sich allein auf Übersetzungen verläßt und auf die Bedeutung der Wörter, wie sie unter den heutigen Gegebenheiten benutzt werden (und nichts ist doch trügerischer oder eher dazu angetan, den wahren Sinn der Bibel zu verfehlen!), und sich nur deshalb über den menschlichen Verstand erhaben dünkt, weil er zu hoch für ihn ist? Doch gerade im Ergründen der Bibel haben wir durch den rechten Gebrauch unserer Universitäten bislang größere Siege und Trophäen über die purpurnen Heerscharen und goldenen Stäbe des römischen Kirchenregiments errungen als jede andere Nation, und darum wüßte ich nicht, weshalb wir jetzt darauf verzichten sollten, nur weil einige Leute auf das vermeintlich hellere Licht vertrauen, das sie selbst erleuchtet. Es gibt ein helleres Licht als die Sonne, aber es löscht das Sonnenlicht nicht aus; genausowenig bringt irgendein Licht, mit dem Gott uns erleuchtet, das Licht der Natur zum Verlöschen, sondern verstärkt es vielmehr und gibt ihm die Weihe. Deshalb bestand die Ehre, die das israelitische, das römische und jedes andere von mir angeführte Gemeinwesen seinen Geistlichen erwies, auch nicht darin, sich von ihnen beherrschen, sondern in Fragen der Religion raten zu lassen; wenn es ihre *responsa* oder Orakelsprüche entgegengenommen hatte, tat es, was ihm passend erschien. Auch möchte ich nicht dahingehend mißverstanden werden, als wollte ich mit der Behauptung, daß die Universitäten sowohl für die Religion als auch für den Staat unbedingt vonnöten seien, diese oder die Geistlichkeit in irgendeiner Weise für vertrauenswürdig erklären, eine

Gewalt in der Leitung beider auszuüben, die nicht von der staatlichen Obrigkeit herstammt. Wenn die jüdische Religion von Mose verordnet und begründet wurde, so wurde sie von dem Oberhaupt des Staates verordnet und begründet, oder wenn Mose das Amt des Propheten versah, so betraute ebendieser Prophet nicht die Priester, sondern den Sanhedrin mit der Leitung, und genauso überträgt auch unser Gemeinwesen sie nicht dem Klerus, sondern dem Senat. In Athen lag die oberste Leitung oder Führung der nationalen Religion bei dem Ersten Archonten, dem *rex sacrificulus* oder Hohenpriester, und einem Polemarchen; diese Obrigkeiten wurden in der Kirche, der Gemeindeversammlung oder *comitia* des Volkes, *per cheirotonhian,* durch Erheben der Hände, bestimmt oder gewählt. Die Religion Spartas wurde von den Königen geleitet, die auch Hohepriester waren und an der Opferstätte amtierten; sie hatten die Macht, ihre *Pythii,* d. h. Gesandte oder Boten, auszutauschen, über die sie, wenngleich nicht ohne Mitwirkung des Senats, mit dem Orakel des Apollo von Delphos ständige Zwiesprache hielten. Und die geistlichen Führer des römischen Gemeinwesens: der *pontifex maximus,* der *rex sacrificulus* und die *flamines,* wurden sämtlich durch das Volk bestimmt oder gewählt: der *pontifex* durch die *tributa,* der König durch die *centuriata* und die *flamines* oder Gemeindegeistlichen durch die *comitia curiata.* Ich rufe euch diese Dinge nicht ins Gedächtnis, als ließe sich von ihrem Inhalt, der auf Aberglauben beruhte, irgendeine Parallele zu unserer eigenen Religion ziehen, sondern um vielmehr zu zeigen, daß die antike Weisheit, was deren Handhabung betrifft, uns eine Richtschnur ebensowohl in geistlichen wie in weltlichen Dingen sein kann – eine Richtschnur zumal, an die sogar die Apostel sich streng hielten, indem sie in jeder Gemeinde Älteste durch Erheben der Hände benannten, denn solche Versammlungen, wo die Bestimmung der Ältesten durch Handerheben erfolgte, fanden beispielsweise in Antiochia, Ikonion, Lystra, Derbe, dem Lande Lykaonien, Pisidien, Pam-

phylien, Perge, ja bis hinab nach Attalia statt. Daß nun
diese Städte und Länder sich bei der Ausbreitung der
römischen Herrschaft nach Asien hin zum größten
Teil als Gemeinwesen erwiesen und viele der übrigen
mit einer ähnlich gearteten Gewalt ausgestattet waren,
so daß das Volk unter dem Schutze der römischen
Kaiser seine eigenen Oberen auch weiterhin selbst
wählte, ist freilich so bekannt, daß ich mich nur wundern kann, wie jemand im völligen Gegensatz zu der
unumstößlichen Beweiskraft dieser Beispiele einer
notwendigen Trennung von Kirchenleitung und
Staatsgewalt das Wort reden will, da doch das Recht
der in jeder Gemeinde durch Handzeichen benannten
Ältesten, das Volk zu lehren, offensichtlich von derselben staatlichen Gewalt abgeleitet war, die sie auch
zur Ernennung der übrigen Obrigkeiten ermächtigte.
Und nicht anders ist es auch in unserem Gemeinwesen, wo die Parochialgemeinde ihren Pastor wählt
oder ernennt. Wer an dieser Stelle einwendet, daß die
Republik Venedig anders verfahre, würde damit nur
sagen, daß dies überall dort der Fall ist, wo die staatliche Gewalt durch die Hinwendung zum Papsttum die
Freiheit ihres Gewissens verloren hat, und daß die
Preisgabe der Gewissensfreiheit durch die Staatsgewalt in dieser Regierung ein Vorgehen wäre, für das
es Präzedenzfälle nur in papistischen Ländern gibt.
Deshalb ist die Religion bei uns so geregelt, daß die
Universitäten die Seminare für die nationale Religion
sind; so kann es anderen ohne Not gestattet werden,
ihrer Gewissensfreiheit zu folgen, denn, wie sie sich
auch immer verhalten mögen, es wird die Ignoranz
der Unwissenden in diesem Falle der Religion dennoch nicht verhängnisvoll werden oder den Staat erschüttern, was sie sonst gewißlich täte. Und die Amtsvergütungen an den Universitäten wie auch die
Pfründen in der ganzen Nation sollen dergestalt auf-
gestockt und angehoben werden, daß sie den Geistlichen ein mehr als anständiges und behagliches Auskommen gewähren, denen (mit Ausnahme jenes im
Zusammenhang mit den Universitäten genannten Fal-

les, daß sie von dem Rat für Religionsangelegenheiten konsultiert werden) weder Synoden oder Versammlungen, Einmischungen in staatliche Belange noch irgendwelche wie auch immer geartete Aufstiegsmöglichkeiten im öffentlichen Leben verstattet sein sollen. Auf diese Weise kann es niemals im Interesse der Gebildeten liegen, unsere Religion zu verfälschen oder den Staat zu erschüttern, was sie sonst unweigerlich täten. Obwohl Venedig den Niedergang seiner Religion nicht wahrnimmt oder ihm nicht wehren kann, ist es doch umsichtig genug, derartige Erschütterungen seines Staatswesens dadurch zu verhindern, daß sein Rat erst dann zur Wahl von Obrigkeiten schreitet, wenn das ,fuora papalini' verkündet ist, mit welchen Worten all denen das Zeichen zum Verlassen des Raumes gegeben wird, die mit kirchlichen Würdenträgern verwandt sind oder Beziehungen zum Vatikan in Rom unterhalten. Sobald in Holland ein Geistlicher sich in Staatsgeschäfte einmischt, schickt die Obrigkeit ihm ein Paar Schuhe; wenn er sich dann noch immer nicht trollt, wird er aus dem Amte gejagt. Es wundert mich, warum ausgerechnet die Geistlichen ständig in den Staat hineinreden möchten: erstens deshalb, weil es ihnen, genau wie anderen, ausdrücklich anbefohlen ist, den Menschensatzungen zu gehorchen, und zweitens, weil diese Menschensatzungen auf politischen Grundsätzen beruhen, von denen (nach allem, was ihren Worten und Taten zu entnehmen ist) niemand so wenig versteht wie gerade sie. Deshalb sind sich auch alle Nationen in dem Urteil einig, daß ,eine Unze Weisheit ein ganzes Pfund Klerisei aufwiegt'. Unsere größten Kirchenmänner sind nicht eben die Weisesten, und wenn im Staate einmal ein himmelschreiender Unfug geschieht, ist es bei den Franzosen und sogar den Italienern üblich, so etwas als *pas de clerc* oder *governo da prete* zu bezeichnen. Nur wer ohne Klugheit regiert, kann zulassen, daß Männer ohne Bildung predigen. Wenn ihr nicht wißt, meine Herren, wie ihr mit euren Geistlichen fertig werden sollt, so wird es euch höchstwahrscheinlich wie einem

Manne ergehen, der sein Weib nicht zu bändigen vermag: Weder werdet ihr daheim Frieden finden noch auswärts Achtung genießen. Es ist an ihnen, sich als Lehrer rechtschaffen um eure Kinder in den Schulen und Universitäten und um das Volk in den Gemeinden zu kümmern, und an euch, dafür zu sorgen, daß sie nicht über die Stränge schlagen. Hierin besteht die Aufgabe der Erziehung in eurem Gemeinwesen, was die Religion betrifft.

Die Gerechtigkeit oder jener Teil von ihr, der gemeinhin auf ihre Vollstreckung abzielt, ist Gegenstand der Erziehung an den Advokateninnungen oder Rechtsschulen. Hierüber zu philosophieren erfordert ein besonderes Wissen, das ich nicht besitze. Wer aber einen Beruf in einem der vorerwähnten Ausbildungsfächer, d. h. der Theologie, der Medizin und der Jurisprudenz, ergreift, der kann an den Aufgeboten der Jugend nicht teilnehmen. Da nämlich die Aufgebote der Jugend deren stufenweisen Aufstieg in alle Obrigkeiten, Ämter und Würden der Gemeinde, der Hundertschaft, des Stammes, des Senats oder der Prärogative ermöglichen, sind Geistliche, Ärzte und Advokaten, die diese Stufen ja nicht durchlaufen, von all solchen Obrigkeiten, Ämtern und Würden automatisch ausgeschlossen. Und obwohl die Advokaten vermutlich die ersten sein werden, die nach weiteren Gründen hierfür verlangen, haben doch sie – indem sie von der einträglichen Tätigkeit vor Gericht in jene Posten auf der Richterbank hineinwachsen, die ständig für ihresgleichen reserviert sind und nicht nur die größten Einnahmen erbringen, sondern überdies auf Lebenszeit vergeben werden – von allen übrigen den wenigsten Grund, nach anderen Ämtern zu schielen, besonders in einem auf Gleichheit zielenden Gemeinwesen, wo die Anhäufung von Ämtern oder die Betrauung eines Menschen, der sein Brot bei Gericht verdient, mit der Befugnis, zugleich Gesetze zu geben und sie nach Lage der Dinge zu drehen und zu wenden, wider alle Vernunft wäre. Zwar mag die gesetzgebende Gewalt mitunter des Rates oder des Beistandes der vollstreckenden Obrigkeit oder der Rechtskundigen bedürfen; deshalb sind auch die Richter (wie schon in der Vergangenheit) Beisitzer im Senat. Jedoch vermag ich nicht einzusehen, warum ein Advokat, wie es ja tatsächlich vorgekommen ist, Mitglied in dem Rat der Gesetzgeber werden sollte, wenn ein Richter dort nur Beisitzer ist.

Ich bestreite nicht, daß die römischen Patrizier samt und sonders Patrone des Volkes waren, das teils dieser und teils jener Familie besonderen Schutz verdankte, so daß es seine Beschwerden bis zu einem gewissen Grade kostenlos vorbringen und verhandeln lassen konnte, denn der Patron nahm kein Geld, obwohl seine Schützlinge, wenn er eine Tochter zu verheiraten hatte, ihr die Mitgift zahlen mußten, was freilich nicht sehr viel war. Falls aber der Schützling seinen Patron verklagte, gegen ihn zeugte oder ihm widersprach, so war das ein solches Verbrechen, daß ihn von Rechts wegen jedermann töten durfte, und dieser Rückhalt der Optimaten war denn auch die eigentliche Ursache für den Niedergang jenes Gemeinwesens, denn sobald das Volk irgend etwas durchsetzen wollte, was dem Senat mißfiel, waren die Senatoren in einer üblen Lage, wenn sie dies nicht abfangen, d. h. durch den Einspruch ihrer Schützlinge zu Fall bringen konnten, für die es ein so schweres Verbrechen war, anders zu stimmen, als sie es wünschten. Die Einhaltung dieser Treuepflicht bis in die Zeit der Gracchen (d. h. bis es zu spät war oder keinen Zweck mehr hatte, sie aufzukündigen) war der Grund, warum es bei all den vorangegangenen Auseinandersetzungen und Streitigkeiten niemals zum Blutvergießen kam, was gut war; doch bei alledem konnte dem Volke kein Recht zuteil werden, und das war schlecht. Deshalb bin ich der Meinung, daß ein Senator ebensowenig Rechtsbeistand oder Advokat sein wie ein Rechtsbeistand oder Advokat Senator werden sollte, denn wenn er kostenlos praktiziert, verdirbt er das Volk, und wenn er sich dafür bezahlen läßt, verdirbt es ihn selbst. Ihr mögt es nehmen, wie ihr wollt: Wo er Gesetze machen sollte, wird er doch nur Netze knüpfen.

Lykurg wurde, wie schon gesagt, zum Gesetzgeber, weil er ein weitgereister Mann war; doch dies geschah zu Zeiten, als die Weisheit noch etwas galt. Dennoch dürfen wir diesen Teil der Erziehung nicht aus einem Gemeinwesen verbannen, das selber weit herumkommen wird, so wie auch jedes andere von seiner Art sich stets in der Welt umgesehen hat. Eines nämlich ist gewiß (obschon es in unseren Zeiten nicht zählt, so daß es uns teuer zu stehen kommen wird, wenn wir die Dinge dem Zufall überlassen): Niemand kann Politiker sein, der nicht zuvörderst ein Kenner der Geschichte und der Welt ist, denn wenn er nicht sieht, was geschehen kann oder geschehen muß, ist er kein Politiker. Wenn er sich aber in der Geschichte nicht auskennt, weiß er auch nicht, was war, und wenn er die Welt nicht gesehen hat, kann er nicht sagen, was ist; wer indessen weder in der Vergangenheit noch in der Gegenwart Bescheid weiß, wird niemals wissen, was jeweils nötig oder möglich ist. Demgemäß sieht unsere Verfassung als Auszeichnung insbesondere für junge Männer mit Auslandserfahrung einen Einsatz als residierende Gesandte vor. Deshalb schulden diejenigen, die auf Reisen zu gehen wünschen und von den Zensoren hierzu die Erlaubnis erhalten haben, diesen bei ihrer Rückkehr auch Rechenschaft darüber, wie sie ihre Zeit verbracht haben, die sie mit Sicherheit dazu nutzen werden, nach Anerkennung oder Belohnung zu streben, wenn beides für sie erreichbar ist; so werdet ihr eure Augen im Ausland haben und zugleich bei der Besetzung von Staatsämtern eine bessere Auswahl treffen können, denn diese braven Burschen werden sich weniger bei den Damen im Ballsaal als unter den Gelehrten eures Gemeinwesens hervortun, wenn sie von ihren Reisen zurückgekehrt sind.

Dieses Gemeinwesen, das in einem engeren Sinne aus zwei Elementen besteht: nämlich aus Waffen und Räten, strebt jedoch aus einem natürlichen Antrieb nach Mut und Weisheit, und wer dies erreicht, in dem gelangt die menschliche Natur zu ihrer höchsten Vollendung. Zwar müssen solche Tugenden in dem Charakter dessen, der dies vermag, bereits ursprünglich angelegt gewesen sein, doch ist dieser Umstand keineswegs so bedeutend, wie manche es wahrhaben wollen. Denn wenn Armut die Menschen fleißig, ein bescheidener Wohlstand sie maßvoll und übergroßer Reichtum sie verschwenderisch macht und dies der natürliche Lauf der Dinge ist, so ist Weisheit eher eine Sache der Notdurft als der Neigung. Und daß eine Armee, die sich schon mit dem Gedanken an Flucht trug, in ihrer Verzweiflung dazu gebracht wurde, das Feld als Sieger zu verlassen, ist beileibe nicht so ungewöhnlich, daß ähnliche Ursachen nicht immer wieder auch ähnliche Wirkungen auslösen werden. So treibt dieses Gemeinwesen, einem Keile gleich, seine Bürger unablässig voran: Sie müssen hindurch, und es führt kein anderer Weg zu jener Herrlichkeit, deren der Mensch, sei es durch seine Kunst oder seine Natur, fähig ist. Daß die Wesensmerkmale der römischen Familiengeschlechter über Generationen hinweg unverändert fortbestanden, also (um ein paar Beispiele zu geben) die Manlii stets unnachsichtig blieben, die Publicolae das Volk liebten und die Appii es haßten, führt Machiavelli auf ihre Erziehung zurück;[224] abgesehen davon, daß der Grund, weshalb ein Patrizier sich in seinem Wesenskern so deutlich von einem Plebejer abhob, auch in seiner gesellschaftlichen Stellung zu suchen gewesen sein dürfte, scheint dieser Unterschied zwischen Nationen dennoch weniger stark ausgeprägt zu sein, bei denen eine andersartige Erziehung ja ebenfalls ganz anders geartete Verhaltensweisen zutage fördert. Von den Franzosen hieß es einst und traf auch lange Zeit zu, daß sie bei den ersten Sturmläufen tapferer als Männer waren und hernach zaghafter als Weiber; inzwischen ist dies dank der Verbesserung ihrer Disziplin anders geworden. Ich will damit nicht sagen, daß ein Mensch oder ein Land bei gleichartiger Vervollkommnung nicht einem anderen trotzdem unterlegen sein kann, aber gewißlich setzt die Erziehung jenen Maßstab, ohne den kein Mensch oder Land den eigenen Rang oder Wert richtig ermessen kann. Aus unserer Geschichte wissen wir, wann ein Marpesier es mit zehn Oceaniern und wann ein Oceanier es mit zehn Marpesiern hat aufnehmen können. Mark Antonius war Römer, aber worin zeigte sich das, wenn er Kleopatra umarmte? Ihr müßt bei der Erziehung eurer jungen Männer andere Wege gehen, wenn sie nicht, wie in jener Episode, als romantische Liebhaber eine bessere Figur machen sollen als im wirklichen Leben.

Der Brauch des römischen Gemeinwesens, seine Staatsämter ohne Rücksicht auf das Alter der Bewerber zu vergeben, bewährte sich zufälligerweise bei Corvinus und Scipio; deshalb empfiehlt Machiavelli (für den das, was die Römer taten, und das, was wohlgetan ist, meistens ein und dasselbe ist), ebenfalls so zu verfahren.[225] Wohin dies aber zu anderen Zeiten geführt hat, kann man an Pompejus und Cäsar sehen, an deren Fall Boccalini die Klugheit Venedigs angesichts der dort geübten gegenteiligen Praxis veranschaulicht, der den Niedergang der römischen Freiheit in nicht geringem Maße darin begründet sieht, daß beide, die bereits in der Jugend zu höchsten Ehren gelangt waren, im Alter nun keine größeren mehr zu erhoffen hatten, als sie auf immer an sich zu binden, was in blutige Auseinandersetzungen und schließlich in Tyrannei mündete. Wir können uns hier getrost der Meinung von Verulamius[226] anschließen, der sagt: ‚Die Fehler junger Menschen haben verhängnisvolle Folgen; dagegen bestehen die Fehler der Alten nur darin, daß mehr hätte getan oder rascher hätte gehandelt werden können.' Aber wenn es ihnen auch an Weisheit gebricht, so sind sie doch voller Mut. Deshalb ist (um jetzt zu dem Schwerpunkt der Erziehung in diesem Gemeinwesen zu kommen) die Miliz von Oceana das Reich der Jugend.

Die Untergliederung dieses Reiches vermittels der Aufgebote ist in der einschlägigen Ordnung so ausführlich beschrieben, daß ich hier nichts zu wiederholen brauche, wobei die Ordnung selbst nur eine Neuauflage oder Kopie jenes Urbildes ist, das sich nirgends so unverfälscht darbietet wie in der Weisheit der Antike und dem das Gemeinwesen von Rom recht eigentlich seine Vorherrschaft in der Welt verdankte. Und es gibt in unserem Zeitalter, in dem ganze Staaten weltweit zu Bruch gehen oder in ihren Grundfesten schwanken und das Volk unter der Tyrannei ächzt, ungleich viel mehr Grund, daß dieselben Ursachen (gegen die kein Widerstand half, als die Welt noch voller Volksregierungen war) nun auch die nämlichen Wirkungen zeitigen sollten.

Die Ursachen, die auf keineswegs wundersame, sondern natürliche (ja, wie ich wohl sagen darf, zwangsläufige) Weise zur Weltherrschaft des römischen Gemeinwesens führten, lagen in jenem Teil seiner Disziplin beschlossen, die es im Landesinnern wahrte, sowie in der gestrengen Zucht, die es in seinen Provinzen oder eroberten Gebieten übte. Auf die letztere werde ich besser erst zu sprechen kommen, wenn wir uns den Umlaufbahnen unserer eigenen Provinzen zuwenden. Im Ergebnis der ersteren wurde das gesamte Volk nach Stämmen unterteilt, die, wie Livius zeigt,[227] sich in der Blütezeit auf fünfunddreißig beliefen, wobei jeder dieser Stämme durch den Zensus oder die Schätzung des Vermögens in fünf Klassen gegliedert wurde, denn die sechste, die proletarisch war, d. h. für den Nachwuchs sorgte oder wegen ihrer Armut zu dem Gemeinwesen nichts weiter beisteuerte als Kinder, zählte nicht und wurde auch nicht zum Kriegsdienst herangezogen. Und das ist der erste Punkt, in dem die neuzeitliche Weisheit sich völlig gegensätzlich verhält als die antike: Denn während wir die Reichen vom Kriegsdienst entbinden und hierzu die Armen verwenden, wodurch wir von unseren Knechten abhängig werden, wurden die Römer dadurch zu Herren über die Erde, daß sie die Armen freistellten und jene bewaffneten, die reich genug waren, um freie Männer zu sein. Die adligen und vornehmen Stände dieser Nation, die so wenig davon verstehen, was es heißt, Herren über die Erde zu sein, daß sie nicht einmal ihre Ländereien zu halten vermochten, werden es als eine sonderbare Erziehung ansehen, wenn ihre Kinder gemeine Soldaten werden und allen Pflichten des Waffendienstes unterworfen sein sollen; aber dies geschieht ja doch nicht um der vier Shilling Wochensold willen, sondern damit sie sich als die Tauglichsten im Felde oder in der Stadt erweisen können, und diese letztere Erwägung macht denn auch den gemeinen Soldaten bei uns zu einem besseren Manne als den General jedweder monarchischen Armee. Und gegen den möglichen Einwand, dies werde zu einem beträchtlichen Aderlaß edlen Blutes führen, wage ich fest zu behaupten: Seht euch die römischen Adligen in der Hitze ihrer wildesten Kriege an, und ihr werdet nicht einen darunter entdecken, der durch bloßes Prassen und Nichtstun dermaßen abgestumpft worden wäre, wie die hiesigen es sind, denn beides, das Prassen und das Nichtstun, läßt nicht nur den Leib, sondern auch die Seele absterben: *animasque in vulnere ponunt;*[228] dagegen ist es nur recht und billig, daß jemand, der im Dienste des Rechts das Schwert der Gerechtigkeit geführt hat, auch mit dem Purpur der Obrigkeit geschmückt werde. Eines Menschen Ruhm auf Erden kann höher nicht reichen, und wenn er dabei fällt, so wird er auch dadurch emporgehoben und desto eher jenes Lohnes teilhaftig werden, dessen Wert um so viel höher liegt, wie der Himmel sich über die Erde erhebt. Um jedoch auf das römische Beispiel zurückzukommen: Jede *classis* war (wie bereits mehrfach gezeigt) in Zenturien und diese wiederum waren gleichmäßig in Junge und Ältere gegliedert; die Jungen dienten außer Landes, die Älteren schützten es nach innen. In der ersten *classis* gab es rund achtzehn Zenturien von Berittenen, die nach der durch Servius eingeführten Regelung als erste zur Abstimmung *centuriatis* gerufen wurden. Der *delectus* oder die Aufstellung einer Armee (um die es uns hier zu tun ist) ging indessen nach Polybius auf die folgende Art und Weise vonstatten:

Bei Ausrufung des Kriegszustandes wählten die Konsuln vierundzwanzig Militärtribunen oder Oberste; davon waren zehn, die mindestens die zehnte Soldstufe erreicht haben mußten, Offiziere jüngeren Alters. Nach der Wahl der Tribunen gaben die Konsuln den Stämmen den Tag bekannt, an dem deren wehrfähige Männer sich in der Hauptstadt einzufinden hätten. Als der Tag gekommen war und die Jungen sich weisungsgemäß versammelt hatten, erstiegen die Konsuln ihr Tribunal, und die jüngeren Tribunen wurden unverzüglich wie folgt auf vier Legionen verteilt: vier von ihnen entfielen auf die erste Legion (wobei eine Legion in der Regel sechstausend Mann Fußvolk und dreihundert Berittene umfaßte), drei auf die zweite, vier auf die dritte und drei auf die vierte Legion; nachdem die jüngeren Tribunen dergestalt eingereiht worden waren, wurden von den älteren Tribunen nunmehr zwei der ersten Legion, drei der zweiten, zwei der dritten und drei der vierten zugeteilt. Und nachdem die solchermaßen auf die Legionen verteilten Offiziere die Stämme ausgelost und in angemessenem Abstand voneinander die ihnen zugewiesenen Plätze eingenommen hatten, wurde der Stamm aufgerufen, auf den das erste Los gefallen war; darauf benannten die Mitglieder desselben, die mit der Prozedur vertraut und entsprechend vorbereitet waren, auf der Stelle vier Männer aus ihren Reihen, bei deren Auswahl sorgsam beachtet worden war, daß nur solche in Betracht kamen, die das Bürgerrecht besaßen, zur Jugend gehörten, auf eine der fünf *classes* entfielen und bei den Leibesübungen hervorragend abgeschnitten hatten. Im übrigen legten sie peinlichen Wert darauf, daß sie nach Alter und Körpergröße zueinander paßten, so daß die Offiziere der vier Legionen, sofern sie die ihnen vorgeschlagenen Jünglinge nicht zufällig kannten, sich auf das Glück verlassen mußten, wenn sie sich für die ihrige einen davon aussuchten. Und in diesem Sinne wurde die Wahl fortgesetzt (wobei lediglich die Legionen und die Stämme entsprechend dem von ihnen gezogenen Los wechselten), bis das

Fußvolk komplett war. Das gleiche Verfahren wurde mit geringen Abwandlungen von den Offizieren der Berittenen angewendet, bis auch diese vollzählig waren. Dieser Vorgang wurde als namentliche Einschreibung bezeichnet (die bei den Kindern Israel ebenfalls durch Auslosung erfolgte),[229] und wer nicht gesonnen war, sich einschreiben zu lassen, wurde als Sklave verkauft oder verwirkte dadurch seinen Besitz an das Gemeinwesen. *Marcus Curius consul cum subitum delectum edicere coactus esset et juniorum nemo respondisset conjectis in sortem omnibus, Polliae* (das ist der Name eines Stammes) *quae proxima exierat, primum nomen urna extractum citari jussit, nequo eo respondente, bona adolescentis hasta subjecit;*[230] dies hatte seine Entsprechung in dem Gesetz Israels, dem zufolge Saul ein Paar Rinder nahm, sie zerstückte und mit der Botschaft zu allen Stämmen senden ließ: *Wer nicht mit Saul und Samuel* (in die Schlacht) *auszieht, mit dessen Rindern soll man ebenso tun.*[231] Daraus ist zugleich zu ersehen, daß in Israel niemand dem Militär angehörte, der kein Vieh besaß. Doch die Altersgrenze des römischen Jünglings wurde *(lege Tullia)* auf dreißig Jahre festgelegt, und nach dem Gesetz (das freilich nach Angabe Machiavellis[232] und anderer nicht genau eingehalten wurde) konnte kein Mann sich um ein öffentliches Amt bewerben, ehe er nicht *miles emeritus* war, d. h. seine volle Militärzeit abgeleistet hatte, die nach der zehnten Sold- oder Dienststufe endete; danach war er nicht mehr unter Androhung von Strafmaßnahmen zur Einschreibung verpflichtet, es sei denn, das Gemeinwesen wurde angegriffen, in welchem Falle aber die Älteren ebenso zum Kriegsdienst verpflichtet waren wie die Jungen. *(Quod per magnos tumultus fieri solitum erat, justitio indicto, delectus sine vacationibus habitus est.)*[233] Der Konsul konnte, wenn es ihm beliebte, auch *milites evocatos* ausheben, also Männer aus dem Kreis derer verpflichten, die ihre Zeit bereits abgedient hatten. Die nunmehr vollzähligen Legionen wurden sodann zu gleichen Teilen an die beiden Konsuln übergeben, und es durfte niemand in ihnen dienen, der kein römischer

Bürger war. Da jedoch zwei Legionen nur ein schwaches Heer ergaben, fügten die Römer jedem ihrer Heere noch einmal so viele Fußsoldaten und doppelt so viele Berittene hinzu, die sie unter ihren latinischen oder italienischen Verbündeten anwarben; somit umfaßte das Heer eines Konsuls mit seinen Legionen und Hilfstruppen rund dreißigtausend Krieger, und da man für gewöhnlich gleich zwei solche Heere aufstellte, ergab dies bei einer Vereinigung derselben eine Stärke von etwa sechzigtausend Mann.

Die Schritte, mit denen unser Militär dem größten aller Feldherren folgt, sind die drei Aufgebote: Das erste wird durch die Wahl jedes fünften Mannes *curiatis*, d. h. in den Gemeinden, gebildet und beträgt insgesamt einhunderttausend Mann, die ihre Offiziere *centuriatis*, d. h. in den Hundertschaften, wählen, wo sie auch ihre Wettkämpfe oder Leibesübungen durchführen, die ihnen schöne, um ihrer selbst oder um der durch sie verheißenen Ehre willen begehrenswerte Preise in Aussicht stellen; innerhalb von zehn Jahren werden auf diesem Wege dreißigtausend Mann aus dem Fußvolk und aus der Reiterei mit Waffen ausgerüstet sein, wie sie in solcher Kunstfertigkeit, Gediegenheit und Schönheit (gemessen selbst an den *argyaspides* oder den Silberschilden von Alexanders Leibwache) noch niemals zuvor von so vielen getragen wurden; darüber hinaus werden sie dem General oder dem Strategen als Merkmale der Tüchtigkeit und Verwendbarkeit dienen, wenn er sein Heer ordnet, was ihren Wert für die Eigentümer verdoppelt, die ja gehalten sind, sie zu tragen, und dem Gemeinwesen beträchtliche Kosten erspart, indem bereits so viele bewaffnet sind. An dieser Stelle wird sich jedoch Widerspruch regen. Wie soll ein derartiger Betrag aufgebracht werden? Fünfzig Pfund jährlich in jeder Hundertschaft sind ja eine Menge Geld, die nicht so leicht einzutreiben ist; die Leute werden ihr Geld nicht hergeben wollen; auch würde diese Summe nach den Festlegungen der Ordnung über die Prachtentfaltung nicht im Laufe vieler Jahre zustande kommen. Das sind Schwierigkeiten, die unserer Findigkeit einige Anstrengungen abverlangen. Und dennoch reicht bereits eine Steuererhebung von tausend Pfund in jeder Hundertschaft aus, um die Einnahmen auf alle Zeit sicherzustellen. Nun ist aber jede der Hundertschaften, für sich genommen, zehntausend Pfund an jährlichen Pachteinkünften wert, ohne die persönlichen Besitztümer mitzurechnen, die diesen Wert auf das Doppelte erhöhen. So genügt bereits der zwanzigste Teil dessen, was die Hundertschaften jährlich erbringen. Falls sie das nicht erübrigen können, solange sie noch Steuern zu entrichten haben, obwohl diese in Zukunft nur gering sein werden, so mögen sie es tun, wenn sie keine mehr zu zahlen brauchen; falls es innerhalb eines Jahres auch dann noch zuviel für sie ist, sollen sie es in zwei Jahren oder meinetwegen auch in vier Jahren statt in zweien tun. Wie haben wir denn bisher gewirtschaftet? Was ist aus größeren Summen geworden? Wenn wir, meine Herren, unser Brot zerkrümeln und ins Wasser streuen, wird es lange dauern, bis wir es wiederfinden; knausern wir also nicht, wenn wir nur in den offenen Sack zu greifen brauchen, um zu Korn und damit wiederum zu unserem Gelde zu kommen!

Um jedoch fortzufahren: Das erste Aufgebot, das in den Hundertschaften zusammengestellt und *tributis*, d. h. in den Stämmen, gemustert wird, wo ihm weitere sehr prächtige Wettkämpfe bevorstehen, schreitet nunmehr zur Wahl des zweiten Aufgebots oder des stehenden Heeres dieser Nation, das dreißigtausend Mann Fußvolk und zehntausend Berittene umfaßt, die, wenn sie (im Falle der Ausrufung eines Krieges) bei der Mobilmachung von Oceana dem Strategen übergeben werden, das dritte Aufgebot bilden, das den römischen Legionen entspricht. Ihr werdet jedoch bemerken, daß im Gegensatz zu den Konsuln, die die Militärtribunen auswählten und aus den Reihen der Veteranen nach eigenem Belieben Soldaten aushoben, unsere Polemarchen oder Stabsoffiziere durch das

Ausleseverfahren des Kriegsrates gewählt und unsere Veteranen nur als Freiwillige sowie mit Zustimmung der Polemarchen in Dienst genommen werden, was zur Beseitigung gewisser Bedenken gesagt sei, die sich an dieser Stelle sonst vielleicht regen könnten, obschon sie weder durch die römische Verfahrensweise noch gar durch das hier vorgeschlagene Vorgehen gerechtfertigt sind. Während die in einem Heer vereinigten Legionen insgesamt jedoch nicht mehr oder nur wenig mehr als dreißigtausend Mann zählten, habt ihr hier vierzigtausend, und während sie Hilfstruppen hinzufügten, werdet ihr in diesem Betracht mehr aus Marpesia herausholen können, als hättet ihr ganz Indien in eurem Besitz, denn nachdem es euch bisher nichts weiter als seine heimischen Disteln eingebracht hat, dürfte es, wenn erst einmal euer Ackergesetz seine üppig ins Kraut schießende Aristokratie untergepflügt haben wird, zu seinem eigenen wie zu eurem Vorteil einen unerschöpflichen Vorrat von Männern bereithalten, deren Waffen weitaus bessere Gewinne abwerfen werden als alle Wälder Polens. Also könnt ihr auf dieselbe Weise, wie die Legionen in einem Konsulsheer durch die Hilfstruppen der latinischen oder italienischen Verbündeten um die nochmals gleiche Zahl verstärkt wurden, auch ein Parlamentsheer mit der gleichen Zahl von Männern aus Marpesia oder Panopea auffüllen, die diese Kolonien euch in Zukunft ohne Not zur Verfügung stellen werden. Demnach wird dieses Gemeinwesen mit achtzigtausend Mann in die Schlacht ziehen können. Eine Kriegführung mit kleinen Truppen ist nämlich keine Ersparnis, sondern eine Vergeudung, sie ist ein ungesunder Zustand, eine schleichende und schmerzhafte Auszehrung von Männern und Geldmitteln; die Kriege der Römer waren kurz, weil sie ihre Truppen stark machten, und sie scherten sich wenig um das Geld, da, wer genügend Männer unter seinem Kommando hat, es sich aussuchen kann, wo er es am besten herbekommt. Alle Monarchien des Altertums entwickelten sich auf diese Art und Weise und gelangten zu riesigem Reichtum; dagegen haben jene Fürsten der Neuzeit, die sich ihre armselige Habschaft teuer erkaufen müssen, bloß leere Taschen. Es mag allerdings sein, daß jemand diese Ordnung der Unbedachtsamkeit bezichtigt, insoweit sie die alleinige Führung des Krieges auf den General überträgt, und den venezianischen Brauch der *proveditori* oder der Kontrolle der Oberbefehlshaber für weiser eingerichtet hält; doch in dieser Hinsicht kann unsere Regierung weder von Venedig noch von irgendeiner anderen Nation etwas lernen, die von Söldnertruppen Gebrauch macht. Ein Söldnerheer mit einem ständigen Anführer gleicht einer Schicksalsschwester beim Spinnen; eine eigene Streitmacht mit einem jährlich wechselnden Kommandeur ähnelt dagegen derjenigen, die den Faden zerschneidet. Beide haben völlig gegensätzliche Interessen. Und dennoch seid ihr mit einem besseren *proveditore* versehen als die Venezianer, da ja ein weiterer Stratege mit einem marschfertigen Heer bereitsteht, so daß jenes, das hinauszieht, genausowenig imstande wäre, wenn es dies überhaupt wollte, der Schlacht auszuweichen, wie es dem äußeren Feinde gelingen könnte, in euer Land einzufallen. Bei solcher Betrachtung erscheint ein Krieg sogleich in einem ganz anderen Lichte, da ihr niemals erwarten dürft, daß er ein gutes Ende nehmen werde, solange ihr auf gestrenger Kontrolle beharrt. Kann denn ein vorher versammelter Rat von Jägern euch etwa sagen, in welche Richtung der Hirsch laufen wird, wo ihr seine Fährte aufnehmen sollt und wie ihr reiten müßt, um ihm den ganzen Tag auf der Spur zu bleiben? Nein, er kann dies ebensowenig, wie ein Kriegsrat einen General zu leiten vermöchte. Dessen Ratgeber sind die Stunden des Zwielichts und der Dämmerung: Er muß dem Auge gleichen, das nicht nur die Szene überschaut, sondern zugleich jede Veränderung darin im Augenblick ihres Eintretens wahrnimmt. Der Satz, daß ‚viele Ratgeber Stärke bedeuten', gilt nur für den zivilen Bereich; für den militärischen ist nichts so sicher, wie daß viele Ratgeber Schwäche bedeuten. Gemeinsame Vollmachten in militärischen Angelegenheiten sind dasselbe, als würde man Jagdhunde in Paaren vor sich hertreiben. Als im Attischen Krieg die Spartanerkönige Kleomenes und Demaratus dergestalt zusammengespannt wurden, machten sie einander das Leben schwer und beschworen, statt sich, wie es ihre Pflicht gewesen wäre, gegen die Perser zu verbünden, so das Verderben herauf; daraus zog das Gemeinwesen die rechte Lehre und erließ ein Gesetz, wonach fortan nur noch jeweils einer seiner Könige zur selben Zeit in die Schlacht ziehen durfte.

Als die Fidenäer sich erhoben und die Kolonie der Römer zerschlagen hatten, setzte das Volk von Rom vier Tribunen mit der Gewalt von Konsuln ein, von denen einer zum Schutz der Stadt zurückblieb und die anderen drei gegen die Fidenäer ausgesandt wurden, die wegen der zwischen ihnen ausbrechenden Streitigkeiten nichts heimbrachten als Schande, woraufhin die Römer den Diktator schufen. Hierzu gibt Livius das folgende Urteil ab: *Tres tribuni, potestate consulari, documento fuere, quam plurimum imperium bello inutile esset; tendendo ad sua quisque consilia, cum alii aliud videretur, aperuerunt ad occasionem locum hosti.*[234] Als die Konsuln Quinctius und Agrippa gegen die Äquer ausgeschickt wurden, weigerte Agrippa sich aus diesem Grunde gegen den gemeinsamen Ausmarsch mit seinem Amtskollegen und sprach: *saluberrimum in administratione magnarum rerum, summum imperii apud unum esse.*[235] Und wenn man tiefer nach den Ursachen für das Scheitern moderner Armeen forschte, würde sich herausstellen, daß sie zumeist hierin begründet waren, da es nämlich in diesem Falle weitaus sicherer ist, einem beliebigen einzelnen Manne von durchschnittlicher Klugheit zu vertrauen als zweien oder mehreren von höchster Intelligenz. Die mit gleichen Vollmachten ausgestatteten Konsuln, deren einer bei dem Senat verblieb und deren anderer die Armee ins Feld führte, bildeten denn auch in der Tat ein gutes Gespann, und wir schlagen genau denselben Weg ein, wenn wir uns einen neuen Strategen wählen, sobald der alte ausrückt.

Daß die siebenundzwanzigste Ordnung im Angriffsfalle den Älteren die gleichen Pflichten auferlegt wie den Jungen, entspricht sowohl der Vernunft (denn jeder verteidigt ja den eigenen Besitz) als auch dem, was unser Vorbild in dem Krieg mit den Samniten und Toskanern getan hat. *Senatus justitium indici, delectum omnis generis hominum haberi jussit; nec ingenui modo, et juniores sacramento adacti sunt, sed senorium etiam cohortes factae.*[236] Keine Nation braucht einen Überfall so wenig zu fürchten wie die unsere. Oceana ist ein Tier, sagt ein französischer Politiker, das niemand verschlingen kann außer ihm selbst. Trotzdem ist kein Staat vollkommen, der nicht in jedem Betracht vorgesorgt hat, und in diesem *ad triarios res rediit*[237]; da die Älteren im Kriegszustand als Veteranen eingesetzt werden, gewinnt das überfallene Gemeinwesen (wie Antäus) Kraft aus seiner Heimsuchung, während die (entsprechend der Ordnung aufzustellende) gesammelte Kriegsmacht der Älteren, die fünfhunderttausend Mann beträgt, und der Jugendlichen, die noch einmal so viele umfaßt, zwölf aufeinanderfolgende Schlachten schlägt, für die sich jeweils achtzigtausend Männer, je zur Hälfte aus Alten und Jungen bestehend, bereithalten. Und das Gemeinwesen, dem seiner Natur nach die Tugenden nicht fremd sein können, die sich im Laufe des menschlichen Lebens erwerben lassen, wird mit dem Tode vertraut sein, ehe es stirbt. Wenn die Hand Gottes es für seine Verfehlungen straft, soll es seine Sünden beklagen und ob seiner Missetaten im Staub liegen, nicht aber wird es seiner Manneskraft entraten.

> *Si fractus illabatur orbis*
> *Impavidam ferient ruinae.*"[238]

Der noch verbleibende Teil, der die Gestaltung der Umlaufbahnen in den Provinzen zum Gegenstand hat, ist zum einen oder im Hinblick auf die Älteren ziviler und zum anderen oder im Hinblick auf die Jungen militärischer Natur. Den zivilen Bereich der Umlaufbahnen der Provinzen regelt

Die ACHTUNDZWANZIGSTE ORDNUNG: Danach soll an

der Spitze einer Provinz ein zwölfköpfiger Rat mit einem dreifachen Turnus zu je vier Mitgliedern stehen (deren Befristung und Ablösung dem Beispiel des Parlaments folgt), der sich an jedem Tropus durch die jährliche Wahl von vier Mitgliedern (mit dreijähriger Amtszeit) aus dem auslaufenden Turnus des Senats sowie eines weiteren Mitgliedes aus demselben Turnus, das für das (auf ein Jahr befristete) Amt des Strategen oder Generals der Provinz bestimmt ist, immer wieder selbst erneuert. Der so gewählte Stratege oder Beamte soll sowohl Präsident des Provinzrates mit der Vollmacht, diesem Vorschläge zu unterbreiten, als auch General der Armee sein. Im übrigen soll der Rat sich wöchentliche Vorsteher wählen, von denen jeweils zwei ein gemeinsames Vorschlagsrecht in der Art der dem Senat von Oceana zugehörigen Räte haben. Und da sämtliche Provinzräte Mitglied im Staatsrate sind, können und sollen sie mit diesem eng zusammenarbeiten, was auf die folgende Weise zu geschehen hat: Jeder in einen Provinzrat rechtmäßig eingebrachte und dort beratene Vorschlag kann dem Staatsrat von Oceana übermittelt werden, wenn er die Unterschrift des Strategen beziehungsweise von jeweils zwei Vorstehern trägt. Und der Staatsrat soll nach den üblichen Regeln darüber befinden (und zwar entweder aus eigener Entscheidungskraft, falls die Sache in seine Zuständigkeit gehört, oder mit Vollmacht des daraufhin eingeschalteten Senats, falls es um eine außerhalb seiner Zuständigkeit liegende Staatsangelegenheit geht, oder auch mit Vollmacht des Senats und auf Geheiß des Volkes, falls es – wie bei der Bereitstellung von Soldaten und Geldern zum Zwecke der allgemeinen Wohlfahrt und Sicherheit – eine Angelegenheit des Gesetzes betrifft) und in Erwiderung desselben jene Antworten, Ratschläge oder Anweisungen erteilen, die in dem gegebenen Falle wie dargestellt festgelegt sind. Die Provinzräte von Marpesia beziehungsweise von Panopea sollen ein besonderes Augenmerk darauf haben, daß die Ackergesetze sowie auch alle anderen Gesetze, die das Parlament von Oceana für beide Provinzen erläßt oder von Zeit zu Zeit noch erlassen wird, strikt eingehalten werden. Sie sollen die Zölle beider Länder für die Schiffahrt von Oceana als ihrem gemeinsamen Beschützer eintreiben und entgegennehmen; sie sollen dafür sorgen, daß in jeder der Provinzen eine hinlängliche und auskömmliche Summe Geldes zur Besoldung und Unterhaltung ihrer Offiziere und Mannschaften beziehungsweise ihrer Armee ordnungsgemäß aufgebracht und mit der möglichsten Dringlichkeit, Stetigkeit und Angemessenheit eingefordert wird. Sie sollen die *regalia* oder die Staatseinkünfte ihrer Länder erhalten, aus denen jedem Ratsmitglied während seiner Amtsperiode zu eigener Verwendung fünfhundert Pfund *per annum* und dem Strategen als dem Präsidenten fünfhundert Pfund zuzüglich eines Soldes von tausend Pfund in seiner Eigenschaft als General zustehen; der Rest ist für die Senatsmitglieder und Abgeordneten der betreffenden Provinzen bestimmt, die, wenn die Mittel ausreichen, dieselben Vergütungssätze wie in Oceana beziehungsweise, falls dies nicht möglich ist, gleiche Anteile davon erhalten sollen; etwaige Überschüsse sind dem Schatzamt von Oceana zuzuleiten. Sie sollen die Ländereien verwalten (falls es solche gibt), die in den beiden Provinzen Eigentum des Gemeinwesens Oceana sind, und die Pachterträge an die Staatskasse von Oceana abführen. Sollte das Gemeinwesen einst in den Besitz reicherer Provinzen gelangen, kann die Bezahlung des Generals oder Strategen und der Räte entsprechend erhöht werden. Im übrigen soll das Volk seine Obrigkeiten selbst wählen und sich von seinen eigenen Gesetzen leiten lassen sowie darüber hinaus ermächtigt sein, wenn es dies wünscht, außer den heimischen oder Provinzialbehörden auch das Volk von Oceana um Beistand anzurufen. Und da es Leute geben mag, die außerstande sind, ihre Klage wegen eines erlittenen Unrechts über eine so große Entfernung hinweg anzustrengen, sollen im Abstand von zwei Jahren je vier von den Siegelbewahrern vereidigte Barrister in die beiden Provinzen reisen und sie in Gerichtsbezirke unterteilen, wo sie sich alle derartigen Beschwerden anhören und nach Entgegennahme und Verhandlung derselben den betreffenden Klägern jeweils kostenlos das Urteil oder die Entscheidung des Volkes in dem gegebenen Falle verkünden sollen.

Die Zeit der Mitgliedschaft im Rat einer Provinz soll im Hinblick auf eine Funktion in der dortigen Obrigkeit wie eine Amtsaussetzung gewertet werden und kein Hindernis für die sofortige Wahl in eine andere Amtswürde bilden, wenn die bisherige Mandatsträgerschaft in der Provinz ausläuft.

Die Geschäftsfähigkeit eines Provinzrates soll – ebenso wie bei allen anderen Räten und Versammlungen von Oceana – zu gesunden Zeiten durch die Anwesenheit von zwei Dritteln aller diesem Rat oder dieser Versammlung angehörenden Mitglieder gegeben sein. Im Senat müssen jedoch mindestens drei Vertreter der Signoria und in einem Rate wenigstens zwei der Vorsteher zugegen sein, um die Geschäftsfähigkeit zu gewährleisten.

Während die voranstehende Ordnung die Umlaufbahnen der Provinzen im zivilen Leben veranschaulicht, ist der militärische Komplex Bestandteil der

NEUNUNDZWANZIGSTEN ORDNUNG: Sie legt fest, daß die Stratioten des dritten Aufgebots, welche die mit dem Buchstaben M beschrifteten Goldkugeln gezogen haben und von denen auf jeden Stamm zehn Berittene und fünfzig Mann Fußvolk (d. h. auf sämtliche Stämme fünfhundert Berittene und zweitausendfünfhundert Mann Fußvolk) entfallen, durch die zuständigen Zahlmeister dem Strategen oder General an jenem Tag und Ort oder Treffpunkt übergeben werden sollen, den dieser kraft des ihm durch seine Wahl erteilten Auftrags und Weisungsrechts hierfür bestimmt hat. Und wenn der Stratege die vorgenannten Reiter- und Fußtruppen übernommen hat, die die dritte *classis* der Garde oder Armee einer Provinz bilden, soll er sie unverzüglich nach Marpesia bringen und sich in dessen Armee, die drei *classes* zu je dreitausend Mann um-

faßt, wovon fünfhundert zu Pferde sitzen, als der
neue Stratege mit der dritten *classis* einreihen, während der alte Stratege mitsamt der ersten *classis* durch
den Provinzrat aus dem Dienst entlassen werden soll.
Dasselbe Verfahren ist bei den Stratioten mit dem
Buchstaben P für die Umlaufbahnen der Provinz
Panopea anzuwenden, und falls das Gemeinwesen in
den Besitz weiterer Provinzen gelangen sollte, können
der Senat und das Volk neue Umlaufbahnen von ähnlicher Beschaffenheit festlegen, in die nach den jeweiligen Erfordernissen eine größere oder geringere Anzahl von Männern einbezogen sein kann. Wenn ein
Stratiot bereits die volle Dienstzeit in einer Provinz abgeleistet hat und bei der Wahl des zweiten Aufgebots
zufälligerweise den Buchstaben einer Provinz zieht,
darf er sein Los zurückweisen, und in diesem Falle soll
der für die betreffende Urne zuständige Zensor den
dort ihre Lose ziehenden Männern Einhalt gebieten
und, sofern der Stratiot die Bescheinigung seines Strategen oder Generals über die ordnungsgemäß abgediente
Militärzeit vorlegt, die von ihm gezogene Kugel in die
Urne zurücktun und ihm dafür eine unbeschriftete reichen, worauf der Jüngling entlassen sein und die Auslosung ihren Fortgang nehmen soll.
Zur Abrundung des Gesamtbildes dieses Gemeinwesens
folgen jetzt noch einige Richtlinien für das dritte Aufgebot oder das marschierende Heer. Hierzu heißt es in der

DREISSIGSTEN ORDNUNG:

> *Wenn du in einen Krieg ziehst gegen deine
> Feinde und siehst Rosse und Wagen eines
> Heeres, das größer ist als du, so fürchte dich
> nicht vor ihnen, denn der Herr, dein Gott, ist
> mit dir, um für dich gegen deine Feinde zu
> kämpfen; und wenn du die Beute teilst, soll
> deine Satzung und Maßregel lauten: Wie
> der Anteil derjenigen, die in den Kampf ge-
> zogen sind, so soll auch der Anteil derjenigen
> sein, die beim Troß geblieben sind.*[239]

Das bedeutet mit Bezug auf das Gemeinwesen Oceana: Die dem Feinde abgenommene Beute soll (mit Ausnahme solcher von dem Strategen und den Polemarchen an Ort und Stelle unter das Kriegsvolk zu verteilenden Dinge wie Kleidung, Waffen, Pferde, Munition und Lebensmittel) an vier durch den Kriegsrat gewählte und vereidigte Beutekommissare ausgehändigt werden, denen der Staat Schiffe und der Stratege nötigenfalls Geleitschutz zur Verfügung zu stellen hat, damit sie, wenn sie einen von mindestens drei Polemarchen unterzeichneten Transportschein vorweisen, derartige Beutegüter verschiffen und entweder in eigener Person oder durch Beauftragung anderer im Prisenamt abliefern können, wo sie zum Verkauf gebracht und die aus solchen Beutestücken erzielten Erlöse in drei Teile zerlegt werden sollen; davon soll das eine Drittel an das Schatzamt gehen, das zweite an das Kriegsvolk dieser Nation und das übrige Drittel an die Hilfstruppen bei ihrer Heimkehr aus dem Kriege gezahlt werden, vorausgesetzt, daß die besagten Hilfstruppen die gleiche Zahlenstärke aufweisen wie die eigenen Streitkräfte dieser Nation; andernfalls soll sich ihr Anteil in dem Maße verringern, wie ihre Zahl darunter liegt, und der von den zwei Dritteln verbleibende Restbetrag an die Offiziere und Mannschaften der eigenen Streitkräfte dieser Nation fallen. Und die also an die eigenen Streitkräfte zu verteilenden Beutegewinne sollen nun noch einmal in drei gleiche Teile zerlegt werden, von denen die Offiziere ein Drittel und die gemeinen Soldaten zwei Drittel empfangen sollen, was auch für die Hilfstruppen gelten soll; und der auf die Offiziere entfallende Anteil soll in vier gleiche Teile zerlegt werden, wovon einer an den Strategen, ein weiterer an die Polemarchen, ein dritter an die Oberste und ein vierter an die Hauptleute, Kornette, Fähnriche und Unteroffiziere gehen soll, die ihren Anteil an der Beute als gemeine Soldaten erhalten. Gleiches gilt für die Hilfstruppen, und zwar unter Androhung solcher Strafen bei Zuwiderhandlungen, wie das Volk von

Oceana als die zuständige Gerichtsinstanz für Veruntreuungen und ähnliche Verbrechen sie verhängen oder festlegen wird.

Was der Archont zu diesen letzten drei Ordnungen zu sagen hatte, klang in seinem Munde geradeso, als hielte er eine Ansprache an der Spitze seiner Armee:

„Meine lieben Männer, wackere Vaterlandsfreunde! Ein Gemeinwesen wie das unsere ist auf Wachstum bedacht. Jene, die nur auf ihre Selbsterhaltung zielen, sind, wie wir gesehen haben, mit mancherlei Mängeln und Unvollkommenheiten behaftet: Ihre Wurzeln stehen zu dicht, so daß sie sich nicht ausbreiten können, ihr Stamm ist verkümmert, ihre Spitzen sind kraftlos und auf bedenkliche Weise der Witterung preisgegeben. Man kann sie höchstens (wie Venedig) in einem Blumentopf ziehen, und wenn sie wachsen, dann werden sie oben zu schwer und knicken ebenfalls um. Eine Eiche kann man aber nicht in einen Blumentopf pflanzen: Ihre Wurzeln bedürfen der Erde, und ihre Zweige brauchen den Himmel.

Imperium Oceano famamque terminet astris.[240]

Man hat gesagt, Rom sei unter seinem eigenen Gewicht zusammengebrochen *(mole sua ruere)*[241], was aber nur in einem bildhaften Sinne zu verstehen ist. Denn unter seinen Kaisern hielt ja ein weitaus schwächeres Fundament dem Gewicht stand, das es angeblich zum Einsturz brachte. Und nach der gängigen Erfahrung guter Baukunst ist nichts so bekannt, wie daß ein Bauwerk desto fester und sicherer steht, je schwerer es ist, und seine Mauern aus eigenem Antrieb niemals schwanken werden, falls die verwendeten Baustoffe fehlerlos waren; und wenn ein Volk zugrunde geht oder als politischer Körper ins Verderben gerät, so kann der Fehler allein bei seiner Regierung liegen. Wer nicht leugnen will, daß es eine Verkettung von Ursachen gibt, was Gott leugnen hieße, muß auch eine Verkettung von Wirkungen anerkennen. Deshalb muß jede Wirkung in der Natur auf eine auslösende Ursache und all jene Anschlußglieder in der Kette zurückgehen, ohne die sie nicht hätte eintreten können. Und solange niemand beweisen kann, daß es bei einem Gemeinwesen anders sei, gilt, daß es ohne einen ursächlichen Fehler bei dessen Errichtung auch keine solche Wirkung geben kann. Möge niemand in seiner Verblendung dies für eine lästerliche Behauptung halten, denn ebenso wie der Mensch sündhaft, aber die Welt gleichwohl vollkommen ist, kann auch der Bürger verderbt und das Gemeinwesen dennoch vollkommen sein. Und genausowenig, wie der Mensch angesichts der Vollkommenheit der Welt eine Sünde begehen kann, die imstande wäre, sie unvollkommen zu machen oder auf natürlichem Wege zu zerstören, vermag auch der Bürger eines vollkommenen Gemeinwesens ein Verbrechen zu begehen, das es unvollkommen machen oder auf natürlichem Wege zerstören könnte. Die Erfahrung zeigt, daß Venedig trotz einiger dargestellter Mängel das einzige Gemeinwesen ist, von dem niemand behaupten kann, es habe bei seiner Entstehung einen Keim der Zerstörung in sich getragen; deshalb sehen wir, daß es heute (obwohl es Menschen beherbergt, die nicht ohne Sünde sind), also nach tausend Jahren, die es auf dem Rücken hat, aus eigener Kraft immer noch so jung, so frisch und auch äußerlich so unverbraucht ist wie zu der Zeit seiner Geburt. Was aber in der Schöpfung über tausend Jahre hinweg dem Verfall trotzt, das vermag auch zu bestehen, solange die Schöpfung währt. Nach dieser Rechnung, die ich mit aller gebotenen Gründlichkeit geprüft habe, kann ein recht verfaßtes Gemeinwesen aus eigener Kraft ebenso unsterblich sein oder ebenso lange Bestand haben wie die Welt. Und wenn dies zutrifft, dann müssen die auf natürliche Weise untergegangenen Gemeinwesen den Keim ihrer Zerstörung bereits bei der Entstehung in sich getragen haben. Israel und Athen starben keines natürlichen, sondern eines gewaltsamen Todes, und nur so kann auch die Welt untergehen. Wir sprechen hier aber von den Gründen, die auf natürliche Weise zur Auflösung eines Staates führten, und deren gibt es nur zwei: nämlich seine innere Widersprüchlichkeit oder seine Ungleichheit. Wenn ein Gemeinwesen in sich widersprüchlich ist, muß es sich zwangsläufig selbst zerstören, und wenn es ungleich ist, so bringt das Unfrieden, der ihm gleichermaßen zum Verhängnis gereichen wird. Aus dem ersteren Grunde fiel Sparta, aus dem letzteren Rom. Da nämlich Sparta allein für den Krieg, nicht aber für das Wachstum geschaffen war, führte seine natürliche Weiterentwicklung auch seinen natürlichen Untergang herbei, und das von seiner eigenen siegreichen Hand errichtete Bauwerk wurde zu schwer für seinen Untergrund; in diesem Sinne stürzte es tatsächlich unter dem eigenen Gewicht zusammen. Rom dagegen ging an seiner inneren Ungleichheit zugrunde, von der wir bereits ausführlich gezeigt haben, wie sie die Herzen des Senats und des Volkes bis zu tödlicher Feindschaft gegeneinander verhärtete.

Habt also wohl darauf acht, meine Herren, ob in eurem Gemeinwesen ein Widerspruch oder eine Ungleichheit besteht, denn dann ist es dem Untergang geweiht; wenn es jedoch frei ist von beidem, gibt es keinen Grund, weshalb es scheitern sollte. Denkt nicht, ich nähme den Mund zu voll; falls das die Wahrheit ist, wäre es nachgerade vermessen von mir, sie euch vorzuenthalten. Ich bin sicher, daß die Gründe, die Machiavelli für die Unsterblichkeit eines Gemeinwesens anführt,[242] auf weit schwächeren Füßen stehen. ‚Wäre ein Gemeinwesen in der glücklichen Lage‘, so sagt er, ‚häufig auf Männer zurückgreifen zu können, die, wenn es von seinen Prinzipien abweicht, es wieder in seinen ursprünglichen Zustand versetzen, dann wäre es unsterblich.‘ Wie wir indes bewiesen haben, ist dieser ursprüngliche Zustand der alleinige und ausschließliche Grund, weshalb es von seinen Prinzipien überhaupt abweicht; falls es nicht krumm auf die Welt gekommen ist, muß es aus eigener Kraft so gerade und aufrecht voranschreiten können, wie wir das an Venedig beobachten; zwar mag es nach der einen oder der anderen Seite ausweichen müssen, wenn sich ihm Hindernisse in den Weg stellen, aber dies ist kein innerer, sondern ein äußerer Grund. Gegen dergleichen ist es nur, wie Venedig, durch seine Lage oder, wie Rom, durch seine Miliz gefeit, welche Beispiele erweisen, daß ein Gemeinwesen auch in solchen Fällen für seine Sicherheit einstehen kann. Glaubt nicht, ich wäre anmaßend, aber ich mag mit meiner Meinung nicht hinter dem Berge halten: Ein wohleingerichtetes Gemeinwesen kann nimmer schwanken noch ein schlecht eingerichtetes, wenn es ins Schwanken gerät, dadurch wieder gefestigt werden, daß man es in seinen Urzustand zurückversetzt. Folglich ist dieser Stelle zu entnehmen, daß Machiavelli von einem Gemeinwesen als einem in sich zusammenhängenden Gebilde keinen rechten Begriff hatte. Und auch wo er davon spricht,[243] ‚daß ein Tribun oder jeder andere Bürger Roms dem Volke ein Gesetz vorschlagen und es mit ihm beraten durfte‘, fügt er gleich hinzu: ‚Diese Ordnung war gut, solange auch das Volk es war, doch als es entartete, wurde sie äußerst bedrohlich‘ – als hätte diese Ordnung überhaupt jemals gut sein können, die neben anderen Dingen das Volk so offensichtlich aus der Art schlagen ließ, oder als hätte das Volk oder das Gemeinwesen dadurch wieder gut werden können, daß man es auf jene Prinzipien zurückführte, die die Ursache seiner Entartung gewesen waren! Wie gezeigt wurde, krankte Rom ja nicht an seiner Weltherrschaft, sondern an der Ungleichheit in seinem Innern, die die Gewichte derart einseitig zugunsten der Aristokratie verschob, daß das Volk gänzlich an den Rand gedrängt wurde (welches Übel bei dieser Ausgangslage gar nicht zu vermeiden war), so daß jemand, der imstande gewesen wäre, es zur Aufgabe seiner Weltherrschaft zu bewegen und damit auf seinen ursprünglichen Zustand zurückzuführen, seinen Verfall dadurch trotzdem nicht hätten aufhalten können, sondern sehr viel weiter hätte gehen müssen, um es zu heilen. Euer Gemeinwesen hingegen fußt auf einem gleichen Ackergesetz. Und wenn die Erde den Menschensöhnen zu eigen gegeben wird, bewirkt ein solches Gleichgewicht jene ausgleichende Gerechtigkeit, die, indem sie den unterschiedlichen Fleiß der Menschen gebührend berücksichtigt, auch *die Armen treulich richtet. Und ein König, der die Armen treulich richtet, dessen Thron wird für immer bestehen.*[244] Weit mehr noch hat dies für ein Gemeinwesen Geltung, da wir ja wissen, daß die Gleichheit, die den zwangsläufigen Untergang der Monarchie herbeiführt, die zeugende Kraft, ja das eigentliche Herz und die Seele eines Gemeinwesens ist. Und deshalb werdet ihr mir auch die Behauptung verzeihen, daß ‚der Thron eines Gemeinwesens für immer bestehen kann‘, denn sie befindet sich in völligem Einklang mit der Heiligen Schrift.

Das Kräfteverhältnis in einem die Gleichheit wahrenden Gemeinwesen ist so beschaffen, daß alles, was in seine Verfügungsgewalt fällt, auch gleichmäßig verteilt sein muß, und wenn die gesamte Erde in seine Waagschalen fiele, muß doch stets dieses Gleichmaß gewahrt bleiben. Somit könnt ihr ein mächtiges Volk werden und trotzdem keinen Fußbreit von euren Grundsätzen abweichen. Ja, ihr werdet davon so weit entfernt sein, daß ihr in einem solchen Falle die Welt vielmehr nach dem Maßstab eures Gleichgewichts, eurer ausgleichenden Gerechtigkeit, einrichten müßt. Aber, besinnt euch, ihr Herren: Sind wir auf der Erde? Erblicken wir die Sonne über uns? Oder bewegen wir uns in jenen lauschigen Gefilden, die der Phantasie der Dichter entstammen?

Continuo audita voces, vagitus et ingens.[245]

All die gotischen Reiche, die es jetzt noch auf der Welt gibt, waren schon von Anbeginn, obwohl sie auf ihren eigenen Beinen standen, eine lästige und schwer zu bewältigende Bürde; nun aber, da ihre Grundlagen zerbrochen sind, dringt diese eherne Last auch denen ins Bewußtsein, die unter ihr ächzen. Und höret, was die Stimmen ihrer Tröster sagen: *Mein Vater hat euch mit Peitschen gezüchtigt, ich aber will euch mit Skorpionen züchtigen.*[246] Besinnt euch, sage ich noch einmal! Wenn dein Bruder in seiner Not zu dir schreit, willst du ihn dann nicht erhören? Dieses Gemeinwesen ist von solcher Art, daß es ein offenes Ohr hat und sich um das Gemeinwohl sorgt; es ist nicht bloß um seiner selbst willen da, sondern den Menschen als gottgesandte Obrigkeit zum Schutze ihres gemeinen Rechts und des Naturgesetzes gegeben. Deshalb sagt Cicero von dem römischen Gemeinwesen, das aus dem gleichen Holze geschnitzt war: *nos magis patronatum orbis terrarum suscepimus quam imperium*[247] – wir wollen uns die Welt nicht untertan machen, um sie zu beherrschen, sondern um sie vielmehr zu beschirmen. Wenn ihr dieses Beispiel mißachtet – wie schon einige andere Nationen es taten, die nun teuer dafür bezahlen müssen – und jetzt, da ihr eure Freiheit gewonnen habt, das Schwert der euch gemeinsam verliehenen Obrigkeit umsonst tragt,[248] indem ihr stillsitzt und die Arme verschränkt oder, was schlimmer ist, das Blut eures Volkes den Gelüsten von Tyrannen ausliefert, die es zur Aufrechterhaltung ihres Joches wie Wasser vergießen werden, und damit nicht nur *Mutwillen treibt mit der Gnade Gottes*[249], sondern seine *Gerechtigkeit so bitter wie Wermut*[250] macht, dann werdet ihr mitnichten jetzt ein Gemeinwesen erbauen, sondern statt dessen *feurige Kohlen auf euer Haupt häufen*[251]. Ein Gemeinwesen von diesem Zuschnitt, so sage ich, ist ein Diener Gottes auf Erden, damit die Welt in Redlichkeit regiert werde. Aus diesem Grunde (und hiermit will ich endlich zu unserem eigentlichen Thema kommen) gleichen die vorgeführten Ordnungen den Blütenknospen einer Herrschaft, die, wenn sie mit Gottes Segen mächtige Zweige hervortreiben, der gesamten Welt darunter wie unter einem heiligen Dache Zuflucht bieten und der Erde in der Geborgenheit eures Schutzes auf Jahre ihren Sabbat oder ihre Arbeitsruhe geben kann. Dies ist denn auch der Punkt, an dem Machiavelli, mit dessen Schriften sich ohnehin kein anderer Autor messen kann, sich beinahe selbst übertrifft.

‚Es gibt drei Wege, auf denen ein Gemeinwesen sich

ausbreiten kann', sagt er;[252] und zwar einmal, nach Art von Monarchien, ,durch Auferlegung des Joches, wie Athen und in seiner Spätzeit Sparta es taten; zum zweiten, durch gleichberechtigte Staatenbünde, wie es in der Schweiz geschieht' (und inzwischen, was hier ergänzt sei, von Holland übernommen worden ist), und, drittens, durch ungleiche Staatenbünde, was, zur Schande der Welt, jedoch bislang von noch keinem anderen Gemeinwesen praktiziert' (geschweige denn überhaupt bemerkt oder beachtet) ,worden ist außer allein von dem römischen.' Jeder dieser Wege verdient aus Gründen der Gewissenhaftigkeit oder auch seiner Vorbildwirkung wegen eine genauere Betrachtung, wozu hier der rechte Ort ist. Athen und Sparta haben der Welt zumindest in einer, wenn nicht gar in zweifacher Hinsicht ein schändliches Beispiel gegeben, nämlich einmal durch ihren Wetteifer, der Griechenland in ständige Kriege verstrickte, und zum anderen durch die Art ihrer räumlichen Ausbreitung, die, indem sie andere in das Joch zwang, in offenem Widerspruch zu ihren eigenen Grundsätzen erfolgte.

Zum ersten: Staaten, gleichgültig welcher Beschaffenheit, sind, wenn sie zu dicht beieinanderliegen, wie Bäume, die eine derartige Behinderung ihres Wachstums nicht hinnehmen können und sich deshalb gegenseitig zerstören. Es war den genannten Staaten nicht nur aus der Vorstellung, sondern (wenn man die Geschichte von Agesilaus[253] liest) durchaus auch aus praktischer Erfahrung bekannt, daß jeder von ihnen mit einem Heer von dreißigtausend Mann zur Unterwerfung des Orients sehr wohl in der Lage gewesen wäre; und gewiß ist, daß, selbst wenn sie einander nicht im Wege gestanden hätten, Alexander hierfür zu spät gekommen war, was zur Folge hatte (und abermals zur Folge haben müßte, wenn sie jetzt noch einmal zum Leben erwachten), daß wenigstens einer von ihnen unterging. Darum ist dies für jeden, der sich in dem Wesen eines Staates einigermaßen auskennt, durchaus entschuldbar. Genauso war es zwischen Oceana und Marpesia, so ist es heute (wenn auch weniger entschuldbar) zwischen Frankreich und Spanien, und so wird es in derartigen Fällen immer sein. Um nun aber zu dem anderen Beispiel zu kommen, das ihnen zur Schande gereichte, nämlich zu der Art ihrer Ausbreitung, so ist dies keineswegs zu entschuldigen, da sie ja ihre eigenen Verbündeten in die Knechtschaft zwangen. Dadurch löste Athen den Peloponnesischen Krieg aus, an dessen Wunden es kläglich verendete, auf welchem Wege Sparta ihm folgte, nachdem es sich von seinem stinkenden Kadaver an demselben Gifte angesteckt hatte.

Laßt euch, meine Herren, diese Beispiele deshalb zur Warnung dienen, damit ihr jene Freiheit, die Gott euch gegeben hat, nicht als Fallstrick für andere benutzt, indem ihr auf die nämliche Art und Weise nach der Vergrößerung eures Herrschaftsgebietes trachtet!

Der zweite Weg zur Erweiterung oder Vergrößerung eines Gemeinwesens wird von der Schweiz und von Holland in Gestalt gleichberechtigter Staatenbünde beschritten. Auch wenn er ansonsten nicht viel Unheil stiftet, ist er doch wertlos für die Welt und obendrein gefährlich für sie selbst; denn während die vorgenannten Staaten wenigstens noch Störchen vergleichbar waren, sind diese wie das stumpfsinnige Vieh, sie zeigen keinerlei Ehrgefühl oder Teilnahme für die Leiden anderer, sondern gehen in ihrer Niedrigkeit so weit, daß sie – was schon Philipp von Makedonien den Ätoliern zum Vorwurf machte, deren Staat ähnlich geartet war – ihre Krieger auf Wunsch an andere ausleihen, während sie ihre eigene Freiheit brachliegen und keine Früchte tragen lassen. Ich sage nichts gegen das Volk: Niemand ist tapferer als die Schweizer oder fleißiger als die Holländer. Aber sie werden mit der Zeit noch erkennen, daß die Schuld bei ihrer Staatsform zu suchen ist, denn es ist ja sehr wohl bekannt, daß das Wappen des schweizerischen Gemeinwesens keine andere Inschrift trägt als *in te converte manus*[254] und daß der Holländer, auch wenn er mehr Gold ausschwitzt, als der Spanier gräbt, unter der Last seiner Schulden stöhnt und das ganze Land von Almosen lebt. Diese abhängigen Staaten sind eine Gefahr für sich selbst; sie erbetteln ihr Brot von einer Provinz zur anderen, statt es gebieterisch einzufordern, und sind wie Röcke von derart schreiender Buntheit, daß man überhaupt keine Farbe mehr darin erkennt. Daß sie an ihren Kantonen und Provinzen so viele Pfeile im Köcher haben, ist zwar gut, nützt aber nichts, da es ja andererseits genauso viele Bogen gibt, die sie abschießen können.

Ganz ähnlich sah in der Vorzeit auch das Gemeinwesen der Toskaner aus, die wie Flachssträhnen zusammenhingen, ohne daß sich bei ihnen eine Hand zum Weben gerührt hätte; deshalb konnten die Römer sie mühelos überwältigen, obwohl sie als Volk damals weit in der Minderzahl waren. Wenn also der Baum eurer Freiheit nicht von innen her wächst, werden seine Zweige verdorren. Nach dieser Feststellung komme ich nunmehr zu unser aller Vorbild, dem römischen Gemeinwesen.

Die Mittel und Wege, wodurch die Römer die Schirmherrschaft und damit die Macht über die Welt erlangten, waren entsprechend dem jeweiligen Zustand ihres Gemeinwesens in den Zeiten des Aufstiegs und der Blüte verschieden. In der Aufstiegsphase erfolgte ihre Ausbreitung hauptsächlich durch Kolonien, in der Blütezeit mehr durch Staatenbünde. Außerhalb der Grenzen Italiens legten sie keine Kolonien an (vielmehr war es dem römischen Bürger von Gesetzes wegen untersagt, sich außer Landes niederzulassen, bis dann das gegensätzliche Interesse der Kaiser solchen auswärtigen Ansiedlungen Vorschub leistete), und sie verwüsteten auch niemals eine Stadt innerhalb dieses Umkreises oder beraubten sie ihrer Freiheit, sondern, falls eine von ihnen, die zumeist Gemeinwesen waren, durch die Eifersucht auf die Größe und Herrlichkeit Roms zum Kriege angestachelt wurde, so beschlagnahmten die Römer, wenn sie die Oberhand gewannen, einen Teil jener Gebiete, die den Hauptzündstoff oder den Grund des Konfliktes gebildet hatten, und gründeten darauf Kolonien, in denen sie ihr eigenes Volk ansiedelten, ohne jedoch die Gebiete und Freiheiten der in den restlichen Landesteilen lebenden Urbevölkerung oder Einwohnerschaft anzutasten. Durch diese Art seiner Ausbreitung vollbrachte Rom (um es so kurz wie möglich zu sagen) viele bedeutsame Leistungen. Denn die Ausdehnung seines Reiches erfolgte unter voller Wahrung der Freiheit; indem es den Widerstand der einheimischen Bevölkerung dadurch im Keime erstickte, hielt es sich zugleich etwaige äußere Feinde vom Leibe; indem es sich seiner Armen entledigte, vergrößerte es die Zahl seiner Bürger; indem es seine Veteranen belohnte, machte es die übrigen weniger aufsässig; und indem es sich die allseitige Achtung eines Familienoberhauptes erwarb, wurde es von Zeit zu Zeit zum Begründer neuer Städte.

Als es weiter wuchs, verlegte es sich bei der Erweiterung seines Reiches immer mehr auf Bündnisse, die zunächst einmal von zweierlei Art waren, indem sie nämlich Provinzen und staatliche Verbände umfaßten. Die staatlichen oder Gesellschaftsbündnisse waren dann noch einmal dahingehend unterschieden, daß sie entweder auf der sogenannten Latinität beziehungsweise dem Latinerrecht oder auf dem italienischen Recht fußten.

Das Bündnis zwischen den Römern und den Latinern oder das Latinerrecht kam dem *jus Quiritium*[255], dem Recht des geborenen Römers, am nächsten. Jede Person oder Stadt, die mit diesem Recht geehrt wurde, war *civitate donatus cum suffragio*[256], wurde also wie ein Bürger Roms behandelt und hatte (wenngleich nur mit Zustimmung beider Konsuln, sonst nicht) in einigen Fällen – wie zum Beispiel bei der Bestätigung von Gesetzen oder der Verhängung von Gerichtsurteilen – das Recht, mit dem Volk mitzustimmen, was freilich nicht viel zu bedeuten hatte, so daß der wichtigste und wesentlichste Teil dieses Privilegs darin bestand, daß jeder, der in irgendeiner Stadt Latiums zumindest das Amt des Ädilen oder des Quästors bekleidet hatte, allein auf Grund dessen einem römischen Staatsbürger in allen Punkten gleichgestellt war.

Den Städten wurde auch italienisches Recht gewährt, das jedoch das Stimmrecht ausschloß; diejenigen, die einer dieser beiden Bündnisformen angehörten, wurden durch ihre eigenen Gesetze und Obrigkeiten regiert; letztere hatten im Hinblick auf ihre staatsbürgerliche Freiheit alle Rechte eines römischen Bürgers und bewilligten oder entrichteten dem Gemeinwesen als dem Kopf des Bündnisses und Handlungsbevollmächtigten für alle die gemeinsame Sache berührenden Angelegenheiten solche Abgaben an Menschen und Geldern, die nach Lage der Dinge jeweils besonders vereinbart wurden und in den einzelnen Bündnissen unterschiedlich bemessen waren. Dies hatte zur Folge, daß man fortan zwischen gleichen und ungleichen Bündnissen zu unterscheiden begann.

Die Bündnisse mit den Provinzen hatten zwar je nach Rang und Bedeutung des besiegten Volkes einen voneinander abweichenden Umfang, waren aber der Form nach alle gleich. Jede dieser Provinzen wurde von römischen Beamten regiert, wobei entsprechend dem Gewicht, das sie hatte, entweder ein Prätor oder ein Konsul für die staatliche Verwaltung und die Führung des Provinzheeres und ein Quästor für die Eintreibung der öffentlichen Mittel verantwortlich war, gegen welche Beamte eine Provinz in Rom Beschwerde einlegen konnte.

Zum besseren Verständnis dieser Einzelheiten werde ich so viele davon mit Beispielen belegen, wie es erforderlich ist, und beginne mit Makedonien.[257] Die Makedonier wurden von den Römern dreimal besiegt, und zwar, zum ersten, unter T. Quintus Flaminius, zum zweiten, unter L. Aemilius Paulus, und, zum dritten, unter Q. Caecilius Metellus, der deshalb in der Folgezeit Macedonicus genannt wurde.

Beim ersten Mal *pax petenti Philippo data, Graeciae libertas*[258]. Nachdem Philipp von Makedonien – der als Herr über Akrokorinth nicht ohne Berechtigung prahlen durfte, er habe ganz Griechenland im Griff – von

Flaminius geschlagen worden war, erhielt er sein Reich nur unter der Bedingung zurück, daß er sämtliche Städte, die in Griechenland und Asien seiner Herrschaft unterstanden, unverzüglich freigeben und ohne Erlaubnis des römischen Senats hinfort keinen Krieg mehr außerhalb Makedoniens führen würde, womit Philipp (um überhaupt etwas zu retten) sich einverstanden erklärte.

Damals waren die Griechen gerade zu den Isthmischen Spielen zusammengekommen, zu denen sich eine stattliche Menschenmenge eingefunden hatte. Dort nun ließ Flaminius vor aller Ohren öffentlich ausrufen, daß ganz Griechenland frei sein solle; erstaunt über ein so hoffnungsloses Unterfangen, schenkten die Menschen dem Ausrufer zunächst wenig Glauben, bis jeder Zweifel daran durch unumstößliche Wahrheitsbeweise beseitigt war. Darauf liefen sie spornstreichs mit Blumen und Kränzen und unter so heftigen Bekundungen ihrer Bewunderung und Freude zu dem Prokonsul, daß Flaminius, wäre er nicht ein junger Mann (von etwa dreiunddreißig Jahren) und überdies sehr kräftig gewesen, von ihrer Zuneigung unvermeidlich zerquetscht worden wäre, die sich darin ausdrückte, daß jeder seine Hand zu berühren trachtete und man ihn inmitten eines dichten Gedränges kreuz und quer über das Feld schleppte, wobei immer wieder die folgenden Rufe hörbar wurden: ‚Ist es möglich? Gibt es ein Volk in der Welt, das auf eigene Kosten, auf eigene Gefahr für die Freiheit eines anderen zu kämpfen gewillt ist? Ja, wenn sie als Nachbarn gekommen wären, um das Feuer im Nebenhaus zu löschen! Aber was sind das für Menschen, die eigens Meere überqueren, damit die Welt in Redlichkeit regiert werden möge? Die Stimme eines Ausrufers genügt, um die eisernen Ketten zu sprengen, in denen die Städte Griechenlands und Asiens geschmachtet hatten! Nur ein Wahnsinniger hätte sich so etwas vorstellen können, und dennoch ist es geschehen! Welche Hochherzigkeit! Was für ein Glück! Oh, wie edelmütig!‘

Dieses Beispiel, meine Herren, zeigt, wie einem Volke dadurch die Freiheit oder italienisches Recht gewährt wurde, daß es die Rechte zurückerhielt, die es früher einmal besessen hatte. Darüber hinaus pflegten bestimmte Personen, Geschlechter oder Städte nicht nur zum Lohn für ihre Verdienste um die Römer, sondern auch bei derartigen Gelegenheiten in den Genuß der Latinität zu gelangen.

Doch Philipp war mit seinem Anteil an dem Handel nicht zufrieden, weshalb sein Sohn Perseus das Bündnis aufkündigte; daraufhin wurden die Makedonier von Aemilius Paulus ein zweites Mal unterworfen, und ihr König wurde gefangengenommen. Als sie einige Zeit nach dem Sieg vor das Tribunal dieses Feldherrn befohlen wurden, waren sie sich ihrer geringen Hoffnung auf Gnade wohlbewußt und machten sich auf ein schreckliches Urteil gefaßt. Aber es begann damit, daß Aemilius zuallererst die Makedonier für frei erklärte, sich in vollem Umfange wieder ihrer Ländereien, ihrer Güter und Gesetze einschließlich des Rechts zur jährlichen Wahl ihrer Obrigkeiten zu bedienen, die dem Volk von Rom hinfort die Hälfte des Tributs bewilligen und entrichten sollten, den sie ihren eigenen Königen sonst üblicherweise gezahlt hatten. Als nächstes ging er daran, das Land neu einzuteilen, um dessen Volk planmäßig zu ordnen und für die Form einer Volksregierung bereitzumachen, was ihm so vortrefflich gelang, daß die Makedonier, die anfangs nur von der Großmut der Römer überwältigt gewesen waren, jetzt von neuem Grund zum Staunen fanden, wie nur ein völlig Fremder in ihrem eigenen Lande derartige Dinge für sie tun konnte, und noch dazu mit einer so vollendeten Leichtigkeit, wie sie sie niemals auch nur im entferntesten für möglich gehalten hatten. Damit nicht genug, gab Aemilius ihnen – und zwar nicht etwa in der Art eines Diktats für besiegte Feinde, sondern eher eines Geschenks für verdienstvolle Freunde – zu guter Letzt noch so passende und mit soviel Sorgfalt und Umsicht erdachte Gesetze, daß selbst lange Geltungsdauer und Erfahrung (als die einzigen wahren Prüfsteine für Werke dieser Art) niemals einen Fehler darin entdecken konnten.

Dieses Beispiel zeigt euch, wie einem Volke die Freiheit oder die Behandlung nach italienischem Recht zuteil wurde, das vorher unfrei gewesen war und jetzt darin unterwiesen wurde, von seiner Freiheit Gebrauch zu machen.

Mit diesem Beispiel, meine Herren, sollten die Royalisten einmal vergleichen, was wir jetzt für sie tun und in der Vergangenheit bereits getan haben. Es gereicht uns zur Schande, wenn wir uns in unserer prahlerischen Selbstgefälligkeit so erhaben über die Nachahmung solcher Beispiele dünken und darüber vergessen, daß, wenn der Staat der Vater der Sitten ist, ein hervorragender Staat schließlich nur dort entstehen kann, wo es auch hervorragende Tugenden gibt.

Als aber die Makedonier (auf Betreiben eines falschen Philipp) ein drittes Mal gegen die Römer aufstanden, kamen diese zu dem Schluß, daß sie für die Freiheit nicht taugten, und ließen ihr Land durch Metellus in eine Provinz umwandeln.

Hier ist nun der Ort, etwas über das Wesen einer Provinz zu sagen. Ich werde mich dabei am besten an Sizilien halten, weil es die erste der römischen Provinzen war und alle Beschreibungen der übrigen hierauf Bezug nehmen.

‚Wir haben die Städte Siziliens in Freundschaft aufgenommen‘, sagt Cicero, ‚denn sie folgen auch weiterhin ihren angestammten Gesetzen und haben keine andere Bedingung zu erfüllen, als dem Volk von Rom den gleichen Gehorsam zu leisten, den sie vordem ihren eigenen Fürsten und Oberhäuptern schuldig waren.‘ Während die zerstückelten Teile Siziliens vor dieser Zeit etlichen Fürsten unterstanden und in etliche Staaten zerfielen, was Anlaß zu ständigen Kriegen gab, so daß sie der Raubgier ihrer Nachbarn oder irgendwelcher Eindringlinge ausgeliefert waren, wurde ihnen zu den alten Bedingungen jetzt ein neuer Schutz zuteil, der ihnen einen zuverlässigen Rückhalt bot und angesichts dessen kein Feind sie anzugreifen wagte. Mehr konnten die Sizilianer (so wie die Dinge in dieser Hinsicht standen) weder erwarten noch die Römer ihnen geben.

Eine römische Provinz wird von Sigonius als *Territorium mit dem Rechtsstatus einer Provinz* definiert. Der Rechtsstatus einer Provinz sah in der Regel die Regentschaft eines römischen Prätors oder Konsuls zumindest in staatlichem und militärischem Betracht sowie die Einsetzung eines Quästors vor, dessen Amt in der Eintreibung der öffentlichen Gelder bestand. Im einzelnen unterschied sich der Rechtsstatus der Provinzen entsprechend den verschiedenartigen Bündnissen und Verträgen zwischen dem Gemeinwesen und dem jeweiligen Volke, das zur Provinz erklärt wurde.

Siculi hoc jure sunt, ut quod vivis cum cive agat, domi certet suis legibus, quod Siculus cum Siculo non ejusdem civitatis, ut de eo praeter judices, ex P. Rupilii decreto, sortiatur. Quod privatus a populo petit, aut populus a privato, senatus ex aliqua civitate, qui judicet, datur, cui alterna civitates rejecta sunt. Quod civis Romanus a Siculo petit, Siculus judex datur; quod Siculus a cive Romano, civis Romanus datur. Ceterarum rerum selecti judices ex civium Romanorum conventu proponi solent. Inter aratores et decumanos lege frumentaria, quam Hieronicam appellant, judicia fiunt.[259]

Da die Behandlung der übrigen Kolonien an dieser Stelle zuviel Platz beanspruchen würde, soll es genügen, daß ich gezeigt habe, wie es in Sizilien gewesen ist.

Ich will euch die Darstellung der Umlaufbahnen eurer Provinzen ersparen, meine Herren, deren Aussehen durch die betreffende Ordnung ja schon hinreichend deutlich geworden ist, zumal ich nicht glauben kann, daß ihr ihnen einen geringeren Wert beimessen werdet als dem Wirken eines Prätors und eines Quästors. Da allerdings die Gründung von Provinzen jener Weg war, auf dem das römische Gemeinwesen seine Weltherrschaft behauptete, und die Außenposten eurer Provinzen so geartet sind, daß sie zumindest dem gleichen Zweck dienen können, mag sich hier vielleicht

Widerspruch regen: Ob denn ein solches Vorgehen zulässig, ob es überhaupt durchführbar sei und ob es nicht in Anbetracht dessen, daß die Römer genau an diesem Punkte gescheitert seien, zur Zerstörung des Gemeinwesens führen werde?

Zu dem ersten Einwand: Wenn die Herrschaft eines Gemeinwesens eine Schirmherrschaft ist, dann ist die Überlegung, ob es zulässig sei, daß ein Gemeinwesen die Herrschaft über die Welt erstrebe, gleichbedeutend mit der Frage, ob es zulässig sei, daß es seine Pflicht erfülle und die Welt in einen besseren Zustand als den versetze, in dem sie vorher war.

Und die Frage, ob es überhaupt durchführbar sei, könnte ebensogut lauten, warum der Oceanier außerstande sein solle, unter der gleichen Regierungsform mit zweihundert Mann genausoviel zu erreichen wie der Römer mit hundert, wobei der Unterschied sogar noch größer ist, wenn man die beiden Gemeinwesen in ihrer Aufstiegszeit vergleicht. Daß nun aber Rom, *seris avaritia luxuriaque*,[260] weil ihm ein unstillbarer Durst angeboren war, an der Menge der geschluckten Provinzen schließlich zerbarst, ist genauso einleuchtend, wie daß ein Mensch mit einer ihm angeborenen unheilvollen Anlage zur Wassersucht sich zu Tode trinkt. Dabei steht fest, daß Rom niemals auf solche Weise hätte zugrunde gehen können, wäre sein Ackergesetz in Kraft geblieben. Und ich habe bereits dargelegt, daß euer Ackergesetz niemals wanken und weichen kann, sobald es erst einmal ins rechte Lot gebracht ist.

Um nun aus dieser Betrachtung gewisse Schlußfolgerungen zu ziehen, will ich die Vorteile deutlicher erkennbar machen, indem ich aus der Vielzahl der Erwägungen hier einige wenige herausgreife. Wenn an dieser Stelle von der Herrschaft über die Welt die Rede ist, so kommt hierfür einzig ein wohlgeordnetes Gemeinwesen in Betracht, und zwar insbesondere aus folgenden zwei Gründen:

erstens, wegen der Leichtigkeit, mit der eine nach dem vorgeschlagenen Modell geschaffene Regierung dieses große Werk vollbringen könnte, und *zweitens,* wegen der Gefahr, der man sich aussetzen würde, wenn es eine solche Regierung nicht gäbe.

Aus den bereits dargelegten Rücksichten muß sich ein solches Werk allein schon deshalb mit großer Leichtigkeit vollbringen lassen, weil nach allem, was Vernunft und Erfahrung uns lehren, nur ein Gemeinwesen dieser Art die Voraussetzungen erfüllt, die für die Errichtung eines Weltreiches unabdingbar gefordert sind; denn auch wenn es alle erdenklichen Versuche in dieser Richtung gegeben hat und zum Beispiel Athen oder Sparta vielleicht sogar zum Ziele gelangt wäre, hätten sie einander nicht im Wege gestanden, so hätte doch keines von beiden das Erreichte festhalten können: Athen nicht, weil es durch die Art der Erweiterung seines Reiches, die auf offener Tyrannei beruhte, außerstande war, seinen Besitz zu wahren, und auch Sparta nicht, weil es schon dem Gewicht einer geringeren Eroberung nicht gewachsen war. Nachdem somit erwiesen ist, daß es nur einer Volksregierung leichtfallen kann, dieses große Werk zu vollbringen, komme ich jetzt zur Darstellung dessen, wie es, erstens, zu erreichen und wie es, zweitens, dauerhaft zu festigen ist.

Was das erstere betrifft: *volenti non fit injuria;*[261] es heißt, das Volk habe unter Eumenes nicht den Wunsch verspürt, seine Unmündigkeit gegen die Freiheit einzutauschen, weshalb die Römer es in Ruhe ließen.

Ist ein Volk mit seiner Regierung zufrieden, dann ist das ein sicheres Zeichen, daß sie gut ist und ihm auch weiterhin Gutes verspricht. Das Schwert eurer Obrigkeit soll jene schrecken, die Böses tun.

Eumenes ließ sich von seiner Gottesfurcht oder seiner Furcht vor den Römern leiten; diese sollte auch euch vor Augen stehen, indem ihr euch sagt: ‚Hier sind die Römer – wo ist Eumenes?' Denkt nicht, die jüngsten Erscheinungen Gottes hätten allein euch selbst gegolten; gewiß hat er *das Elend* eurer Brüder *gesehen und ihr*

Geschrei über ihre Bedränger gehört[262]. Denn wer etwas anderes glaubt, hat nicht nur keine Kenntnis von den Wegen Gottes, sondern ist gänzlich taub. Wenn ihr *Ohren habt zu hören*[263], so ist dies der Weg, auf den er euch jetzt mit Sicherheit führen will; denn da wir ja immer wieder erleben können, wie ein Volk dort, wo es keinen Hort der Freiheit, keine Zuflucht für die Bedrängten gibt, aus der Pfanne des einen Fürsten in das offene Feuer des nächsten zu springen bereit ist, was könnte dann wohl anderes geschehen, wenn der römische Adler jetzt noch einmal auf die Welt zurückkehrte, als daß diese nicht säumen würde, seine Zeit wiedererstehen und ihm selbst neue Flügel wachsen zu lassen? Auch hätte er seine Schwingen nie unter einem besseren Vorzeichen ausgebreitet, als es auf euren Fahnen zu lesen sein wird, wenn ihr sie im Namen eines bedrängten Volkes zwischen ihm und seinen Unterjochern entrollt. Das Volk braucht unterdessen überhaupt nichts zu tun oder nicht mehr Mühe aufzuwenden, falls nicht auch sie ihm abgenommen wird, als die begehrten Früchte einzusammeln. Darum muß dies leicht zu bewerkstelligen sein, ja es wird euch sogar leichter noch fallen als andere Taten von Menschenhand, denn wenn die Sache der Menschheit die Sache Gottes ist, so wird der Herr Zebaoth euch führen, und ihr werdet der Erde ein Wohlgefallen sein.

Ob es leicht sein wird, das Erreichte zu bewahren, hängt ganz davon ab, auf welche Art und Weise euer Reich sich ausbreiten wird. Wenn ihr den Weg wählt, den Athen und Sparta gegangen sind, so werdet ihr zwar Feuer und Schwefel regnen lassen, aber entweder nichts dabei gewinnen oder nichts davon behalten. Lügenmäuler sind dem Herrn ein Greuel; wenn ihr unter der Vorspiegelung der Freiheit andere unterjocht, wird er euch unweigerlich vernichten. Falls ihr andererseits ein Werk wie dieses mit Hilfe eines Staatenbundes zu vollbringen gedenkt, ohne darin zugleich die führende Rolle übernehmen zu wollen, so hieße das jenes hohe Amt verleugnen, mit dem er euch nicht nur betraut hat, sondern über das er dereinst auch Rechenschaft von euch fordern wird; denn *verflucht sei, wer des Herrn Werk lässig tut*[264]. Deshalb müßt ihr den Weg Roms einschlagen. Wenn ihr ein Volk unterworfen habt, das zur Freiheit taugt, müßt ihr ihm dieselbe zum Geschenk machen, wie Flaminius mit Griechenland und Aemilius mit Makedonien es taten, und euch lediglich einen Teil der an die vorherige Regierung rechtmäßig abgeführten Gelder sowie das Recht vorbehalten, als Haupt des Bündnisses so viele Männer und Geldmittel zur Verfügung gestellt zu bekommen, wie es im Interesse des öffentlichen Wohls geboten sein mag; denn wenn ein Volk durch euer Zutun die Freiheit erhalten hat, so ist es sowohl um der Sache als auch um euretwillen dazu verpflichtet, seinen Beitrag zu leisten, daß dieselbe Frucht auch in den übrigen Teilen der Welt reift. Da jedoch nicht jede Nation in diesem Maße zur Freiheit taugt und damit ihr nicht, wie die Römer in Makedonien, die Dinge wieder rückgängig machen müßt, nachdem sie einmal geschehen sind, solltet ihr gewissenhaft prüfen, welche Nation in diesem Maße zur Freiheit geeignet ist und welche nicht. Dafür gibt es zwei Kennzeichen, nämlich, erstens, ob sie bereit ist, *dem Herrn gegen die Mächtigen zu Hilfe zu kommen,*[266] denn wenn die Freiheit der Menschheit ihr nichts bedeutet, hat sie die eigene auch nicht verdient. Da man euch aber durch angebliche Vorsätze täuschen mag, deren zeitweiliger Anschein sich später in nichts auflöst, ist das andere Kennzeichen sicherer, ob sie nämlich die Fähigkeit zu einem die Gleichheit wahrenden Ackergesetz mitbringt. Aus zwei Gründen neige ich zu der Annahme, daß der brave Aemilius dem nicht genügend Rechnung getragen hat, als er den Makedoniern die Freiheit schenkte und dort eine Volksregierung einführte, und zwar, erstens, weil das Ackergesetz zu jener Zeit den römischen Patriziern ein Dorn im Auge war und, zweitens, weil der falsche Philipp Makedonien hernach so mühelos zurückerobern konnte, was nicht möglich gewesen wäre, hätte die

Macht des aufsässigen Adels, der über große Besitzungen verfügte, sich mit der des Volkes die Waage gehalten, denn es ist undenkbar, daß das Volk andernfalls, durch den bloßen Klang eines Namens geschreckt, seine Freiheit weggeworfen hätte. Deshalb versichere ich euch, daß eine Nation, in der ihr ein die Gleichheit wahrendes Ackergesetz nicht errichten könnt, zur Freiheit untauglich ist, wenn sie ihr auf solche Weise zum Geschenk gemacht wird. Solange zum Beispiel in Marpesia die Aristokratie nicht entmachtet ist, wird weder das Volk dort frei sein noch werdet ihr im eigenen Lande ungestört regieren können; denn solange der Zustand fortbesteht, daß seine Herren es an fremde Fürsten verkaufen, wird niemals (und schon recht nicht in einem Lande, aus dem sich kein anderer Profit herausholen läßt) Mangel an solchen Händlern und Kaufleuten herrschen, für die ihr der nächstbeste Markt sein müßt, der ihnen zu ihrem Gelde verhelfen soll.

Auch kann die Aristokratie dort nur mit eurer Hilfe entmachtet werden, und hierzu gebietet ihr mit euren Umlaufbahnen in den Provinzen über ein Mittel, das sie bequem in eure Gewalt bringen wird, indem es der Größe des von euch verteidigten oder eroberten Landes angemessen ist; auf der ganzen Welt gibt es nämlich kein Volk, das schwieriger zu beherrschen wäre als die Marpesier, was, auch wenn sie selbst dies auf ihren Charakter zurückführen, in Wahrheit dem Charakter ihres Landes zuzuschreiben ist. Da ihr dort jedoch neuntausend ständige Bewacher stationiert habt, die sich bei einem plötzlich drohenden Aufstand unschwer in irgendwelche Schlupfwinkel zurückziehen können, sowie ein Heer von vierzigtausend Mann, das auf Verlangen von einem Tag zum anderen marschbereit ist, um ihnen zu Hilfe zu eilen, läßt sich kein einziger vernünftiger Grund nennen, aus dem es den Marpesiern möglich sein sollte, eurem Zugriff zu entschlüpfen, und wer da meint, ihr könntet über eine entfernter gelegene oder durch das Meer getrennte Provinz nicht die gleiche Macht gewinnen, der hat sich eure Flügel

weniger gut angesehen als eure Krallen, da eure Schiff-
fahrt nämlich von solcher Güte sein wird, daß eure Armeen mit fast der gleichen Mühelosigkeit in einem jeden Lande abgesetzt werden können, so daß euch dauerhaft erhalten bleibt, wessen ihr euch einmal bemächtigt habt, weil einerseits eure Miliz, die schon jetzt eine
beachtliche Stärke aufweist, weiter anwachsen wird und
ihr andererseits Verbündete habt, die euch in dem
Maße, wie ihr sie für euch gewinnt und an euch bindet,
immer besser in den Stand versetzen werden, euren
Erwerbungen Bestand zu sichern.

Zugleich wird dieser Bestand entscheidend davon ab-
hängen, wie es euch gelingt, das Volk gefügig zu halten, über das ihr gebietet oder eure schützende Hand
breitet. Ich würde nicht an die Türe gehen, meine
Herren, um nachzuschauen, ob sie *rimarum plena*[266], ob
sie fest verschlossen ist; dies ist kein Handel unter
dem Tische, auch kein Spiel, das demjenigen einen
Vorteil bringt, der euch in die Karten blickt, sondern
der Vorteil wird im Gegenteil ganz bei euch liegen;
denn mit einem Einsatz von achtzehntausend Mann
(für welche Zahl ein jährlicher Aufwand von sechstausend zu veranschlagen ist, um eure Umlaufbahnen in
Gang zu setzen) werdet ihr zur Kontrolle selbst der
größten Provinz imstande sein, sobald ihr die Dinge
erst einmal im Sinne der vorgeführten Ordnung geregelt habt. Und achtzehntausend Mann, auch wenn ihnen ein höherer Sold bewilligt sein soll, als je ein
Fürst ihnen gezahlt hat, werden die Provinz noch
keine Million aus der Staatskasse kosten.* In Anbetracht dessen soll das Volk dort über die eigenen Besitzungen frei verfügen dürfen und sich von den eigenen Gesetzen und Obrigkeiten regieren lassen, so daß
– bei einem angenommenen Pachtaufkommen in der
Provinz von vierzig Millionen (da es Provinzen in
Oceana geben mag, die gut und gern die vierfache
Größe erreichen), welcher Betrag sich im Ergebnis des

---

* Vgl. dazu die Ausführungen zur Besoldung eines Parlamentsheeres in der Schlußbetrachtung.

aufgewendeten Fleißes zumindest (um nur den unter-
sten Grenzwert anzusetzen) noch einmal verdoppeln
dürfte – das Volk, dem es heute so schlecht ergeht,
daß es überhaupt nicht mehr weiß, wovon es leben
soll, für die an euch gezahlte eine Million wenigstens
neunundsiebzig empfängt, über die es eigenständig
verfügen kann. Darum frage ich an dieser Stelle einen
jeden, ob die dargestellte Herrschaft etwas anderes
sein kann als die Schirmherrschaft über die Welt?

Wenn ihr der Verbreitung der staatsbürgerlichen Freiheit nun noch das hinzufügt, was diesem Gemeinwesen
so eigentümlich ist, daß es gar nicht ausbleiben
kann, nämlich die Verbreitung der Gewissensfreiheit,
dann ist eine solche Herrschaft, ist ein solches Patro-
nat über die Welt das wahre Reich Christi; denn wie
das Reich Gottvaters es war, so soll auch das Reich des
Gottessohnes ein Gemeinwesen sein, und *das Volk
wird ihm willig folgen an dem Tage seiner Macht*[267].

Nachdem ich euch an diesem und anderem Orte die
unschätzbaren Segnungen einer solchen Regierungsform sowie den natürlichen und einfachen Ursprung
vor Augen geführt habe, aus dem sie erwachsen, will
ich euch (damit Gott – der, weil er der Gott der Natur
ist, euch bei dem glücklichen Ausgang jener geringeren Werke zur Seite stand, die uns bisher den Drang
zu wahrhaft höheren Zielen eingegeben haben – euch
nicht zertrete wie den Staub unter seinen Füßen)
noch vor den Gefahren warnen, die ihr gewärtigen
müßt, wenn ihr die Gelegenheit jetzt, da ihr handeln
könntet, ungenutzt verstreichen laßt.

An jener Stelle, wo Machiavelli auf die Unvollkommenheit Venedigs angesichts des Fehlens eigener Streitkräfte zu sprechen kommt, ruft er aus: *„Questo tagliogli le
gambe da montar in cielo‘*[268] – dadurch wurden ihm die Flügel beschnitten, so daß es nicht zum Himmel aufsteigen
konnte. Wenn nicht das Volk die Grundlage bildet, auf
der ihr euer Gemeinwesen errichtet, so begebt ihr euch
damit der eigenen Streitmacht und geht der Herrschaft
über die Welt verlustig, nein, schlimmer noch, eine andere Nation wird sie an sich bringen.

Columbus bot einem eurer Könige einst Gold an, der ihm aber glücklicherweise nicht glaubte, so daß ein anderer Fürst von dem Gifte trank, das schließlich sein ganzes Volk dahinraffte; ich aber biete euch alles andere als einen solchen Krieg an, der den Beutel füllen hilft, keinen von denen, bei denen das Antlitz der Erde sich vor Schmerz zu verzerren pflegt, sondern einen Krieg, der ihrer natürlichen Gesundheit und Schönheit dient. Denkt daran: Wo jemand sich auf dem Krankenbett windet und wälzt, da muß entweder Tod oder Genesung das Ende sein. Obwohl die Völker der Welt sich in den letzten Bastionen der Gotenherrschaft noch immer auf dem Krankenbette winden und wälzen, können sie nicht sterben, doch es gibt auch kein anderes Heilmittel für sie als die Weisheit der Antike, weshalb es mit Notwendigkeit dazu kommen muß, daß diese Arznei besser bekannt wird. Wenn nicht Frankreich, Italien und Spanien alle miteinander krank, nicht samt und sonders angesteckt wären, so wäre auch nicht eines von diesen Ländern es, denn die kranken könnten den gesunden nicht widerstehen und die gesunden sich nicht schützen, ohne die kranken zu heilen. Die erste dieser Nationen, die diese Krankheit vermittels der Weisheit der Antike überwindet (was meines Erachtens Frankreich sein wird, wenn ihr so lange wartet, bis es seine Zeit für gekommen hält), wird mit Sicherheit die Welt regieren – denn was tat Italien, als es im Besitz dieser Weisheit war? Und genauso wie es euch damals erging, würdet ihr auch dann wieder in eine Provinz verwandelt werden. Ich weiß, wovon ich spreche. Italien, *Aemilio Papo, C. Attilio Regulo cos.*,[269] stellte bei dem damals ausbrechenden gallischen Aufruhr aus eigener Kraft und ohne den Beistand fremder Hilfstruppen siebzigtausend Mann Reiterei und siebenhunderttausend Mann Fußvolk unter Waffen; während aber Italien von den genannten Ländern im Umfange das kleinste ist, hat Frankreich die größte Einwohnerzahl.

I decus, i nostrum, melioribus utere fatis.[270]

Meine lieben Männer, Oceana ist *wie die Blume in Saron und die Lilie im Tal. Wie eine Lilie unter den Dornen, so ist meine Freundin unter den Mädchen. Sie ist lieblich wie die Zelte Kedars, gewaltig wie ein Heer im Fahnenschmuck. Ihr Hals ist wie der Turm Davids, mit Brustwehr gebaut, an der tausend Schilde hangen, lauter Schilde der Starken. Laß mich deine Stimme am Morgen hören, die meine Seele liebt. Der Südwind weht über den Garten deiner Gewürze, und der Westwind läßt ihren Duft strömen. Steh auf, Königin der Erde; steh auf, du heilige Braut Jesu! Denn siehe, der Winter ist vergangen, der Regen ist vorbei und dahin. Die Blumen sind aufgegangen im Lande, der Lenz ist mit dem Gesang seiner Vögel herbeigekommen, und die Turteltaube läßt sich hören in unserem Lande. Steh auf, sage ich, komm her und säume nicht! Ach, warum sollten meine Augen dich an den Wassern zu Babel erblicken, indes deine Harfen in den Weiden hängen, du schönste unter den Frauen?*[271]

Wackere Vaterlandsfreunde, wenn das Volk souverän ist, dann ist dies der Weg, es in seine Prärogative einzusetzen! Wenn wir redlichen Sinnes sind, dann ist dies der Weg, um unser Gewissen zu entlasten und all unsere Versprechungen einzulösen! Wenn wir großherzig sind, dann ist dies der Weg, der allen Parteien gerecht wird! Wenn wir dazu entschlossen sind, dann führt dieser Weg zu einem Werke, das Bestand haben wird!

Wenn eure Religion mehr ist als eine eitle Prahlerei, die die Natur oder die Vernunft des Menschen entstellt und verunziert, wodurch sie eine Art von Mord an dem Ebenbild Gottes verübt, dann ist dies das Reich, von dem aus *das Recht strömen soll wie ein Fluß und die Gerechtigkeit wie ein nie versiegender Bach*[272]. Wer will uns denn zurückhalten? Oder was stellt sich uns in den Weg? Etwa ein Löwe? Ist es nicht vielmehr *der Drache, jene alte Schlange*[273]? Denn wie erbärmlich sind doch alle Ausflüchte! Hier gilt es ein großes Werk zu vollbringen; warum sollten wir nicht das eine jetzt tun können und das andere später?

Mit eurer Erlaubnis, meine Herren, werde ich euch jetzt noch einmal kurz und knapp

Das ganze Gemeinwesen im Grundriß

vorführen:

Das Zentrum oder eines der grundlegenden Gesetze bildet, erstens, das Ackergesetz, das einen jährlichen Höchstertrag von zweitausend Pfund aus einem auf dem unmittelbaren Gebiet von Oceana gelegenen Grundbesitz festlegt und somit ein solches Gleichgewicht für das Eigentum an Grund und Boden vorschreibt, daß den vielen ihre Macht niemals entrissen werden kann.

Zweitens, das Stimmrecht, das den Lebenssaft dieser Pflanze mittels gleicher Wahl oder Rotation von deren Wurzeln gleichmäßig bis in die Zweige der Obrigkeit oder der souveränen Gewalt befördert.

Die Umlaufbahnen dieses Gemeinwesens, die sich auf den Staat, auf das Militär und auf die Provinzen erstrecken, sind auf diese Gußform oder dieses Zentrum gleichsam paßgerecht abgestimmt, indem ihnen die folgende Gliederung des Volkes zugrunde gelegt ist: erstens, in Bürger und Knechte; zweitens, in Junge und Ältere; drittens, in solche, die hundert Pfund jährlich in Form von Land, Gütern oder Geld besitzen und auf Grund dessen zu den Berittenen gerechnet werden, und solche, die wegen ihres geringeren Vermögens dem Fußvolke zugehören; viertens, nach dem ständigen Wohnsitz, in Gemeinden, Hundertschaften und Stämme.

Für die staatlichen Umlaufbahnen werden die Älteren herangezogen. Dies geschieht folgendermaßen: An jedem ersten Montag im Januar wählen die Älteren im Laufe eines halben Arbeitstages einen jeden Fünften aus ihrer Gemeinde zum Abgeordneten; an jedem ersten Montag im Februar versammeln sich die Abgeordneten sodann in ihrer jeweiligen Hundertschaft und wählen aus ihrer Mitte einen Friedensrichter, einen Geschworenen, einen Leichenbeschauer und einen Hauptwachtmeister für das Fußvolk, wofür ein voller Arbeitstag zu veranschlagen ist.

An jedem ersten Montag im März treffen sich die Hundertschaften in ihrem zugehörigen Stamme und wählen dort den Obersheriff, den Generalleutnant, den obersten Aktenbewahrer, den Zahlmeister sowie die zwei Zensoren aus den Reihen der Berittenen; die Obrigkeiten des Stammes und der Hundertschaften, die gemeinsam mit den Geschworenen den Phylarchen bilden, wirken im Rahmen ihrer Amtszuständigkeit außerdem an den Assisen mit, halten die Quartalsgerichte ab usw. An dem folgenden Tage wählt der Stamm die jährlich zu beschickende Galaxie, nämlich jeweils zwei Senatsvertreter und drei Abgeordnete aus dem Kreis der Berittenen und vier Abgeordnete aus dem Fußvolk, die damit auf drei Jahre mit der Vollmacht von Obrigkeiten für die ganze Nation ausgestattet sind; ein in der Hundertschaft gewählter Amtsträger darf nicht in die Stammesobrigkeit gewählt werden; dagegen kann eine Obrigkeit oder Amtsperson sowohl der Hundertschaft als auch des Stammes bei ihrer Wahl in die Galaxie jeden beliebigen Ersatzmann gleichen Standes zur Übernahme ihrer Funktion oder ihres Amtes in der Hundertschaft oder im Stamme benennen. Diese Musterung erstreckt sich über zwei Arbeitstage. Also hat das Volk in seiner Gesamtheit für die Verewigung seiner Macht jährlich dreieinhalb Arbeitstage aufzuwenden, in denen es zugleich die besagten Obrigkeiten zugeteilt erhält.

An jedem ersten Montag im April nehmen die Senatsvertreter, insgesamt hundert in allen Stämmen, ihre Plätze im Senat ein und bilden von diesem Zeitpunkt dessen ersten Turnus. Danach schreitet das Haus zu den Senatswahlen, die jährlich, alle zwei Jahre sowie außer der Reihe stattfinden.

Die Durchführung der jährlichen Wahlen ist durch den Tropus geregelt.

Der Tropus ist eine Einrichtung, die zweierlei Aufgáben hat: erstens, die Wahl der Senatsbeamten und, zweitens, die Auffüllung der Senatsräte.

Die zu wählenden Senatsbeamten sind:

Der Leitende Stratege Der Oberste Sprecher Der Erste Zensor Der Zweite Zensor	Auf ein Jahr befristete Beamte und deshalb aus jedem beliebigen Turnus wählbar, falls dessen Mandat zum Zeitpunkt des Tropus wenigstens noch ein volles Jahr währt
Der dritte Siegelbewahrer Der dritte Schatzmeister	Auf drei Jahre befristete Beamte und deshalb nur aus dem ersten Turnus wählbar, weil diesem allein noch volle drei Jahre der Senatszugehörigkeit verbleiben

Der Stratege und der Oberste Sprecher sind in Friedenszeiten Konsuln oder Präsidenten des Senats.

Im Kriegsfalle ist der Stratege kommandierender General der Armee, und an seiner Stelle wird ein neuer Stratege ins Amt gewählt.

Der dem Senat vorstehende Stratege bildet gemeinsam mit den drei Siegelbewahrern und den drei Schatzmeistern als Ratsversammlung der Nation die Signoria des Gemeinwesens.

Die Zensoren sind verantwortlich für die Abwicklung der Wahlen, führen den Vorsitz in dem Rat für Religionsangelegenheiten und sind Kanzler der Universitäten.

Zum zweiten regelt der Tropus die ständige Erneuerung des Staatsrates durch die Wahl von fünf Angehörigen des Senats aus dessen erstem Turnus, die somit den ersten Turnus dieses fünfzehnköpfigen, d. h. fünf Mitglieder aus jedem Turnus umfassenden Rates bilden.

Das gleiche geschieht durch Wahl von vier Vertretern desselben Senatsturnus mit dem Religions-

und dem Wirtschaftsrat, dem jeweils zwölf Mitglieder, d. h. vier aus jedem Turnus, angehören.

Demgegenüber wird der aus neun Personen, d. h. drei Vertretern aus jedem Senatsturnus, bestehende Kriegsrat im Unterschied zu den anderen Räten, die innerhalb und aus den Reihen des Senats gewählt werden, innerhalb und aus den Reihen des Staatsrates gewählt. Und falls der Senat neun weitere seiner Mitglieder als Junta für die Dauer von drei Monaten in den Kriegsrat hineinwählt, ist der Kriegsrat kraft dieser Ergänzung für den besagten Zeitraum Diktator von Oceana.

Die Signoria hat das Recht, einzeln oder geschlossen in jedem Rate des Senats Sitz und Stimme zu beanspruchen und dort, ebenso wie auch in dem Senat selbst, Vorschläge zu unterbreiten. Außerdem sind jeweils zwei der aus jedem Turnus eines Rates wöchentlich gewählten drei Ratsvorsteher befugt, ihrem betreffenden Rate als dessen eigentliche und ausdrückliche Vorschlagsberechtigte Empfehlungen zu unterbreiten; zu diesem Zweck bilden sie ein Fachkollegium, in dem jedermann, sei es in mündlicher oder schriftlicher Form, den Vorschlagsberechtigten Empfehlungen unterbreiten kann.

Neben den Wahlen im Rahmen des Tropus stimmt das Haus im Abstand von zwei Jahren über die Wahl eines residierenden Gesandten ab, der nach Frankreich gehen soll, woraufhin der dort bisher tätige Gesandte sich von Frankreich nach Spanien, der von Spanien nach Venedig, der von Venedig nach Konstantinopel und der von Konstantinopel heimwärts zu begeben hat. Damit dreht sich vermittels der zweijährlichen Wahl eines einzigen residierenden Gesandten das Rad aller innerhalb von acht Jahren einmal um die eigene Achse.

Schließlich gibt es noch außerordentliche Wahlen, die nach einem Ausleseverfahren durchgeführt werden und wie folgt vonstatten gehen: Wenn ein Rat einen Bewerber ermittelt und in den Senat eingebracht hat, wählt der Senat vier weitere Kandidaten aus, und nachdem alle fünf zur Abstimmung gestellt worden sind, erhält derjenige das zu vergebende Amt zugesprochen, der mehr als die Hälfte der Stimmen auf sich vereinigt. Nach dem Prinzip des Ausleseverfahrens werden die Polemarchen oder Stabsoffiziere durch Einschaltung des Kriegsrates, außerordentliche Gesandte durch Einschaltung des Staatsrates, die Richter und Barrister durch Einschaltung der Siegelbewahrer und die Richter und leitenden Beamten des Schatzkammergerichts durch Einschaltung der Schatzmeister gewählt.

Alle einem Rate ordnungsgemäß unterbreiteten Ansichten sind in jedem Falle von diesem zu beraten und bei entsprechender Beschlußfassung in den Senat einzubringen, wo sie dann vor dem ganzen Hause beraten und entweder beschlossen oder verworfen werden; was der Senat beschließt, ist eine Verfügung, die für Angelegenheiten des Staates gilt, jedoch kein Gesetz, solange es nicht der Prärogative vorgeschlagen und von dieser beschlossen worden ist.

Die Abgeordneten der Galaxien, von denen in jedem Stamme drei aus der Reiterei und vier aus dem Fußvolk kommen, belaufen sich in allen Stämmen auf insgesamt einhundertfünfzig Berittene und zweihundert Mann Fußvolk, die – nachdem sie sich in die Prärogative eingereiht und ihre Hauptleute, Kornette und Fähnriche (als auf drei Jahre befristete Offiziere) gewählt haben – die dritte *classis*, bestehend aus einer Reiter- und einer Fußtruppe, bilden und nunmehr als Teil der versammelten Prärogative vier auf ein Jahr befristete Obrigkeiten, sogenannte Tribunen, wählen, von denen je zwei der Reiterei und dem Fußvolk entstammen sollen; diese haben die Befehlsgewalt in den Versammlungen der Prärogative und das Stimmrecht im Kriegsrat, letzteres jedoch nicht im Senat, an dessen Sitzungen sie gleichwohl teilnehmen können.

Will der Senat eine erlassene Verfügung dem Volke zur Beschlußfassung vorlegen, hat er diese vorab über einen Zeitraum von sechs Wochen im Druck zu veröffentlichen oder anderweitig in Umlauf zu bringen; ist dies veranlaßt, soll er seine Vorschlagsberechtigten wählen. Hierfür kommen nur solche Obrigkeiten in Betracht wie die Siegelbewahrer, die Schatzmeister oder die Zensoren. Sobald sie gewählt sind, beauftragen sie die Tribunen mit der Musterung und legen den Tag fest. Nachdem das Volk an dem hierfür bestimmten Tage zusammengetreten und ihm die Verfügung als Beschlußvorschlag unterbreitet worden ist, wird das, was mit der Vollmacht des Senats vorgeschlagen und auf Geheiß des Volkes zum Beschluß erhoben wurde, Gesetz von Oceana oder ein Erlaß des Parlaments.

Somit besteht das Parlament von Oceana aus dem vorschlagenden Senat und dem beschließenden Volke.

Das Volk oder die Prärogative ist zugleich die höchste Gerichtsinstanz dieser Nation und ermächtigt, alle Berufungsfälle von sämtlichen Beamten und Gerichten in Oceana und in dessen Provinzen anzuhören und zu entscheiden sowie jeden Beamten nach Ablauf seiner Amtszeit ins Verhör zu nehmen, der durch die Tribunen oder einen von ihnen zur Anzeige gebracht wird.

Die militärischen Umlaufbahnen sind den jungen Leuten, also den Achtzehn- bis Dreißigjährigen, vorbehalten und kommen wie folgt zustande:

An jedem ersten Mittwoch im Januar versammeln sich die jungen Männer jeder Gemeinde und wählen jeweils jeden Fünften aus ihrer Mitte zum Abgeordneten. Die Abgeordneten der Jugend heißen Stratioten und bilden das erste Aufgebot.

An jedem ersten Mittwoch im Februar treffen sich die Stratioten in der Hundertschaft zur Wahl ihres Hauptmanns und Fähnrichs sowie zur Austragung ihrer Wettkämpfe.

An jedem ersten Mittwoch im März werden die Stratioten durch den Generalleutnant des Stammes als ihren Oberbefehlshaber sowie die Zahlmeister und Zensoren willkommen geheißen und nach Durchführung militärischer Übungen sowie weiterer Wettkämpfe an die Urnen gerufen, wo sie das zweite Aufgebot wählen, das in jedem Stamme zweihundert Berittene und sechshundert Mann Fußvolk beziehungsweise in allen Stämmen zehntausend Berittene und dreißigtausend Mann Fußvolk umfaßt und das stehende Heer dieser Nation bildet, das auf Befehl jederzeit marschbereit ist. Gleichzeitig wählen sie auch einen Teil des dritten Aufgebots, indem sich nämlich unter den von ihnen zu ziehenden Kugeln auch solche mit der Aufschrift M (für Marpesia) und P (für Panopea) befinden, wovon jeweils zehn Berittene und fünfzig Mann Fußvolk auf jeden Stamm, d. h. fünfhundert Berittene und zweitausendfünfhundert Mann Fußvolk auf alle Stämme zusammen, entfallen, die unverzüglich in die ihnen zubestimmte Provinz abzumarschieren haben.

Im eigentlichen Sinne des Wortes ist jedoch unter dem dritten Aufgebot zu verstehen, daß der Stratege gemeinsam mit den Polemarchen (nach Ausrufung eines Krieges durch den Senat und das Volk oder durch den Diktator) kraft seiner Vollmachten im Rahmen der angesetzten Mobilmachung das zweite Aufgebot aus den Händen der begleitenden Offiziere übernimmt, und wenn dieses Heer durch den Kriegsrat mit allem notwendigen Zubehör ausgerüstet worden und abmarschiert ist, wählt der Senat einen neuen Strategen, und die Stammeskommandeure veranlassen die Neuwahl des zweiten Aufgebots.

Ist ein junger Mann nicht der einzige Sohn und entzieht er sich einem der vorgesehenen drei Aufgebote, ohne dem Phylarchen oder den Zensoren hierfür einen triftigen Grund vorweisen zu können, so ist er untauglich für ein staatliches Amt und wird als Gegenleistung für den Schutz seiner Person mit einer Geldbuße in Höhe eines Fünftels seiner jährlichen Einkünfte oder Vermögenserträge belegt. Im Falle eines Angriffs von außen tragen die Älteren die gleichen Pflichten wie die Jungen und haben für die Kosten selbst aufzukommen.

Die Umlaufbahnen der Provinzen, die teils die Älteren und teils die Jungen erfassen, entstehen wie folgt:

Der Senat wählt vier Vertreter aus seinem anlaufenden ersten Turnus zu Mitgliedern des ersten Turnus des Rates der Provinz Marpesia, dem sie als Beamte mit dreijähriger Amtszeit angehören sollen. Der Provinzrat hat zwölf Mitglieder, d. h. in jedem Turnus vier, wobei sich jeder Turnus einen wöchentlichen Vorsitzenden wählt. Außerdem wählt der Senat aus dem vorbesagten Turnus ein weiteres Mitglied zum Präsidenten des so geschaffenen Rates, welcher Beamte diesem auf ein Jahr vorstehen und das Recht haben soll, ihm Vorschläge zu unterbreiten; und die von dem Präsidenten oder jeweils zwei der drei Turnusvorsitzenden eingebrachten Vorschläge werden in dem Rate behandelt und – falls weiterreichende Vollmachten oder Anweisungen als die vorhandenen erforderlich sind – dem Staatsrat zur Kenntnis gegeben, mit dem der Provinzrat engen Kontakt zu halten hat.

Der Präsident dieses Rates ist gleichzeitig der Stratege oder kommandierende General des Provinzheeres, zu welchem Zwecke die Vorgesetzten der Stratioten ihm nach erfolgter Wahl am Tage des von ihm angesetzten Treffens die für ihn bestimmte Anzahl Stratioten zwecks Mitnahme in seine Provinz übergeben. Und wenn das Provinzheer den neuen Strategen mit der dritten *classis* bei sich aufgenommen hat, entläßt der Provinzrat den bisherigen Strategen mitsamt der ersten *classis* aus dem Dienste. Dasselbe gilt auch für Panopea oder jede andere Provinz.

Während jedoch in diesem Gemeinwesen jede andere Amtszeit oder Wahlperiode, sei sie auf ein Jahr oder auf drei Jahre befristet, eine gleich lange

Aussetzung erfordert, sind der Amtsinhaberschaft eines Ratsmitgliedes oder Beamten der Provinz in dieser Hinsicht keinerlei Grenzen gesetzt. Die Beschlußfähigkeit eines Provinzrates ist genauso wie bei jedem anderen Rate oder Ausschuß gegeben, wenn zu gesunden Zeiten zwei Drittel und in Krankheitszeiten ein Drittel seiner Mitglieder anwesend sind.

Insula portum
Efficit objectu laterum, geminique minantur
In coelum scopuli, quorum suo vertice late
Aequora tuta silent.[274]

Ich habe, dünkt mich, hier nichts fortgelassen außer jenen Stützen und Streben des Rüstwerks, die bloß unmittelbar zum Bauen benötigt werden. Ist es etwa viel? Nennt mir nur ein einziges anderes Gemeinwesen, das mit so wenigen Vorkehrungen auskäme! Sind es vielleicht viele? Zeigt mir einen einzigen anderen Staat, dessen gesamtes Wesen sich in nur dreißig Ordnungen erschöpfen würde! Wenn ihr einen Prozeß anstrengt, müßt ihr damit rechnen, daß in manchem eurer Gerichte bis zu zweihundert Reskripte bereitliegen werden; rührt ihr bloß eine Hand, so treten im selben Augenblick ungleich mehr Nerven und Knochen in Aktion; selbst das Blatt, das ihr zum Spielen benutzt, enthält mehr Karten – ja, ihr könntet nicht einmal auf dem Stuhle dort bequem sitzen, wäre er nicht aus mehr Teilen gemacht. Wollt ihr darum eurem Gesetzgeber nicht wenigstens das gewähren, was ihr eurem Polsterer als selbstverständlich zugesteht – also dem Throne bewilligen, was für einen Stuhl unerläßlich ist?

Meine Herren, falls euch der Sinn nach einem Gemeinwesen mit weniger Ordnungen steht, so werdet ihr schließlich nur desto mehr Ordnungen haben, denn wenn es nicht von Anbeginn vollkommen ist, wird jeder Tag, ja jede Stunde eine neue Ordnung hervorbringen, und am Ende werdet ihr überhaupt keine Ordnung mehr haben, sondern euch bloß noch mit dem Gezeter dieses oder jenes Demagogen herumplagen müssen. Vielleicht hat er jetzt schon den Daumen auf der Waage? So erhebt denn euer Haupt, entsagt euren ehrsüchtigen Begierden, jener eklen Fratze eines Staatsmannes, in der sich, wie bei Sulla, *luto cum sanguine,* Blut und Dreck mischen! *Und der Herr lehre seine Ältesten Weisheit und lasse unser Angesicht leuchten, auf daß es denen zum Licht diene, die da sitzen in Finsternis und Schatten des Todes, und ihre Füße auf den Weg des Friedens richten.*[275] … In Gottes Namen, was gibt es da?"

Philadelphus, der Ratssekretär, hatte seine Pflicht kaum erfüllt gehabt und, wie wir sahen, die einzelnen Ordnungen verlesen, als ihm ein Packen Briefe (offenbar von seinem Korrespondenten Boccalini, dem Sekretär des Parnasses, stammend) ausgehändigt worden war, und nachdem er einen davon zur Hand genommen hatte, brach er unversehens in ein so heftiges Weinen, ja regelrechtes Heulen aus, daß die Gesetzgeber, von der Furcht vor irgendeiner entsetzlichen Nachricht aufgeschreckt, einen der Ihren, der ihm den Brief entrissen hatte, von allen Seiten bestürmten, er solle ihn vorlesen, worauf er das Folgende zu Gehör brachte:

„Geschrieben am Dritten des Monats:
Seine Phöbische Majestät hat geruht, das Wesen von Freistaaten in seine königlichen Betrachtungen einzubeziehen, und da er zu der festen Überzeugung gelangt ist, daß die Gesetze in solchen Staaten unvergleichlich besser sind und mit sehr viel größerer Treffsicherheit auf das Wohl der Menschen zielen als in jedem anderen, daß die Tapferkeit eines solchen freien Volkes den brauchbarsten Zündstoff für ein edles Feuer abgibt, ja daß dies fürwahr der Nährboden ist, in dem die Wurzeln guter Literatur am ehesten gegen den Wurmfraß der Kleingeistigkeit gefeit sind und überhaupt die erlesensten und schmackhaftesten Früchte hervorbringen, hat er einen derartigen Abscheu gegen die Ehrsucht und Tyrannei derer gefaßt,

die, indem sie die Freiheit ihres Heimatlandes usurpieren, selber dadurch zu Sklaven werden, daß sie, mag es ihrer Natur oder ihrem Gewissen auch noch so sehr widerstreben, sich zum Sündenlohn bereit finden, alle guten Menschen (denn *nemo unquam imperium flagittio quaesitum bonis artibus exercuit*)[276] mit derselben, wenn nicht gar mit unerbittlicherer Strenge zu verfolgen, als die Gesetze sie für die bösen vorschreiben, daß er sämtliche an dem gelehrten Hof des Theaters der Melpomene weilenden Ratsherren um sich zu versammeln beschloß, auf dessen Bühne er sodann den Diktator Cäsar treten ließ, gefolgt von seiner Schwester Actia, seinem Neffen Augustus, seiner Tochter Julia mitsamt ihren Kindern aus der Verbindung mit Marcus Agrippa, Lucius und Caius Cäsar, Agrippa Posthumus, Julia und Agrippina, nebst der zahlreichen Nachkommenschaft, die sie ihrem hochberühmten Gatten Germanicus geschenkt hatte. Ein leidvoller Anblick für jeden, am schmerzlichsten aber für Cäsar selbst, mußte er doch mit eigenen Augen ansehen, welch verheerende Folgen sein unersättlicher Ehrgeiz, der nicht einmal vor dem eigenen blutigen Leichnam haltmachen mochte, für seine unschuldigeren Hinterbliebenen hatte, indem er schließlich zu der völligen Auslöschung seiner Familie führte. Denn man kann es nur unter Tränen aussprechen (weil ja dort, wo sich ein Gefühl der Menschlichkeit regt, ein gewisses Mitleid nicht ausbleiben kann), daß von all dem reichen Segen, der dem Schoß der älteren Schwester Octavia und der Tochter Julia entsprungen war, und von der ganzen Saat des Augustus nicht wenigstens eine einzige Frucht oder eine einzige Blüte dem Schicksal entronnen ist, entweder durch das Schwert, aus Notdurft oder an Gift zu sterben und zugrunde zu gehen! Allein dies hätte genügen müssen, um Cäsars große Seele mit unendlicher Trauer zu erfüllen; und doch gab es etwas, was genauso peinigend, ja vielleicht noch peinigender für ihn war, nämlich sehen zu müssen, wie jene verruchte Sippe der Claudii, die mit dem Durst von Tigern nach seinem Blute gelechzt und geschmachtet hatte, schließlich mit dem römischen Imperium belohnt wurde und in dem vollen Besitz des berühmten Erbvermögens verblieb – ein Anblick fürwahr, bei dem das Himmelslicht sich verfinsterte! Aber als wäre dies noch immer nicht genug für Cäsar, ließ Seine Phöbische Majestät von der anderen Seite des Theaters jetzt den erlauchten und strahlenden Fürsten Andrea Doria inmitten seiner geliebten Kinder und Kindeskinder eintreten, umgeben von der sanften und beständigen Zuneigung der Stadt Genua, in deren ewig dankbares Herz er, himmlischem Tau vergleichbar, den kostbaren Keim der Freiheit gesenkt hatte. Als nun der römische Tyrann dies sah und zugleich erkannte, um wieviel frischer der Lorbeer grünte, dessen Wurzel im Herzen des Volkes wuchs, als jener, den er gewaltsam abgerissen hatte, verzerrte sich sein Blick und wand sich sein Körper unter so furchtbaren Qualen, daß die Ratsherren, die in der Annahme, sie wären durch ein solches Schauspiel ebensowenig zu rühren wie Stein und Eisen, mit ihrem würdigen weißen Haar bisher dagestanden hatten wie die Alpen im Schneetau, sich jetzt mit ihren weiten Ärmeln das Gesicht bedeckten."

„Meine Herren", sagte der Archont und erhob sich, „der geistreiche Philadelphus hat uns anhand dieser schrecklichen Tragödie eine ernste Lehre erteilt. *Discite justitiam moniti, et non temnere divos.*[277] Der große, ruhmbekränzte Cäsar, der beste Mann, den die Welt je gesehen, konnte trotzdem nur durch jenen Trieb im Menschen herrschen, der diesen dem Tier gleichstellt. Dagegen ist ein Gemeinwesen ein Reich, in dem Gott König ist, denn dort ist die höchste Gewalt jene Vernunft, die er geboten hat."

Damit schloß er die Sitzung des Rates. Und schon bald darauf wurde das Modell in Umlauf gebracht, *quod bonum felix faustumque sit huic reipublicae, agite quirites, censuere patres, jubeat populus. Das Meer brauste, und die Ströme frohlockten.*[278]

LIBERTAS[279]

Proklamation Seiner Hoheit des Archonten von Oceana anläßlich der öffentlichen Bekanntmachung des Modells

Bei der Ausarbeitung des hiermit der Öffentlichkeit vorgelegten Modells haben Seine Hoheit und der Rat der Gesetzgeber sich von keinerlei persönlichem Interesse oder eigenem Ehrgeiz leiten lassen, sondern allein die Furcht vor Gott und das Wohl dieses Volkes im Auge gehabt, und es bleibt ihr Wunsch, daß das große Werk nun auch demgemäß ausgeführt werden möge. Mit der heutigen Verlautbarung tun sie dem braven Volk dieses Landes kund und zu wissen, daß genauso, wie der Rat der Prytanen bei der Ausarbeitung des Modells auf seinen Sitzungen von Zeit zu Zeit Vorschläge aufgenommen hat, die ihm von klugen und gemeinnützig gesinnten Menschen im Interesse der Einrichtung eines wohlgeordneten Gemeinwesens unterbreitet wurden, er auch während der öffentlichen Bekanntmachung desselben in den kommenden drei Monaten im großen Saal des Pantheon Sitzungen abhalten wird,* um alle Einwände entgegenzunehmen, zu prüfen und gegebenenfalls dem Rat der Gesetzgeber zuzuleiten, die gegen das besagte Modell, sei es zur Gänze oder in seinen einzelnen Teilen, erhoben werden. Damit nichts überstürzt oder ohne Einwilligung des Volkes geschehe, soll darum jeder, der noch Zweifel hegt oder Schwierigkeiten sieht, sich mit aller gebotenen Eile an die besagten Prytanen wenden, die ihm für den Fall, daß seine etwaigen Einwände, Zweifel oder Schwierigkeiten sich zur Zufriedenheit der Anwesenden entkräften lassen, einen öffentlichen Dank aussprechen sollen. Wenn aber die besagten Einwände, Zweifel oder Schwierigkeiten nicht zur Zufriedenheit der Anwesenden entkräftet werden können, soll das vorgelegte Modell überarbeitet werden und der Urheber der Überarbeitung nicht nur den öffentlichen Dank ausgesprochen erhalten, sondern auch das beste Pferd im Stalle Seiner Hoheit bekommen und in den Rat der Gesetzgeber berufen werden. Und damit Gott befohlen!

Ich müßte jetzt eigentlich etwas zu dem Rat der Prytanen sagen, unterlasse es aber aus zwei Gründen: einmal deshalb, weil ich für das bereits Geschriebene nur wenig Zeit gehabt habe und folglich mit meiner Kraft am Ende bin; zum anderen, weil es neue Einwände geben mag. Sofern also mein Leser an dem Modell irgend etwas zu beanstanden hat, ersuche ich ihn, sich zunächst in mündlicher Rede an die Prytanen zu wenden, damit seine Verbesserungsvorschläge, sobald aus diesem unfertigen Entwurf ein leidliches Buch geworden ist, dann hier gewissenhaft eingefügt und auf ihre Brauchbarkeit oder Unbrauchbarkeit untersucht werden können. Denn was geschrieben steht, wird der Beachtung gewürdigt, wohingegen das Reden heutzutage ein Glücksspiel ist, bei dem der größte Blender gemeinhin die meiste Aussicht auf Erfolg hat.
Es gleicht den Strohblumen, welche die Frauen gern stecken: Sie halten nur so lange zusammen, wie keiner ihnen zu nahe kommt. Auch ist dieser Fehler nicht auf das Reden beschränkt, was ihn nur um so schlimmer macht. Wer da meint, die Erfindung einer Lernmethode sei gleichbedeutend mit der Vermittlung des gewünschten Wissens, muß sich sagen lassen, daß die wahre Eignung der Methode sich allein darin zeigt, ob der Prüfling seinen Stoff auch tatsächlich beherrscht.
Ich kann einen Kreis nicht schließen (und ein solcher ist dieses Gemeinwesen), ohne dessen Ende mit dem Anfang zu verbinden. Nachdem die Bekanntmachungsfrist abgelaufen war, wurden die Inspektoren ausgesandt, und als sie innerhalb gebührender Zeit Meldung erstattet hatten, daß ihr Werk getan wäre, wurden sie von den Sprechern abgelöst, worauf unter Leitung dieser Beamten und Obrigkeiten durch das geschlossene Handeln des ganzen Volkes – *curiatis, centuriatis* und *tributis*

* Vgl. das Vorgehen der Dezemvirn anläßlich der Bekanntmachung der ersten zehn ihrer Zwölftafelgesetze bei Livius.[280]

comitiis – das Gemeinwesen ratifiziert und gegründet wurde. Und die Sprecher, deren jeder kraft seiner Einschreibung in die Stammesrolle oder durch das Los Angehöriger eines bestimmten Stammes war, wurden zu den ersten Mitgliedern der dritten Liste oder Galaxie des Senats gewählt, worauf sie – nachdem sie bei ihrer Rückkehr noch dem Archonten dabei geholfen hatten, den Senat und das Volk oder die Prärogative in Bewegung zu versetzen – ihre Ämter als Sprecher und Gesetzgeber niederlegten.

Schlußbetrachtung

Zuletzt (sagt Plutarch am Ende seiner Biographie des Lykurg)[281] überkam ihn ein gleiches Entzücken bei der Entdeckung, daß sein Staat Wurzeln geschlagen hatte und fest genug im Boden verwachsen war, um aus eigener Kraft bestehen zu können, wie nach den Worten Platos[282] Gott es empfand, als die Schöpfung der Welt vollendet war und er die Kreise zu seinen Füßen betrachtete, die er gezogen hatte. Denn in der Kunst des Menschen (mit der dieser, Hobbes[283] zufolge, die Gotteskunst der Natur nachahmt) kommt der Erweckung schöner Harmonie aus Chaos und Wirrsal nichts so nahe wie der Aufbau eines wohlgeordneten Gemeinwesens. Als Lykurg aus der Wirkung ersah, daß seine Ordnungen gut waren, fiel er in tiefes Sinnen, wie er ihnen bis in alle Ewigkeit, soweit dies im menschlichen Ermessen liegt, Bestand und Dauer würde verleihen können. Zu diesem Zwecke rief er das Volk zusammen und erklärte ihm, nach seiner sicheren Überzeugung sei dessen politisches System schon jetzt so gut verfaßt und so fest begründet, daß es genüge, um ihm und den Seinen alle Tugend und Glückseligkeit zu bescheren, die einem Menschen zu Lebzeiten überhaupt erreichbar seien. Etwas indessen liege ihm noch sehr am Herzen, doch wolle und könne er hierzu nichts Näheres sagen, ohne zuvor das Orakel des Apollo befragt zu haben; deshalb fordere er das Volk auf, seine Gesetze einstweilen mit peinlichster oder strengster Genauigkeit zu befolgen, bis er aus Delphos zurückgekehrt sein werde. Freudig und einmütig gelobte das gesamte Volk Gehorsam und drängte ihn zu möglichster Eile. Ehe Lykurg aufbrach, ließ er die Könige und die Senatoren und hernach das vollzählig angetretene Volk das gegebene Versprechen noch einmal feierlich beschwören; dann machte er sich auf die Reise. Nach seinem Eintreffen in Delphos brachte er dem Apollo sein Opfer dar und begehrte nun Auskunft, ob das von ihm geschaffene politische System dazu angetan sei, eine zuverlässige und hinreichende Gewähr für ein tugendhaftes und glückliches Leben zu bieten. (Es war nämlich ein eherner Grundsatz von Gesetzgebern, sich einem derartigen Aberglauben nicht entgegenzustellen, sondern vielmehr den größten Nutzen aus ihm zu ziehen, weil ja bekanntlich das Volk durch nichts nachhaltiger zu beeindrucken ist; im übrigen ist erwiesen – auch wenn Plutarch in dieser Sache als Priester seine eigene Anschauung hatte–, was schon Cicero in seinem Buch *De Divinatione* darlegt[284]: daß es außerhalb der Einbildungskraft der Priester etwas Derartiges wie ein Orakel niemals gegeben hat. Aber wir wollen gegen unseren Autor nicht unhöflich sein!) Der Gott antwortete Lykurg, daß sein System vortrefflich sei und seine Stadt, wenn sie sich streng an seine Weisungen halte, zu höchstem Ruhm und Ansehen gelangen werde. Lykurg ließ sich das Orakel schriftlich geben und sandte es unverzüglich nach Sparta ab. Damit nun dessen Bürger auf alle Zeit unentrinnbar an den geleisteten Eid gebunden bleiben sollten, bis zu seiner Rückkehr nichts zu verändern, faßte er anschließend einen so entschiedenen Vorsatz, an Ort und Stelle zu sterben, daß er fortan keinerlei Nahrung mehr zu sich nahm, so daß seine Absicht wenig später in Erfüllung ging. Auch täuschte er sich nicht über die Folgen, denn seine Stadt wurde dank ihrer ruhmreichen und herrlichen Regierung zu den ersten in der ganzen Welt. Und soviel zu Lykurg in der Darstellung Plutarchs.

Als der verehrte Archont sah, wie beseligt und dabei zugleich so voller Anmut und Harmonie sich seine Sphären in Bewegung setzten und, ohne sich im geringsten stören oder aufhalten zu lassen, auf eine ganz natürliche Weise ihre Bahnen zogen, geriet er in einen ähnlichen Zustand der Beglückung, doch erschien es ihm genauso unnötig oder überflüssig, dem Senat und dem Volke einen Eid abzunehmen, daß sie seine Ordnungen befolgen würden, wie einen Menschen von bester Gesundheit und heiterster Gemütsverfassung schwören zu lassen, daß er sich nicht das Leben nehmen werde. Da jedoch der christliche Glaube, obwohl er die Anwendung roher Gewalt untersagt, nicht minder auf Selbstverleugnung gerichtet ist als andere Religionen, beschloß er, auf der Stelle jeder fleischlichen Begierde zu entsagen und allen etwaigen Anfechtungen des Ehrgeizes dadurch zu begegnen, daß er ihnen fortan jegliche Nahrung entzöge; in dieser Absicht trat er vor den Senat, der ihn mit einhelligem Beifall empfing, und nachdem er von seinem Staate in ähnlicher Weise gesprochen hatte wie Lykurg einst vor dem versammelten Volk, legte er das Amt des Archonten nieder. Wie ja derartig völlig unerwartete Eröffnungen den Menschen für gewöhnlich die Sprache zu verschlagen pflegen, versank auch der Senat, fassungslos vor Verwunderung, in tiefes Schweigen; erst als der Archont schon im Aufbruch begriffen war und fast die Tür erreicht hatte, sprangen etliche der Senatsmitglieder von ihren Plätzen auf und machten Miene, wie es schien, ihn gewaltsam zurückzuhalten; er aber entwand sich ihnen und verließ den Senat, indes allen Anwesenden Tränen in den Augen standen wie Kindern, die den Vater verloren haben, und um sämtlichen weiteren Belästigungen zu entrinnen, zog er sich in ein ihm gehörendes Haus auf dem Lande zurück, das so abgelegen und versteckt war, daß eine Zeitlang niemand zu sagen wußte, was aus ihm geworden wäre. So geschah es, daß der Schöpfer des Gesetzes zugleich das erste Wahrzeichen für das Wirken und Walten des geschaffenen Gesetzes gab, denn wie einem jeden Volke von allen Dingen die Freiheit am teuersten ist, ebenso auch ist

342

seinem Wesen nichts so zuwider wie Undank. Indem wir die Römer dieses Vergehens gegen einige ihrer größten Wohltäter, wie zum Beispiel Camillus, beschuldigen, häufen wir Irrtum auf Irrtum, denn weil wir weniger davon verstehen als sie, was der Freiheit geziemt, bilden wir uns ein, besser zu wissen, was Tugend sei. Während aber die Tugend, die bei ihnen eine alltägliche Sache war, für sie keinen geringeren Wert besaß, als Edelsteine ihn für Leute haben, die die meisten davon am Leibe tragen, bieten wir dieses Kleinod, das wir ohne Sinn für seinen Wert aus den Ruinen Roms geklaubt haben, zu einem ähnlichen Preise feil, wie die Schweizer ihn einst für jene Kostbarkeit verlangten, die sie in dem Gepäck des Burgunderherzogs Karl zutage gefördert hatten. Denn daß Camillus sich dem Untergang Roms standhafter zur Wehr gesetzt hatte als dessen Kapitol, wurde durchaus anerkannt, doch wußte man auch, daß er im Interesse der Patrizier nicht minder standhaft gegen die Freiheit des Volkes Front machte; deshalb fehlte es ihm nie an Männern, die für ihn im Felde ihr Leben zu lassen bereit waren, noch an solchen, die ihm in Rom offen Trotz boten. An diesem Beispiel sehen wir, daß jene, die da meinen, man habe Camillus unrecht getan, weder selber im Recht sind noch dem Volk Roms Gerechtigkeit widerfahren lassen, das durch sein Verhalten ja nur zu erkennen gab, daß seine Verachtung für die Knechtschaft größer war als die Furcht vor Untergang, was von einer höchst edelmütigen Gesinnung zeugt. Dasselbe ließe sich auch an anderen Beispielen zeigen, etwa an der Verbannung von Aristides dem Gerechten aus Athen durch das Scherbengericht,[285] die, erstens, überhaupt nicht als Strafe, ja nicht einmal als Herabsetzung gedacht war, sondern lediglich der Sicherheit des Gemeinwesens dienen sollte, indem ein Bürger, dessen Reichtum oder Einfluß auf eine bestimmte Partei Besorgnis erregte, vorsichtshalber für die Zeit von zehn Jahren des Landes verwiesen wurde, ohne daß damit jedoch Abstriche für sein Vermögen oder seine Ehre verbunden gewesen wären. Und, zweitens, mochte auch die Tugend des Aristides an sich über jeden Verdacht erhaben sein, so rückte doch

der Umstand, daß er unter dem Namen des Gerechten, teilweise sogar unter Mißachtung der gesetzlichen Vorschriften und Ordnungen des Gemeinwesens, zum alleinigen
Schiedsrichter in sämtlichen Streitfällen des Volkes aufge-
stiegen war, ihn in solche Nähe zu einem Fürsten, daß die
Athener, ohne Aristides ein Unrecht zuzufügen, ihrem
Staat durch seine Entfernung vielmehr einen nur allzu berechtigten Dienst erwiesen, deren Grund also wahrscheinlich nicht, wie Plutarch annimmt, die Mißgunst des Themistokles war, zumal Aristides weit mehr Beliebtheit genoß
als Themistokles, der dann kurze Zeit später aus einem un-
rühmlicheren Anlaß den gleichen Weg gehen sollte.[286] Und
wie Machiavelli allen anderslautenden Behauptungen zum
Trotz unwiderleglich bewiesen hat,[287] daß ein Volksstaat
weniger zur Undankbarkeit neigt als jeder andere, verursachte nun auch das Dunkel (um es einmal so zu nennen),
in das der verehrte Archont hinabgetaucht war, in den Herzen der Menschen eine landesweite Bekümmerung und
legte sich wie eine Wolke über die aufgehende Sonne seines Gemeinwesens.

Das Thema hatte seit langem die Runde gemacht, und
das Volk, das schon unruhig zu werden begann (denn
das Land war in Parteien gespalten, die ihre Feindseligkeiten noch immer nicht begraben hatten), richtete seine
Augen erwartungsvoll auf den Senat, als nach einer gewissen Zeit frommer Andachten und feierlicher Danksa-
gungen Seine Exzellenz Navarchus de Paralo aus dem
Stamme Dorean, der nunmehrige Stratege von Oceana
(dem neuen Gemeinwesen also, dem er mit großer Umsicht vorstand), seine Ansichten oder Auffassungen in
einer Rede vor dem Staatsrat darlegte, der ihnen so einmütig und nachdrücklich zustimmte, daß sie nunmehr in den
Senat eingebracht wurden, wo man sie sogar noch beifälli-
ger aufnahm. Darauf erging eine entsprechende Verfügung des Senats und wurde zwecks sofortiger Veröffentlichung in den Druck gegeben, die Exemplare wurden von
den Sekretären an die Phylarchen weitergeleitet (was der
übliche Weg ihrer Verbreitung ist), und die *pro tempore* zu
Vorschlagsberechtigten gewählten Siegelbewahrer, d. h.
die sehr ehrenwerten Herren Phosphorus de Auge aus

dem Stamme Eudia, Dolabella de Enyo aus dem Stamme Turmae und Linceus de Stella aus dem Stamme Nubia, beauftragten die Tribunen mit der Musterung des Volkes auf dem Halo nach Ablauf von sechs Wochen als der für die öffentliche Bekanntmachung zugestandenen Frist.

Die Befriedigung, die das Volk in sämtlichen Stämmen bei der Veröffentlichung der Verfügung empfand, ließ die Briefträger unter der Last der allwöchentlich zu befördernden Freundespost, mochte sie nun von amtlicher oder privater Hand geschrieben sein, beinahe zusammenbrechen. Als der Tag für die Unterbreitung des Vorschlags gekommen und die Prärogative in geordneter Form an dem festgelegten Orte versammelt war, ließ Sanguine de Ringwood aus dem Stamme Saltum, der Hauptmann des „Phönix", auf Befehl der Tribunen seine Truppe auf der Piazza des Pantheon aufmarschieren und mit Trompetenstößen, deren Klang in dem großen Saale widerhallte, seine Ankunft verkünden, worauf der Sekretär des Hauses nach unten ging und bei seiner Rückkehr den Vorschlagsberechtigten Meldung erstattete, die nun ihrerseits hinabschritten und am Fuße der Treppe von dem Hauptmann empfangen und zu den Staatskarossen geleitet wurden, mit denen der Oberstallmeister Calcar de Gilvo aus dem Stamme Phalera, eskortiert von den Wahlhelfern auf ihren Paradepferden, schon vor dem Tore wartete.

Nachdem die Vorschlagsberechtigten ihre Kutschen bestiegen hatten, setzte sich der Zug, dessen Prachtaufwand demjenigen glich, der für den Empfang von Gesandten üblich ist, wie folgt in Gang: Vornweg marschierte die Truppe mit dem Fähnrich an der Spitze und dem Hauptmann am Schluß; der Truppe folgten die zwanzig Kuriere oder Trompeter; dann die Wahlhelfer hoch zu Roß, angeführt von ihrem Vorreiter, mit dem Oberstallmeister hinterdrein; nach den Wahlhelfern kam Bronchus de Rauco, der Erste Herold, samt seiner Bruderschaft in Schild und Wappen, und den Anschluß an Sir Bronchus bildete Boristenes de Holiwater aus dem Stamme Ave in seiner Eigenschaft als Zeremonienmeister. Unmittelbar vor den Kutschen wurden das Zepter und das Staatssiegel hergetragen, beiderseits umsäumt von den Türhütern und Schildwachen des Senats mit ihren Streitäxten, in deren Begleitung sich etwa drei- oder vierhundert Lakaien befanden, die zu den Senatsmitgliedern oder Ratsherren gehörten; die Trompeter, Wahlhelfer, Schildwachen, Postillione, Kutscher und Lakaien waren alle sehr schmuck in die Diensttrachten des Gemeinwesens gekleidet, trugen aber mit Ausnahme der Wahlhelfer keinen Hut, sondern statt dessen eine Plattmütze aus schwarzem Samt mit einem leicht vorspringenden Schirm über der Stirn. Den Vorschlagsberechtigten schloß sich eine lange Reihe von Kutschen an, gefüllt mit Herrschaften, die das Gemeinwesen bei derlei Anlässen üblicherweise mit ihrer Anwesenheit zu zieren pflegen. In dieser Anordnung bewegte sich der Zug vom Pantheon bis zu dem etwa eine halbe Meile entfernt gelegenen Halo langsam durch die Straßen, wo er dem Volke dank seiner feierlichen Pracht und der Willkommenheit seines Bestimmungszweckes ein höchst erbauliches und befriedigendes Schauspiel bot. Bei seinem Eintreffen auf dem Halo war die Prärogative bereits in Reih und Glied angetreten, und auf den rings aufgebauten Tribünen drängten sich die Zuschauer. Die Vorschlagsberechtigten wurden von den Tribunen willkommen geheißen und auf ihren Thron zu Häupten der Stammesvertreter geführt, der eine gewisse Ähnlichkeit mit einer Kanzel hatte, nur daß er breiter und von den Herolden mit allen Arten von Vögeln und Tieren verziert worden war, die sie freilich schlecht und in durchweg unnatürlichen Farben gemalt hatten. Die Tribunen nahmen an einem Tische unterhalb des mächtigen Thrones Platz, der Tribun der Berittenen in der Mitte und die des Fußvolks an dessen beiden Enden, und jeder von ihnen hatte eine Schale oder eine Schüssel vor sich stehen: die rechte war weiß, die linke grün und die mittlere rot. Und der Schlüsselwart des Pavillons, der bereits jedem Stammesvertreter seinen Teil Leinenkügelchen oder Stoffknäuel ausgehändigt hatte, übergab den Wahlhelfern jetzt die Stimmkästen. Als die Vorschlagsberechtigten ihren erhöhten Sitz oder Thron erreicht hatten, wobei sie den Hut zum Gruße abnahmen, jubelte das Volk

ihnen zu, worauf die jüngeren Siegelbewahrer sich zu beiden Seiten niederließen und der Erste Siegelbewahrer,
in der Mitte stehend, wie folgt zu sprechen begann:
„Meine Herren! Volk von Oceana!

In Anbetracht dessen, daß mir selbst das Herz schwillt
vor Glück, euch bei diesem Namen nennen zu können, und ich auf allen Gesichtern, die gleichsam mit
dem Öl der Zufriedenheit gesalbt scheinen, weit und
breit den untrüglichen und überzeugenden Beweis für
das nämliche Gefühl erblicke, wäre es ein müßiges
Unterfangen, wollte ich euch hier jetzt ein Festmahl
aus Worten bereiten, da ich eure Seelen doch mit der
köstlichen und bekömmlichen Speise aufrichtiger
Freude schon hinreichend gestärkt weiß. Ich will euch
lieber an eure Dankesschuld gemahnen als durch eitle
Reden womöglich euren Übermut wecken. War es
denn etwa Menschenhand, die uns diese Segnungen
zuteil werden ließ? Ich erinnere hier nur an den Fall
Roms, dessen Gemeinwesen ein Opfer des eigenen
siegreichen Schwertes geworden ist! Oder war es vielleicht unsere eigene Weisheit, deren Ratschläge es immerhin so weit gebracht hatten, daß wir unseren Sieg
schon zu bereuen begannen? Fern sei uns der Ge-
danke (meine Herren), uns je wieder in den Netzen
fangen zu lassen, denen wir mit so knapper Not ent-
gangen waren; laßt uns lieber auf die Knie fallen und
(im Bewußtsein der Lehren, die uns erst jüngst aus be-
rufenerem Munde erteilt worden sind) voller Dankbarkeit zum Himmel aufschauen! Da andererseits geschrieben steht, wie zornig Gott ward über die
Nachlässigkeit seiner Propheten, ist der Schluß zwin-
gend, daß er diejenigen geehrt zu sehen wünscht, die er
sich zu seinen Werkzeugen erwählt hat. Deshalb hege
ich nicht den geringsten Zweifel an meiner Vollmacht,
wenn ich nunmehr auf den eigentlichen Anlaß unserer
heutigen Zusammenkunft, nämlich auf die Würdigung
der Tugenden und Verdienste des verehrten Archonten, zu sprechen komme, damit deren wahre Größe diesem Volke auf immerdar vor Augen stehen möge.
Was ich zu sagen habe, ihr Herren, ist nicht mit ein

paar raschen Worten abgetan, sondern nötigt mich, die berühmtesten Beispiele zu bemühen. Um mit Alexander anzufangen, der sich seine Denkmäler durch Tod und Verwüstung errichtete: welchen Dienst hat er der Menschheit wohl damit erwiesen, daß er die Luft mit seinen Leichenbergen verpestete? Solange das Schwert des Krieges nicht dazu dient, in der Hand der Obrigkeit die Übeltäter zu schrecken und zu strafen, ist es in den Augen Gottes genauso ruchlos wie das Schwert des Mörders, ja ruchloser noch, denn wenn schon das Blut Abels,[288] eines einzigen unschuldigen Menschen also, in des Herrn Ohren nach Rache schrie, was wird dann erst mit dem Blute eines ganzen unschuldigen Volkes sein? Man hat von dieser Art Regiment, dem Thron der Begehrlichkeit, dem Revier eines mächtigen Jägers, zu Recht gesagt, es sei nichts weiter als ein groß angelegter Raubzug gewesen. Hätte Alexander die Freiheit Griechenlands wiederhergestellt und sie unter der Menschheit verbreitet, so hätte er gehandelt wie der verehrte Archont und wahrlich verdient, der Große genannt zu werden. Es machte Alexander nichts aus, einen Sieg zu stehlen, falls sich ihm die Gelegenheit bot.[289] Der verehrte Archont indessen hat den Sieg nicht nur denen wieder entrissen, die ihn sich gestohlen hatten, während wir still und demütig zusahen, wie sie auf unseren Feldern ernteten, sondern überdies ihre eigenen Felder unserer Herrschaft unterworfen und sie selbst mit seinem Siegerschwerte fest an ihren heimischen Kaukasus genagelt.

Machiavelli gibt etwas sehr Treffendes zu bedenken[290]: Niemand (so sagt er) solle sich über den Ruhm Cäsars durch die falschen Darstellungen jener Autoren täuschen lassen, die, weil sein Reich dem Namen nach länger währte als sein Geschlecht, ihre Freiheit verrieten, um sich einzuschmeicheln. Wer wirklich wissen wolle, was die Römer von Cäsar dachten, solle sich erinnern, was sie von Catilina sagten.

Und wie einer, der ein abscheuliches Verbrechen begeht, immer noch hassenswerter ist als jemand, der es nur plant, ist auch Cäsar hassenswerter als Catilina.

Wer also wissen möchte, was man in klassischer und heroischer Zeit oder was man in Griechenland und Rom von dem verehrten Archonten gedacht und gesagt haben würde, sollte sich vielmehr erinnern, was man damals von Solon, Lykurg, Brutus und Publicola gedacht und gesagt hat. Und in demselben Maße, wie seine Tugend, die durch die Herrlichkeit seines Werkes gekrönt wird, die Genannten überragt, weil sie entweder weniger Großes erstrebten oder weniger Großes erreichten, ist deshalb der verehrte Archont auch höher zu preisen als Solon, Lykurg, Brutus und Publicola.

Wir scheuen auch nicht den Vergleich mit dem allererlauchtesten Scipio; nur war dieser Held, dessen Größe unbestritten ist, nicht der Gründer eines Gemeinwesens, und was das übrige betrifft, warum sollte es bei all seiner gern zugegebenen makellosen Vollkommenheit in hellerem Glanze erstrahlen als der Ruhm des verehrten Archonten?

Wenn aber sein Licht die Augen der Obrigkeit in einem Maße blendete, daß für die Freiheit zu fürchten war, mag es wohl verzeihlich erscheinen, daß Rom daran Anstoß nahm und ich den Vergleich in diesem Punkte zurückweise. Denn wo ist der verehrte Archont jetzt? Gibt es nur einen Mann von Geist, mag er auch noch so überragende Fähigkeiten besitzen, der in seinem Beisein nicht augenblicklich in seinen Bann geriete? Er aber hat sich in Luft aufgelöst, er sucht das Dunkel inmitten einer Nation, die durch das Licht erst sehend geworden ist, das er ihr aufgesteckt hat. Er ist seiner eigenen Herrlichkeit überdrüssig geworden, damit sie nicht zwischen euch und eurer Freiheit stehe.

Freiheit! Was ist das schon, wenn wir nicht einmal dankbar sein dürfen? Und wenn wir es dürfen, sind wir im selben Augenblick nicht mehr frei. Wer schon nennt irgend etwas sein eigen, das er nicht anderen zu danken hätte? Die Tugend stellt ziemlich harte Bedingungen, meine Herren: Würde unsere Schuld jetzt eingefordert, wäre sie nicht fällig, und wird sie uns erlassen, so fühlen wir uns trotzdem an ihre Begleichung gebunden! Wenn wir andererseits nicht solche

Zahlungen leisten, wie sie einem freien Volke geziemen, so bleiben wir dem verehrten Archonten nicht nur schuldig, was ihm gebührt, sondern berauben ihn zugleich all seiner Größe und seines erhabenen Ranges.

In Ansehung dieser gründlich bedachten und reiflich erwogenen Gegebenheiten wird euch, ihr Herren, dem Volk von Oceana, gemäß den Ordnungen unseres Gemeinwesens mit Vollmacht des Senats deshalb der folgende Vorschlag unterbreitet:

1. Amt und Würden des Archonten oder Protektors des Gemeinwesens Oceana werden hiermit durch den Senat und das Volk auf den allererlauchtesten Fürsten und alleinigen Gesetzgeber dieses Gemeinwesens, Olphaus Megaletor *(Pater Patriae)*, übertragen, den der Herrgott sein Leben lang schützen möge.

2. Der noch aus den früheren Staatseinnahmen vorhandene Betrag von dreihundertfünfzigtausend Pfund im Jahr wird besagtem erlauchten Fürsten oder Höchsten Archonten auf Lebenszeit und zu Seiner Hoheit eigenem und frei verfügbarem Gebrauch zugesprochen.

3. Der Archont empfängt gemeinsam mit dem Staatsrate gemäß den Ordnungen dieses Gemeinwesens alle dort vorstellig werdenden ausländischen Gesandten zur Audienz.

4. Zum Schutze dieses Gemeinwesens gegen abtrünnige Parteien wird dem Archonten auf drei Jahre ein stehendes Heer von zwölftausend Mann bewilligt, das durch eine monatlich erhobene Steuer zu finanzieren und in Abstimmung mit dem Kriegsrat zu führen, zu leiten und zu befehligen ist.

5. In diesem Gemeinwesen gilt kein Unterschied der Person oder der Partei, sondern jeder, der gemäß den Ordnungen dieses Gemeinwesens gewählt und vereidigt ist, hat das gleiche Recht, ein Amt wahrzunehmen oder, wenn er nicht gewählt worden ist, seine Freiheit zu genießen und sich

seines Besitzes zu erfreuen, ohne daß ihm andere als die üblichen Steuern auferlegt werden.

6. Wer für die eigene Person einen Unterschied geltend macht, bei seiner Wahl den Amtseid verweigert oder sich einer Partei zugehörig erklärt, die mit der Regierung des Staates unvereinbar ist, darf sich, wann immer er dies während der dreijährigen Bereitschaft des stehenden Heeres wünscht, unter Mitnahme seines Vermögens frei und ungehindert in jedes beliebige Land seiner Wahl begeben.

7. Gibt es nach Ablauf der dreijährigen Bereitschaftsfrist für das stehende Heer noch immer irgendwelche von der staatlichen Regierung dieses Gemeinwesens unversöhnlich abweichende Parteien und ist das Gemeinwesen dadurch zu einer Fristverlängerung für das stehende Heer gezwungen, so werden die Kosten für dasselbe anschließend solchen mit der Regierung des Staates unvereinbaren Parteien in Rechnung gestellt."

Als der Vorschlagende seine Ansprache beendet hatte, wurden die Trompeten geblasen, und die Tribunen der Berittenen, die aufgesessen waren, um die Abstimmung zu überwachen, ließen das Volk, das bei der Rede herbeigeströmt und beinahe schon bis zu der Galerie vorgedrungen war, erst einmal etwa zwanzig Schritte zurücktreten. Danach nahm Linceus de Stella die Liste mit den Vorschlägen an sich und schritt gemeinsam mit Bronchus de Rauco, dem Herold, zu einem inmitten des Stammesvolkes errichteten kleinen Podest und setzte sich dort nieder, während der Herold barhäuptig zu seiner Rechten stehenblieb. Die Wahlhelfer standen mit ihren Stimmkästen schon vor der Galerie bereit, und auf Befehl des Tribuns verteilten sie sich jetzt gleichmäßig auf die Reiter- und Fußtruppen, gefolgt von Kindern mit roten Kästen (die also die Frage stellten, ob die Frage überhaupt gestellt werden solle). Und nachdem die Stimmen innerhalb kürzester Zeit den an dem Tische amtierenden Tribunen übergeben und unter den Augen der Vorschlagsberechtigten ausgezählt worden waren, zeigte sich, daß alle mit Ja gestimmt hatten, worauf die roten oder für die Enthaltungen vorgesehenen Kästen beiseite getan wurden, da ja nunmehr erwiesen war, daß das Stammesvolk in der Sache eine klare Meinung hatte, mochte sie nun zustimmend oder ablehnend sein. Jetzt begann der Herold auf dem Podest inmitten des Volkes mit der Verlesung des ersten Vorschlags, zu dem die Wahlhelfer nur die Ja- und die Nein-Kästen herumreichten, während Bronchus mit seiner Donnerstimme den Vorschlag unablässig so lange wiederholte, wie er zur Abstimmung stand. Dasselbe geschah mit allen Einzelteilen des Vorschlags, und als die Abstimmung vorüber war, sammelten sich die Tribunen und bestätigten mit ihrer Unterschrift (die keinesfalls fehlen darf, denn sie ist der Pulsschlag des Volkes) die ermittelten Punkte, d. h. die Stimmenanteile in jedem Wahlgang, wie sie von dem Sekretär bei der Auszählung durch die Tribunen unter den Augen der Vorschlagsberechtigten protokolliert worden waren. Da es nun den Tribunen obliegt, dem Senat über das Ergebnis der Volksabstimmung Bericht zu erstatten, zogen sie mit Hilfe dreier Silberkugeln und einer Goldkugel das Los für dieses Amt, und es fiel auf den sehr ehrenwerten Argus de Crookhorne aus dem Stamme Pascua, den Ersten Tribun des Fußvolks. Argus, der bei sich daheim ein geachteter Mann und gewiß nicht auf den Mund gefallen war, erblaßte bei seinem Glücke, hielt er selbst sich doch für einen ziemlich miserablen Redner, aber die anderen Tribunen überzeugten ihn, daß bei der Sache nicht viel zu verderben sei und er nur lesen zu können brauche, was auf seinem Zettel geschrieben stehe. Für die Vorschlagenden wurde auf dem Feld ein Salut abgefeuert, dann bestiegen sie wieder ihre Kutschen und fuhren in derselben Ordnung zurück, in der sie gekommen waren, nur daß ihnen außer den Tribunen jetzt die gesamte Prärogative bis zur Piazza des Pantheon folgte, wo sie mit einer weiteren Salve verabschiedet wurden. Argus, der auf dem ganzen Wege nicht an Weib und Kinder gedacht hatte, ging mit sehr ernster Miene hinauf, und als alle Platz genommen hatten und der Senat durch sein Schweigen anzudeuten schien, daß nun der

Augenblick für den Bericht gekommen wäre, erhob er sich und erstattete ihn auf die folgende Weise:

„Höchst ehrenwerte Lords und Väter des allhier versammelten Parlaments!

Wie die Dinge liegen, ist mir das Los zugefallen, euer Exzellenzen über die Abstimmung des Volkes zu berichten, die am dritten Tag des laufenden Monats im ersten Jahr des Gemeinwesens auf dem Halo stattgefunden hat. Zur Stelle waren als Großsiegelbewahrer von Oceana und Vorschlagsberechtigte *pro temporibus* die höchst ehrenwerten Herren Phosphorus de Auge aus dem Stamme Eudia, Dolabella de Enyo aus dem Stamme Turmae und Linceus de Stella aus dem Stamme Nubia, außerdem meine Brüder, die Tribunen, sowie meine eigene Wenigkeit. Diese werden euch also auch bezeugen, ehrwürd'ge Väter, daß das Volk sich in der besagten Abstimmung folgendermaßen entschieden hat, nämlich

für den ersten Vorschlag: *nemine contradicente*;
für den zweiten: *nemine contradicente*;
für den dritten: wie gehabt;
für den vierten: 211 über die Hälfte;
für den fünften: 201 über die Hälfte;
für den sechsten: 150 über die Hälfte mit Ja;
für den siebten: wiederum *nemine* ... und so weiter.

Ihr müßt schon entschuld'gen, meine Herrschaften, wenn mir die Wörter nur schwer über die Zunge gehn, aber sie kommen nun mal in meinen Gebeten nicht vor.

Was nun aber Seine Lordschaft den Archonten anbetrifft, so können die Vorgenannten (wie ich schon sagte) euch die Treue und Anhänglichkeit bestätigen, mit der das Volk wie *ein* Mann zu euch steht und auf diesem Wege zum Ausdruck bringt, daß alles, was es zu geben hat, längst nicht genug ist, um Seiner Hoheit gerecht zu werden. Denn, Hand aufs Herz, würd'ge Väter, wenn einer, der's in der Gewalt hat, Unheil zu stiften, und es dennoch unterläßt, fürwahr rechtschaffen genannt werden darf, welches Wort wär dann wohl für Seine erhabene Lordschaft den Archonten am Platze, dem es ein leichtes gewesen wär, uns in das schlimmste Elend zu stoßen, das je ein unglückliches Volk heimgesucht, weil es so bereitwillig denen vertraute, die es für seine Freunde hielt, und der uns trotzdem so viel Gutes getan hat, wie nicht mal wir selbst es in unseren kühnsten Träumen zustande gebracht hätten? Der verehrte Kanzler Phosophorus hat dem Volke darüber schon 'ne so schöne Rede gehalten, daß ich zu behaupten wage, es war nicht einer drunter, dem's anders erging als mir jetzt ... Verzeiht, würd'ge Väter, es sind ja nur Freudentränen. Ach, wenn sich der verehrte Archont doch bloß mal mit seinem Stöckchen auf der Straße blicken ließe (ich mein', nur so zu seinem Vergnügen), wie würde das Volk ihm nachlaufen und für ihn beten und ihm Blumen auf den Weg streun, damit er sich die Füße nicht schmutzig macht! In den Herzen und Köpfen aller braven Menschen ist ihm nämlich längst ein Denkmal errichtet, das höher reicht als die Throne, zu denen die Könige über 'ne Treppe hinaufsteigen, von denen eher noch einer imstande wär, zwei oder drei seiner Kollegen von ihrem hohen Sessel runterzuzerren, als ihm in die Quere zu kommen oder was zuleide zu tun. Er hat zwei- oder dreihunderttausend Männer hinter sich, denen ein einziges Wort von euch genügt, um für ihn ihr letztes Hemd zu verkaufen und zu seinen Füßen zu sterben. Sein Kissen ist aus Daunen, und genauso weich gebettet soll er dermaleinst in seinem Grabe liegen, das die Lebenden dann händeringend umstehen werden. Um nun zu euch zu kommen, würd'ge Väter, die ihr diesen Namen ja mit dem vollsten Recht tragt, alldieweil ihr das Volk liebhabt wie eure eigenen Kinder, so könnt ihr euch kaum vorstellen, wie dankbar das Volk eure Güte, euren unermüdlichen Eifer zu seinem Wohle empfindet und wie bewußt es sich ist, was auf dem Spiele steht, wenn euch die Sache schiefgeht. Und es sieht auch ein – da es (so töricht, wie es nun mal leider ist) zu derart vielen verschiedenen Meinungen neigt –, daß es, wiewohl es stets das

Beste will, sein Gutes, wenn's denn wirklich eintrifft, letztlich nur denen verdankt, die ihm zu besserer Einsicht verholfen haben. Drum wär ihm auch das, was ihr euch da ausgedacht habt, nimmer in den Schädel gekommen; in Wahrheit meint es freilich, es ist nichts anderes, als was es schon immer im Sinn gehabt hat, wenn ihm bloß die rechten Worte dafür eingefallen wären. So hatten, zum Exempel, die Vorschlagenden kaum ausgesprochen, wohin eure Absichten gehn, als es darin auch schon seine ureigensten Herzenswünsche wiederzuerkennen glaubte. Und ihr dürft getrost drauf bauen, würd'ge Väter, daß kein Volk auf Erden sich williger darüber belehren läßt, was seinem Wohle dient, oder es vorbehaltloser anerkennen wird, wenn ihr's ihm zeigt. Deshalb liebt es euch wie sich selbst, ehrt es euch wie einen Vater, ist es entschlossen, euch sozusagen auf allen Wegen gehorsam zu folgen. Und in diesem Sinne dankt es euch, höchst ehrenwerte Lords und Väter des allhier versammelten Parlaments, für eure ausgezeichneten und vortrefflichen Gesetze und betet für euch als die wahren Wohltäter dieses Landes."

Argus kam weit besser davon, als er erwartet hatte, denn da er rechtschaffen dachte und unumwunden aussprach, was er dachte, zeigte sich an der Reaktion des Hauses und dem Beifall, mit dem es ihm dankte, daß es ihn durchaus für würdig hielt, unter die besten Vertreter der Redekunst gerechnet zu werden, worauf er, nachdem er bisher eine eher allzu bescheidene Meinung von seinen Fähigkeiten gehabt hatte, ziemlich übermütig wurde und sich voll Wonne ausmalte, was für große Augen seine Frau und seine Nachbarn wohl machen würden, wenn sie seine Rede in der nächsten Woche gedruckt zu lesen bekämen. Livius läßt die römischen Tribunen in demselben Stil reden wie die Konsuln, was unmöglich der Fall gewesen sein kann; ganz im Gegenteil dürften auch Volero und Canuleus ähnlich frei von der Leber gesprochen haben wie Argus. Freilich stammten sie nicht aus dem ersten Jahr des Gemeinwesens, und die Tribunen von Oceana sind inzwischen bessere Redner geworden, als not tat. Die nunmehr in Kraft getretenen und mit der Präambel versehenen Gesetze wurden Bronchus übergeben, der nichts auf der Welt mehr liebte, als – glotzend und röhrend wie ein Hirsch im Walde – überall in der Stadt herumzuspringen, was er jetzt tat, begleitet von seiner Bruderschaft im Wappenschild und ich weiß nicht wie vielen Trompetern, um den Erlaß des Parlaments zu verkünden. Dabei begegnete ihm zufällig der Archont (der von seinem Schlupfwinkel eben erst in die Stadt zurückgekehrt war, den er ohne falsche Koketterie als einen Ort stiller Andacht gewählt hatte, um durch Gebet und Fasten den Segen Gottes für seine Mühen herabzuflehen), worauf der Herold aus dem Stamme Bestia die Stimme hob und, nachdem er seine Botschaft heruntergeleiert hatte, so hochmütig an ihm vorbeistolzierte, als hätte er das ungleich bessere Amt von beiden. Diesmal wurde ihm zwar noch sehr großmütig verziehen, doch später handelte sich Bronchus für seine Anmaßung mancherlei Mißhelligkeiten ein (deren Darstellung hier zu weit führen würde), bei denen er etliche Federn ließ.

Als die Ankunft des Archonten bekannt geworden war, suchte die Signoria in Begleitung der Tribunen ihn auf, um ihm die Nachricht zu überbringen, die er schon aus dem Munde des Herolds vernommen hatte. Nach den vorgelegten Beweisen, so fügte der Leitende Stratege hinzu, könne der Archont an der festen Überzeugung der Männer, daß er um seiner selbst willen keinerlei Drang nach irdischem Glanz und Ruhm verspüre, wenig Zweifel haben und die Dankbarkeit des Senats und des Volkes deshalb auch nicht so verstehen, als werde sie etwa von solchen Vermutungen getragen. Es verhalte sich vielmehr so, daß sie zu ihrem Schutze gegen gewisse äußere und innere Gefahren auf ein stehendes Heer angewiesen seien und sie dieses niemand anderem anzuvertrauen wagten als allein Seiner Hoheit.

Der Archont gab zur Antwort, daß er einen derartigen Entschluß des Senats und des Volkes längst erwartet habe und, da er nunmehr gefallen sei, es für ihn sehr schmerzlich gewesen wäre, hätten sie sich für das stehende Heer einen anderen General ausgesucht als ihn: erstens deshalb, weil das ihrer eigenen Sicherheit bestimmt weniger zuträglich gewesen wäre und, zweitens, weil seine Aufgabe nicht erfüllt sei, solange sie überhaupt noch eines stehenden Heeres bedürften. Er werde sich dem Ratschluß des Senats nicht widersetzen, zumal auch gar keine Veranlassung dazu bestehe. Allerdings hege er kaum einen Zweifel, daß mit der Zeit noch jede Partei aus eigener Erfahrung begreifen werde, wie sehr dieser Staat in ihrem Interesse liege und wieviel besser er ihm zu dienen vermöge, als das von jedem anderen zu erwarten sei; daß die Feindseligkeiten der Menschen auf lange Sicht unmöglich schwerer wiegen könnten als deren Interessen, daß derlei Anwandlungen gewiß nicht von Dauer sein oder, dank der Verfassung des Staatswesens, kaum sonderlich ins Gewicht fallen würden. Selbst wenn man den schlimmsten Fall annehme, daß nämlich das Volk lauter Royalisten in den Senat und in die Prärogative gewählt hätte, so hätten doch rund vierzehnhundert Männer den Eid nach ihrer Wahl dann allesamt mit dem Hintergedanken ablegen müssen, in völligem Gegensatz nicht nur zu dem geleisteten Eide, sondern auch zu ihrem eigenen Interesse zu handeln; denn wären sie in die höchste Gewalt eingesetzt worden, so hätten sie dieselbe entweder von sich weisen müssen (eine Annahme, gegen die alle Vernunft und Erfahrung spreche), oder aber sie wären genötigt gewesen, auch tatsächlich von ihr Gebrauch zu machen, so daß die Wirkung in jeder Beziehung die gleiche gewesen wäre, als hätte diese höchste Gewalt in anderen Händen gelegen. Außerdem hätten sie das offensichtlich tragfähige Fundament des Staates gegen ein offensichtlich nicht tragfähiges austauschen müssen, wozu es nie und nimmer hätte kommen können, selbst wenn das Parlament gänzlich aus Royalisten bestanden hätte, geschweige denn, wenn nur eine Handvoll von ihnen hineingewählt worden wäre. Falls hinwiederum Senat und Volk der Meinung seien, ihnen drohe eine Gefahr von außen, durch eine Partei, die weder gewählt noch dem Gemeinwesen durch irgendeinen Eid verpflichtet sei, so müsse diese dann entweder so viele Anhänger haben, daß sie damit zwangsläufig gegen das eigene Interesse verstoße, weil sie ja genauso frei und gleichberechtigt sei wie jeder sonst, oder so wenige, daß sie keinen Schaden anrichten könne, weil in einem Volke, das wohlgewappnet und auf einen Wink des Strategen einsatzbereit sei, ein jeder Stamm eine allzeit bessere Armee abgebe als solch eine Partei, und wenn Ruhe nach innen herrsche, werde die Furcht vor Gefahr von außen aufhören. Da aber Senat und Volk sich anders entschieden hätten, sei es das beste, den Weg einzuschlagen, der sie am sichersten bedünke, und dabei wolle er ihnen mit untertänigstem Dank für ihre große Güte in aller Demut und Ergebenheit entschlossen zur Seite stehen.

Schon sehr bald danach erfüllten sich die Voraussagen des Archonten, gab es doch niemanden, der sich der Vorzüge der bestehenden Regierungsform deutlicher bewußt gewesen wäre als die Royalisten, die inzwischen gleichberechtigte Bürger geworden waren. Wer das Leid nicht kennengelernt hat (sagt Seneca), weiß nur die halbe Wahrheit über die Welt. Außerdem war ihnen klargeworden, daß ihre Güter bei Wiederherstellung der früheren Regierungsform in die Hände von dreihundert Männern hätten geraten müssen. Auch wenn also die Mitglieder des Senats und die Vertreter der Prärogative, deren Zahl sich auf dreizehnhundert Personen belief, samt und sonders Royalisten gewesen wären, so wären doch – und würden in aller Zukunft – auf jede solche Stimme unweigerlich tausend Gegenstimmen entfallen.

Nach Unterrichtung des Senats, daß der Archont in die ihm angetragene Amtswürde eingewilligt hätte, ließ man dort zwischen dem Strategen und dem Sprecher des Hauses einen dritten, für Seine Hoheit bestimmten Stuhl aufstellen und ihm zugleich in jedem der Räte einen Platz reservieren, wo er des öfteren – nicht gezwungenermaßen, sondern aus eigener Neigung – in Erscheinung trat, denn er war der beste und, wie Argus nicht ohne Berechtigung gesagt hatte, der größte Fürst der Welt, der in der Prächtigkeit seines Hofstaates niemandem nachstand und dessen gewaltige Anhängerschar auf dem Felde allseits Schrecken verbreitete. Auch lag es im Wesen dieser Staatsordnung, daß er sich weder eine kostspielige Leibwache zu halten noch auf den Frieden und die Ruhe seines Schlafes zu verzichten brauchte. In Anbetracht dessen wurde denn auch die von dem Kollegium der Ratsvorsteher in einem geistvollen Streitgespräch erörterte Frage, ob der Archont, gesetzt, er wäre ehrgeizig gewesen, sich zu einem großen Herrn hätte emporschwingen können, mit einem klaren Nein beantwortet, und zwar nicht nur aus Gründen des derzeit bestehenden demokratischen Kräfteverhältnisses, sondern auch für den Fall, daß dasselbe monarchisch gewesen wäre. Denn es gibt Nationen (wie zum Beispiel die unserige), die dem Fürsten eines Gemeinwesens eine weitaus höhere Stellung zuweisen, als sie es bei einem Monarchen je tun könnten. Spanien hielt den Fürsten von Oranien stets für seinen ärgsten Feind, und sollte es dortzulande je einen Monarchen geben, würde es ihn als seinen besten Freund betrachten. Aber während der Fürst eines Gemeinwesens die Wurzel seiner Größe im Volke hat, beruht sie bei einem Monarchen auf dem Wechselspiel solcher Kräfte, die an ihrer Wurzel nagen. Deshalb wären die Niederlande unter einem Monarchen kümmerlich und unbedeutend, wohingegen sie unter einem Fürsten einen wundersamen Aufschwung nehmen und von der Herrlichkeit seiner Taten weitaus mehr profitieren könnten als von dem größten Könige in der Christenheit. Es gibt Könige in Europa, neben denen ein König von Oceana nur ein armseliger Wicht wäre. Doch den Fürsten dieses Gemeinwesens werden sie alle als schrecklichen Richter fürchten lernen.

Was dem verehrten Archonten jetzt am meisten auf der Seele lag, war das Ackergesetz, das er in dem Senat und dem Staatsrate wieder und wieder zur Sprache brachte, um es als Hauptpunkt und entscheidende Bedingung für den dauerhaften Bestand des Gemeinwesens fest in dessen Untergrund zu verankern.

Dies waren einige der bemerkenswertesten Ergebnisse des ersten Regierungsjahres. Gegen Ende des zweiten wurde die Armee aufgelöst, aber die monatliche Steuer in Höhe von dreißigtausend Pfund auf dreieinhalb Jahre beibehalten. Von diesem Gelde wurden für jede Hundertschaft Schießgeräte und Land im Werte von fünfzig

Pfund jährlich gekauft, um deren Aufwand für die Wettkämpfe und die Preiswaffen ein für allemal zu decken.

In dem elften Jahr des Gemeinwesens lief jene Abgabe
aus, die zur Unterhaltung des Senats und der Prärogative
sowie zur Anlegung eines Staatsschatzes festgesetzt worden war. Zu diesem Zeitpunkt war das öffentliche Vermögen – bei Abzug der aus dem Jahreshaushalt mit einem Kassenbestand von einer Million bestrittenen
Gehaltskosten von dreihunderttausend Pfund im Jahr,
was einen jährlichen Überschuß von siebenhunderttausend Pfund *in banco* ergab – einschließlich der Zinsen
auf insgesamt acht Millionen angewachsen, wobei dem
Senat und der Prärogative zuweilen sogar Bezüge in
Höhe von vierhunderttausend Pfund *per annum* zugebilligt worden waren; dieser Betrag, zu dem noch der
Grundbesitz in Panopea und die Nebeneinkünfte aus
beiden Provinzen kamen, wurde für die Staatsreserve als
nunmehr ausreichend empfunden. Da jetzt alle direkten
Steuern abgeschafft waren und die genannte Abgabe
keine große Belastung darstellte, wurde diese gleichwohl
angesichts der vielen überzeugenden Gründe, die für
eine zusätzliche Erhöhung der Staatsreserve sprachen,
durch den Senat und das Volk leichten Herzens um weitere zehn Jahre verlängert. Dank dieser Maßnahme er-
brachte das Staatsvermögen in dem einundzwanzigsten
Jahr des Gemeinwesens einen Wert von einer Million
Pfund in gutem Land. Darauf wurde die Abgabe voll-
ends gestrichen, aber zugleich beschlossen, sie für künftige Notwendigkeiten als die beste, wirksamste und ein-
fachste Form der Steuererhebung im Auge zu behalten.
Allerdings gab die nunmehr eingetretene Möglichkeit
jährlicher Grundstückskäufe aus dem Staatssäckel zu der
Besorgnis Anlaß, daß das auf privaten Besitztümern be-
ruhende Gleichgewicht des Gemeinwesens auf diesem
Wege zerstört werden könnte. Deshalb kommt dem genannten Jahr eine besondere Bedeutung deshalb zu, weil
der Senat und das Volk damals ein Gesetz erließen, das
der öffentlichen Hand alle weiteren Ankäufe von Ländereien auf dem Gebiet von Oceana und den angrenzenden Provinzen untersagte, so daß das Ackergesetz nun

auch dem Gemeinwesen selbst auferlegt war. Anhänger der Monarchie verspotten solche Zuwächse als eine glatte Unmöglichkeit und liefern damit unfreiwillig ein starkes Argument gegen das, was sie eigentlich verteidigen möchten. Da sie nämlich ihre Blicke auf das Prassen und Prangen bei Hofe richten – wodurch nicht nur jedes Kind eines Königs, das ja ein Prinz ist, die väterliche Schatzkammer ausplündert, sondern auch die Günstlinge und willfährigen Geister, die jene Prinzen schmeichlerisch umschwirren, träge und großspurig werden und ihren Herren, die sie aussaugen und zu ewiger Geldnot verurteilen, die rechte Dankbarkeit dadurch erweisen, daß sie es sich zur Ehre anrechnen, sie hinter ihrem Rücken zu betrügen –, können sie folglich nicht begreifen, wie ein Gemeinwesen imstande sein sollte, sich in Purpur zu kleiden und ein so seltsames Wachstum seines Wohlstandes unter Bedingungen zu erreichen, die einem Prinzen die Haare zu Berge stehen ließen, weil sie ihm nicht einmal zu seinem Brote verhelfen würden. Als ob es ein Wunder wäre, wenn ein leichtsinniger Verschwender binnen Jahresfrist zehntausend Pfund durchbringt oder daß ein fleißiger, sparsamer Mensch aus einer Kleinigkeit in einem Jahr zehntausend Pfund macht! Doch die Gewinne, die ein einzelner Mensch durch Fleiß und Sparsamkeit erzielt, können sich niemals mit denen eines Gemeinwesens messen, weil, erstens, die Höhe des Ertrages von der Größe des Stammkapitals oder Grundvermögens abhängt und, zweitens, einem sparsamen Vater meistens ein allzu freigebiger Sohn nachfolgt, während ein Gemeinwesen sein eigener Erbe ist.

In jenem Jahre auch unterbreitete der sehr ehrenwerte Aureus de Woolsacke aus dem Stamme Pecus in seiner Eigenschaft als Erster Schatzmeister dem Staatsrate einen Antrag, der wenig später die Zustimmung des Senats und des Volkes erhielt und vorsah, daß die aus öffentlichen Mitteln erworbenen Ländereien im Werte von einer Million Pfund zu gleichen Portionen unter fünftausend Personen aufgeteilt werden sollten, deren Namen und Grundstücke in ein im Schatzamt aufbewahrtes Grundbuch eingetragen wurden; und falls eine

Waise weiblichen Geschlechts ihren Grundbesitz für vierzehnhundert Pfund an die Staatskasse überschrieb, war das Schatzamt gesetzlich verpflichtet, ihr bei voller Steuerfreiheit auf Lebenszeit zweihundert Pfund jährlich in quartalsweisen Raten auszuzahlen und zu ihrer Sicherheit ein Stück Land zur Verfügung zu stellen. Wenn sie heiratete, durfte ihr Mann das Grundkapital nicht ohne ihre Einwilligung herausziehen (die sie vor einem der Schatzmeister erklären mußte, der je nachdem, ob sie sich als freiwillig gegeben oder als erzwungen herausstellte, entweder zustimmend oder ablehnend zu entscheiden hatte) und es auch nicht zu einem anderen Zwecke als ihrem eigenen Gebrauch verwenden. Wurde das Kapital jedoch flüssig gemacht, war das Schatzamt nur zu einer Rückzahlung in Höhe von tausend Pfund verpflichtet und brauchte sie – abgesehen von dem ersten Ehejahre – auch nicht zu jeder beliebigen Zeit zu leisten; dasselbe galt für das Land, von dem die Hälfte beziehungsweise ein Viertel zurückzugeben war.

Das wurde als eine sehr hochherzige Geste gegenüber dem schwächeren Geschlecht empfunden und soll sich, wie manche Leute sagen, die in derartigen Dingen besser bewandert sind als ich, überdies als recht einträglich für das Gemeinwesen erwiesen haben.

Das sauertöpfische Temperament, das bislang in Oceana beheimatet gewesen war, geriet jetzt mächtig in Wallung, und die Menschen begannen ihre scheinbare Steifheit und Griesgrämigkeit abzulegen. Die Alten erinnerten sich, daß sie auch einmal jung gewesen waren. Freimütige und zwanglose Umgangsformen galten nicht länger als anstößig, so daß Sorge geboten schien, ihnen ihre Unschuld zu bewahren. Aus diesem Grunde unterbreitete der sehr ehrenwerte Cadiscus de Clero aus dem Stamme Stamnum in seiner Eigenschaft als Erster Zensor dem Rat für Religionsangelegenheiten den Vorschlag, daß Frauenzimmer, die wegen ihrer stadtbekannten Verbuhltheit einen üblen Ruf genossen und nicht nachweisen konnten, daß sie ihren Lebensunterhalt aus einem eigenen Vermögen oder durch ihrer Hände Arbeit bestritten, ebenso wie solche, die ihr Vermögen leichtfertig mit anderen durchbrachten, dem Religionsrat oder den Zensoren zur Bestrafung angezeigt werden sollten. Hierfür war folgendes Verfahren vorgesehen: Zunächst sollte der Missetäterin unter vier Augen mitgeteilt werden, daß sie Ärgernis errege; zeigte sie binnen sechs Monaten keine Besserung, sollte sie vor den besagten Rat oder die Zensoren zitiert werden und eine Rüge ausgesprochen erhalten; stellte sich nach abermals sechs Monaten heraus, daß auch dies nichts gefruchtet hatte, sollte sie dazu verurteilt werden, jedwede öffentlichen Veranstaltungen, Wettkämpfe oder Lustbarkeiten zu meiden, und bei Zuwiderhandlung von den Bütteln oder Wachen des Senats dingfest gemacht und von ihnen so lange in Gewahrsam genommen werden, bis sie sich gegen eine Geldstrafe von fünf Pfund für ihr Vergehen ordnungsgemäß freigekauft hätte.

Falls des weiteren in einem der beiden Theater eine käufliche Dirne aufgegriffen oder irgendein sittenwidriges beziehungsweise gotteslästerliches Stück gezeigt wurde, sollten die Prälaten für jedes derartige Vergehen durch den genannten Rat mit einer Strafe von zwanzig Pfund belegt und die Verfasser solcher Stücke ihrerseits ausgepeitscht werden. Dieses Gesetz steht im Zusammenhang mit einem anderen, das aus dem gleichen Anlaß ebenfalls in jenem Jahre erlassen wurde.

Die jungen Leute und die Schöngeister im Kollegium der Ratsvorsteher hatten sich mit solchem Eifer für die Aufführung von Lustspielen verwandt, daß sie zwei der Vorsteher des Staatsrates (die ihnen außer dem Hinweis auf die durch das genannte Gesetz im obigen Falle angedrohten Folgen nichts entgegenzusetzen gewußt hatten) für die Einbringung eines gemeinsamen Antrags gewannen, der nach erheblichem Wirbel Gesetzeskraft erlangte und vorsah, daß einhunderttausend Pfund zur Errichtung zweier Theater zu beiden Seiten der Piazza des Halo bereitgestellt und zwei jährlich aus den Reihen des Senats zu wählende Beamte, sogenannte Prälaten, zusätzlich in den Tropus aufgenommen werden sollten, deren einer als „Prälat des Kothurn" das Tragödientheater „Melpomene" und deren anderer als „Prälat des Sokkus" das Komödientheater „Thalia" zu beaufsichtigen hatte, wofür jedem der beiden Beamten jährlich fünfhundert Pfund aus den Theatereinnahmen bewilligt wurden, während der verbleibende Überschuß (mit Ausnahme von jährlich achthundert Pfund für vier Theaterdichter) an die Staatskasse abzuführen war. Wird an einem dieser Theater durch den Strategen ein Poeta Laureatus ernannt, so erhält dieser einen goldenen Lorbeerkranz im Werte von fünfhundert Pfund aus besagten Einnahmen. Allerdings darf nur jemand in den Genuß dieser Auszeichnung kommen, der in dem sechs Wochen nach Bekanntgabe eigens aus diesem Anlaß zusammentretenden Vorsteherkollegium zwei Drittel der Stimmen auf sich vereinigt.

Diese Dinge werden mit ziemlicher Sicherheit Widerspruch hervorrufen, allerdings nur bei denen, die von der Eigenart eines Gemeinwesens keinen rechten Begriff haben, denn es heißt ja dem Volke ein Ammenmärchen aufbinden wollen, wenn man ihm zum einen weismacht, es sei frei, und zum anderen seiner schöpferischen Unrast dadurch Zügel anlegt, daß man ihm ein harmloses Vergnügen verwehrt, zu dem es sich aus natürlicher Neigung hingezogen fühlt. Ich habe sagen hören, daß in Frankreich die protestantischen Geistlichen bei verständigen Männern ihres eigenen Glaubensbekenntnisses auf heftige Kritik stießen, weil sie das Tanzen untersagten – eine Lustbarkeit, die den Leuten dort dermaßen im Blute liegt, daß sie viele Anhänger verloren, die sie sich nicht entgehen lassen wollten –, und nicht minder kritisch bewerten diese Geistlichen wohl inzwischen selber ihren voreiligen Entschluß von einst, indem sie jetzt sanft dulden, was sie vordem so schroff verboten hatten. In Oceana werden diese Vergnügungen so gelenkt, daß sie der privaten Entspannung dienen und zugleich dem öffentlichen Wohle Nutzen bringen, denn die Theater deckten schon bald die aufgewendeten Kosten und werfen heute gute Gewinne ab. Statt also einem Verfall der Sitten Vorschub zu leisten, führt all dies vielmehr zu deren Besserung, da ja Frauen, die früher ihre Ehre aufs Spiel setzten, um zu ihrem Vergnügen zu kommen, jetzt um ihr Vergnügen gebracht werden, wenn sie die Ehre verloren haben.

Etwa im einundvierzigsten Jahr des Gemeinwesens gaben die Zensoren, ihrer jährlichen Gepflogenheit entsprechend, den Pegelstand des Nils bekannt, der auswies, daß die Bevölkerung um nahezu ein Drittel gewachsen war. Darauf beauftragte der Senat den Kriegsrat sowie die Schatzmeister mit der Offenlegung ihrer Finanzen. Wenig später erstattete der Kriegsrat die nachfolgende Bilanz seiner Ausgaben oder der Besoldung und Unterhaltung des Heeres:

Dienstsold eines Parlamentsheeres

	£ *per annum*
Leitender Stratege im Einsatzfalle	10 000
General der Kavallerie	2 000
Generalleutnant	2 000
Polemarchen — General der Artillerie	1 000
Generalproviantmeister	1 000
Generalmajor	1 000
Generalquartiermeister	1 000
2 Adjutanten des Generalmajors	1 000
40 Oberste	40 000
100 Rittmeister à £ 500	50 000
300 Hauptleute der Infanterie à £ 300	90 000
100 Kornette à £ 100	10 000
300 Fähnriche à £ 50	15 000
800 Quartiermeister, Feldwebel, Trompeter, Trommler	20 000
10 000 Berittene à 2 Shilling, 6 Pence Tagessold	470 000
30 000 Mann Fußvolk à 1 Shilling Tagessold	500 000
Wundärzte	400
Summe	1 114 400

40 000 Mann in den Hilfstruppen (mit Unkosten in fast derselben Größenordnung)	1 110 000
Pferde für 20 000 Berittene	300 000
Ausbildung der Artillerie (etwa ein Drittel der Gesamtausgaben)	900 000
Summa totalis	3 414 400

Waffen und Munition sind nicht eingerechnet, da sie aus dem Depot oder Arsenal von Emporium bereitgestellt werden. Auch bleiben Mehrkosten durch die aus den Zolleinnahmen zu finanzierende Flotte unberücksichtigt, wobei zu sagen ist, daß diese Zolleinnahmen durch die Umsicht des Wirtschaftsrates und den gewachsenen Handelsverkehr inzwischen längst auf etwa eine Million Pfund angehoben worden sind. Nachdem das Haus die Bilanz der Kriegskasse entgegengenommen hatte, erstatteten die Schatzmeister ihren Rechenschaftsbericht über den

Stand der Staatsfinanzen im laufenden oder einundvierzigsten Jahr des Gemeinwesens

	₤
Guthabenübertrag aus dem einundzwanzigsten Jahr des Gemeinwesens zuzüglich jährlicher Nettoeinnahmen in Höhe von ₤ 700 000 sowie der aufgelaufenen Zinsen	16 000 000
Davon wurden seit dem einundzwanzigsten Jahr des Gemeinwesens verausgabt:	
imprimis, für die Anschaffung von Waffen für 100 000 Männer zur Versorgung des Depots oder des Turms von Emporium	1 000 000
für die Versorgung desselben mit schwerem Kriegsgerät	300 000
für die Versorgung desselben mit Munition	200 000
für die Verschönerung der städtischen Anlagen, Parks, Gärten, Promenaden und Erholungsstätten von Emporium und Hiera mit öffentlichen Gebäuden, Aquädukten, Statuen und Springbrunnen	1 500 000
für außerordentliche Gesandtschaften	150 000
Summe	3 150 000

so daß in der Staatskasse nach Abzug der durch das Schatzamt auszuzahlenden Gehälter

verbleiben	12 000 000

Ein Vergleich beider Bilanzen erweist, daß das Gemeinwesen im Kriegsfalle unter Einrechnung sämtlicher Unkosten immerhin für mehr als drei Jahre eine achtzigtausend Mann starke Armee unterhalten könnte, ohne eine Steuer zu erheben. Es widerspricht jedoch jeder Erfahrung, Logik oder Vernunft, daß eine solche Armee nicht entweder schon bald vernichtend geschlagen sein oder aber selbst erfolgreich voranschreiten würde; in beiden Fällen hören die Unkosten auf, oder es kommen vielmehr Gewinne herein, wenn in dem letzteren Falle der richtige Weg gewählt wird, denn die Römer hatten keine nennenswerte andere Möglichkeit als den Sieg, um ihre Staatskasse zu füllen, die dennoch selten leer war. Alexander befragte nicht seine Börse, als er nach Persien zog. Machiavelli merkt an,[291] daß Livius – wo er die Überlegung anstellt, was aller Wahrscheinlichkeit nach geschehen wäre, wenn jener König Rom angegriffen hätte, und sorgsam die Voraussetzungen prüft, die auf beiden Seiten zur Führung eines solchen Krieges nötig gewesen wären – mit keinem einzigen Wort von Geld spricht. Niemand glaubt doch wohl ernstlich, daß die Gallier, Goten, Wandalen, Hunnen, Lombarden, Sachsen und Normannen ihre räuberischen Kriege durch die Macht ihrer Börsen gewonnen hätten, und wer da meint, es genüge, auf diese Dinge in der Redeweise unserer Zeit zu erwidern, sie seien vorbei und vergessen, den frage ich: Hat der jüngst verstorbene Gustav[292], der siegreichste aller neuzeitlichen Fürsten, denn etwa Geld aus Schweden nach Deutschland mitgebracht? Eine Armee, die auf einem goldenen Bein marschiert, ist genauso lahm, als marschierte sie auf einem hölzernen; dagegen haben tüchtige Pferde Nerven und Muskeln im Leibe, so daß man – wenn man für diesen Zweck vier bis fünf Millionen bereitliegen hat, eine Summe, die sich bei solchen Einkünften, wie Oceana sie besitzt, jederzeit bequem erübrigen läßt – das Volk niemals oder so gut wie niemals mit Steuern belasten muß. Welchen Einfluß das Gemeinwesen dank solcher Wehrhaftigkeit in der Welt gewonnen hat, überlasse ich den Historikern, deren Brauch es seit alters ist, über den genüßlich beschriebenen Aktivitäten nach außen die Umwälzungen im Innern zu vernachlässigen, die jedoch (auch wenn sie nicht so reizvoll sein mögen, weil sie sich weniger gut für märchenhafte Ausschmückungen eignen) für einen Staatsmann ungleich gewinnbringender zu studieren sind; und dieser Fehler, der mir hoffentlich nicht vorzuwerfen ist, wird von modernen Autoren noch soviel häufiger begangen, daß ich mich bemüßigt gefühlt habe, das vorliegende Werk zu schreiben, das, um darüber mein eigenes Urteil abzugeben, genauso weit über die Zeit erhaben ist, die ich daran gearbeitet habe, wie es hinter der Würde seines Gegenstandes zurückbleibt.

Ich kann aber diesem Lande nicht den Rücken kehren, ohne zuvor von dem verehrten Archonten Abschied genommen zu haben, einem Fürsten von unermeßlich segensreichem Wirken, dessen Rat in dem aufstrebenden Gemeinwesen, das jetzt seit fünfzig Jahren seine von ihm selbst geschaffenen unbeirrbaren Bahnen zog, ähnlich tiefe Spuren hinterließ, wie sein Schwert sie in dessen Erde gegraben hatte.

Timoleon[293], der ein so leidenschaftlicher Tyrannenhasser war, daß er seinen Bruder Timophanes erschlug, weil er ihn nicht hatte dazu bewegen können, seiner tyrannischen Herrschaft über Korinth zu entsagen, wurde später vom Volke ausersehen, den Sizilianern (die, unter der gleichen Bürde stöhnend, den Beistand der Korinther erbeten hatten) zu Hilfe zu eilen. Darauf erhob sich mit Teleklides jener Mann, der in dem korinthischen Gemeinwesen damals das höchste Ansehen genoß, um ihm ein paar warnende Worte mit auf den Weg zu geben: Wenn er den Sizilianern ihre Freiheit zurückbrächte, so sagte er, werde es heißen, er habe einen Tyrannen vernichtet; widrigenfalls jedoch werde er zu hören bekommen, daß er einen König ermordet habe. Timoleon, der mit nur sehr bescheidenen Mitteln für ein so großes Ziel aufbrach, verfolgte es mit einer Unerschrockenheit, die allem ebenbürtig war, und einem Erfolg, der alles übertraf, was in jenen Tagen als der Gipfel des von einem sterblichen Menschen überhaupt Erreichbaren bekannt war, so daß er innerhalb von acht Jahren ganz Sizilien vollständig von jenem Unkraut der Tyrannei säuberte, dessen Ausrottung die Menschen in solchen Scharen aus ihrem Heimatlande fliehen ließ, daß ganze Städte verwaisten, und es in einen derartigen Zustand versetzte, daß andere, durch den Ruhm seiner Tugenden und die Vortrefflichkeit des Bodens angelockt, mit dem gleichen Ungestüm aus sämtlichen Himmelsrichtungen herbeiströmten, um in diesem Garten der Welt Aufnahme zu finden. Er selbst führte mit seiner Frau und seinen Kindern unterdessen in der Stadt und auf dem Lande, wo das Volk von Syrakus ihm zwei Häuser in herrlichster Lage zum Geschenk gemacht hatte, ein höchst geruhsames, glückliches und frommes Leben, suchte er doch die Ursache seines Erfolges mitnichten bei sich selbst, sondern allein in der gnädigen Fügung der Götter. Umgeben von der ehrfürchtigen Bewunderung der Menschen, hatte er eine Zeitlang so dahingelebt, als Laphystius, ein eifersüchtiger Demagoge, ihn unter irgendeinem Vorwand vor den versammelten Rat laden und dort zur Verantwortung ziehen wollte, worauf sich ein solcher Sturm der Entrüstung im Volke erhob, daß allein Timoleon, der den Dingen auf den Grund sah, es wieder besänftigen konnte, indem er ihm noch einmal all die Mühen und Plagen mahnend ins Bewußtsein rief, die er ja doch zu keinem anderen Zwecke auf sich genommen hätte, als damit jedermann frei von den Gesetzen Gebrauch machen könnte. Als ein anderer Demagoge namens Demaenetus, von ähnlichen Absichten bestimmt, ihn in unverschämter Weise wegen gewisser Übergriffe beim Volke verleumdete, die er angeblich in seiner Zeit als General verübt haben sollte, erwiderte Timoleon deshalb nichts, sondern hob lediglich die Hände und dankte den Göttern für die Erhörung seiner oftmaligen Gebete, er möge den Tag noch erleben dürfen, an dem die Syrakusaner so frei wären, daß sie vor die Schranken ihres Gerichts fordern könnten, wen immer sie wollten.

Auf Grund seines Alters und eines angeborenen Gebrechens verlor er wenig später das Augenlicht, aber obwohl er nichts mehr sehen konnte, erwiesen die Syrakusaner ihm durch ihre unaufhörlichen Besuche die allergrößte Beachtung; kamen Fremde in die Stadt, so führten sie sie zu ihm, damit sie wenigstens einen Blick auf diese Sehenswürdigkeit werfen könnten. Wenn in der Versammlung eine Frage von geringem Gewicht zur Verhandlung stand, entschieden sie selbst darüber; ging es jedoch um wesentliche Dinge, schickten sie stets nach Timoleon, der dann von seinen Dienern auf einem Sessel hereingetragen und mitten auf der Bühne des Saales abgesetzt wurde, was jedesmal lauten Jubel auslöste, wonach noch geraume Zeit über den Lobpreisungen zu verstreichen pflegte, mit denen das Volk ihm huldigte, und wenn Timoleon sich anschließend zu der vorgeschlagenen Angelegenheit geäußert hatte, wurde sie zur Abstimmung gestellt, nach der seine Diener ihn auf seinem Sessel zurücktrugen, begleitet vom Volke, das in die Hände klatschte und ihm mit allen Anzeichen der Freude und Begeisterung bis zu seinem Hause folgte, um sich alsdann eiligst wieder seinem eigentlichen Geschäft zuzuwenden. So lebte Timoleon sein Leben, bis er am Alter starb und wie eine reife Frucht zu Boden sank, beweint vom Volke, dessen Tränen rannen wie der Regen im Herbst.

Leben und Tod des verehrten Archonten glichen so haargenau dem, was von Timoleon überliefert ist – abgesehen davon, daß er bis zum letzten Atemzuge im Vollbesitz seiner Sinne war und einen ungleich höheren Rang einnahm, weil er nicht der Wiederhersteller, sondern der Gründer eines Gemeinwesens war –, daß ich (schon um nicht von Leuten, die keinen blassen Schimmer von der Antike haben, verdächtigt zu werden, ich gäbe hier Märchen zum besten) nichts wiederholen will, sondern nur noch sagen möchte, daß das ganze Volk von Oceana, Frauen und Kinder inbegriffen, in diesem Jahr Trauer trug und man ein Begräbnis von ähnlich ergreifender oder erhebender Feierlichkeit dort niemals zuvor gesehen oder erlebt hatte. Einige Zeit nach seiner Beisetzung wurde auf der Piazza des Pantheon ein riesiges Reiterstandbild aus edelstem Bronzeguß aufgestellt, in dessen Sockel auf der ostwärts gerichteten Seite die folgende Inschrift graviert war:

SEIN NAME
IST
WIE EINE
WOHLRIECHENDE SALBE[294]

Und gen Westen:

Grata Patria
Piae et perpetuae memoriae
D.D.
Olphaus Megaletor
Dem höchsten Archonten und alleinigen Gesetzgeber
von
OCEANA
Pater Patriae.

Unbesiegbar in der Schlacht,
unanfechtbar im Glauben,
unerschütterlich im Eifer,
unsterblich im Ruhm.

Dem größten der Feldherren,
dem besten der Fürsten,
dem segensreichsten aller Gesetzgeber,
dem redlichsten unter den Christen,

der das Himmelreich im Sturm erobert hat,
indem er den Menschenreichen die Freiheit gebracht.

Aetat. suae 116

Anno

Hujus Reipub. 50

ANHANG

Zur vorliegenden Ausgabe

Wohl keine der bisher stattgefundenen Revolutionen in der Menschheitsgeschichte hat ein so reichhaltiges Reservoir an sozial-philosophischen und politisch-juristischen Ideen hervorgebracht wie die *englische* Revolution des 17. Jahrhunderts. Die großen Gedankenfabrikanten der *französischen* Aufklärung – Fontenelle, Voltaire, Montesquieu, Diderot, Helvétius, Mably, Rousseau – erlebten die große Revolution ihres Landes nicht mehr, und die bedeutenden klassisch-bürgerlichen Denker der *Deutschen* – Kant, Fichte, Schelling, Hegel – hatten mangels einer eigenen Revolution über die fremden zu reflektieren.

Zu den bedeutendsten Sozialphilosophen der englischen, 1640 beginnenden und 1689 endenden Revolution zählt neben Thomas Hobbes, John Milton, Gerrard Winstanley und John Locke als freilich hierzulande nicht ganz so bekannter James Harrington (1611–1677). Indem der Leipziger Reclam-Verlag nach des Hobbes Leviathan und der anderen drei Genannten wichtigsten Traktaten nunmehr die bedeutendste Schrift des Republikaners Harrington *Oceana*, und zwar erstmals in deutscher Übersetzung, dem interessierten Publikum verfügbar macht, glaubt er ein lückenfüllendes Unternehmen zu einem gewissen Abschluß zu bringen.

Harringtons *The Commonwealth of Oceana* ist im Herbst 1656 in zwei verschiedenen Erstauflagen in London erschienen, gewidmet dem Lordprotektor des Commonwealth von England, Schottland und Irland. Auch Gerrard Winstanleys *The Law of Freedom* war übrigens Oliver Cromwell gewidmet worden, in dessen Staatsdiensten der dritte Republikaner, John Milton, stand. Zusammen mit anderen Werken Harringtons ist 1700 auch *Oceana* von John Toland ediert worden, eine Ausgabe, die 1737, 1748, 1758 und 1773 nachgedruckt wurde.

Erst 230 Jahre nach ihrer Erstauflage erlebte *Oceana* eine Zweitauflage als separate Monographie, und erst 1924 gab Sten B. Liljegren von der Universität Lund eine modernen Ansprüchen genügende Edition in Heidelberg heraus. Dieser Edition und der von John G. A. Pocock 1977 in der Cambridge University Press veranstalteten Gesamtausgabe „The Political Works of James Harrington" ist die vorliegende Edition verpflichtet. Die Übersetzung folgt pünktlich dem von Pocock gebotenen Text, wohl wissend, daß Harrington zwar ein großer Denker, leider aber kein großer Stilist war. Es konnte nicht das Anliegen des Übersetzers sein, da Größe vorzutäuschen, wo – anders als bei Hobbes oder Milton oder, auf seine Art, Winstanley – eine solche beim allerbesten Willen nicht zu finden ist. Im übrigen sei hier auf das von Klaus Udo Szudra stammende Nachwort verwiesen.

Dem Text sind, wegen des sonst überschwellenden Umfangs des Ganzen, also mit Zurückhaltung, numerierte Anmerkungen beigegeben worden, auch hierbei den bewundernswerten Vorarbeiten Liljegrens verpflichtet. Die – ebenfalls kurz gehaltene – Chronologie bietet eine Einbettung des (übrigens weithin dem Dunkel der Vergangenheit noch nicht entrissenen) Lebensschicksals unseres Autors in die turbulenten Geschehnisse seines Landes. Außer einem einzigen Brief hat sich kein Autograph Harringtons, geschweige denn ein Manuskript auch nur eines seiner Werke erhalten. Dem Glossar und Namensregister können neben den Lebensdaten der erwähnten Personen auch die Dechiffrierungen entnommen werden, die es gestatten, den seinerzeitigen Aktualitätsbezug eines ins Utopische transformierten Vokabulars festzumachen.

Harringtons *Oceana* verbirgt nämlich kaum ihre Doppelnatur. Sie gehört sowohl in die Geschichte der großen Sozial*utopien* als auch in die der großen Sozial*theorien*.

Wenn je eine Utopie geschrieben wurde mit der Bestimmung, sofort in Sozial*praxis* umgesetzt zu werden, dann war es *Oceana*. Ihr Autor versuchte den in der europäischen Übergangsepoche vom Feudalismus zum Kapitalismus problematisch gewordenen Zusammenhang von politischer, militärischer und ökonomischer Macht auf den Begriff, also Staatsordnung und Gesellschaftsordnung unter den besonderen Bedingungen Englands in Übereinstimmung zu bringen. Alle seine späteren Werke – Harrington hat nur in den knapp fünf Jahren vom September 1656 bis zum März 1660, da England (noch) Republik war, publiziert – vermeiden selbst den Anschein, utopisch gemeint zu sein, sie alle sind Ausführungsgedanken zu der einen großen Idee: der nichtfeudalen, der bürgerlichen, humanistisch konzipierten Gesellschaft ein ihr angemessenes Verfassungsgewand zu schneidern. Insofern ist *Oceana* kein Utopia, kein Nowhere, sondern ein Now here, kein Nirgendwoland, sondern eben unverkennbar das England in der Mitte des 17. Jahrhunderts.

Daß es dennoch zu den großen Utopien zählt, beruht auf keinem Mißverständnis. Harringtons biographisches Ende als Denker, sein durch den Gefängnisaufenthalt, den ihm die Restauration bescherte, eingeleitetes Verstummen als literarische Existenz beweisen es: In der Wirklichkeit einer postfeudalen Gesellschaft mit ihren Widersprüchen, Konkurrenzen und Konvulsionen sind staatsrechtliche Equilibrien höchstens vorübergehend zu erreichen, ist (politischer) Gleichheitsperfektionismus letztlich zum Scheitern verurteilt. Aber erst die lebendige Existenz utopischer Ideen eröffnet dem Menschheitsfortschritt jene Chancen, von denen die Besten aller Zeiten zumindest hofften, daß sie eines schönen Tages auch wahrgenommen werden würden. Ohne das Ferment des Unmöglichen wird das Mögliche nicht wirklich.

Doch auch als Arsenal realistischer Ideen hat sich *Oceana* bewährt. Zwar kann sich Harrington mit dem von ihm bewunderten Hobbes nicht vergleichen, was Verstandesradikalität anlangt. Aber in der Verarbeitung von historischem und Erfahrungsmaterial ist jener diesem überlegen. Unter dem Einfluß Machiavellis arbeitet er mit Methoden, die später als rechtsvergleichende bezeichnet worden sind. Dabei entwickelt dieser Harrington ein erstaunliches Gespür für das zu seiner Zeit in seinem Land Erforderliche. Aus der vollzogenen ökonomischen Machtverschiebung schließt er auf eine zu vollziehende politische Strukturveränderung der Gesellschaft. Seine Forderungen nach einer geschriebenen Verfassung, nach Gewaltenteilung, nach geheimen Wahlen (und zwar nach einer auch für Analphabeten sinnvollen Methode) und – als Erster! – nach Einführung des Rotationsprinzips (ohne das selbst auf Fortschritt angelegte Regierungsverhältnisse verkrusten und in quasimonarchischen Zuständen enden) gehören bis zum heutigen Tag zum unverzichtbaren Inventar eines modernen Staates.

Bleibt den beiden sich nunmehr eines Miteinander-Dezenniums erfreuenden Herausgebern die angenehme Pflicht, sich bei Gundel Jankowiak (Berlin) und bei Gerhard Oberkofler (Innsbruck) zu bedanken. Den Lesern aber möchten wir eine Strophe nicht vorenthalten, die, so sagt man, Harrington während seines Gefängnisaufenthalts in ein *Oceana*-Exemplar eintrug:

> Bee there a writing nere so high,
> The Writer while he lives may die,
> Blasted by scorn or envy-bitten;
> But if he die for what is written,
> The pen how lowe so ere it bee
> For ever lives and so doth hee.

> Für einen Autor, dem ein großer Wurf gelungen,
> sind Mißgunst, Haß und böse Zungen
> ein tödlich Gift, an dem er langsam stirbt.
> Anders das Werk, das nichts als Unbill ihm
> erwirbt,
> solang er lebt: Es überdauert seine Zeit
> und sichert seinem Schöpfer die Unsterblichkeit.

Zeittafel

1611 James Harrington am 3. Januar in Upton, Northampton-
      shire, als ältestes der acht Kinder von Sir Sapcote Har-
      rington und dessen Ehefrau geboren.

1616 Tod von William Shakespeare.

1625 Charles I. (1600–1649), aus dem Hause der Stuarts, tritt
      als König die Herrschaft an.

1628 *Petition of Right,* vom Parlament beschlossenes Forde-
      rungsprogramm, den Schutz des Eigentums und der Per-
      son betreffend, von Charles I. zunächst akzeptiert, in
      den Folgejahren von ihm systematisch verletzt.

1629 Charles I. löst das Parlament auf und regiert in den näch-
      sten elf Jahren unparlamentarisch. – Harrington beginnt
      am Trinity College in Oxford zu studieren.

1631 Harrington ist ohne Universitätsabschluß und nur kurz-
      fristig am Middle Temple, einer der vier Londoner
      Rechtsschulen zur Advokatenausbildung tätig. – Es be-
      steht Grund zur Annahme, daß er in den Folgejahren
      die Niederlande, Dänemark, Frankreich, Deutschland
      und vor allem Italien bereiste, von wo er als Verehrer
      Machiavellis (1469–1527) und Bewunderer der republi-
      kanischen Regierungsform zurückkehrte.

1640 Beginn der erst nach fünfzig Jahren (1689: Glorious Re-
      volution) endenden englischen Revolution.

1642 Charles I. eröffnet den Bürgerkrieg gegen das Parla-
      mentsheer. Harrington beteiligt sich nicht an den be-
      waffneten Auseinandersetzungen.

1647 Das Parlament wählt Harrington zu einem der Kammer-
      herren des gefangengenommenen Charles I.

1649 Verurteilung von Charles I. durch ein parlamentarisch
      eingesetztes Hochgericht als Tyrann zum Tode. Hinrich-
      tung des Königs. Harrington hat ihm möglicherweise auf
      seinem letzten Weg das Geleit gegeben. England wird
      formell zur Republik (Commonwealth) erklärt.

1651 Thomas Hobbes (1588–1679) publiziert seinen „Levia-
      than". Harrington später über ihn: Mr. Hobbes ist der
      beste zeitgenössische Schriftsteller in der Welt.

1652 Gerrard Winstanley publiziert „The Law of Freedom",
      sein kommunistisches Gesellschaftsprogramm, von dem
      vermutet worden ist, daß Harrington es gelesen hat.

1653	Oliver Cromwell (1599–1658) errichtet als Lordprotektor eine Militärdiktatur.
1656	Harrington publiziert „The Commonwealth of Oceana" (Die Republik Oceana); er widmet dieses Werk „dem Lordprotektor des Commonwealth von England, Schottland und Irland", der es als zu weitschweifig und zu wenig fromm bezeichnete.
1657	Harrington publiziert „The Prerogative of Popular Government".
1658	Tod von Oliver Cromwell.
1659	Harrington publiziert „The Art of Law-giving" sowie neben anderen Pamphleten „Aphorisms Political" und „Politicaster". Er gründet u. a. mit Henry Neville (1621–1693) und seinem späteren ersten (Kurz-) Biographen John Aubrey (1626–1697) den Rota Club, in dem über die republikanischen Prinzipien eines Gemeinwesens diskutiert wurde.
1660	Harrington publiziert verschiedene Pamphlete, u. a. „The Rota or a Model of a Free State or Equal Commonwealth", „The Ways and Meanes whereby an Equal and Lasting Commonwealth may be Suddenly Introduced". – Charles II. (1630–1685), der Sohn des 1649 hingerichteten Königs, restauriert im Einverständnis mit Heeresführung und Parlament die Stuart-Monarchie.
1661	Harrington wird Ende Dezember unter der Anklage einer Verschwörung zum Umsturz des Staats verhaftet und im Tower von London, später in Plymouth gefangengehalten.
1662	Physisch-psychischer Zusammenbruch Harringtons, möglicherweise auch im Ergebnis ihm im Gefängnis eingegebener „Medikamente". Sein Gesundheitszustand normalisiert sich auch nach seiner Haftentlassung nicht. In den Folgejahren schreibt er an seiner „The Mechanics of Nature", heiratet (ohne die Ehe zu vollziehen) und stirbt am 11. September 1677.

Der Autor und die literarische Form

Harringtons „Utopie" mit ihrem kaum kaschierten real-
zeitlichen Hintergrund der Insel England um die Mitte
des 17. Jahrhunderts widersetzt sich aus mancherlei
Gründen dem Versuch einer Einordnung in das Schema
der mit dieser Literaturgattung gemeinhin verbundenen
Erwartungen. Zum einen bezieht sie ihren staatsrefor-
merischen Impetus nicht aus den („seherischen") Einge-
bungen einer von den gegenwärtigen Zuständen abstra-
hierenden Vision, sondern systematisiert und verwertet
vom Standpunkt eines nüchtern wägenden Common
Sense in drei Jahrtausenden akkumulierte Geschichtserfahrung und fügt sie zu einem modellhaft angelegten
Syntheseprodukt von pragmatisch-spekulativer Idealität
zusammen. Gezeugt in einem Gedankenlaboratorium
durch planvolle Mischung der in den Reagenzgläsern einer imponierenden Buchgelehrsamkeit gespeicherten
Ingredienzien „antiker Weisheit" nach empirischer De-
duktion und gewissenhafter Selektion der als verwend-
bar befundenen Substanzen, bietet das so gewonnene
Destillat in Gestalt des vorgeführten Modells durch
Summierung und sinnreiche Verbindung historisch be-
währter Teilgrößen sozusagen den Umschlag in eine
neue Qualität, ohne freilich diesen qualitativen Sprung
immer auch in den Formen der künstlerischen Umset-
zung mit der wünschenswerten Konsequenz mitzuvoll-
ziehen.
Die formalen Unzulänglichkeiten eines solchen Retor-
tenprodukts sind denn auch augenfällig: Sie äußern sich
in einem über weite Strecken „sperrigen" Text, in einer
wechselseitigen Überlagerung der Stilschichten, in kom-
positorischen Gestaltbrüchen und mannigfaltigen Ungereimtheiten der Textstruktur, die zwangsläufig zu Lasten der inneren Stimmigkeit gehen. Nicht alles daran ist
literarischem Unvermögen oder der Zeitnot zuzuschreiben, auf die der Verfasser mehr als einmal entschuldi-
gend verweist. Die Einvernahme der Historie in das Be-

dingungsgefüge seines Musterstaates Oceana erfolgt zum Beispiel nicht von ungefähr unter tendenziöser Beibehaltung der geschichtlich geprägten Begriffsinhalte, überspringt also im Schrittmaß des Phantastischen und Anachronistischen die Epochen der Menschheitsentwicklung, reiht – unbekümmert um die Gesetze logischer Verknüpfung – scheinbar Inkommensurables aneinander und erhellt damit schlaglichtartig dessen kausale Zusammengehörigkeit. Was zunächst als chaotische Vermengung einander widersprechender Bezugspunkte erscheint, als Unfähigkeit, den gewandelten gesellschaftlichen Rahmenbedingungen des frühbürgerlichen Revolutionszeitalters durch eine konsequente terminologische Flurbereinigung, d. h. durch ein angemessenes Vokabular, Rechnung zu tragen, erweist sich bei näherem Hinsehen als bewußt eingesetztes Gestaltungsprinzip. Das wiederkehrende Begriffspaar „Mylord Archont", mit dem die Brücke von Athens Glanzzeit zu Cromwells englischer Republik geschlagen wird, hat den Signalwert einer keineswegs nur versehentlich unterlaufenen Katachrese, ist also sprachlich-psychologisch inszeniert und trägt mithin programmatischen Charakter.

Diese von Harrington hier wie andernorts in reichem Maße und mit manchmal spielerischer Leichtigkeit verwendete sprachliche Verfremdungstechnik läßt sich mit dem persönlichen Schutzbedürfnis des ja in unsicheren Zeiten lebenden und publizierenden Autors nicht überzeugend begründen. Der geographische Schauplatz ist schließlich bereits im Untertitel des Oliver Cromwell zugeeigneten Werkes so eindeutig und unmißverständlich markiert, daß die im Buchinnern gebrauchten Ersatzbegriffe und verklausulierten Jahreszahlen ersichtlich einen anderen Zweck verfolgen müssen, als die räumliche Unverbindlichkeit eines in eine ferne Zukunft projizierten Irgendwo zu suggerieren. Dabei überspannt Harrington allerdings mitunter den Bogen der absichtsvoll verfremdenden Namenssymbolik; nicht jede seiner seltsamskurrilen Wortschöpfungen rechtfertigt nämlich den Aufwand ihrer etymologischen Hintergründigkeiten und gerät als im Grunde überflüssige Mystifikation so in die Nähe einer gewissen literarischen Manieriertheit. Außer der gewünschten Herstellung des allgegenwärtigen Bezugs zur Antike, deren unerschöpfliche Inspirationsquellen den Ordnungssinn des Autors erkennbar überfordern, schwingt in solchen eigenwilligen Kreationen gewiß auch die seit der Renaissance bekannte Freude am Phantastischen und Exotischen als einer Spielform realistischer Wirklichkeitserfassung mit, das Behagen an ironisch-satirischen Zerrbildern, an satter Buntheit und grell dissonanten Überraschungsmomenten – mit einem Wort, das Bedürfnis, durch effektvolle Extras an die Schau- und Sinnenlust des zeitgenössischen Lesers zu appellieren.

Unsere Hervorhebung dieser Absicht zu plastischer Kolorierung kann und soll jedoch nicht die wirklichen Mängel in der Bewältigung der Form-Inhalt-Dialektik verdecken, die dem Werk fraglos anhaften und die es wenigstens andeutungsweise beim Namen zu nennen gilt, um die vorliegende Übersetzung, die sich im Bemühen um die möglichst genaue Rückgewinnung der Autorenperspektive Harringtons eng an das Original hält, von dem Verdacht einer – sagen wir – fehlenden Einheitlichkeit zu entlasten. Der zwiespältige Eindruck, den sie bieten will und muß, kann nur der eines *mixtum compositum* sein, womit kein literarisches Verdikt über die Vorlage gefällt, wohl aber der Versuch gerechtfertigt sein soll, den Ursachen für das Defizit an sprachlicher Geschlossenheit und ästhetischer Organisiertheit des Werkes nachzufragen, dessen barocker Sprachgestus und diffuser Stil nicht eben rezeptionserleichternd für den heutigen Leser sein dürften.

Gerade aber aus dem verständlichen Ehrgeiz, das ideale Gemeinwesen Oceana über die Abstraktionsstufe eines staatswissenschaftlichen Traktats hinauszuführen und zu einem auch literarischen Ansprüchen genügenden eindringlichen Leseerlebnis werden zu lassen, zieht Harrington alle Register farbkräftigen Fabulierens, bedient er sich jedes erdenklichen Mittels der Suggestion und Agitation, um den Betrachter von der Richtigkeit des gewiesenen Weges zu überzeugen. In seinem Werk spiegeln sich die unversöhnten Gegensätze zwischen dem allzu ambitionierten Plan, ein die Zeiten überdauerndes Kunstwerk zu schaffen, und der tatsächlichen Einlösung des selbstgewählten hochzielenden Anspruchs. „Oceana" ist eine *tour de force*, die – mit Verlaub – den entscheidenden Schritt zum literarischen Geniestreich verfehlt hat. Der ertragreiche Steinbruch, in den der Verfasser seinen Leser eingangs zu geleiten verspricht, ähnelt – wiederum mit Verlaub – einer oft nur mühsam zugänglichen Geröllhalde; an Stelle einer geradlinigen, jederzeit überschaubaren Gedankenführung bietet er sozusagen Variationen über ein in Abständen wiederkehrendes Thema, eine Blütenlese von feststehenden Prämissen, scharfzüngigen Polemiken, blinden Assoziationen und anekdotischem Zierat – ein Bild zügelloser Rabulistik und eklektizistischer Willkür, dessen sinnstiftenden Zusammenhang der Autor nicht ohne Not im Auge zu behalten scheint.

Wir sagen es noch einmal: Diese Bemerkungen verstehen sich weniger als zusammenfassendes Werturteil denn als ein vorsichtiger Erklärungsversuch für die offenkundigen Schwächen eines trotz alledem großen Wurfes. Hier sollen ja nicht Zensuren verteilt, sondern Einsichten befördert werden, die einer gerechten Beurteilung von Harringtons Leistung aus literarhistorischer und sprachkünstlerischer Sicht den Weg ebnen helfen können.

Betrachten wir zunächst die Anlage des Werkes. Wir erwähnten bereits, daß Harrington keine Utopie im üblichen Wortsinne schreiben, sondern das prognostizierte Ideal als wirkende gesellschaftliche Realität – „wie sie sich nun seit etlichen Jahren selbst darstellt" – vorführen will. Zu diesem Zweck beleuchtet er es aus mehreren, sich wiederholt überlappenden Gesichtswinkeln: zuerst – in einem umfangreichen einleitenden Exkurs – aus dem Aspekt seiner welthistorischen Genesis und staatstheoretischen Legitimation durch die vergleichende Betrachtung von Antike und Neuzeit (zum gewissermaßen leitmotivischen Nachteil der letzteren), alsdann – unter schrittweiser Vergegenwärtigung seines verfassungsgeschichtlichen Entstehungsprozesses – durch Einblendung fingierter Parlamentsreden in dem Rat der Gesetzgeber als einer spielerischen Form der Austragung zeitgenössischer Interessengegensätze, schließlich – unter Beibehaltung der fiktionalen Retrospektive – als funktionierende Praxis aus der Sicht eines engagierten Augenzeugen und vorgeblichen Gewährsmannes. Der utopische Diskurs wandelt sich zusehends zum quasi-authentischen Tatsachenbericht. Das heißt, die Ebenen von Phantasie und Realität gehen ineinander über, und das Bestreben des Autors wird es nun, vermittels einer ausgeklügelten Illusionstechnik – wie sie wenige Jahrzehnte später Daniel Defoe in seinem „Tagebuch des Pestjahres" zu vollendeter Perfektion entwickeln wird –, durch Vorspiegelung eines durchgängigen Echtheitsanspruchs (verisimilitude) den so erzeugten Spannungsbogen wieder zu schließen.

Entsprechend den sich fortgesetzt wandelnden Darstellungsperspektiven ist auch die Optik des Autors ständigen und teilweise ganz abrupten Standortveränderungen unterworfen, die sich vor allem dem sprachlichen Habitus seines Erzählvortrags mitteilen. Dieser wechselt unentwegt zwischen den Polen auktorial gesättigter Subjektivität und gegenstandszentrierter Neutralität, ist eben noch visionär oder panegyrisch, im nächsten Augenblick trocken und argumentativ, dann wieder aphoristisch und sentenziös, zitatenbeflissen und anekdotisch, wortschwelgerisch und epigrammatisch, belehrend und gestaltend, von oben herab (mit Anflügen einer leicht arrogant wirkenden bürgerlichen Bildungseitelkeit) und ironisch – kurzum, ein komplizierter Mischstil von mitunter beträchtlicher Inkonsistenz. Klassische Gelehrtenprosa, die allerorten den Einfluß der antiken Vorbilder verrät, geht unvermittelt in schmähsüchtige Grobheit oder vulgärsprachliche Drastik über, rhetorische Bravour paart sich mit schulmeisterlicher Pedanterie und detailverfallener Weitschweifigkeit, und bei den „handelnden" (d. h. monologisierenden) Personen, die Harrington nur in Ausnahmefällen deutliche Konturen gewinnen läßt, muß der Leser sich häufig fragen, wer denn hier nun eigentlich spricht – ob der Autor oder seine Figur. Die Persona des beziehungsreich mit Mose verglichenen, stets das letzte Wort behaltenden Archonten (Cromwell) ist praktisch identisch mit derjenigen Harringtons oder zumindest – wenn man von den formalen Erkennungszeichen der direkten Rede absieht – von ihr vielfach nicht zu trennen. Der redende Cromwell schlüpft so unvermerkt in die Rolle des Autors – greift vor und blendet zurück, kommentiert und organisiert das entstehende Werk, systematisiert, faßt zusammen und verständigt sich in vertraulicher Zwiesprache mit dem Leser über die Chronologie der Problemdarbietung. Mit seinem Schöpfer teilt er auch die Neigung, Andersdenkenden kurzerhand über den Mund zu fahren, sie im parlamentarischen Disput nach allen Regeln der rhetorischen Kunst auszupunkten.

In solchen Augenblicken kann es dann geschehen, daß die Sprache der Figuren zu einem wichtigen Instrument ihrer psychologischen Selbstenthüllung wird, was immerhin in zwei Fällen zu einprägsamen Charakterstudien führt. Der Lord Philautus aus dem Rat der Gesetzgeber, der im Angesicht der drohenden Ackerordnung die Felle des seit alters begünstigten erstgeborenen Aristokratensprosses (und designierten Alleinerben) davonschwimmen sieht und dem Archonten gegen alles Dekorum ins Wort fällt, ist so etwas wie ein humoristischer Volltreffer Harringtons. Ebensowenig macht der gleichermaßen betroffene Lord Epimonus aus seinem Herzen eine Mördergrube. Seine Ausfälle gegen das elaborate astronomische Wortgeklingel des Archonten (dessen hämische Verballhornung als „Milchstraßennebel" nebenbei auf Kosten Harringtons geht und damit seiner Fähigkeit zur Selbstironie ein schönes Zeugnis ausstellt!) und die kauzige, wortspielerisch pointierte Satire auf das Volksleben am Beispiel der Schilderung des Jahrmarkttreibens von Kiberton, mit der er die Rationalität der von dem Archonten verfochtenen Wahldemokratie sarkastisch in Zweifel zieht, lassen seine erzreaktionäre Gesinnung überdeutlich hervortreten. Er ist mit seinen

Einwürfen gewissermaßen der willkommene Stichwortlieferant für den Archonten, der ihn denn auch mit spürbarem Gusto rhetorisch auseinandernimmt – ein verbohrter Ewiggestriger vom alten Schrot und Korn, der als Kontrastfolie zu dem permanenten Rechthaber und Besserwisser Megaletor-Cromwell angelegt ist, an dem freilich stört, daß ihm von Harrington eine Souveränität des Handelns und Entscheidens angedichtet wird, die seinem Urbild – nach allem, was wir aus der Geschichte wissen – zutiefst wesensfremd war. Ganz anders als Gerrard Winstanley, der sein Hauptwerk „Das Gesetz der Freiheit im Entwurf" (1652) ebenfalls dem General Cromwell widmete, aber dabei als historischer Mahner und Warner auftritt, uneingelöste Zusagen reklamierend, heroisiert Harrington seinen „alleinigen Gesetzgeber" und „unübertroffenen Patrioten", den er kaum nur versehentlich das biblische Alter von einhundertsechzehn Jahren erreichen läßt, zu einer überlebensgroßen Galionsfigur, mit deren Staatskunst letztlich sein ganzes Idealreich Oceana steht und fällt.

Ein anderes, nicht minder vergnügliches Beispiel für dramatisch individualisierende Sprachverwendung ist die „Preisrede" des Tribuns gegen Ende des Werkes, mit der Harrington sich zugleich selbstbewußt von der als unkünstlerisch empfundenen Nivellierung der Sprachebenen bei Livius absetzt. Er verwendet große Sorgfalt, die schlichte Hausbackenheit eines Mannes, der so spricht, wie ihm der Schnabel gewachsen ist, und sich mühsam durch die fremdartigen Begriffe einer ihm unzugänglichen Geisteswelt hindurchbuchstabiert, bis in die Wortwahl und Syntax erkennbar werden zu lassen. Seine bedächtige, erdverbundene Redeweise bezeugt die Geradlinigkeit seines Denkens und verleiht seinen Worten jenes Gewicht der *vox populi*, das nicht in den Kategorien stilistischer Eleganz gemessen zu werden pflegt.

Das Bemühen Harringtons um literarische, d. h. gestaltende Sprachverwendung zeigt sich auch in den phantasievollen Namen lebendig, mit denen er die Träger und Schauplätze der Handlung versieht. Seine Orts- und Personenbezeichnungen, die zur leichteren Orientierung des Lesers in einem gesonderten, die etymologischen Feinanalysen des Harrington-Herausgebers S. B. Liljegren summarisch verwertenden Glossar am Ende dieser Ausgabe erfaßt sind, lassen sich in drei große Gruppen einteilen. Dabei handelt es sich bei den „sprechenden Namen" in aller Regel nicht um Pseudonyme im landläufigen Verstande schematisch übersetzbarer Begrifflichkeit, sondern überwiegend um – stereotyp durch das (normannisch-) französische Adelsprädikat „de" verknüpfte – Komposita mit einem um mehrere semantische Kerne kreisenden vieldeutigen Assoziationspotential griechischer oder lateinischer Provenienz, das die Erwartungen des (gelehrten) Lesers in eine bestimmte Richtung lenkt und damit einen rezeptionssteuernden allegorischen Untertext schafft, der die vielfach bizarren Wortschöpfungen in einen neuen, informationserweiternden Deutungs- und Wertungszusammenhang stellt.

Zu der ersten Gruppe gehören all jene historischen, ethnischen und landeskundlichen Begriffe, die eine Umschreibung tatsächlicher Personen und Schauplätze bieten. Der Aussagewert der Ortsbezeichnungen ist wegen deren fast durchgängiger Tendenz zur Überhöhung relativ gering: „Oceana" für England, „Emporium" für London, „Pantheon" für Westminster Hall oder „Halcionia" für Themse sind als patriotisch-heroische Stilisierungen heimischer Szenerien zweifellos weniger ergiebig als die Phantasienamen auf der Königsebene, die eine genauere Betrachtung verdienen. Die im Kontext der Entstehungsgeschichte von Oceana vorgeführte Galerie der gekrönten englischen Monarchen reicht von William I. („Turbo", d. h. dem als „Eroberer" ins Land gekommenen Normannenherzog) bis zu James I. („Morpheus", der in seinem Mangel an politischem Augenmaß das Königreich gewissermaßen „verschlafen" habe). Auffallend ist hier, daß Harrington von der Möglichkeit massiv antiroyalistischer Invektiven keinen Gebrauch macht – Charles I., der unfreiwillige Geburtshelfer des Cromwellschen Gemeinwesens, wird bemerkenswerterweise gar nicht mit Namen genannt! –, sondern sich gegenüber den Regenten aus den englischen Königshäusern insgesamt einer respektvollen Distanz befleißigt, zu der auch die (rückversicherische?) Behauptung im Text paßt, England habe in seiner Vergangenheit den „Glanz eines Thrones geschaut", wie er anderen europäischen Monarchien nie beschieden gewesen sei. Und als schließlich von dem bodenlosen Sturz dieses „der Freiheit des Volkes durch viele Jahrhunderte so überaus gewogenen" Thrones die Rede ist, geschieht es – so will es scheinen – fast mit einem Unterton mitfühlenden Bedauerns. Der konservative Zug, der Harringtons Republikanertum prägt, äußert sich also auch verbal durch den Verzicht auf naheliegende Polemik. Daß er hierzu sehr wohl imstande ist, wenn subjektive Vorbehalte ins Spiel kommen, beweisen solche Ersatzbegriffe wie „Leviathan" für Thomas Hobbes, „die Goten" als Bannerträger der (pauschal verworfenen) „neuzeitlichen Weisheit" oder die kollektive Diffamierung etwaiger politischer Gegner als „Demagogen" und „Granden", ganz zu schweigen von den puritanisch-protestantischen Ressentiments, die sein Verhältnis zur römischen Papstkirche bestimmen und sich wiederholt in kräftigen Beschimpfungen entladen.

Die zweite Gruppe umfaßt solche Bezeichnungen, die in einem engeren Sinne mit dem Rat der Gesetzgeber als der parlamentarischen Keimzelle von Oceana verbunden sind. Außer dem zum politischen Superman hypertrophierten Olphaus Megaletor sind alle hier angeführten Personen historisch nicht verbürgt, so daß mit deren Benennung die Angabe referentiell erschließbarer Zweckbestimmungen oder Funktionsmerkmale verknüpft ist. Zu erwähnen sind besonders jene Ratsmitglieder, die im Vorfeld der Erstellung des Verfassungsentwurfs für Oceana mit der Prüfung der als mustergültig vorgegebenen Gemeinwesen des Altertums und der Neuzeit beauftragt worden sind. Bei ihnen, die als handelnde Personen nicht unmittelbar in Erscheinung treten, signalisiert der Name das zugewiesene Studienobjekt: Phosphorus de Auge verweist in gewohnter Assoziationstechnik auf das biblische Reich Israel, Navarchus de Paralo auf Athen, Laco de Scytale auf Sparta, Mago de Syrtibus auf Karthago, Aratus de Isthmo auf die Achäer, Alpester de Fulmine auf die eidgenössische Schweiz, Glaucus de Ulna auf die Niederlande, Dolabella de Enyo auf das Alte Rom und Lynceus de Stella auf die Republik Venedig. Dabei ist Harrington insofern inkonsequent, als die mit den Personennamen angedeutete Aufgabenverteilung genaugenommen ein Ergebnis der erst von dem Archonten veranlaßten Losziehung und damit eigentlich als zufällig deklariert ist! Andere Mitglieder des Rates, denen ein derartiger Auftrag nicht zugedacht ist, erhalten statt dessen Gelegenheit, sich in dramatischer Figurenrede zu profilieren; ihnen wird der Name deshalb wie ein charakterologisches Etikett angehängt, das Form und Inhalt ihrer Meinungsäußerung in eindeutig sympathielenkender Tendenz erkennbar macht: Philautus de Garbo verkörpert den Typus des standesbornierten Aristokraten, und Epimonus de Garrula steht sinnbildlich für den geschwätzigen Langweiler, der freilich individuelle Züge dadurch gewinnt, daß er in direkter Gegenrede zum Archonten auch kritische Töne zum Klingen und damit ein bißchen Seegang in das ruhige Wasser der gesetzgebenden Versammlung bringt.

Die dritte Gruppe enthält die einzelnen Vertreter der fünfzig Stämme des inzwischen glanzvoll konstituierten und nunmehr in seiner staatlichen Wirkungsweise demonstrierten Gemeinwesens Oceana, verläßt also den Blickwinkel der Retrospektive und wendet sich der unmittelbaren Gegenwart zu. Ins Auge fällt hier der Versuch einer gewissen soziologischen Differenzierung entsprechend der Art der durch die Namensträger versehenen Ämter. Überwiegt bei der Benennung der Repräsentanten der „Signoria" das aus dem klassischen Bildungsreservoir schöpfende Wortgut (der Sprecher oder Vater des Senats heißt Hermes de Caduceo, der Erste Zensor Cadisco de Clero, der im weiteren Sinne dazugehörige Oberstallmeister Calcar de Gilvo und der wie dieser schon von Amts wegen adlige Erste Herold Bronchus de Rauco), so bieten die Namen der übrigen

Beamten eine bezeichnende Mischung aus griechisch-lateinischen (aristokratischen) und angelsächsischen (plebejischen) Wortelementen: Der Regimentshauptmann des „Phönix" nennt sich Sanguine de Ringwood, der Zeremonienmeister hört auf den Namen Boristenes de Holiwater, der Tribun – auch sonst als Vertreter des Volkes ausgewiesen, der mit der lateinischen Fachterminologie des Senats seine liebe Not hat und nicht einmal den Namen des ersten Mannes im Staate korrekt auszusprechen weiß – heißt Argus de Crookhorne, wobei die angelsächsischen Konstituenten leicht pejorativ angehaucht sind. „Ringwood" assoziiert die Stadt des Bieres, „Holiwater" Frömmigkeit mit dem Unterton von Frömmelei, „Crookhorne" zumindest im zweiten Wortbestandteil die traumatische Vision von „Hörnern". Eine besondere Hervorhebung verdient der Name des Schatzmeisters Aureus de Woolsacke aus dem Stamme Pecus. In ihm ist das ganze Dilemma der englischen Revolution genial erfaßt und auf den kürzestmöglichen Nenner gebracht: die parasitäre Symbiose des neuen Geldadels (dessen wirtschaftliche Potenz durch den dreifachen Hinweis auf Kapitalakkumulation, auf die prosperierende Tuchindustrie und die Konzentration beweglichen Vermögens verdeutlicht wird) mit dem alten Erbadel (der, seit der normannischen Eroberung fest etabliert, stilecht durch das französische Lehnwort „de" charakterisiert ist). Dagegen leisten die Stammesbezeichnungen wenig für das tiefere Eindringen in Harringtons literarische Ethnologie, sondern geben allenfalls vage – und im Endeffekt austauschbare – Orientierungen im Hinblick auf Schönwettergebiete (Eudia), Waldreichtum (Saltum), liebliches Klima (Dorian) oder ausgedehnte Weideflächen (Pascua).

Harringtons produktives Verhältnis zur Sprache, sein Interesse an der experimentierenden Erkundung ihrer Doppelbödigkeiten zu einer Zeit, als das Englische, der Monopolstellung des Lateinischen im schriftlichen Ausdruck kaum entwachsen, sich noch am Anfang seines Weges zur nationalen Literatursprache befand, hinterläßt auch sonst deutliche Spuren: etwa in dem Hang zur verspielten Aneinanderreihung erfinderischer Synonyme, in der Wahl seiner sinnlich-gegenständlichen Vergleiche und Bilder, in gewitzten Wortspielen und dem wachen Gespür für Pathos. Sein Text ist voller Höhen und Tiefen, fließt selten gleichmäßig dahin, sondern ist affektbewegt, atemlos, mitreißend, provozierend, partnergerichtet – dann wieder (wie in den episch breit und eintönig dahinplätschernden dreißig Ordnungen) mühsam, trocken, steif und blutleer, also eine Gratwanderung zwischen den Extremen.

Die Tendenz, Ungewohntes und Ungewöhnliches sorglos mit Prosaischem und Trivialem zu mischen, zeigt sich überdies in der babylonischen Vielzahl der Sprachen wirksam, die sich in seinem Werk ein Stelldichein geben. Harrington interpoliert mit staunenswerter Selbstverständlichkeit griechische, lateinische, hebräische, italienische und französische Zitate in seinen Text, verwendet auch Begriffe aus dem Deutschen, Dänischen und Türkischen, geht Wortbedeutungen auf den Grund, stellt Bibelsprüche richtig oder unterlegt ihnen – in oft eigenwilliger Beweislogik – einen neuen Sinn, bietet ein fast unübersehbares Heer von klassischen Autoritäten auf, die er fließend (wenngleich nicht immer getreu) im Originalwortlaut anführt, darunter den erklärten Favoriten Machiavelli ebenso wie den literarischen Intimfeind Hobbes, und breitet vor dem Leser einen solchen Schatz von enzyklopädischer Bildung aus, daß schon dies Bewunderung abnötigt. Die Kunstbewußtheit im Umgang mit der Sprache, sein Sinn für Nuancen und Zwischentöne, kommt immer dann zum Tragen, wenn Harrington unter Umgehung der assoziativen Seitenpfade seiner Darstellung zum Wesentlichen vordringt: Allein die Verwendung des Schlüsselwortes „balance" und die subtile Ausschöpfung seines Bedeutungsgehalts zum Ausdruck der für die Stabilität seines Gemeinwesens geforderten ausgleichenden Kräfte illustriert, zu welchen Höchstleistungen sprachlicher Kultur der Autor fähig ist. Es nimmt daher nicht wunder, daß das „Gleichgewicht der Kräfte" und das „Rotationsverfahren", von Harrington urheberrechtlich geschützte Neologismen, als politische Termini bis auf den heutigen Tag im

Bewußtsein einer internationalen Öffentlichkeit lebendig geblieben sind. Auch die Trennung von Basis und
Überbau ist von ihm in Ansätzen vorgedacht worden.

Die lexikalische Grobanalyse seiner staatstheoretischen
Terminologie fördert aber noch eine weitere Einsicht
zutage, die für die Interpretation seines Musterstaates
belangvoll ist. So wie sich seine Argumentation nach eigener Aussage „im Kreise" bewegt, deutet nämlich auch
die Wortwahl Harringtons eine gewisse Befangenheit in
mechanistischen Denkbahnen an. Wenn (sinngemäß)
von Basis und (buchstäblich) von Überbau („superstruc-
ture") die Rede ist, dann geschieht dies augenscheinlich
nicht im Sinne einer schöpferischen Wechselbeziehung,
sondern einer dualistischen Gegenüberstellung. In ähnlicher Weise zeigt sich das Begriffsfeld „balance" von dem
Wunschbild reibungsloser, widerspruchsfreier Kontinui-
tät beherrscht, also um eine – vom Standpunkt des Historischen Materialismus entscheidende – Dimension
verkürzt. Auch dessen gleichwertig gebrauchte Varian-
ten („Richtmaß", „Gleichgewicht", „Kräftespiel", „Ausgewogenheit", „Schwebezustand"), die wiederkehrende Meta-
pher von den „Waagschalen", die durch die juristischen
Vorkehrungen der Ackerordnung und der Rotation säu-
·berlich „auszutarieren" seien, schließlich der Vergleich
des durch die Umschichtung der Eigentumsverhältnisse
geschaffenen ökonomischen Fundaments mit einer
„Gußform", auf die die Regierungsgewalten des Gemeinwesens „paßgerecht abgestimmt" werden müßten,
verraten auf Schritt und Tritt den Einfluß geometrischer
Systemvorstellungen. Die Bewegungen eines Gemeinwesens, heißt es apodiktisch, seien denen einer rollenden Kugel vergleichbar und könnten nur „konstant"
sein, wenn sie im Kreise verlaufen. Folgerichtig setzt der
Archont nach der Proklamation des Gemeinwesens dessen „Sphären" wie durch Knopfdruck in Bewegung, die
nun aus eigenem Antrieb auf ganz natürliche Weise ihre
(„unbeirrbaren") Bahnen ziehen – als Zeichen der „Erweckung schöner Harmonie aus Chaos und Wirrsal".
Sein Ziel ist die Einführung eines „unablässigen Kreis-
laufs" in Analogie zu dem starren Taktmaß der menschli-

chen Blutzirkulation. Das statische Grundelement in Harringtons Gesellschaftsbetrachtung kommt des weiteren darin zum Ausdruck, daß er die eigene Autorenposition (sachlich zutreffend, wenngleich methodisch gewiß bedenklich) als eine Art kreisender Bewegung beschreibt: Er könne einen Kreis nicht schließen (und ein solcher sei Oceana!), verkündet er an hervorgehobener Stelle, ohne dessen Ende mit dem Anfang zu verbinden. In dieses Konzept eines raumzeitlichen Kontinuums paßt auch die ausdrückliche Gleichsetzung seiner „Tropen" mit den immerwährenden Umdrehungen eines Rades oder das aus der handwerklichen (mechanischen) Arbeitswelt entlehnte Bild eines „Schraubengewindes" für die dem ja stets gleichen Rhythmus unterliegenden Bewegungsabläufe der Ämterrotation, wodurch das Werkstück des demokratisch verfaßten Staates „wie im Schraubstock eines Schmiedes" unaufhörlich gedreht und gewendet und damit um so fester „in den Griff genommen" werde. Ohne den Einsatz derartiger „Maschinen", um die „mächtige Last in Bewegung zu setzen", könne nun einmal kein Werkmeister der Politik auf Vollendung hoffen.

Schließlich ist auch Harringtons bevorzugte Verwendung von Begriffen aus der Astronomie und deren exemplarische Zusammenführung in einem „Modell" symptomatisch für seine von naturgesetzlichen, gleichsam physikalisch berechenbaren Ordnungsvorstellungen getragene Staatskonzeption. Das „ständige Kommen und Gehen" der „erhabenen Gestirne" seines Gemeinwesens erinnert ihn beziehungsreich an die „Himmelskörper einer Hemisphäre, die, wenn sie untergehen, den Aufgang der anderen bewirken". Die pausenlosen Parallelen zu der kosmischen Harmoniewelt des Milchstraßensystems mit seinen Galaxien, Zentren, Tropen, den Sternen höchster Ordnung, den Nebulosa und dem *primum mobile* sprechen eine deutliche Sprache und reizen zu dem Versuch, das von Harrington entwickelte Modell von Oceana in der Art eines Sternensystems hier einmal skizzenhaft so darzustellen, daß dessen Grundannahme einander bedingender kreisförmiger Bewegungen auf einen Blick sichtbar wird:

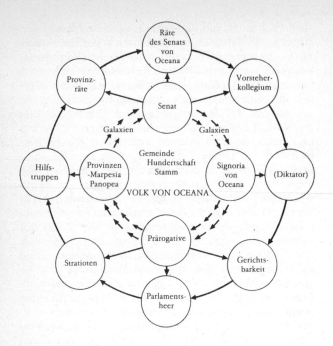

Harringtons staatspolitische Norm – das harmonische
Ebenmaß der Konstruktion – ist auf die Gestaltgebung
des Werkes freilich nur bedingt anwendbar. Hier überwiegt vielmehr das schroff Gegensätzliche, mitunter
auch das bunt Zusammengewürfelte. Ein seltsames
Völkchen beherrscht die Szene von Oceana: Da gibt es
Zensoren, Tribunen, Strategen, Polemarchen, Stratioten,
Phylarchen, Prytanen, eine Signoria mit klangvoller Besetzung, im Notfall auch einmal einen Diktator nebst einer veritablen Junta. Eine kuriose Vorliebe für militärisches Zeremoniell prägt das geistige Klima der
Darstellung: Das zur Wahl seiner Abgeordneten (d. h.
Vorgesetzten) befohlene Volk wird „gemustert", die Ab-
stimmungen erfolgen nach einem sorgsam festgelegten
Reglement in soldatischer Disziplin, die Entstehung der
Republik wird als „glückliche Vermählung des mächtigsten Herrscherpaares" gefeiert, „das da ist auf Erden

oder in der Natur: der Waffen und der Räte", die Stämme des Gemeinwesens sind nach Berittenen und Fußtruppen gegliedert und in marschbereiten Formationen erfaßt: in Kompanien und Regimentern (oder gar – wie in Hiera – in Manipeln und Kohorten), Wehrhaftigkeit und Kriegstüchtigkeit gelten als die höchsten Tugenden des Volkes, dessen „stramme Zucht" als Existenzbedingung des jungen Staates zugleich rühmend und mahnend hervorgehoben wird. Der durch die Rahmenhandlung um den Archonten aufgebaute Illusionsraum, in den diese charakteristischen Gestaltungselemente dekorativ eingelagert sind, kollidiert gleichwohl ständig und vorsätzlich mit der kräftig konturierten „stehenden" Kulisse der auf ihn einwirkenden nationalenglischen Vergangenheit und Gegenwart: Die als Römer und Griechen verkleideten Funktionsträger in Harringtons fiktivem Gemeinwesen sind nämlich genauso „englisch" wie der geschichtsträchtige Boden, auf dem sie agieren, oder die ihnen mit der größten Selbstverständlichkeit auf der unteren Leitungsebene an die Seite gestellten Sheriffs, Aldermen, Barrister, Gemeindevorsteher, Kirchenältesten, Wachtmeister und Leichenbeschauer. Der alle und alles belebende Atem der englischen Historie bleibt immer gegenwärtig, ob in der wiederkehrenden Berufung auf spektakuläre lokale Geschichtsereignisse (wie die Magna Charta oder die Rosenkriege), auf heimische Autoren (darunter Bacon, Hobbes, Coke und Harvey) oder unmißverständlich beziehungsstiftende Realien des nationalen Alltagslebens: Sämtliche mit buchhalterischer Akribie aufgemachten Bilanzen und Unkostenrechnungen – übrigens eine seiner ins Auge springenden Marotten! – werden bezeichnenderweise in der Landeswährung, also in Pfund und Shilling erstattet! Wie weit die Interferenz von historischer Rückbesinnung und romantischer Aktualisierung geht, beweist die merkwürdige Zweigleisigkeit im Umgang mit den englischen Königen, die als konkrete Geschichtspersönlichkeiten durch die schon erwähnten Pseudonyme drapiert, jedoch in ihrer Sondereigenschaft als Gesetzgeber regelmäßig bei ihrem wirklichen Namen genannt werden.

Während also die Grenzverwischungen zwischen den Ebenen von Schein und Sein ersichtlich das Ergebnis eines künstlerischen Plans sind, müssen für das Zerfließen der Textstrukturen und die gehäuften werkimmanenten Darstellungsbrüche andere Faktoren in Anschlag gebracht werden. Es scheint, als werde der Autor durch die Übermacht seines Bedürfnisses, nichts unausgesprochen zu lassen, was sich ihm unter dem Zwang der Spontaneität auf die Zunge drängt, gleichsam erdrückt; ausgedehnte Exkurse und arabeskenreiche Impromptus lenken ihn alle Augenblicke von seinem Wege ab, stiften Verwirrung und verdecken den roten Faden der Darstellung durch ein ganz undifferenziertes Nebeneinander von belangvoller Sentenz und episodischer Beliebigkeit. Der Fokus der Betrachtung springt achtlos und unkonzentriert von einem Objekt zum anderen, bleibt zufällig an einer im Grunde banalen Äußerlichkeit haften, die vorübergehend des Autors Interesse erregt, verweilt genußvoll beim pittoresken Detail, verliert sich urplötzlich in einer minutiösen Beschreibung von Kleidungsstücken oder szenischen Staffagen – verzichtet also auf sinnvolle Akzentuierung und Relativierung, statt dem Leser die dringend benötigten Orientierungshilfen zu geben.

Ein abschließender Blick auf die äußere Werkgestalt, aus dem wir den Kanon der Ordnungen als relativ eigenständigen Mitteilungsblock herausnehmen wollen, kann diese Feststellung nur bekräftigen. Wie sich erweist (und nach der ganz aus der Sicht des Autors gestalteten Exposition kaum erwartet werden konnte), sind die Textanteile Harringtons und des Archonten (als seines *alter ego*) unter dem Strich etwa gleich groß – in der Tat ein erstaunlicher Befund! Das Verhältnis ihrer Monologe (oder „Sprecheinsätze") liegt bei 12:10, verschiebt sich aber nach dem ersten Drittel des Buches, in dessen Zentrum ja noch der historisierende Rapport gestanden hatte, stark zugunsten des Archonten, dessen Redestücke in drei Fällen immerhin jeweils bis zu dreißig Seiten füllen, während der Autor jetzt mehr und mehr verstummt oder regieführend in den Hintergrund des Geschehens tritt, ohne daß aber die (konsequenzenreiche) Umverteilung der Gewichte in einer Veränderung der Perspektive Gestalt annehmen würde. Die Autorenperspektive Harringtons und die Individualperspektive seiner Kunstfigur bleiben sich vielmehr gleich, verschwimmen, werden ununterscheidbar, statt einander zu ergänzen oder zu befruchten. Außer ihnen erhalten nur noch fünf weitere Akteure – nämlich Hermes de Caduceo, Philautus de Garbo, Epimonus de Garrula, der Erste Siegelbewahrer und Argus de Crookhorne – das Wort, jedoch entfallen auf sie weniger als zehn Prozent des Gesamttextes. Dieser erscheint mithin disproportioniert, wie denn überhaupt nach dem wohlkalkulierten Aufbau der Eröffnungskapitel infolge der einseitigen Favorisierung des (sozusagen ins Leere dozierenden und dabei klärlich über die Köpfe seines Auditoriums hinwegsprechenden) Archonten als Zentralgestalt mit Beginn des Mittelteils – also mit dem Einsetzen der Ordnungen und ihrer improvisierten Kommentierung – eine auffallende Asymmetrie Platz greift und die Komposition des Werkes bis zur Formlosigkeit lockert.

Die Unausgewogenheit der Makrostruktur hat nun unvermeidliche Entsprechungen auf der Ausdrucksebene. Wo nicht der (ordnende) Kunstwille den (ungestümen) Mitteilungsdrang des Verfassers zügelt, drohen die Sätze aus den Nähten zu platzen; übersprudelnder Einfallsreichtum – schon äußerlich wahrnehmbar an der extremen Häufung von Parenthesen – strapaziert die Syntax bis zur gelegentlichen Unübersichtlichkeit, überfrachtet die Einzelaussagen mit entbehrlichen oder abwegigen Redundanzen, kurz: gibt der Prosa etwas Hektisches, Unausgeglichenes, Ruheloses.

Harrington ist deutlich bestrebt, diesen Mangel an epischem Atem durch einen originellen Stil zu kompensieren, und wo ihm dies gelingt, vermag er durchaus beachtliche Wirkungen zu erzielen. Der Vorwurf David Humes, er habe „keinen Stil", ist nicht nur deshalb als unrichtig zurückzuweisen, weil er im selben Atemzuge auch auf Milton zielt. Es gibt in Wahrheit nicht wenige Passagen in Harringtons „Oceana", die in ihrer meisterlich geschliffenen Diktion und aphoristischen Zuspitzung in die Bezirke großer Literatur vorstoßen. Virtuos bedient er sich solcher effektvollen Stilfiguren wie der Anapher, des Parallelismus, der Metonymie, der Hyperbel oder der Periphrase und macht sie seiner ausdrucksverstärkenden Absicht dienstbar. Wir erwähnen hier nur den syntaktischen und lexikalischen Parallelismus bei der Schilderung der Umstände und Motive zu Beginn der „Schlußbetrachtung", die sowohl Lykurg als auch den Archonten zum Rückzug aus dem öffentlichen Leben bewogen hätten, als sprachliche Kunstleistung von großer Eindringlichkeit. Die stilistische Brillanz, zu der Harrington sehr wohl imstande ist, schlägt sich vor allem in seiner Metaphorik nieder, die in der Treffsicherheit ihrer volkstümlichen Bilder und der Genauigkeit ihrer Beobachtung von hohem künstlerischen Reiz sein kann. Wieviel poetische Einfühlung liegt allein in dem beiläufigen Vergleich der weißhaarigen, von Entsetzen über das furchtbare Leid Cäsars überwältigten Mimen an dem „gelehrten Hof des Theaters der Melpomene" mit den „Alpen im Schneetau"! In solchen Augenblicken dichterisch beseelter Wortkunst sind die literarischen Mängel des Buches gewiß vergessen (an denen übrigens auch die durch die Praktiken der Zensur gebotene Verteilung des offenbar unredigierten Satzmanuskripts auf nicht weniger als drei verschiedene Druckereien eine Mitschuld getragen haben mag), deren kritische Herausarbeitung aber schon deshalb vonnöten schien, um auch das wahrhaft Gekonnte und Gelungene, das inmitten der langatmigsten Perioden pedantischer Kunstlosigkeit aufblitzt und das Werk immer wieder von neuem mit packender Lebendigkeit erfüllt, angemessen würdigen zu können.

Berlin, im April 1990   *Klaus Udo Szudra*

Abkürzungsverzeichnis

Die Schriften des Alten und des Neuen Testaments werden nach dem Muster des *Theologischen Lexikons*, Union-Verlag, Berlin 1981, S. 9 – so auch in der Reclam-Edition von John Milton, *Zur Verteidigung der Freiheit*, Leipzig 1987, S. 236 –, zitiert. Danach bedeuten:

Am	Buch Amos
Apg	Apostelgeschichte
Hes	Buch Hesekiel
Hi	Buch Hiob
Hl	Hohelied Salomos
Jer	Buch Jeremia
Jh	Evangelium des Johannes
Jos	Buch Josua
Ko	Paulus-Brief an die Korinther
Kö	Buch von den Königen
Ma	Buch Maleachi
Mo	Buch Mose
Mt	Evangelium des Matthäus
Lk	Evangelium des Lukas
Off	Offenbarung des Johannes
Pr	Prediger Salomo
Ps	Psalter
Pt	Brief des Petrus
Ri	Buch der Richter
Rö	Paulus-Brief an die Römer
Sm	Buch Samuel
Spr	Sprüche Salomos

Die nachstehend aufgelisteten Werke werden lediglich mit dem Namen des Verfassers angeführt:

Aristoteles, *Politik*, München 1981.

Bacon, *Essays*, Leipzig 1979.

Cicero, *Staatstheoretische Schriften*, Berlin 1984.

Grotius, *De jure belli ac pacis. Vom Recht des Krieges und des Friedens,* Tübingen 1950.

Harrington, *The Political Works,* Cambridge 1977.

Hobbes, *Leviathan,* London 1988.

Horaz, *Werke in einem Band,* Berlin 1983.

Liljegren, „Notes", in: Harrington, *Oceana,* Heidelberg 1924, S. 227–372.

Livius, *Römische Geschichte,* Bd. 1–2, Berlin 1978.

Lucan, *Der Bürgerkrieg,* Berlin 1978.

Machiavelli, *Vom Staate* (Ges. Schr., Bd. 1), München 1925.

Platon, *Der Staat* (Werke, Bd. 3), Berlin 1987.

Plutarch, *Große Griechen und Römer,* Bd. 1–6, Zürich/Stuttgart 1954–1965.

Sueton, *Werke in einem Band,* Berlin 1985.

Tacitus, *Germania,* Leipzig 1978.

Vergil, *Werke in einem Band,* Berlin 1984.

Anmerkungen

1 Horaz, S. 147 (Satiren, 1/1/68): Tantalus schnappt, ewig dürstend, / dem Wasser nach, das seinen dürren Lippen / vorbeifließt; – wie, du lachest? Ist die Fabel / nicht unter anderm Namen deine eigene / Geschichte?

2 Also: Oliver Cromwell (1599–1658), der seit dem 16. Dezember 1653 die oberste Staatsgewalt in den vereinigten Republiken England, Schottland und Irland ausübte.

3 Das voranstehende Zitat ist, wie Liljegren (S. 230) nachwies, weder vom älteren noch vom jüngeren Plinius; Pierre Bertius (1565–1629), Leydener Geographie-Professor.

4 Mit Oceana ist England, mit Marpesia ist Schottland, mit Panopea ist Irland gemeint. – Im übrigen läßt sich der Realitätsbezug der fiktiven Namen über das Register erschließen.

5 Francis Bacon, *The Works*, Bd. 6, London 1890, S. 446.

6 Machiavelli, S. 111 ff. (1/37).

7 Vergil, S. 189 (Aeneas 1/531): ein Land, machtvoll durch siegreiche Waffen und fruchtbares Erdreich.

8 Aristoteles, S. 206 (6/4): die beste Demokratie ist dort, wo die Bevölkerung aus Bauern besteht.

9 der gemeine Haufen.

10 Donato Giannotti, *Opere*, Bd. 1 Florenz 1850. Vgl. auch J. R. Hale, *Machiavelli and Renaissance Italy*, London 1961.

11 Aristoteles, S. 119, 129 (3/10; 3/15); Livius, Bd. 1, S. 92 (2/1/1).

12 Hobbes, S. 699 (4/46).

13 die Obrigkeit ist das bewaffnete Gesetz.

14 Hobbes, S. 267 (2/21); Aristoteles, S. 203 (6/2).

15 William Harvey (1578–1657), Entdecker des Blutkreislaufes beim Säugetier.

16 Aristoteles, S. 114 (3/7); Machiavelli, S. 12 (1/2).

17 Hobbes, S. 239 (2/19).

18 Senat und römisches Volk.

19 Hobbes, S. 150 f. (1/10).

20 Livius, Bd. 1, S. 16 (1/7/8).

21 Lucan, S. 6 (1/102 f.): durch Zurückweichen jäh aufeinander / hetzte die Ionischen wie die Ägäischen Fluten.

22 Vgl. Livius, Bd. 1, S. 301 (4/13 ff.); Bd. 2, S. 25 (6/14 ff.).

23 Karneades (214–129 v. u. Z.), griechischer Philosoph, leugnete die Existenz eines Wahrheitskriteriums und zog da-

her jegliches Wissen in Zweifel. Vgl. Cicero, S. 135 ff. (Über den Staat 3/8 ff.).

24 Hobbes, S. 231 (2/18).

25 Vgl. Jes 1,3.

26 Hobbes, S. 231 (2/18).

27 Volkshüter. Vgl. Cicero, S. 117 (Über den Staat 2/53).

28 Hobbes, ebenda.

29 die Senatoren verordnen, das Volk befiehlt.

30 Cicero, S. 117, 121 (Über den Staat 2/54, 62).

31 Aristoteles, S. 169 (5/3).

32 Machiavelli, S. 161 (1/55).

33 Cicero, *Staatsreden*, Teil 1, Berlin 1980, S. 109 (Über das Akkergesetz 2/12/30): ein Konsul darf sich nicht mit militärischen Angelegenheiten befassen, wenn er kein Kuriatgesetz hat.

34 Platon, S. 198 (5/473).

35 Pr 10,5.

36 Tacitus, S. 115 (44): es ist ja auch der wohlverstandene Vorteil des Königs, weder einen Edlen noch einen Freigeborenen, ja nicht einmal einen Freigelassenen als Hüter über die Waffen zu setzen.

37 Wie Anm. 35 (10,7).

38 Vgl. Anm. 11.

39 Vgl. Anm. 12.

40 Hobbes, S. 266 (2/21).

41 So Horaz, S. 296 (Über die Dichtkunst 139).

42 Hobbes, *Naturrecht und Allgemeines Staatsrecht in den Anfangsgründen* [1640], Darmstadt 1976, S. 33.

43 Richard Hooker, *Of the Laws of Ecclesiastical Polity*, Bd. 1, Cambridge 1977, 1/3/5.

44 Grotius, S. 32.

45 Rö 11,33.

46 Ps 8,3.

47 5 Mo 1,13.

48 Senatsbeschlüsse.

49 Hobbes, S. 223 (2/17).

50 Machiavelli, S. 15 (1/2).

51 1 Sm 8,7.

52 4 Mo 11,26.

53 Aristoteles, S. 133 (3/16).

54 Hobbes, S. 369 (2/29).

55 Machiavelli, S. 20 (1/4).

56 Aber Hobbes, S. 266 (2/21): Ob ein Staat monarchisch oder demokratisch ist, die Freiheit bleibt dieselbe!

57 Machiavelli, S. 25 (1/6).
58 Wer eine Wohltat annimmt, hat seine Freiheit verkauft. Vgl. Marcus Tullius Cicero, *De officiis. Vom pflichtgemäßen Handeln,* Stuttgart 1980, S. 205 (2/20/69).
59 Vgl. Cicero, *Rede für Plancius,* Berlin o. J. (Langenscheidtsche Bibliothek), S. 20 (6/16): das Volk heißt die Stimmtafel willkommen, welche die offenen Stirnen der Menschen zeigt, die Gesinnungen aber verhüllt und die Freiheit gewährt zu tun, was man will.
60 Vgl. Anm. 10, S. 124.
61 Vergil, S. 341 (Aeneas 6/143): Sobald man ihn pflückte, beginnt schon ein zweiter / Goldzweig zu wachsen, bedeckt sich genauso mit goldenen Blättern.
62 Pr 4,7.
63 Machiavelli, S. 160 (1/55).
64 2 Mo 2,10. – Zu den folgenden Namen vgl. jeweils Johannes Irmscher (ed.), *Lexikon der Antike,* Leipzig 1987; Hannelore Gärtner, *Kleines Lexikon der griechischen und römischen Mythologie,* Leipzig 1989.
65 Euphemistisch für Oliver Cromwell (vgl. Anm. 2), den „Spender des Lichts mit dem großen Herzen".
66 Thomas Hobbes, *The English Works,* Bd. 1, London 1839, S. IX: civil philosophy is no older than my own book De cive.
67 Ri 18,1; 1 Sm 4,18; 7,15.
68 Hobbes, S. 236 (2/18).
69 Hobbes, *The English Works,* Bd. 7, London 1845, S. 336.
70 5 Mo 17,11.
71 5 Mo 18,18f.
72 2 Kö 1,9ff.
73 1 Kö 18,19.
74 Apg 14,27.
75 Apg 17,16ff.
76 Cicero, „Über das Wesen der Götter", in: *Griechische Atomisten,* Leipzig 1988, S. 335.
77 Horaz, S. 231 (Briefe 1/1/14): auf des Meisters Worte schwören.
78 Cicero, S. 121 (Über den Staat 2/61): Gesetze von größter Gerechtigkeit und Klugheit. – Vollständiger lateinisch-deutscher Abdruck des Zwölftafelgesetzes (450 v. d. Z.) – es ist etwa nur ein Drittel erhalten geblieben – bei Gottfried Härtel/E. Pólay, *Römisches Recht und römische Rechtsgeschichte,* Weimar 1987, S. 82–95.
79 Tacitus, *Annalen,* Bd. 3, Berlin o. J. (Langenscheidtsche Bi-

bliothek), S. 18 (3/27): wo das öffentliche Leben am meisten krankte, gab's die meisten Gesetze. – Wenige und kurze Gesetze für ein Gemeinwesen war auch das erklärte Ziel von Hobbes (S. 388f.; 2/30) und von Gerrard Winstanley, *Gleichheit im Reiche der Freiheit* [1652], Leipzig 1986, S. 264f.

80 Glücklicher Schurke.

81 Erasmus, *Adagia*, Hanau 1617 (Hildesheim 1961), S. 231: niemand wird geschädigt, es sei denn durch sich selbst.

82 Mit den Ackergesetzen wurden die Eigentums- und Besitzrechte am römischen Staatsland geregelt. Harringtons Quelle ist vor allem Machiavelli, S. 111ff. (1/37), der das aufruhrerregende Ackergesetz erörtert, das Tiberius Gracchus 133 v. u. Z. als Volkstribun beantragte.

83 Ständiger Diktator.

84 Sueton, S. 26 (Caesar, 41): Das Wahlrecht teilte er mit dem Volke so, daß die eine Hälfte der Kandidaten nach dem Willen des Volkes, die andere nach seiner Empfehlung ernannt werden sollte.

85 Cassius Dio, Römische Geschichte, 52/14ff.: du darfst nicht glauben, ich sei dafür verantwortlich, daß du tyrannisch über Senat und Volk von Rom die Herrschaft führst; doch so zu sprechen steht mir nicht zu, noch so zu handeln dir.

86 Niccolò Machiavelli, *Der Fürst* [1513], Leipzig 1987, S. 108 (Kap. 19).

87 Johann Kahl (= Calvinus), *Lexicon iuridicum*, Frankfurt 1600.

88 Liljegren (S. 270) verweist als Quelle auf ein im Juni 1656 anonym publiziertes Werk über die Parlamentsgeschichte, und Pocock (in: Harrington, S. 193) nennt als dessen möglichen Autor John Streater.

89 Die von John Lackland (= Harringtons Adoxus) unter dem Druck des Feudaladels und des Stadtpatriziats 1215 erlassene Magna Charta ist bei George B. Adams (ed.), *Select Documents of English Constitutional History*, London 1961, S. 42ff., abgedruckt und erläutert bei Kurt Kluxen, *Englische Verfassungsgeschichte. Mittelalter*, Darmstadt 1987, S. 48ff. – Das nachfolgend genannte Gesetz ist zu lesen als das im 25. Regierungsjahr Edwards III. erlassene 1. Gesetz. – Die Quelle für Harringtons verfassungsgeschichtliches Material ist John Selden, *Titles of Honor*, London 1631.

90 Edward Coke, *The Second Part of the Institutes of the Lawes of England*, London 1642.

91 Machiavelli (Anm. 86), S. 62 (Kap. 4).

92 Francis Bacon, *History of King Henry VII,* London 1890 (The Works, Bd. 7).

93 Vgl. Lucan, S. 6 (1/103f.).

94 Hobbes, S. 227 (2/17).

94a Entweder finde man den Weg oder man mache ihn. – Bisher ist freilich eine solche Sentenz als von Cäsar stammend nicht nachgewiesen worden.

95 Machiavelli (Anm. 86), S. 75 (Kap. 8).

96 Sueton, S. 204 (Caligula, 20): „Oh, wenn doch das römische Volk nur *einen* Hals hätte" – nicht Nero also, wie auch Harrington (S. 199) meinte, sondern Caligula soll diesen Brutalsatz gesagt haben.

97 Machiavelli (Anm. 86), S. 63 (Kap. 4).

98 Titus Lucretius Carus, *Vom Wesen des Weltalls,* Leipzig 1989, S. 261 (5/1033): Jedes Geschöpf verspürt ja die Grenzen und Reichweiten seiner / Kräfte. Ein Kälbchen, dem auf der Stirn die Hörner noch fehlen / stößt schon, gereizt, mit den Stümpfen, bedrängt erbittert den Gegner.

99 Machiavelli, S. 67 (1/17).

100 Livius, Bd. 1, S. 47 (1/30).

101 Livius, Bd. 1, S. 98 (2/5); Machiavelli, S. 314 (3/3).

102 Rö 13,1; 1 Pt 2, 13 und 18.

103 Livius, Bd. 1, S. 291 (4/6): Als der Volkstribun fragte, warum es nicht möglich sein solle, daß ein Plebejer Konsul werde, nannte man als Grund, daß kein Plebejer das Recht habe, Auspizien zu halten; auf diese Antwort hin entbrannte die Plebs erst recht in Empörung, weil man ihnen die Fähigkeit abspreche, Auspizien anzustellen, als ob sie den unsterblichen Göttern nicht genehm seien.

104 Off 20, 4 und 5.

105 Machiavelli, S. 18f. (1/3).

106 Hobbes, S. 239 (2/19).

107 Thucidides, „The History of the Grecian War" (8/66f.), in: Thomas Hobbes, *The English Works,* Bd. 9, Aalen 1966, S. 390.

108 Hobbes, S. 698 (4/46).

109 Walter Raleigh, *The History of the World,* London 1621 (3/8); Xenophon, Hellenika (2/4/21).

110 Machiavelli, S. 409 (3/29).

111 Machiavelli, S. 11 (1/2).

112 Plutarch, Bd. 1, S. 368 (= Plutarch, *Leben und Taten berühmter Griechen und Römer,* Berlin 1986, S. 8).

113 Machiavelli, S. 40 (1/9).

114 London, das Rom der Moderne.

115 2 Mo 18,24; 4 Mo 1,16.

116 Plutarch, Bd. 1, S. 131 (Lykurg 6).

117 Übersetzung der nachfolgenden lateinischen Texte aus Livius, Bd. 1, S. 30, 35, 65 (1/17; 1/22; 1/43: Quiriten, wählt einen König; so hat es der Senat beschlossen ... Das Volk wählte Tullius Hostilius zum König, die Senatoren bestätigten ihn ... Das Stimmrecht wurde nicht, wie es von Romulus eingeführt und von den übrigen Königen beibehalten worden war, Mann für Mann mit der gleichen rechtlichen Wirksamkeit gegeben.

118 Cicero, S. 311 (Über die Gesetze 3/19).

119 Livius, Bd. 1, S. 172 (2/60): Dieses Jahr machte die Einführung der Tribusversammlungen besonders bemerkenswert, eine Sache, die durch ihre Bedeutung als Sieg in dem begonnenen Kampfe wichtiger ist als durch ihre tatsächlichen Folgen; denn dadurch, daß der Adel von den Wahlen zum Tribunat ausgeschlossen war, wurde eher der Versammlung etwas an Würde entzogen, als daß der Adel an Einfluß verloren oder die Plebs gewonnen hätte.

120 Gasparo Contarini, *La republica die Venegia,* Venedig 1548. Vgl. Anm. 10.

121 Das römische Volk war (sagt Julius Exuperantius) in Klassen eingeteilt, und diese Einteilung erfolgte nach dem Vermögensstande: Alle, die Besitz hatten, wurden zum Militärdienst herangezogen, denn für den Sieg setzt sich energisch ein, wer mit seiner Freiheit zugleich seine Habe und Heimat verteidigt. Wer aber kein Vermögen hatte, der wurde, da er nichts als sein Haupt besaß, nur als Person eingestuft und hielt sich zur Kriegszeit innerhalb der (Stadt-) Mauern auf, denn er könnte leicht zum Verräter werden, weil drückende Armut nur schwer erträglich ist. Solche Leute, denen man das Schicksal des Staates nicht hätte anvertrauen dürfen, führte also Marius in den Krieg.

122 Im Verlauf der englischen Revolution waren durch entsprechende Parlaments-Gesetze vom 17. März, 19. März und 19. Mai 1649 das Königsamt und das Herrenhaus als freiheitsgefährdend abgeschafft und England zur Republik („Commonwealth and Free State") erklärt worden. Abdruck dieser drei Gesetze bei Samuel R. Gardiner (ed.), *The Constitutional Documents of the Puritan Revolution 1625–1660,* Oxford 1979, S. 384, 387, 388.

123 Treibende Kraft (vgl. Francis Bacon, S. 57).

124 Jos 24,1.

125 Vergil, S. 285 (Aeneas 4/445): der Baum an die Felsen sich klammert und gleichweit mit seinem / Wipfel zum Himmel sich wie mit den Wurzeln zum Tartaros hinstreckt.

126 Horaz, S. 233 (Briefe 1/1/58): aber an vierhundert Tausendern fehlen dir sechs oder sieben: / Also verbleibst du beim Pöbel.

127 Apg 14,23.

128 Rö 10,17.

129 Als Harrington (S. 227) dies schrieb, war er (noch) unverheiratet.

130 Vergil, S. 181 (Aeneas 1/328): auch nicht nach Menschenart sprichst du.

131 Euripides, *Werke in drei Bänden*, Bd. 1, S. 285 (Die Hilfeflehenden, 404): Denn hier gebietet nicht / ein einzelner; die Stadt ist frei. Die Bürger selbst / bekleiden Jahr um Jahr der Reihe nach die Ämter. – Liljegren (S. 296) hat Grotius (S. 93; 1/3/8/10) als Harringtons Quelle nachgewiesen.

132 Aristoteles, S. 82 (2/7).

133 Machiavelli, S. 111 (1/37).

134 Machiavelli, S. 161 (1/55).

135 Aristoteles, S. 125 (3/13): Aus eben dieser Ursache haben die demokratischen Staaten das Scherbengericht eingeführt.

136 Aristoteles, S. 170 (5/3).

137 Machiavelli, S. 114 (1/37).

138 Cicero (Anm. 58), S. 25 (1/8/25).

139 Livius, S. 2 (Vorrede, 12): Erst vor kurzem hat der Reichtum die Habsucht eingeschleppt und haben überreiche Möglichkeiten des Genusses die Sucht geweckt, durch Schwelgerei und Ausschweifung sich verderben zu lassen und alles mit ins Verderben zu reißen.

140 1 Sm 8,7.

141 1 Kö 12,1 ff.

142 Jos 24; 1 Ma 2,55.

143 Lucan, S. 8 (1/181), zitiert bei Bacon, S. 58 (XV): Daher gefräßiger Wucher und reißend anwachsende Zinsen, / daher gesunkenes Vertrauen und Krieg, der vielen gar nützlich.

144 nicht gewachsen den großen Fährnissen, auch nicht dem Kummer.

145 nicht ernst gemeinte Urne.

146 Hundehöhle.

147 Ubbo Emmius: den die Achäer zum Feldherrn erkoren.

148 Ri 17,6.

149 die Macht des Diktators ist gleichsam göttlich. Vgl. Livius,

Bd. 2, S. 193 (8/34): das Gebot des Diktators war stets wie ein Wahrspruch der Götter beachtet worden.

150 Machiavelli, S. 107 (1/34).

151 Livius, Bd. 1, S. 186 (3/4): der Diktator möge darauf sehen, daß der Staat keinen Schaden nehme.

152 *Römische Satiren,* Berlin 1970, S. 433 (Juvenal 10/1): von Gades bis hin zum Osten und Ganges.

153 Hi 38,22.

154 2 Mo 5,7.

155 1 Kö 5,20.

156 Hi 40,2.

157 Zur Wirkungsgeschichte Machiavellis vgl. Robert v. Mohl, *Geschichte und Literatur der Staatswissenschaften* [1858], Graz 1960; Felix Raab, *The English Face of Machiavelli. A Changing Interpretation 1500–1700,* London 1964; Werner Bahner, „Machiavelli und Machiavellismus im 16. Jahrhundert", in: K.-H. Schöneburg (ed.), *Wahrheit und Wahrhaftigkeit in der Rechtsphilosophie,* Berlin 1987, S. 11–21; Frank Deppe, *Niccolò Machiavelli,* Köln 1987; Humbert Fink, *Machiavelli,* München 1988; Herfried Münkler, *Machiavelli,* Frankfurt (Main) 1987.

158 Gelehrte, liebenswürdigste Herren.

159 Bacon, S. 77 (XIX).

160 Machiavelli, S. 160 (1/55): solche Leute sind in jeder Republik und in jedem Lande verderblich.

161 Machiavelli, S. 160 (1/55): miteinander die Verderbnis der Welt sind.

162 Machiavelli, ebenda.

163 weil drückende Armut nur schwer erträglich ist.

164 Wie es ihnen beliebt.

165 Bacon, S. 147 (XXXIV).

166 Mit Jupiters Zeugung angefangen (vgl. Vergil, S. 29, Hirtengedichte 3/60).

167 Machiavelli, S. 160 (1/55): man nennt diejenigen Edelleute, welche müßig vom Ertrage ihrer Besitzungen im Überflusse leben, ohne darauf bedacht zu sein, Ackerbau zu treiben oder sich mit irgendeinem anderen zum Leben nötigen Geschäfte zu befassen.

168 Machiavelli, S. 22 (1/5).

169 Plutarch, Bd. 1, S. 151 (Lykurg, 19).

170 4 Mo 11, 16 und 24; Hes 8,11.

171 Ubbo Emmius, in: Liljegren, S. 320.

172 Livius, S. 278 (3/71): die ja fast immer mehr von der Menge regiert werden, als daß sie diese regieren.

173 Platon, S. 264 ff.; Aristoteles, S. 131 (3/15).

174 1 Mo 2,10.

175 Vergil, S. 340 (6/121): wie Pollux durch Austausch des Todes den Bruder erlöst.

176 Bacon, S. 132 (XXIX).

177 Vergil, S. 370 (6/842): zwei Blitze des Krieges.

178 Plutarch (Anm. 112), S. 6 (Themistokles, 2); Bacon, S. 121
(XXIX).

179 Bacon, S. 93, 97 (XXII).

180 Bacon, S. 89 (XX).

181 Cicero, Pro Flacco oratio 7/16.

182 Thomas Overbury, *Observations upon the Provinces United*,
London 1650.

183 Ehrfurcht vor den Ahnen.

184 Livius, Bd. 1, S. 119 (2/21): Diese Nachricht ließ die Patrizier genauso aufatmen wie die Plebejer; doch blühte bei
den Patriziern darüber die Freude zu üppig; es kamen jetzt
nämlich Willkürakte von seiten des Adels gegen die Plebs
vor, der man bisher auf jede Weise entgegengekommen
war.

185 Livius, Bd. 1, S. 120 (2/23): Sie murrten darüber, daß sie
draußen für die Republik und deren Macht kämpften und
daheim von den eigenen Mitbürgern wie Gefangene unterdrückt würden, daß die Freiheit eines Plebejers im Krieg
und vor dem Feind sicherer sei als im Frieden unter den
Mitbürgern.

186 Livius, Bd. 1, S. 122 (2/24): Die Patrizier sollten doch zu
den Waffen greifen und ins Feld ziehen, damit dieselben
Leute die Gefahren des Krieges auf sich nähmen, die die
Vorteile davon einheimsten. – Der nachfolgende Text
Harringtons basiert im wesentlichen auf der Geschichtsdar-
stellung des Livius.

187 Machiavelli, S. 25 ff. (1/6).

188 Aristoteles, S. 92 (2/9).

189 Valerius Maximus, Factorum et dictorum memorabilia
4/1/8: Dem Spartanerkönig Theopompos kann man maß-
volles Wesen bezeugen: Er führte in Sparta die Wahl von
Ephoren ein, die künftig die königliche Macht beschränken sollten wie in Rom die Volkstribunen die konsulari-
sche. Als seine Frau ihm vorwarf, er hinterlasse durch
diese Maßnahme seinen Söhnen weniger Macht, da antwortete er: „Weniger, doch dauerhaftere." Eine treffliche
Antwort, denn die Macht ist erst sicher, wenn sie sich
selbst Schranken setzt. So brachte Theopompos durch ge-

setzliche Beschränkung der Königsmacht diese den Bürgern um so näher, je weiter er sie von Willkür entfernte.

190 Vgl. Johannes Irmscher (ed.), *Antike Fabeln*, Berlin 1987, S. 158; 1 Ko 12,12; Bertolt Brecht, *Stücke*, Bd. 11, Berlin 1959, S. 236 f.

191 Cicero, S. 309 (Über die Gesetze 3/19 ff.); Machiavelli, S. 112 (1/37).

192 Livius, Bd. 2, S. 56 (6/35): ein Übel, auf dessen Beseitigung die Plebs nur hoffen dürfe, wenn Leute ihres Standes das höchste Amt innehätten.

193 So Bacon, S. 65 (XVI: Über den Atheismus).

194 Machiavelli, S. 26 (1/6).

195 Vergil, S. 360 (Aeneas 6/590): unnachahmbare Blitze durch dröhnendes Erz und Hufgetrappel vortäuschen wollte.

196 Sallust, *Epistulae ad Caesarem senem de re publica,* Leipzig 1962 (2/9), S. 14: diese trägen Adligen, an denen – wie bei einer Statue – nichts daran ist außer dem Namen.

197 1 Mo 49,28.

198 Aristoteles, S. 118 (3/10); Machiavelli, S. 169 (1/58): ein Volk wird klüger und beständiger sein als ein Fürst.

199 Machiavelli, S. 22 (1/5).

200 Gaspar Contarini, *De Magistratibus et Republica Venetorum,* Venedig 1589, S. 89 (bei Liljegren, S. 329): jene, bei welchem die höchste Autorität des ganzen Staates liegt, von deren Gesetzen und Dekreten die Autorität sowohl des Senats wie auch des Großen Rats abhängt.

201 Machiavelli, S. 21 (1/4).

202 Livius, Bd. 1, S. 102 (2/8): Besonders willkommen waren dem Volk die Gesetze über die Berufung auf das Volk gegen Magistratsentscheidung und über Ächtung und Vermögensverlust für jeden, der die Königsherrschaft wiederzuerrichten unternähme.

203 Jos 7,1; Ri 19–21.

204 Plutarch, Bd. 3, S. 129.

205 Cicero, S. 307 (Über die Gesetze 3/16).

206 Livius, Bd. 1, S. 136 (2/34). – Auch die nachfolgenden Ausführungen zu Cassius, Sergius usw. hat Harrington dem „Livius" (vgl. Bd. 2, S. 427–548: Alphabetisches Verzeichnis antiker Namen und Begriffe) entnommen. Vgl. auch Waldemar Fietz, *Sagen der Römer. Geschichten und Geschichte aus der Frühzeit Roms,* Leipzig 1980.

207 Spr 31,14.

208 zu dienen und nicht voranzuschreiten, das bedeutet ohne Grund zu sterben.

209 Vergil, S. 427 (Aeneas 8/425): Brontes, Sterophes und der nacktgliedrige Pyrakmon. – In der Werkstatt des Vulcanus, Sohn von Jupiter und Juno nebst Gatte von Venus, schmiedete Brontes des Jupiters Blitze sowie Offensivwaffen aller Art, die andern beiden einäugigen Kyklopen-Riesen aus Sizilien halfen dabei – so jedenfalls will es die Sage. Vgl. Gustav Schwab, *Die schönsten Sagen des klassischen Altertums,* Bd. 2, Leipzig 1965, S. 429 ff. Zu den von Harrington im Anschluß an das Vergil-Zitat erwähnten biblischen Namen vgl. Ri 3,9 (Othmiel); 3,15 (Ehud); 6,11 (Gideon); 11,1 (Jephthah); 14–16 (Simson).

210 Als Harrington dies über die „Gleichmacher" (bei ihm: „Levellers") schrieb, waren sowohl die bürgerlichdemokratischen Leveller (vgl. Arthur L. Morton [ed.], *Freedom in Arms. A Selection of Leveller Writings,* Berlin 1975) als auch die utopischkommunistischen Wahren Leveller (= Digger, vgl. Gerrard Winstanley, *Gleichheit im Reiche der Freiheit,* Leipzig/Frankfurt [Main] 1986/1988) längst von Cromwell außer Gefecht gesetzt.

211 Vergil, S. 109 (Vom Landbau 2/458): Ausnehmend glücklich, ihr Landleute, seid ihr.

212 Vergil, S. 237 (Aeneas 3/57): verfluchte Gier.

213 Vergil, S. 335 (Aeneas 6/5): In flammendem Eifer springen scharenweise die jungen Leute.

214 Cicero, *Epistularum ad familares libri XVI,* München 1964, S. 415 (7/24/1): er schläft nicht für alle.

215 Livius, Bd. 1, S. 96 (2/3).

216 Isokrates, Aeropagiticus 3,9 (Liljegren, S. 340).

217 Livius, Bd. 1, S. 66 (1/43).

218 Cicero, *Atticus-Briefe,* München 1959, S. 675 (10/20/2): Das Fundament taugt nicht, und dem entspricht der Fortgang.

219 Aristoteles, S. 206 (6/4).

220 Livius, Bd. 2, S. 281 (9/46).

221 Apg 17,18. Harringtons „so oft" ist leicht übertrieben: dies hier ist die einzige nachweisbare Passage.

222 Bacon, S. 209.

223 Jh 3,10.

224 Machiavelli, S. 391 (3/22).

225 Machiavelli, S. 175 (1/60).

226 Bacon, S. 178 (XLII).

227 Livius, S. 64, 19 (1/43; 2/21). – Der heutige Kenntnisstand bei Franz Wieacker, *Römische Rechtsgeschichte,* München 1988, S. 203 ff.

228 Vergil, S. 149 (Vom Landbau 4/238): und mit ihm ihr eigenes Leben.

229 Ri 20,10.

230 Als der Konsul Marcus Curius plötzlich Soldaten ausheben mußte und sich von den jungen Männern keiner meldete, ließ er das Los werfen. Es fiel zuerst auf die Tribus Pollia, und der erste aus ihr Ausgeloste mußte vor dem Konsul erscheinen. Als er den Militärdienst verweigerte, ließ der Konsul den Besitz des jungen Mannes öffentlich versteigern (Valerius Maximus 6/3/4).

231 1 Sm 11,7.

232 Machiavelli, S. 175 (1/60).

233 Livius, Bd. 2, S. 112 (7/28): Was eigentlich bloß in Fällen plötzlich eintretender großer Kriegsgefahr üblich war, wurde die Einstellung der Gerichtstätigkeit verkündet und eine Aushebung ohne Rücksicht auf Befreiungsgründe gehalten.

234 Livius, Bd. 1, S. 324 (4/31): Die drei Tribunen mit konsularischer Gewalt bewiesen, wie wenig nützlich für den Krieg die Vielzahl der Feldherren war; da jeder seine eigenen Pläne verfocht und jeder etwas anderes für richtig hielt, machten sie es dem Feinde möglich, seine Gelegenheit abzupassen.

235 Livius, Bd. 1, S. 275 (3/70): bei schwerwiegenden Entscheidungen ist es am heilsamsten, den Oberbefehl bei einem liegenzulassen.

236 Livius, Bd. 2, S. 314 (10/21): Der Senat ließ eine Einstellung der Gerichtstätigkeit ansagen und ordnete die Aushebung der Männer aller Stände an; nicht nur die Freigeborenen oder die jüngeren Jahrgänge mußten den Fahneneid schwören, sondern auch aus den Älteren wurden Kohorten gebildet.

237 Livius, Bd. 2, S. 154 (8/8): die Sache ist an die Triarier zurückgekommen (Triarier = schlachtentscheidende Reserve der erfahrensten Soldaten).

238 Horaz, S. 60 (Oden 3/3/7): Selbst wenn das All geborsten stürzet, / werden die Trümmer ihn furchtlos treffen.

239 5 Mo 20,1 und 4; 1 Sm 30,24.

240 Vergil, S. 179 (Aeneas 1/286): bis an den Ozean dehnt sich sein Reich, sein Ruhm zu den Sternen.

241 Horaz, S. 64 (Oden 3/4/65): stürzt unter der eigenen Wucht.

242 Machiavelli, S. 393 (3/22).

243 Machiavelli, S. 71 (1/18).

244 Spr 29,14.
245 Vergil, S. 367 (Aeneas 6/426): hörte er Stimmengewirr und Gewimmer.
246 1 Kö 12,11.
247 Cicero (Anm. 58), S. 165 (2/27): mehr eine Schirmherrschaft über den Erdkreis denn eine Herrschaft.
248 Rö 13,4.
249 Ps 103; 79,3.
250 Am 5,7.
251 Spr 25,22.
252 Machiavelli, S. 195 (2/4).
253 Plutarch, Bd. 3, S. 107.
254 Lucan, S. 3 (1/22): wüte doch gegen dich selbst.
255 Quiriten – altertümliche Bezeichnung für römische Bürger; ius Quiritium – das Recht der römischen Vollbürger. Vgl. Gaius, „Institutionen", in: Liselot Huchthausen (ed.), *Römisches Recht*, Berlin 1989, S. 16, 479.
256 Livius, Bd. 1, S. 221 (3/29): unter allgemeiner Zustimmung das Bürgerrecht verliehen.
257 Vgl. zum Folgenden Heinz Kreissig (u. a.), *Griechische Geschichte*, Berlin 1978; Horst Dieter/Rigobert Günther, *Römische Geschichte*, Berlin 1981. Als Quelle Harringtons (auch der Cicero-Zitate) hat Liljegren, S. 359, Carlo Sigomius (*Opera omnia*, Hanua 1613) eruiert.
258 Friede ward Philipp gewährt, als er bat, und Freiheit den Griechen.
259 In Sizilien herrscht folgende Rechtslage: Bei einem Rechtsstreit zwischen Bürgern aus der gleichen Gemeinde wird nach den einheimischen Gesetzen verfahren. Bei sizilianischen Bürgern, die nicht der gleichen Gemeinde angehören, bestimmt der [römische] Prätor nach dem Dekret des P. Rupilius die Richter durch das Los. Erhebt ein Privatmann Klage gegen das Gemeinwesen (populus) oder umgekehrt, dann wird, falls beide Parteien wechselseitig den ausgelosten Richter ablehnen, ein Richterkollegium (senatus) aus irgendeiner Gemeinde für das Verfahren eingesetzt. Erhebt ein römischer Bürger Klage gegen einen Sizilianer, dann führt ein sizilianischer, im umgekehrten Falle ein römischer Richter den Prozeß. In allen übrigen Fällen schlägt man gewöhnlich aus dem Kreise der Römer ausgewählte Richter vor. Rechtsstreitigkeiten zwischen Pächtern von Staatsländereien und Zehntpächtern werden nach dem Gesetz über das Getreidewesen, das man das hieronische nennt, verhandelt (Cicero, In Verrem 2/13).

260 Livius, Bd. 1, S. 2 (Vorrede): in das Habsucht und Luxus
eingezogen war.

261 Digesten 47,10, 1,5 (Ulpian): dem Einwilligenden geschieht kein Unrecht.

262 2 Mo 3,7.

263 Mt 11,15.

264 Jer 48,10.

265 Ri 5,23.

266 Terenz, *Werke in einem Band,* Berlin 1988, S. 127 (Eunuch,
106): voller Löcher.

267 Ps 110,3.

268 ihm die Beine abschneiden, um ihm den Aufstieg in den
Himmel zu ermöglichen.

269 Vgl. Polybius, *Geschichte*, Berlin o. J. (Langenscheidtsche Bibliothek), Bd. 1, S. 129ff. (2/26).

270 Vergil, S. 358 (Aeneas 6/546): Geh hin, unser ganzer Stolz,
genieße ein besseres Schicksal.

271 Voranstehender Text ist eine Kompilation aus Hl 2,1–2;
1,5; 4,4; 5,3; 4,16; 2,10–12; Ps 137,1–2.

272 Am 5,24.

273 Off 20,2.

274 Vergil, S. 173 (Aeneas 1/159): an der Insel / brachen die
Wogen sich, strömten in friedlicher Ruhe landein-
wärts; / beiderseits drohten riesige Felsen und Klippen
zum Himmel / ragend, und jenseits, zu Füßen der Spitzen
breitete völlig / still sich der Hafen.

275 Vgl. Lk 1,78f.

276 Noch nie hat jemand die Macht, die er durch eine Schand-
tat an sich brachte, auf gute Weise ausgeübt (Tacitus).

277 Vergil, S. 361 (Aeneas 6/620): Laßt zur Gerechtigkeit mah-
nen euch, niemals verachtet die Götter.

278 Livius, Bd. 1, S. 46; Bd. 2, S. 296 (1/28; 10/8): zum guten
Glück für den Staat, für den Bürger, die Patrizier und das
Volk. Vgl. Ps 98,7.

279 Freiheit.

280 Livius, S. 225f. (3/34); vgl. Anm. 78.

281 Plutarch, Bd. 1, S. 163 (Lykurg, 29).

282 Platon, *Spätdialoge*, Bd. 2, Zürich 1979, S. 218 (Timaios, 10);
1 Mo 1,31.

283 Hobbes, S. 81 (Einleitungssatz des ganzen Werkes): Die
Natur, die Kunstfertigkeit, mit der Gott die Welt gemacht
hat und lenkt, wird durch die Kunstfertigkeit des Menschen nachgeahmt ...

284 Cicero, *Werke in drei Bänden*, Bd. 3, Berlin 1989, S. 83 f.

285 Plutarch, Bd. 1, S. 293 (Aristides, 7); Aristoteles, S. 125 f. (3/13).

286 Plutarch, Bd. 1, S. 391 ff. (Themistokles, 22 ff.) = Plutarch, *Leben und Taten berühmter Griechen und Römer,* Berlin 1986, S. 27.

287 Machiavelli, S. 90 f. (1/28 f.).

288 1 Mo 4,10.

289 Plutarch, Bd. 5, S. 7 ff. (Alexander, 31); Bacon. S. 123 (XXIX).

290 Machiavelli, S. 44 (1/10); Cicero, *Staatsreden*, Bd. 1, Berlin 1980, S. 166 ff. (Reden gegen Catilina).

291 Machiavelli, S. 215 (2/10): Nicht Gold, wie die gemeine Meinung schreit, ist der Nerv des Krieges, sondern gute Soldaten; denn Gold genügt nicht, gute Soldaten zu finden, wohl aber genügen gute Soldaten, Gold zu finden; Livius, Bd. 2, S. 229 ff. (9/16 ff.).

292 Gustav II. Adolf (1594–1632), König Schwedens seit 1611, das unter seiner Herrschaft zur europäischen Großmacht wurde.

293 Zum Folgenden vgl. Plutarch, Bd. 4, S. 173 ff. (Timoleon, 3,7,37).

294 Bacon, S. 217 (LIII); Pr 7,1. – Der nachfolgende lateinische Text etwa: Das dankbare Vaterland in liebevollem und immerwährendem Gedenken den Göttern. Olphaus Megaletor, dem Vater des Vaterlandes … im Alter von 116 Jahren, im 50. Jahr der Republik.

Bibliographie

1. Von Harrington
2. Von Harringtons Zeitgenossen
3. Über Harrington
4. Über Englands Revolution

1. Von Harrington

The Commonwealth of Oceana, London 1656 [292 S.; unregelmäßig paginiert].

The Oceana and Other Works with an Account of his Life by John Toland, London 1737, 632 S. (Nachdruck: Aalen 1980, 614 S.).

Oceana, London 1887, 281 S.

Oceana (ed.: S. B. Liljegren), Heidelberg 1924 (Reprint: Westport 1979), 372 S.

Political Writings (ed. Ch. Blitzer), New York 1955, 165 S.

The Political Works (ed.: J. G. A. Pocock), Cambridge 1977, 878 S.

Politische Schriften, München 1973, 184 S.

2. Von Harringtons Zeitgenossen

1647 [Leveller Writings] Arthur L. Morton (ed.), *Freedom in Arms. A Selection of Leveller Writings,* Berlin 1975, 354 S.

1649 John Milton, *The Tenure of Kings and Magistrates* (deutsch: *Zur Verteidigung der Freiheit,* Leipzig 1987).

1651 Thomas Hobbes, *Leviathan,* London 1988 (deutsch: Leipzig 1978; Frankfurt [Main] 1988; Berlin 1991).

1652 Gerrard Winstanley, *The Law of Freedom* (deutsch: *Gleichheit im Reiche der Freiheit,* Leipzig 1986).

1680 Robert Filmer, *Political Discourses,* London 1680 (Oxford 1949: *Patriarcha and Other Political Writings*).

1683 Algernon Sidney, *Discourses Concerning Government,* London 1698.

1689 John Locke, *Two Treatises of Government,* London 1988 (deutsch: *Bürgerliche Gesellschaft und Staatsgewalt,* Leipzig 1980).

3. Über Harrington

John Aubrey, *Brief Lives,* Harmondsworth 1982, S. 208–210: „James Harrington".

Pablo J. Badillo, *La Filosofía Político-Jurídica de James Harrington*, Sevilla 1977, 114 S.

Eduard Bernstein, *Sozialismus und Demokratie in der großen englischen Revolution*, Stuttgart 1908, 251–278: „James Harrington".

Charles Blitzer, *An Immortal Commonwealth. The Political Thought of James Harrington*, New Haven 1960, 344 S.

Josef Bohatec, *England und die Geschichte der Menschen- und Bürgerrechte*, Graz/Köln 1956, S. 117–136: „James Harrington".

Hans-Jürg Braun (ed.), *Utopien. Die Möglichkeit des Unmöglichen*, Zürich 1987, 272 S.

James Cotton, „James Harrington as Aristotelian", in: *Political Theory* 7 (1979), 371–389.

James Cotton, „James Harrington and Thomas Hobbes", in: *Journal of the History of Ideas* 42 (1981), 407–422.

James Cotton, „Harrington", in: *The Blackwell Encyclopedia of Political Thought*, Oxford 1987, S. 193–194.

J. C. Davis, *Utopia and the Ideal Society*, Cambridge 1983, S. 205–276: Harrington and the Harringtonians.

Theodore W. Dwight, *James Harrington and his Influence upon American Political Institutions and Political Thought*, Boston 1887, 44 S.

Jürgen Gebhardt, „James Harrington", in: Eric Voegelin, *Zwischen Revolution und Restauration*, München 1968, S. 83–111.

G. P. Gooch, *English Democratic Ideas in the 17th Century*, New York 1959, S. 241–257: „The Political Ideas of Harrington".

F. G. C. Hearnshaw, *The Social and Political Ideas of some Great Thinkers*, New York 1949, S. 174–203: „Harrington".

Christopher Hill, *Puritanism and Revolution*, Harmondsworth 1986, S. 289–302: „James Harrington and the People".

Margaret James, „Zeitgenössische materialistische Interpretationen der Gesellschaft in der englischen Revolution", in: *Die englische Revolution von 1640*, Berlin 1952, S. 75–90.

Theodore Lesuer, *A French Draft Constitution of 1792 Modelled on James Harrington's Oceana*, Lund 1932.

Sten B. Liljegren, „Harrington and Leibniz", in: *Studies in English Philology*, Minneapolis 1929, S. 414–426.

Sten B. Liljegren, *Harrington and the Jews*, Lund 1932.

Sten B. Liljegren (ed.), *A French Draft Constitution of 1792 Modelled on James Harrington's Oceana*, Lund 1932, 180 S.

Crawford B. Macpherson, *Die politische Theorie des Besitzindividualismus*, Frankfurt (Main) 1973, S. 182–218: „Harrington".

Nicola Matteucci, „Machiavelli, Harrington, Montesquieu", in: *Il Pensiero Politico* 3 (1970), 337–369.

James Moore, „James Harrington", in: Jean-Pierre Schobinger (ed.), *Die Philosophie des 17. Jahrhunderts,* Bd. 3, Basel 1988, S. 560–571.

Arthur L. Morton, *The English Utopia,* Berlin 1978, S. 87–103: „The Real and the Ideal Commonwealth".

Günther Nonnenmacher, *Theorie und Geschichte* (Studien zu den politischen Ideen von Harrington), Meisenheim 1977, 188 S.

John G. A. Pocock, *The Ancient Constitution and the Feudal Law. A Study of English Historical Thought in the 17th Century,* New York 1957, S. 124–157.

John G. A. Pocock, „James Harrington and the Good Old Cause", in: *Journal of British Studies* 10 (1970), 30–48.

Felix Raab, *The English Face of Machiavelli,* London 1964, 306 S.

Andrew Reeve, „Harrington's Elusive Balance", in: *History of European Ideas* 5 (1984), 401–425.

George H. Sabine/Th. L. Thorson, *A History of Political Theory,* Hinsdale 1981, S. 459–477: „The Republicans".

Judith N. Shklar, „Ideology hunting", in: *American Political Science Review* 53 (1959), 662–692.

H. F. Russel Smith, *Harrington and his Oceana,* Cambridge 1914, 223 S.

Leslie Stephen, „James Harrington", in: *The Dictionary of National Biography,* Bd. 8, London 1950, S. 1318–1320.

Gertrude Scott Stevenson (ed.), *Charles I in Captivity,* London 1927.

Henry Stubbe, *The Common-Wealth of Oceana,* London 1660.

R. H. Tawney, „Harrington's Interpretation of his Age", in: *Proceedings of the British Academy* 27 (1941), 199–233.

Charles Webster (ed.), *The Intellectual Revolution of the 17th Century,* London 1974, 445 S.

Perez Zagorin, *A History of Political Thought in the English Revolution,* New York 1966, S. 132–142: „Harrington".

4. Über Englands Revolution

J. W. Allen, *English Political Thought 1603–1660,* London 1977, 525 S.

Chris Cook, *English Historical Facts 1603–1688,* London 1980, 231 S.

Samuel R. Gardiner, *The Constitutional Documents of the Puritan Revolution,* Oxford 1979, 476 S.

Christopher Hill, *The Experience of Defeat,* London 1984, 342 S.

Christopher Hill, *The World Turned Upside Down,* London 1988, 431 S.

Christopher Hill (ed.), *The Good Old Cause,* London 1969, 486 S.

Heinz Kathe, *Oliver Cromwell,* Berlin 1984, 192 S.

Mary F. Keeler, *Bibliography of British History 1603–1714,* Oxford 1970, 734 S.

Hermann Klenner, *Des Thomas Hobbes bellum omnium contra omnes,* Berlin 1989, 39 S.

H. Klenner, „Einiges über James Harrington", in: *Sitzungsberichte der Akademie der Wissenschaften Berlin,* Nr. 2G, 1991, S. 39–45.

Kurt Kluxen, *Geschichte Englands,* Stuttgart 1985, 916 S.

Manfred Kossok, *In tyrannos. Revolutionen der Weltgeschichte,* Leipzig 1989, 464 S.

Ulrike Krautheim, *Die Souveränitätskonzeption in den englischen Verfassungskonflikten des 17. Jahrhunderts,* Frankfurt (Main) 1977, 597 S.

William Lamont/S. Oldfield (ed.), *Politics, Religion and Literature in the Seventeenth Century,* London 1975, 248 S.

Gerhard Schilfert, *Die englische Revolution 1640–1649,* Berlin 1989, 287 S.

Hans Christoph Schröder, *Die Revolutionen Englands im 17. Jahrhundert,* Frankfurt (Main) 1989, 290 S.

A. S. P. Woodhouse (ed.), *Puritanism and Liberty,* Chicago 1974, 506 S.

Register

Das Register verzeichnet in einheitlicher alphabetischer Reihenfolge die Personen- und Ortsnamen des Gesamttextes. Ihm vorangestellt ist ein Glossar der fiktiven Orts- und Personennamen, aus dem auch der kaum verhüllte Realitätsbezug von Harringtons Utopie erschlossen werden kann.

Glossar

Adoxus	König John Lackland (reg. 1199–1216), der „Glorreiche", mit welcher Eigenschaftsbestimmung mutmaßlich an die von ihm 1215 unterzeichnete Magna Charta erinnert werden soll
Agoraea	(„politisch rühriger") Volksstamm des Londoner Stadtteils Westminster (Hiera); Agora hieß in den meisten altgriechischen Staaten die Volksversammlung
Alma	Whitehall (Palace), ehemaliger königlicher Palast an der Themse
Alpester de Fulmine	Mitglied im Rat der Gesetzgeber; sein dortiger Studienauftrag – die Schweiz – wird durch den namenssymbolischen Hinweis auf „Alpengewitter" veranschaulicht
Aratus de Isthmo	Mitglied im Rat der Gesetzgeber; die in seiner Person hergestellte Verbindung des achäischen Eigennamens mit dem Isthmus von Korinth deutet die Richtung seiner Spezialisierung innerhalb der Expertenrunde an
Archon(t)	griech. „Regent", ursprünglich einer der neun jährlich gewählten ranghöchsten Beamten Athens; hier meist stellvertretend für den „alleinigen Gesetzgeber" Cromwell gebraucht
Argus de Crookhorne	Erster Tribun des Fußvolks der Prärogative von Oceana und Berichterstatter über die Wahlversammlung auf dem Halo (s. d.); sein Name steht für Wachsamkeit,

	Trinkfestigkeit und (wohl auch begründete) Eifersucht
Aureus de Woolsacke	Erster Schatzmeister von Oceana; Aureus (= römische Goldmünze), Woolsacke (= „Wollsack") und die Zugehörigkeit zum Stamme Pecus (= „Vieh", mit Bedeutungserweiterung zu jeder Art von beweglichen Vermögenswerten) verweisen nachdrücklich auf seine Finanzgewalt
Ave	(„gottgefälliger") Volksstamm von Oceana
Bestia	(„wildreicher") Volksstamm von Oceana
Boristenes de Holiwater	Zeremonienmeister von Oceana; Name (Boristenes = Dnepr, Holiwater = Heiligwasser) und Stammesherkunft (Ave = religiöse Demutsformel) lassen auf „überströmende Frömmigkeit" schließen
Bronchus de Rauco	Erster Herold von Oceana; für sein Amt als Ausrufer von Staatsangelegenheiten benötigt er die durch den Namen suggerierte „gewaltige Stimmkraft", während seine Abkunft aus dem Stamme Bestia den im Text angestellten boshaften Vergleich mit einem „glotzend und röhrend umherspringenden Hirsch" ins Gedächtnis ruft
Cadiscus de Clero	Erster Zensor von Oceana; der Name trägt seiner Ordnungsfunktion bei der Durchführung von Wahlen Rechnung
Calcar de Gilvo	Oberstallmeister von Oceana; das Namensetikett assoziiert „gelbe (= goldene) Sporen" als Insignien seiner Amtswürde
Celia	Windsor (Castle), königliche Residenz an der Themse
Convallium	Hampton Court (Palace), ehemaliger Königspalast an der Themse
Coraunus	König Henry VIII. (reg. 1509–1547); der Name birgt eine Anspielung auf seine zahlreichen Frauen
Dichotom	König Richard II. (reg. 1377–1399), der "gleich Teilende"
Dolabella de Enyo	Mitglied im Rat der Gesetzgeber; sein Name verbindet die „Streitaxt" der „Kriegsgöttin" zu einem martialischen Symbol für Rom, mit dessen Untersu-

	chung er beauftragt ist; nach der Staatsgründung Siegelbewahrer von Oceana
Dorian	(„mit Wohltaten gesegneter") Volksstamm von Oceana
Emporium	(mit Zoll- und Stapelprivilegien ausgestatteter) Fernhandelsplatz; gemeint ist London, das neue Rom des Westens
Epimonus de Garrula	Mitglied und Widerpart des Archonten (s. d.) im Rat der Gesetzgeber, ein „langatmiger Schwätzer"
Eudia	(„von lieblichem Klima begünstigter") Volksstamm von Oceana
Glaucus de Ulna	Mitglied im Rat der Gesetzgeber; die in seinem Namen versteckten „blauen Arme" (des Meeres) signalisierten seinen Auftrag: die Untersuchung der Niederlande
Halcionia	Themse, mit selbstbewußt eingearbeitetem Fingerzeig auf die Schiffbarkeit des Flusses (vgl. auch Emporium)
Halo	griech. „Feld", Lichtring um Sonne und Mond; hier: Sammelplatz der Prärogative beim Wahlakt
Hemisua	Trent, Fluß in Mittelengland
Hermes de Caduceo	eines der durch Losentscheid als Sprecher zu den Stämmen abgesandten Mitglieder des Rates der Gesetzgeber; die Feierlichkeit seiner Mission wird durch den Hinweis auf den Götterboten Hermes und den Heroldsstab (caduceus) unterstrichen, den der Gott Merkur zu tragen pflegte
Hiera	Westminster, (selbständiger) Stadtteil von London (Emporium); die Bezeichnung (Hierapolis = heilige Stadt) ist vermutlich im engeren Sinne auf die Abtei des 610 gegründeten Klosters Westminster gemünzt, die auch Krönungsort der englischen Könige war
Kalliope-Universität	(nach der Muse der epischen Dichtung benannte) Universität Cambridge
Kaukasus	hier: das schottische Hochland (vgl. auch Marpesia)
Kiberton	Tutbury, ehemalige englische Kleinstadt
Klio-Universität	(nach der Muse der Geschichtsschreibung benannte) Universität Oxford

421

Laco de Scytale	Mitglied im Rat der Gesetzgeber; die Elemente seines Namens (Laco = Lakonier, Skytale = das um einen Stab gewickelte Geheimschreiben der Lazedämonier) kennzeichnen seinen Studienauftrag: Sparta
Leviathan	Thomas Hobbes; die metonymische Gleichsetzung des Titels von Hobbes' sozialphilosophischem Hauptwerk (1651) mit dessen Autor – übrigens auch dann, wenn aus anderen seiner Schriften zitiert wird – assoziiert höchst doppelsinnig zugleich die Monstrosität des in dem Buche Hiob beschriebenen gleichnamigen „Ungeheuers"
Lynceus de Stella	als Mitglied im Rat der Gesetzgeber zuständig für Venedig, wie auch sein Pseudonym erkennen läßt: Lynceus, einer der Argonauten, war berühmt für sein scharfes Auge (welches Attribut der Republik Venedig traditionell beigelegt wurde), Stella hieß ein politisch einflußreiches venezianisches Geschlecht; nach der Staatsgründung wird er Siegelbewahrer von Oceana
Mago de Syrtibus	Mitglied im Rat der Gesetzgeber; sein Name, aus dem seine Rolle als Berichterstatter über Karthago abzuleiten ist, reminisziert eine angesehene karthagische Adelsfamilie sowie die als Syrten bezeichneten Einbuchtungen des Mittelmeers an der nordafrikanischen Küste
Marpesia	Schottland; der Name soll an den im Altertum für seine Marmorschätze berühmten Berg auf Paros erinnern
Metoche	Volksstamm von London (Emporium) mit verstecktem Hinweis auf die Anzahl der auf ihn entfallenden Stadtbezirke
Morpheus	König James I. (reg. 1603–1625); die Identifikation mit dem griechischem Gott des Traumes ist wahrscheinlich so zu deuten, daß seine realitätsfremde Politik das nachmalige „böse" Erwachen des Bürgerkrieges begünstigt, also die Zeichen der Zeit verschlafen habe

Navarchus de Paralo	Mitglied im Rat der Gesetzgeber, Berichterstatter über Athen, auf dessen überragende Stellung als Seemacht sein Name anspielt; nach der Staatsgründung erster Stratege von Oceana
Neustrier	Normanne(n); entsprechend Neustria: das Herzogtum der Normannen
Nubia	(nach Nubien in Afrika benannter) Volksstamm von Oceana
Oceana	England, die „meerumspülte" Insel
Olphaus Megaletor	euphemistisch für: Oliver Cromwell, den „Spender des Lichts" mit dem „großen Herzen"
Panopea	sinnbildlich für: Irland, auf dessen Insellage durch den Namen der griechischen Meernymphe angespielt wird
Pantheon	der Name des „allen Göttern" geweihten Tempels und (mit 43 m Höhe) größten antiken Kuppelbaus steht hier selbstbewußt für: Westminster Hall
Panurgus	König Henry VII. (reg. 1485–1509); sein Name spricht für „schlaue List"
Parthenia	Königin Elizabeth I. (reg. 1558–1603), in konventioneller Weise als „jungfräulich" stilisiert
Pascua	(„weidenreicher") Volksstamm von Oceana
Pavillon	nach vorn offener Rundbau auf freiem Feld, Ort der Wahldurchführung in Oceana
Pecus	(„viehreicher", d. h. wohlsituierter) Volksstamm von Oceana
Peregrine Spy	Agent des Rates der Gesetzgeber in Venedig, als solcher ein „Kundschafter auf Pilgerfahrt"
Phalera	(dem Westhafen Athens verglichener, also offenbar aus Küstenbewohnern bestehender) Volksstamm von Oceana
Philadelphus	(der „brüderlich liebende") Sekretär des Rates der Gesetzgeber
Philautus de Garbo	Mitglied und Debattenredner im Rat der Gesetzgeber; der Name verheißt eine Mischung aus Selbstsucht und weltmännischer Eleganz

Phosphorus de Auge	Mitglied im Rat der Gesetzgeber; sein Name kombiniert „Licht" und „Sonne" zu einem Gleichnis für Judäa (= Israel) als das ihm zur Prüfung zugewiesene Land des Morgensterns und der aufgehenden Sonne; nach der Staatsgründung Erster Siegelbewahrer von Oceana
Propola	(„gottseliger") Volksstamm des Londoner Stadtteils Westminster (Hiera)
Saltum	(„waldreicher") Volksstamm von Oceana
Sanguine de Ringwood	Hauptmann des „Phönix", der ersten Reitertruppe der Prärogative; sein „heißblütiges Temperament" wird in vielsagende Beziehung zu Ringwood, also zu dem an dem gleichnamigen Ort gebrauten Starkbier, gesetzt
Scazon	Volksstamm von London (Emporium) mit verstecktem Hinweis auf die Zahl der zugehörigen Unterstämme
Skandier	Däne(n)
Stamnum	(„leistungsstarker") Volksstamm von Oceana
Telicouta	(über acht Stadtbezirke verbreiteter) Volksstamm von London (Emporium)
Teutone(n)	Sachse(n)
Turbo	König William I. (reg. 1066–1100); die Namenswahl geht vermutlich auf den „Eroberer" Marcius Turbo zurück, der im Auftrag Trajans den Aufstand in Kyrene grausam niederschlug
Turmae	(für seine Reiterabteilungen berühmter) Volksstamm von Oceana

Namenverzeichnis